物与图：岩画物性美学

王毓红　冯斯我　著

科学出版社

北京

内 容 简 介

作为一种不可移动文化遗产，岩画是史前人类独特的视觉图像语言遗存，因刻制在岩石或岩壁上而得名。岩画因岩石或岩壁而存在，与承载它的物质载体及其所存在的自然地理环境共生共存。

地处巴丹吉林沙漠的岩画驰名海内外。其中既有旧石器时代的彩色手印岩画，以及世界范围内比较普遍存在的以象人面、人、羊、马、太阳等之形图像为核心的岩画，也有比较少见的、地域性比较鲜明的以象天鹅、鹰、虎等之形图像为主的岩画。本书图文并茂地解读了 70余处巴丹吉林沙漠岩画遗迹，剖析了 490 多幅岩画，提出了一系列原创性观点，对岩画遗产的研究及其保护具有重要价值。

本书图文并茂，研究深入，适合美术爱好者和岩画研究人员阅读。

图书在版编目（CIP）数据

物与图：岩画物性美学 / 王毓红，冯斯我著. —北京：科学出版社，2022.11

ISBN 978-7-03-073910-0

Ⅰ．①物⋯　Ⅱ．①王⋯ ②冯⋯　Ⅲ．①巴丹吉林沙漠–岩画–美术考古–研究　Ⅳ．①K879.424

中国版本图书馆 CIP 数据核字（2022）第 222267 号

责任编辑：杜长清 / 责任校对：张亚丹
责任印制：李　彤 / 封面设计：润一文化

科 学 出 版 社 出版

北京东黄城根北街 16 号
邮政编码：100717
http://www.sciencep.com

北京厚诚则铭印刷科技有限公司印刷
科学出版社发行　各地新华书店经销

*

2022 年 11 月第 一 版　开本：720×1000　1/16
2023 年 7 月第二次印刷　印张：22 3/4　插页：5
字数：450 000

定价：108.00 元
（如有印装质量问题，我社负责调换）

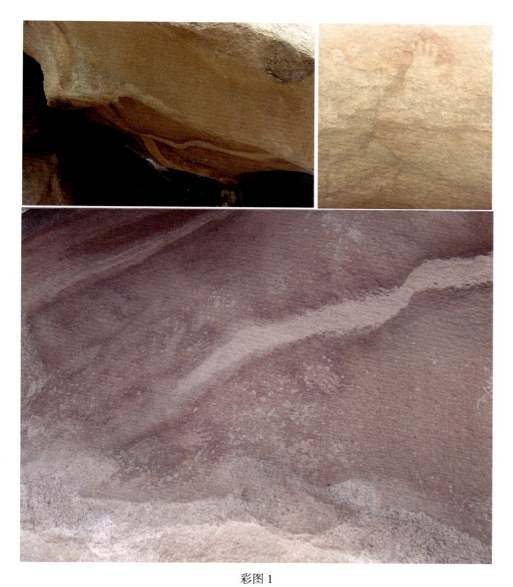

彩图 1

彩图 2

彩图 3

彩图 4

彩图 5

彩图 6

彩图 7

彩图 8

前　言

　　人类无文字记载的历史要比有文字记载的历史长得多。岩画是地球上现存范围最广、数量最多的不可移动文化遗产之一，是我们了解史前人类精神生活的一种重要视觉图像语言。世界范围内，人们对它的研究历史已逾百年，但人们始终像解读一般艺术作品一样解读岩画，聚焦于图画本身及其所反映的内容，忽视了其作为一种独特的史前物质化遗址的自然物理属性。犹如对待楔形文字和书面文本一样，人们在阅读它们时不会关注承载它们的泥板或纸张。德国著名艺术史家格罗塞（Ernst Grosse，1862—1927）早在1894年，便以澳大利亚和非洲岩画为个案，探讨了艺术的起源。然而，他所列举的岩画仅仅是剔除了承载岩画质料的复制图。

　　岩画图像语言非但不能与承载它的物质质料及其生存的自然地理环境相分离，而且它本身是为后者而存在的，这是本书的核心观点。本书之所以以《物与图：岩画物性美学》命名，因为它整体上是从生存论、存在论意义上对岩画本质的重构。其中所涉及的论题主要包括岩画与一般艺术作品或视觉图像语言的界限、岩画的时间与空间、岩画场、岩画的色彩、岩画视觉图像语言形式的生成与建构、言说物岩画与书写物关系，以及岩画的原始物象等。对于那些对图像与物关系，以及史前人类历史文化、审美意识感兴趣的人们来说，可以凭借此进一步了解自然界之于岩画的意义。

　　本书主要包括上编、下编两个部分。上编包括五章内容，以岩画的生产为切入点，围绕阐释岩画的自然物理属性这一中心问题及其所呈现出来的不同形态，通过还原岩画的特质，描述并清理它的空间、场域、时间和色彩，展示并凸显了岩画的物性及其美学特征。下编包括三章内容，以岩画图像语言的内在生成为切入点，通过引入书写物和言说物关系，补充并修正以往单一纵横平面上岩画的能所关系，建构了岩画图像语言与物之间的统一性。

王毓红

目　录

导论

上　编

第一章　岩画不可还原的物性 …………………………………… 11

第一节　岩画是一种生产 ……………………………………… 11

第二节　存自然物 ………………………………………………… 17

第三节　凸显原材料 ……………………………………………… 22

第四节　自然物性 ………………………………………………… 28

小结 ………………………………………………………………… 36

第二章　虚实相生的多重空间 …………………………………… 37

第一节　图像空间 ………………………………………………… 38

第二节　质料空间 ………………………………………………… 44

第三节　语境空间 ………………………………………………… 52

第四节　无限空间 ………………………………………………… 56

小结 ………………………………………………………………… 60

第三章　在场的岩画 ……………………………………………… 62

第一节　多维度场 ………………………………………………… 63

第二节　统一场 …………………………………………………… 75

第三节　图像场 …………………………………………………… 80

第四节　质料场与语境场 ………………………………………… 100

第五节　地理场 …………………………………………………… 112

第六节　心物场 …………………………………………………… 124

小结 ·· 132

第四章　存在与位移 ···································· 134

第一节　时间塑形 ···································· 135

第二节　当下存在 ···································· 145

第三节　无蔽在场 ···································· 149

小结 ·· 153

第五章　最古老的颜色 ································ 155

第一节　基本色调 ···································· 156

第二节　斑驳陆离 ···································· 162

第三节　人工颜料 ···································· 166

第四节　五色绚烂 ···································· 174

第五节　敷彩施艺 ···································· 182

第六节　红色岩画 ···································· 198

小结 ·· 213

下　　编

第六章　形式建构 ···································· 217

第一节　组合与整体 ·································· 218

第二节　选择与次序 ·································· 226

第三节　派生与转化 ·································· 234

第四节　图式规则 ···································· 242

第五节　物的书写 ···································· 266

小结 ·· 271

第七章　图像考古 ···································· 272

第一节　书写物与言说物 ······························ 273

第二节　自然文 ······································ 276

第三节　亲和性图像 …………………………………… 279

第四节　再书写 ………………………………………… 284

第五节　活化石 ………………………………………… 304

小结 …………………………………………………… 316

第八章　原始物象 ……………………………………… 317

第一节　天鹅岩画 ……………………………………… 319

第二节　被误读的图像语言 …………………………… 323

第三节　相似的语法 …………………………………… 326

第四节　鸟神 …………………………………………… 328

第五节　"7"形图像 …………………………………… 331

第六节　天潢 …………………………………………… 337

第七节　抽象天鹅符号 ………………………………… 344

小结 …………………………………………………… 350

结语 …………………………………………………… 351

参考文献 ……………………………………………… 352

后记 …………………………………………………… 356

导　　论

　　世界岩画研究领域存在一个比较大的问题是图像与物分离。自岩画被发现以来，世界范围内的岩画研究集中在考古学和艺术学领域。前者致力于岩画的发现、采集和保护；后者侧重于对岩画的分析、阐释和再创作。二者都聚焦岩画图像，而非承载它的物质载体。人们通常所说或所认识的"岩画"指的都是岩石或岩壁上的图像语言或由其构成的画面，而不包括岩石或岩壁本身及其生存的自然物理场。然而，存在这样一个无可争辩的事实：岩画存在于自然界。其未经过人工开采的、原始自然物质的质料及其生存的自然物理环境，使它迥异于一般图画。于是，明确岩画与其他图像语言之间的界线，成为我们认识岩画的首要任务。在本书中笔者以巴丹吉林沙漠岩画为个案，聚焦岩画的自然物理属性及其与岩画图像语言之间的关系，从图像与物统一的角度立论，阐述了一系列创新性概念、命题和观点，探索出了一条研究岩画的新理路。

一、岩画物理学

　　岩画的自然物质性十分突出，它不以人的意志为转移的客观自然物质属性主要表现在以下四个方面。

　　（1）岩画是世界历史上长期缺席的存在者。迄今为止，人们已经发现岩画出现在世界上的时间非常远古，冰河时期它已经存在了。可是，直到19世纪后期，它才比较广泛地被发现并逐渐进入人们的视野。即使今天，在人口密度比较大的地方，人们依然用"发现"一词来描述那些源源不断地被人们看到的古老岩画。这不是因为人们忽视了它的存在，而是因为它的存在本身就是隐匿的。它总是以"逃逸者"或"隐藏者"的身份遁隐于人迹罕至的高山大川、荒漠沙海。地球上的许多地方，不是不存在岩画，而是其不易被发现。正如世间万物一样，作为一种生命力强大的活态化的物质存在，岩画的存在或者说在场既是实际的存在者或者在场，也是缺席的存在者。

　　（2）岩画与河流、墓地、戈壁、石头或洞穴等共生共存。这种生存现状迫使我们不得不正视这样一个客观现实，即岩画是自然现存的东西，与物的自然现存并无二致。世间特定的存在语境和生存方式既孕育并生成了某种特殊的物种，也决定了它的特质。岩画亦如此。世界各地不同自然地理环境中的岩画带有鲜明的自然物理特质。我们显然不能脱离它原生态的自然地理环境，或者强行把它从生存场域剥离出来理解。

（3）岩画并非在任何岩石或岩壁上都能存在。与一般图像存在者相比，岩画通常栖息在红色系列颜色的嶙峋岩石或悬崖峭壁上。并且，绝大多数承载其图像语言的并不是比较平坦或光滑的石面，而是那些带有特殊自然纹理（即中国传统文学或艺术领域所说的"文"或"彩"，如裂缝、凹穴、洞窟、断裂，以及酷似火、太阳、闪电、彩虹、云霞、瀑布等）的天然图像。

（4）分布在某个岩石或岩壁表面的岩画图像语言的位置亦十分特别。一般来说，无论图像数量有多少，一个相对独立完整的岩画质料场或图像场内的图像语言基本分布在石头或石面的自然"文"或"彩"内或其附近。很多情况下，岩画制作者并不是依据整个石头或石面构图，把图像语言刻在其中央或醒目位置，而是将其刻制在边缘地带，或者裂缝、断裂、凹穴等内，甚至石棱形成的石头或石壁各个面的边界线上。

很显然，岩画存在及其生存状态本身所展示出来的自然物性，对人们以"岩画"对其的命名提出了严峻挑战，促使人们重新思考：它真的只是"画"吗？它也提醒并告诉我们在观看图像或解读图像语言时，绝不能割裂与它共生共存的自然地理和物理场之间的天然联系。假如我们从未经触及的客观现实存在性角度观看岩画的话，那么就必须正视并尊重它存在并生存的客观自然现实。于是，为了更好地从生存论、存在论意义上研究并保护岩画，有必要构建一门新的学科或研究领域——岩画物理学。

二、岩画物性美学

作为人类物质文化遗产的活化石，岩画本质上是一种视觉语言形式，其突出的审美特质是物性。它集中通过岩画的生产过程、岩画的时间与空间、岩画的生存场域，以及岩画图像的物质载体和色彩等凸显出来。

（一）岩画的生产过程

在岩石或岩壁上生成岩画，本质上不是生产者对岩石或岩壁的制作过程，而是对其"文饰"的过程。在岩画生产过程中，作为质料，岩画生产者所使用的原材料是自然界的自然物，承载它们的常常是不可移动的巨大峭壁、隐匿洞穴等。这些自然物以其自身特性吸引着岩画生产者。他们视其为神圣的自然存在物，小心翼翼，观物取象，只是在其上或内部石壁添加一些图像而已，犹如在人身上佩戴饰物一样，既没有改变这些自然物自身天然的有机整体形状，也没有对其内部进行重新组合构建，更没有变更它们作为一种自然物质料的特性。因此，岩画为承载它的自然物质料而存在。岩画的物性因素在于，它作为自然物质料的"文饰"

而存在，这突出体现在它所展示的专属效果上。岩画的生产过程不是一个去质料或改变质料的过程，而是一个凸显质料的过程。尽管一经产生，作为一种视觉图像语言形式，岩画便具有相对的独立性，但自然物质料依然会在岩画中继续存在下去，因为岩画产生于此，自然物质料是岩画的原始基础，岩画永远无法割断它与自然物质料之间的天然联系。它不仅与承载它的质料浑然一体，始终共存于一个相对独立完整存在的自然物内，而且它产生的时间晚于自然物的存在，自然物是岩画诞生的母体。岩画作为这种自然物存在的本质鲜被探究，这一物性长期以来被遮蔽、被遗忘了。

（二）虚实相生的多重空间

生存论、存在论意义上岩画的空间概念指的也是自然物理学上的。犹如容器一般，岩画的空间指岩画的承载者或容纳者、包围者。以图像语言所在位置为核心，若按照由内向外的顺序，我们可以很容易地把岩画的空间区分为图像空间、质料空间和语境空间三大基本类型。它们均作为自然物而存在。岩画所存在的石面，承载该石面的石头或石壁，以及这些石头或石壁所存在的峭壁或洞穴等，作为岩画的自然物质承载者或容纳者，分别成为岩画的图像空间、质料空间和语境空间。如果说岩画与承载它的自然物互相结合、密不可分的话，那么在容纳它的峭壁或洞穴里，岩画就不是一个整体的存在，而是整体的部分存在者。因此，岩画的空间是相对的，也是相互作用的。更进一步，容纳岩画语境空间的山或戈壁等与环绕着它们的其他自然地理场域，根据上下、左右、远近在它们之间形成的具体关系，向我们展示出了一种不可还原的多样性和岩画空间的无限性。如果充分考虑到人也是一种自然物的存在的话，那么我们可以把山或戈壁所生存的山脉或沙漠、把山脉或沙漠所处自然地理环境，甚至把岩画在人们想象中、心理上的存在等，再次区分，从而又有了多重岩画空间。每一重空间在容纳岩画的同时又建构了它的另一重空间，同时兼具容纳者与被容纳者两种身份，有多少重空间，就有多少种关系。岩画不是孤立的，包括其内容、特征、功能和意义等在内的一切存在，都源于多重空间或多种关系的相互作用。岩画的语境空间决定其质料空间，后者又决定岩画的图像空间。这意味着我们不能割断它们之间的联系，通过重新移植或增加、减少等手段，强行改变它们自然的生存物理空间。

（三）在场的图像语言

世间自然物都是相对独立存在的，彼此之间存在一定的界线。岩画空间作为一种载体或容纳者所具有的自然物性，同样具有物质化边界。无论形状如何，朝向如何，任何一块承载或容纳岩画图像语言的石面，任何一块承载该石面的石头或石壁，任何容纳该石头或石壁的一堵峭壁或一个洞穴，都是有着物质化边界的存在者。此边界是和它所限定的自然物相符合的。岩画图像语言所在的石面的边界就是岩画图像空间的边界。依此类推，承载岩画的石头或石壁的边界就是岩画的质料空间，容纳该石头或石壁的一堵峭壁或一个洞穴的物质化边界就是岩画的语境空间。岩画空间本质上都是特定的"田地"或"领地"，即"场"。如果说由于自然而存在的岩画乃自然本身，自然物之于岩画具有至高无上的生存论、存在论意义上的价值的话，那么，岩画不是由某种事物构成或组成的，而是由多维空间生成的，每一重空间里都存在不同的事物或对象，且都有自己相对独立的边界，相当于一个场或区域、领地。从不同视域，依据不同标准，我们可以对岩画场进行不同划分，如我们可以把它们划分为图像场、心理场、行为场、文化场、质料场、语境场、环境场、地形场和宇宙场。其中，依据有无人的因素，我们可以把前四个统称为人文场，后五个则为自然物理场；依据有无图像的因素，我们可以把前一个称为图像场，后面的统称为非图像场。每个场都有各自的特点及其功能和意义，彼此之间又相互依存、不可分割、相互作用，从而形成一个动态、多层次、多元化共生共存的整体岩画场域，并呈现出实体性、连续性、广延性和可塑性四大特征。

（四）存在与位移

岩画以时间性方式存在，它是过去人类刻制的一种图像语言形式。这里的"过去"有双重意义：一是说它无可挽回地隶属较早的时间；二是说属于过去时间的它在当前还存在。因此，岩画是一种过去存在还留有遗迹的"当前"。其历史既意指一种贯穿"过去""现在"并与"将来"的诸事相联系的过程，也指在时间中演变的岩画存在者整体。这意味着岩画图像语言及其所生存的自然物理场所本身的秩序和状态，因长期或某个时刻自然力和人为因素所导致的演变及其所呈现出来的种种特征。在这里，岩画的历史主要不是指岩画的演变这一存在方式，而是指它的领域：作为一种自然界存在的物质，恰如万物的枯荣一样，生存论意义上岩画的本质隶属自然界，是一种"不可移动的"、向死存在的"当前"。作为一种存在于自然界的不可移动的人类物质化文化遗产，岩画本真存在的历史指的并不仅仅是它原始的最初状况，还应该包括时间对它造成的影响。从这个意义上说，岩画此在客观自然存在的状态或时间就是世间万物在其中相互共存的时间，它不仅赋予岩画在自然地理空间中纷繁复杂的"序""态"，以及多变、瞬间和易逝的特性，更重要的是揭示了岩画此在是一种连续的、不断滚动着的流逝序列，具有不可逆、均质化、被误读三个突出特点，以及一种有机生命体向死而生的存在本质。在最极端的存在可能性中，被把握的岩画此在就是其时间本身。

（五）最古老的颜色

除时间以外，最贴近岩画本质的是红色。世界著名的岩画密集地不少岩画涂红色。学界也常以红色界定岩画。然而，人们所说的"红色"一般是指岩画上人工添加的红色颜料。而本书所说的"红色"主要指的是非人为的、岩画本身所呈现出来的色彩。它指的既是岩画图像场内石面上人工刻制的图像语言的自然颜色，也是承载岩画的物质载体图像场、质料场和语境场及其所生存的各种场域的自然物理颜色。除数量有限的由人工添加颜料制作的、被断代为旧石器时代的红色洞穴手印岩画外，巴丹吉林沙漠岩画自然物理场所展示出来的整体色彩是红色系列：黄褐色、土黄色、珊瑚色、粉棕色和红棕色。彼此之间存在密切联系的各个岩画场的颜色相互衬托、对照，使得作为自然物存在的岩画场更加醒目。岩画通常被刻制在那些有着以红色为主调的天然物象或文采的峭壁、洞穴、石面或石壁、石头之上。包容着它们的山脉、沙漠等自然物理空间的颜色，也往往呈现出以红色为基调的色彩。由此可见，岩画视觉图像语言也是一种色彩语言。即便那些不是红色的，岩画生产者也会给它们添加上。这里所说的"添加"不是指他们从外面添加到岩画图像场内的红色颜料，而是指他们会在那些表面看起来并非红色系列的其他颜色的石头（如绀青色）之上，通过对其表面的雕刻，人为地促使石头或石壁显露出隐藏于其表面之下的红色系列颜色。岩画文化场视野的考察亦表明，天然红色颜料的发现与利用，尤其是人工红色颜料的使用，充分昭示了红色之于人类精神的意义：它是与代表生命的血一样的存在物。

于是，当我们通过梳理并还原岩画的自然物性，存在于自然界、自然物理时空中岩画的客观真实面貌就渐渐浮现出来，呈现在我们面前的岩画自然生存语境、崎岖质料场、红色系列色彩等，从不同角度向我们展示了岩画物性美学的存在。

三、岩画图像考古学

若充分考虑到岩画是一种远古遗迹，则考古学分析也是我们认识其图像语言的必经之路。岩画自然物性与其图像语言之间的关系展示了物与图统一是它的突出特质。如果我们把承载岩画的自然物称为大自然本身的书写形式或书写物的话，那么人类的书写形式岩画就是言说物。二者之间构成了一种崭新的能所关系：言说物岩画构成了表达层面的能指；书写物自然物构成其内容所指。于是，以视觉图像语言形式现身于世的岩画，便和承载它的自然物形成了一个表现与被表现的相对完整的统一体。这意味着岩画不仅不能独立于自然物所指，而且因自然物、为自然物而存在。这也是单纯作为一种视觉图像语言形式的岩画的物性。

（一）物的书写

作为一种史前人类遗留下来的独特的视觉图像语言形式，岩画不是杂乱无章的，也不仅仅是现代意义上人们说的一幅幅的"画"，它是由可以被解剖为最小的形式单位图素依据一定的规则建构起来的一个图像语言书写系统，一个可以被区分为图素、图形、图画和黏附形式的整体性的结构单位，一个存在着词法、句法和篇法的言说系统。各级形式单位履行着各自的功能，具有各自的结构特征，都是某个层次上的单位。于是，每个特定层次上的单位便成为更高一个层次上的次单位。各个层次上的形式单位之间存在多种多样的规则。组合、整体、选择、次序的存在生成了巴丹吉林沙漠岩画里拥有一定语法规则的图形或图画，并使象形成为其突出特征，而整体、派生、转换的存在则主要在生成图形或图画，尤其是同一类图形或图画能指层面差异性的同时，赋予它们丰赡性，其中点状形式是巴丹吉林沙漠岩画里的终极实在。而且，巴丹吉林沙漠岩画书写系统是一个能表达人类丰富思想的载体，或者说是人类精神思想的具象化呈现。

（二）书写物

"夫玄黄色杂，方圆体分，日月叠璧，以垂丽天之象，山川焕绮，以铺理地之形。……傍及万品，动植皆文。龙凤以藻绘呈瑞，虎豹以炳蔚凝姿，云霞雕色，有逾画工之妙，草木贲华，无待锦匠之奇。夫岂外饰，盖自然耳。至如林籁结响，调如竽瑟，泉石激韵，和若球锽。故形立则章成矣，声发则文生矣。夫以无识之物，郁然有彩，有心之器，其无文欤。"①天地万物之"象""形""文""采"建构了世界，物象以示人，人法像之，故自然物象是岩画的所指对象、所表现的东西，写天地之象，乃谓之岩画也。与整个巴丹吉林沙漠岩画自然地理场内其他天然书写物相比，以红色为标识的巴丹吉林沙漠、雅布赖山脉、洞穴、山顶、山谷、河边，以及生存于其中的那些面朝阳面的崎岖的峭壁、石头等，特别是那些表面造型奇特，有着断裂、裂隙、平台、形形色色"彩"的石面或石壁，或为其空间、场域，或为其承载者，均是岩画的书写物。它们本身都是能所统一体。岩画仅仅是这些天然书写物之上的表象，即能指之一而已，与它们实为一体。二者之间不仅是表现与被表现关系，而且是一种亲和性关系。被表现的自然书写物是人们膜拜仿效的对象。正如圣人作八卦一样，自然书写物神奇的一面是蕴藏幽隐的，所以人们作岩画以通达神明之理，彰显神明之德。

---

① （梁）刘勰撰，（清）黄叔琳注，（清）纪昀评：《文心雕龙辑注》，中华书局1957年版，第23—24页。

（三）言说物

法象自然物，取象以明义的岩画代表着人所固有的一种象征能力。人们用它来表现书写物，试图通过这样一种方式来传达他们想要传达的东西。而他们所使用的是图形，这是一种象征性的视觉图像语言书写系统——言说物。与人类其他言说符号一样，作为言说物的岩画本身也是一个能指与所指的统一体。前者即它外在的形式，后者即它所表达的内容。相比较而言，在巴丹吉林沙漠岩画里，抽象点线状和几何状图形少于象物之形的形式。且不说抽象形式，就是那些象物之形的形式或图像，也具有比其所表示或所象形的东西更多的含义。它们往往有着一种更为广阔的潜藏层面——一种似乎很难被准确定义或充分解释的层面。岩画视觉图像语言形式自身的这种特性基于这样一个事实，即在深究这种象征时，我们的认知、观念乃至心灵常常会被引向一种超越性的观念，在那里我们的理解力会受到挑战，如史前人类所刻制的象车轮之形的图像，以及他们对红色、裂隙、凹穴等的酷爱，可能将我们的思想导向神圣的太阳、闪电、火、血等观念。或许正是由于人类理解力所不能及，所以，岩画生产者使用了象征性表达法和意象来表示它们，从而构建了岩画言说物这套象征世间万物的图像语言系统。其中，占据主导地位的是象羊、马、骑者、射手和鹰之形的，这些我们日常生活中所认识、所熟悉的物象。然而，在特定的岩画自然物理场域里，我们无法准确地理解它们。面积很大的一堵岩壁上间隔距离不等地刻满羊或骑者图像，其内涵、用法和运用是岩画特有的，而且昭示出一种隐含的、不明确的、未知的含义，意味着我们应该从不同角度加以深思的东西，而非简单地以为它们表示的是"羊"或"骑者"。岩画视觉图像语言里能指与所指常常分离的现象，为我们提供了一个早期人类自觉使用象征手法的心理学意义上的实证，揭示出岩画是一种人类心灵的图像。

（四）原始物象

象骑者、羊、马、鹿、天鹅和鹰之形图像的存在，昭示了岩画图像语言之于书写物是一种言说物的存在。它与自然书写物相似，参与了书写物，并与之共存于世界上。因此，它必须作为自然界中的一个物而被研究。同骑者、羊、马、鹿、天鹅和鹰等一样，岩画图像语言的要素拥有它们自己的亲和规律和类比原则，保存着图像与物的相似性的记忆。书写物自然物象乃岩画之根本。在写天地之物象的言说物岩画里，"图像""自然物象""概念""情感"的本质是一样的。尽管其中存在大量想象中非写实的图像、抽象图形和符号，但是，它们总能被人们以某种方式想象或还原成物质化的自然物象，并依据这些相应的物象命名之。因此，在巴丹吉林沙漠岩画里，它们以羊或马、骑者或手印、天鹅而非"十"字符号、北斗星而不是"匕"符号等自然物象形式出现。犹如表示圆圈意思的曼荼罗符号，它们都是古老的象征性的意象，一种言有尽而意无穷的象外之象。我们只有既察其象内之象，又超于象外，才能得其环中。

总之，岩画生存于自然界。独特的原材料及其生存场域使它迥异于一般图像。优先考虑岩画是一种活的存在物，梳理它生存的自然地理时空，还原岩画自然本真的存在方式和原始面貌，探究岩画自然物理属性及其与图像语言关系是我们走进并试图了解岩画的首要任务。

上　编

　　分布地域几乎遍及全球，占史前艺术创作数量 99% 的人类文化遗产——岩画的存在充分证明："岩石是保存人类留下的符号的最好载体。这种产自自然界的材质分布最广，保存效果最好。"①与世界上现存的其他图像语言形式不同，岩画往往存在于人迹罕至的旷野或洞穴里，如彩图 1 和彩图 6 左边上、下图所示②的手印岩画就分布在图 1-1 所示的这片怪石叠加的石窟堆里。岩画的这一生存论、存在论意义上的特性，迫使我们不得不正视这样一个现实，即岩画是存在于自然界的东西，与自然物的自然存在并无二致。假如我们从未经触及的客观现实存在性角度观看岩画的话，那么就必须正视它的自然物性。此物性（thingness）指述的是事物未经人工的、自然（nature）的物质性（materialism），即与神性（divinity）和人性（humanity）相对的、自然事物的物质属性。因此，我们对岩画物性的研究本质上是岩画地理学或物理学意义上的。这里所说"物理学"基本意义，源自古希腊亚里士多德，意思是研究自然界的自然哲学。这里的"自然"一词指述的是世界上一切非人力所为的现象。自然物性在岩画身上得到了充分的彰显。它集中通过岩画的生产过程、生存语境和时空，以及岩画图像的物质载体、色彩和图像本身等凸显出来，却至今未得到人们的高度关注与探究。本编即以此立论，辟五章，通过对岩画的生产、生存空间及其场域、时间和色彩的现象学描述分析，在梳理并还原被遮蔽的岩画生存状态的基础上，揭示岩画的本质。

---

　　① 〔法〕埃马努埃尔·阿纳蒂：《艺术的起源》，刘建译，中国人民大学出版社 2007 年版，第 22 页。
　　② 图 1-1 及彩图均为笔者采集、拍摄、制作。本书所使用的巴丹吉林沙漠岩画摄影图或复制图，如不详注，均为笔者采集制作。本书前面特列彩图的主要目的是说明本书第五章所论述内容，即巴丹吉林沙漠岩画的自然颜色。为此，彩图里所列照片均为自然光照下，笔者田野实地拍摄，其效果是自然的，没有经过任何电子影像技术的处理。

图 1-1

第一章　岩画不可还原的物性

中国有关传统视觉图像语言的论述基本聚焦于图形及其所呈现或表达出来的意义，如书画一体、画上有题识[①]，以及"图载之意有三：一曰图理，卦象是也。二曰图识，字学是也。三曰图形，绘画是也"[②]等。关于岩画也如此。自从它被比较广泛地发现以来，国内外关于岩画本质的论述便众说纷纭。总归起来，主要有以下三种：①从其所呈现的方式立论，认为它是一种画或图画、图形或图像；②从其制作者立论，认为它是一种史前绘画或雕刻艺术；③从其物质载体立论，如把存在于洞穴石壁上的称为洞穴岩画。这三种都没有涉及岩画的本质，即岩画之为岩画的东西。换言之，它们既没有区分出岩画与其他视觉图像语言之间的界线，也没有厘清岩画与其他视觉图像艺术之间的畛域。本章，笔者将立足于哲学和艺术两大视域，以生产过程为切入点，在与其他艺术门类、图像语言的比较过程中，探讨岩画与其他视觉图像艺术在生产制作过程中的差异，揭示岩画之为岩画的东西，重新思考岩画的本质。

第一节　岩画是一种生产

在最广义的存在意义上，世间或宇宙中的一切皆为物，其包括可感知的和不可感知的。它们中有些是单一的、不可分割的，诸如人、灵魂、热的、白色的和文雅的等；有些是复合的、可以分割的，诸如白色的马、热壶等。[③]作为主要诉诸人们视觉的艺术作品，图像不仅是一种客观物质化的存在物或实在，而且是复合的或复合物。也就是说，它不是单一的或单一物，因为我们很容易从中分离出质料和形式。"质料接近于实体，而且在某种意义上就是实体"[④]，指的是物质化的载体，诸如青铜、石料、画布等；"形式"指称的对象是图像，既指它的具体形状，也指用以结构其形状的次序、方向等。若再次剖析之，则质料还包括艺术家

[①] 被清代吴其贞评定为"妙画""神品"等的历代名画，大都具有这些特征。见其《书画记》，人民美术出版社，2006年版。

[②] （唐）张彦远：《历代名画记》，人民美术出版社1963年版，第2页。

[③] 亚里士多德《物理学》（徐开来译）第一卷中观点，见苗力田主编：《亚里士多德全集》第二卷，中国人民大学出版社1991年版。

[④] 〔古希腊〕亚里士多德：《物理学》，徐开来译，见苗力田主编：《亚里士多德全集》第二卷，第27页。

在制作图像时所使用的颜料、工具等；形式除指图像的整体轮廓或形状外，还指用以结构图像的词法、句法或篇法等。很显然，任何视觉图像语言艺术都是质料和形式的统一体。岩画亦不例外。它是一种刻制或绘在天然岩石或石壁（包括洞或穴内）上的史前的视觉图像。①自岩画被发现以来，西方世界普遍或以 rock paintings（岩画）②、wall paintings（壁画）③、rock drawings（岩石图画）④、cave paintings（洞穴画）⑤和 rock engravings（岩石雕刻）⑥等命名它，认为它是一种绘画或雕刻艺术；或以 rock art（岩石艺术）⑦、rock engravings（岩石雕刻）⑧等称呼之，认为它是一种岩石艺术；或从它产生的时期立论，以 paleoart（古艺术）、prehistoric art（史前艺术）、prehistoric rock art 或 palaeolithic rock art（史前岩石艺术）⑨、prehistoric paintings（史前绘画）和 prehistoric engravings（史前雕刻）⑩等称呼它，认为它是一种史前艺术。中国岩画研究起步晚，人们普遍直接采用西方语境的术语 rock art 命名岩画，但不是把它译作"岩石艺术"，而是译作"岩画"。同样，1986 年 10 月被内蒙古阿拉善右旗文物管理局首次发现的巴丹吉林沙漠岩画也以"岩画"命名。图 1-2 是笔者于 2010 年 5 月 30 日下午 6 点 26 分在曼德拉山半山腰采集到的：一块不规则的绀青色石头表面刻有一个较大的圆形几何状图形，人们称之为"岩画"或一幅岩画。命名通常反映了人们对事物本质的认识。不管是"画""图画""绘画"也好，还是"雕刻"也罢，总之，人们普遍认为岩画是一种艺术，甚至直接冠之以"艺术"之名。"岩"或"岩石"等语词只是修饰它的定语而已。"事物依品种而题名，人能认知此品种便认识了这事物。"⑪人们之所以普遍以"艺术"命名岩画，并借"艺术"识别岩画，一定是因为它与一般视觉图像语言艺术有某些相同而普遍的性质。

① "史前"，即"史前史"，该术语有多重含义，本书用来表示人类使用文字之前的时代。
② Dewdney S, Kidd K. *Indian Rock Paintings of the Great Lakes*. Toronto: University of Toronto Press, 1962, p. 1.
③ Robert E. The role of the cave in the expression of prehistoric societies. *Quaternary International*, 2017, 432: 59-65.
④ Winkler H A. Rock-drawings of Southern Upper Egypt. Sir Robert Mond desert expedition. *Egyptian Exploration Society*, 1938, 1(2): 71-79.
⑤ Gebhard D. The Diablo Cave paintings. *Art Journal*, 2015, 20(2): 79-82.
⑥ Slack L M. *Rock Engravings from Driekops Eiland and other Sites South-West of Johammes Burg*. Londres: Cenraur Press Ltd, 1962, p. 129.
⑦ Anati E. Rock-art in central Arabia. *Corpus of the Rock Engravings*, 1972, 3: 167.
⑧ Butzer K W. Dating and context of rock engravings in Southern Africa. *Science*, 2003, 3(1): 45-53.
⑨ Bednarik R G. *Refutation of Stylistic Constructs in Palaeolithic Rock Art*. Chicago: The University of Chicago Press, 1995.
⑩ Bicknell C. *A Guide to the Prehistoric Rock Engravings in the Italian Maritime Alps*. Bordighera(Pietro Gibelli), 1913, p. 45.
⑪ 〔古希腊〕亚里士多德：《形而上学》，吴寿彭译，商务印书馆 1959 年版，第 45 页。

图 1-2

　　虽然岩画产生的年代遥远，但是，无论是就其质料，还是就其形式而言，它都与一般视觉图像语言艺术无别。岩画的质料岩石或岩壁，以及它的形式（即图像）非它独有。因为后代许多视觉图像语言艺术也使用它，并形成了多种多样的石板画、石刻、石壁画等。而岩画的形式或图像亦非它专属。尽管这些形式浩如烟海、千奇百怪，但就其内容而言，则无外乎具象和抽象两类。前者大都是象人物、动物之形的形象；后者大都是由点、线构成的符号。二者中的一些基本形式，诸如狩猎者、骑者、牛、羊、马，以及圆点、圆圈、同心圆、十字、方格等，我们在后代视觉图像艺术中也能看到，尤其是它们大都造型独特，其具体、鲜明、可感的形象性使现代艺术家为之心摹手追，即便是引领 20 世纪视觉图像艺术的塞尚、凡·高、马蒂斯、毕加索等世界艺术大师，也不例外。学界亦是。自震惊世界的法国阿尔塔米拉（Altamira）洞窟岩画被发现以来，但凡论及艺术史，学者鲜有不提及岩画的，如德国著名艺术史家格罗塞 1984 年就出版了从艺术角度研究岩画的名著《艺术的起源》①，国际著名岩画学者埃马努埃尔·阿纳蒂（Emmanuel Anati）和保罗·G. 巴恩（Paul G. Bahn）也都立足岩画，探讨人类艺术的起源。前者撰有《艺术的起源》②，后者著有《剑桥插图史前艺术史》③。

---

　　① 即格罗塞《艺术的起源》（蔡慕晖译，商务印书馆 1984 年版）。

　　② 即埃马努埃尔·阿纳蒂《艺术的起源》。

　　③ Bahn P G. *The Cambridge Illustrated History of Prehistoric Art*. London: Cambridge University Press, 1998.

　　然而，有着万年、千年历史的岩画分布在世界 160 多个国家①，数量不可计数。迄今为止，岩画的存在没有受到其他视觉图像语言艺术的威胁。换言之，它没有被"中和"。②人们可以轻而易举地从众多的视觉图像艺术中识别出它。这种现象表明除展示出视觉图像语言艺术的一般特质外，岩画一定还展示了属于它自己的"独特的和不可还原（unique and irreducible）的东西"③，即不能简化或削减的、专属于岩画自身的特质，也就是它自己能证明自己的东西。

　　由于拥有上万年历史的岩画数量较多（如澳大利亚最古老的岩画可与欧洲的媲美），一些可以追溯到 4 万甚至 5 万年前。④因此，人们把岩画归属于考古学领域，认为作为一种历史文化遗产，岩画与其他视觉图像语言艺术的区别在于它是一种史前艺术（prehistoric art）⑤、古艺术（paleoart）⑥、史前岩石艺术（prehistoric rock art）⑦、史前岩石雕刻（prehistoric rock engravings）⑧、史前绘画（prehistoric paintings）⑨、史前雕刻（prehistoric engravings）⑩、史前洞窟艺术（paleolithic cave art）和史前洞窟绘画（palaeolithic cave paintings）⑪等，岩画名称的普遍存在充分表明了这一点。这里的术语"史前"用来表示人类使用文字之前的时代。一般来说，人类实际存在的最早时期即人类的史前史。岩画被大多数史学家用作描述人类史前史强有力的证据。有些人甚至认为"如果不使用阿尔塔米拉（Altamira）和拉斯科（Lascaux）的洞穴绘画作为证据，确实很难写出欧洲的史前史"⑫。由于

　　① 根据阿纳蒂 20 世纪 80 年代末的统计，共有 45 000 幅岩画分布在 160 多个国家。见〔法〕埃马努埃尔·阿纳蒂：《艺术的起源》，第 21 页。

　　② 法国符号学家罗兰·巴尔特认为：当两个能指可由同一个所指中产生时或两个所指可对应同一个能指时就会出现中和（neutralisation）现象。见〔法〕罗兰·巴特：《符号学美学》，董学文、王葵译，辽宁人民出版社 1987 年版，第 81—84 页。

　　③ Fried M. *Art and Objecthood*: *Essays and Reviews*. Chicago: The University of Chicago Press, 1998, p. 31.

　　④ David B, Geneste J M, Petchey F, et al. How old are Australia's Pictographs? A review of rock art dating. *Journal of Archaeological Science*, 2013, 40(1): 3-10.

　　⑤ Bednarik R G. The dating of rock art: A critique. *Journal of Archaeological Science*, 2002, 29(11): 1213-1233.

　　⑥ Bednarik R G. *Refutation of Stylistic Constructs in Palaeolithic Rock Art*. Chicago: The University of Chicago Press, 1995.

　　⑦ Dewdney S, Kidd K. *Indian Rock Paintings of the Great Lakes*. Toronto: University of Toronto Press, 1962, p. 1.

　　⑧ Bicknell C. *A Guide to the Prehistoric Rock Engravings in the Italian Maritime Alps*. Bordighera (Pietro Gibelli), 1913, p.45.

　　⑨ Honore E, Rakza T, Senut B, et al. First identification of non-human stencil hands at Wadi Sura Ⅱ (Egypt): A morphometric study for new insights into rock art symbolism. *Journal of Archaeological Science: Reports*, 2016, 5(6): 242-247.

　　⑩ Polley K, Banerjee A, Makal A. Relations between rock art and ritual practice: A case study from eastern India. *Archaeological Research in Asia*, 2015, 3(2): 34-48.

　　⑪ D'Errico F, Bouillot L D, García-Diez M, et al. The technology of the earliest European cave paintings: El Castillo Cave, Spain. *Journal of Archaeological Science*, 2016, 70(6): 48-65.

　　⑫ 〔英〕彼得·伯克：《图像证史》，杨豫译，北京大学出版社 2008 年版，第 4 页。

民族差异，有些民族几千年前就脱离了史前史，有些在几个世纪之前才结束。而那些与世隔绝的族群，有些随着与外界的联系，一下子从石器时代跨入了当代，有些则依然处于无文字时期。当人们以"史前"称呼岩画时，通常意指的不仅是那些新、旧石器时代的岩石或岩壁作品，也指那些处于人类历史各个时期的部落人的创作。因为在很多岩画遗址常常有千万年的岩画与很近代的岩画同时存在，人们很难分辨是史前的还是部落的。"'部落'这个形容词意指那些非都市的、没有文字的社会，拥有相对简单的政治结构。"[1]例如，巴丹吉林沙漠岩画里既有旧石器时代的洞穴手印岩画，也有刻有蒙古文或藏文、突厥文、西夏文（图1-3），甚至现代汉文的岩画。况且，无论是从考古发掘资料，还是从现存史前部落的实际情况来看，上述"史前"的意义并不是岩画专属。因为处于这一时期的人们不仅有岩画，还有建筑、雕塑、绘画等其他艺术。据法国古生物科学家伊夫·科庞统计，在过去5万年的时间里，在来自160多个国家的7万个遗迹之中，经过清点的、人们在可流动性物品上的画作或雕刻画就有50万幅。[2]而以爱德华·泰勒（Edward Tylor）、詹姆斯·乔治·弗雷泽（James George Frazer）为代表的人类学家、民族学、民俗学家对原始社会和史前部落的研究也证实，舞蹈、音乐、神话和传说等与绘画一样，同时存在于人们的日常生活中。而且，除在岩石上绘画外，他们还在树皮、木头等质料上作画。

图 1-3

与"史前"一样，有关地区或地理位置、国家、民族等概念也不足以说明岩

---

① 〔法〕埃马努埃尔·阿纳蒂：《艺术的起源》，第16页。
② 伊夫·科庞在为阿纳蒂《艺术的起源》所作序言中陈述了这一观点。见〔法〕埃马努埃尔·阿纳蒂：《艺术的起源》，第7页。

画之为岩画。诚然，"非洲岩画""拉斯科洞穴岩画""法国岩画""布须曼人岩画"等界说，使我们对岩画的分布、出现、图像等情况有所了解，但是它们都无法解释岩画自身存在的相对独立性，或者说揭示内在于岩画自身的特质。因为存在跨越地理、国家、民族等边界的世界性的岩画质料（如岩石、岩壁）、题材（如出现在西班牙、印度、中国等地的手印岩画）和色彩（如红色）等这些显而易见的事实。

　　然而，假如我们充分考虑到与一切客观、真实存在的视觉图像语言艺术品一样，岩画也是生产活动的结果的话，那么，它所展示出的独特的和不可还原的东西理应由它特有的生产而得以确立。这里"生产"的术语采用古希腊人的概念，指的是"能使先前不存在的事物成为存在的任何力量"①。例如，柏拉图曾解释说："某人使原先不存在的事物变成存在的，这个人称作生产者；原先不存在的事物变成存在的，称作被生产。"这里"生产"的意义很宽泛。柏拉图进一步把"生产"划分为"神的生产"和"人的生产"两种：前者"指的是自然界的生产"，后者"指的是人工从自然物中制造出东西的生产"。柏拉图认为这两种生产凭借的都是"技艺"，即理性的制作行为。因此，在行文中，他常以"神的技艺的生产"和"人的技艺的生产"称呼以上两种生产。②由于人通过有目的的理性行为从自然物中制造出来的东西，或者说使原先不存在的事物变成存在的形形色色，数不胜数。于是，在广泛的"人的生产"意义上，古希腊人把文学、绘画、雕塑等都称为技艺，认为艺术品与日用品都是人的技艺的生产实践活动。只不过两种生产活动所生产的产品或物不同。前者是陶器、鞋、铠甲等；后者是诗、图像、雕像等。③更进一步讲，柏拉图和亚里士多德论证了生产视觉艺术形象的艺术品是一种模仿的技艺。如以装饰、绘画和造型为例，柏拉图明确指出："模仿确实是一种生产，只不过它生产的是影像。"④亚里士多德在《诗学》里依据模仿方式的不同划定了诗、绘画、舞蹈、雕刻等艺术门类之间的界线。⑤岩画正是这样一种生产图像的、人的技艺的生产。如果说它的出现是人从自然物中创造出来的（这意味着没有自然物就没有岩画），那么，我们对岩画本质，即岩画之为岩画的东西的追问，就必然转化为对岩画如何成为岩画，即岩画特有生产问题的考究。这关涉四个基本要素：生产者、自然物、生产过程和图像。下面，笔者将以巴丹吉林沙漠岩画为例，通过对它们及其形成的生产过程的剖析，阐释岩画的特质。

---

　　① 《智者篇》，见〔古希腊〕柏拉图：《柏拉图全集》第三卷，王晓朝译，人民出版社2003年版，第77页。以下所引也出自此，见第6页。

　　② 《智者篇》，见〔古希腊〕柏拉图：《柏拉图全集》第三卷，第78页。

　　③ 柏拉图、亚里士多德对此都有比较详细的论述。见柏拉图《智者篇》《法律篇》《政治家篇》等，以及亚里士多德《诗学》和《修辞学》等。

　　④ 《智者篇》，见〔古希腊〕柏拉图：《柏拉图全集》第三卷，第77页。

　　⑤ 〔古希腊〕亚理斯多德（亚里士多德）：《诗学》，罗念生译，人民文学出版社1962年版，第3—6页。

第二节 存自然物

岩画的生产者是谁一直是困扰着人们的一个大问题，巴丹吉林沙漠岩画亦如此。我们不知道这些岩画生产者的名字、年龄、性别、职业等基本信息。与后世个体化、有名有姓的作者相比，岩画是无名氏的作品。可是，这一点也并非岩画专属。在人类历史上，特别是早期，没有署名的视觉图像艺术品多矣。至于岩画的生产过程是否为它独有，答案恐怕也不能令我们满意，因为生产过程严格说是一种处于现在时态的、动态的活动。逝者已矣，岩画生产过程中的一些基本问题，诸如它是个体独创还是几个人的合作，有几个环节，需要多长时间，等等，我们永远无法得知。我们现在所能确定的是自然物和图像。前者意指生成岩画的东西，即生产者用来制造岩画的原始材料（原材料）或曰质料，诸如岩石或岩壁、石头工具、天然矿物颜料等；后者意指生产者从原始材料生产出来的产品或曰形式。自然物与图像之间的关系其实就是质料与形式之间的关系。如彩图 1 所示，这三幅摄影图展示的都是位于雅布赖山脉的额勒森呼特勒洞窟的手印岩画。它们都分布在石壁上。石壁与手印图像之间的关系就是岩画制作过程中质料与形式的关系。不同岩画视觉图像语言之间的差异既体现在质料上，也体现在形式上。如图 1-2 所示，位于曼德拉山半山腰一块相对独立存在的、完整石头上的这个岩画，无论是就其所处位置、质地、整体形状，还是颜色而言，该石头都与彩图 1 里的质料——石壁迥然不同，其上面的图像亦与彩图 1 里的手印有别。

质料与形式之间存在组合、生成两种基本关系。显然，我们不能在组合，即部分与整体的意义上，简单地把许多绘画、雕塑甚至舞蹈称作由质料和形式因组合而产生的，如《蒙娜丽莎》由画布和图像组成、芭蕾舞由人和动作组成、埃及金字塔由石头和人面图像组成等，而应该把它们称作质料与形式通过某种特殊的生成关系而形成的。也就是说，视觉图像及任何一个已经成形的图像，是由尚未定型的、以部分形式存在的东西，诸如纸、石料、工具、颜料、油、次序等生成的，而不是由它们构成的。这里所说的"部分"，"指整体被分解成的，而且已经存在于整体之中的东西"[1]。这种质料与形式的关系决定着岩画的本质。因为"每种艺术凭借其特有的生产、特有并专属于它的效果而得以确立"[2]。若悬置起特定的创制者，则决定每种艺术特有的生产和效果的两个重要因素是其质料与形式。换言之，岩画"特有的生产"和"特有的效果"正是源于其特有的质料、特

---

① 〔古希腊〕亚里士多德：《物理学》，徐开来译，见苗力田主编：《亚里士多德全集》第二卷，第 13 页。

② Fried M. *Art and Objecthood: Essays and Reviews*. Chicago: The University of Chicago Press, 1998, p. 35.

有的形式。

由此可知，岩画的生产过程就是生产者从自然物生产出图像的过程，岩画本身不是一个单一的存在物，而是自然物和图像的复合物。岩石或岩壁与图像的复合方式，总体来看，有以下两种情形：一是增加，即使用颜料等在岩石或岩壁表面上绘成（如此在原材料之上添加了"多余的东西"），如彩图 1 所示，该手印是通过使用红色颜料直接印制在岩壁上的，从而给岩壁附加了些"多余的东西"（红色颜料、手印）；二是减少，即在岩石或岩壁表面上刻、磨、凿或雕出（如此会多少去掉部分原材料），大部分岩画属于此种，如图 1-3 所示，不论是在石头表面线刻出西夏文字和方框类形状、敲打出圆点状图形，还是凿刻出象马之形的图像，制作者都或少或多地去掉了原材料表面固有的一些物质（即石头表面的材质）。于是，三种复合体依次出现，即手印[①]、线刻、浅雕刻式岩画图像语言。因此，准确地说，任何一个已经成形的岩画图像，是由尚未定型的东西，诸如岩石或岩壁、工具、颜料、次序等生成的，而不是由它们构成的，因为在生产者把它们结合在一起之前，它们都是未结合的、互相分离的存在物。因此，在质料与形式的统一体意义上，岩画的生成是一个从无形到有形的过程。承载岩画形式的质料则是岩石或岩壁。从物质载体意义上，我们可以说从岩石或岩壁生成图像。岩石或岩壁才是岩画的原材料，即生产者从中生产出图像的自然物。

与我们通常所说的雕刻类艺术作品不同，岩画质料岩石或岩壁是岩画由之生成并继续存留于其中的东西。从彩图 1、图 1-2 和图 1-3 我们不难看出，除在表面上生成图像外，岩画质料本身在生产过程中既不会发生形变也不会产生质变。也就是说，用以生产图像的岩石或岩壁本身，其外部整体形貌，以及其内部肌理、构造、质地等，没有太大或明显的变化，它依然是一种自然物。生产者对岩石或岩壁的增加或减少，不过是在它的表面或者增添了一些色彩、手印，或者去掉了少量表层岩石而已。拉斯科洞穴岩壁上彩绘野牛图像、彩图 1 所示额勒森呼特勒洞窟石壁上手印图像，以及瓦迪·马特恩杜什岩石上线刻巨鳄图像的出现[②]，除了赋予它们更多色彩和魅力外，也没有改变它们本身的位置、形状和形态等。因此，岩画生产过程的本质不是对原材料岩石或岩壁的加工、重塑，而是对它的修饰。并且，无论是就范围还是程度而言，与岩石或岩壁本身的体积、面积等相比，这种修饰通常显得很少。如图 1-4 所示[③]，这块相对独立位于曼德拉山顶的石头表面几乎被雕刻满了大大小小各种各样的图像：从四周边缘到石头中间。有些形状比较大的图像对石头表面造成的损坏比较严重，如在刻制象马、羊之形的动物的主体

---

① 手印其实是一种特殊的拓印，英国考古学家巴恩称其为"模印"。

② 前者位于法国多尔多涅省蒙尼克镇附近的韦泽尔峡谷；后者凿刻在利比亚迈萨克·塞塔费德山上(See Bahn P G. *The Cambridge Illustrated History of Prehistoric Art*. London: Cambridge University Press, 1998, p.132)。

③ 此图为阿拉善右旗文物管理局采集收藏。笔者 2016 年 10 月在该博物馆拍摄并制作。

躯干部分时，制作者采用写实手法，敲凿出了一片面积较大的长方形，然后打磨平整（这样便去掉了石头表面较多的材质）。即便是这样，整块石头依然保持着完整的形状，只不过模样变得更加美观了——各种图像上下、左右有序地被设计在一个相对完整的视知觉场内，形成了一幅有像的图画。正是因为图像语言世界的存在，这块石头才变得与众不同，成了一个刻制的作品。当然，众多图像语言的添加也使整块石头有了"厚度"。显然，与我们通常所看到的雕塑艺术作品相比，以图1-4为代表的岩画别具一格：它既不是在岩石表面雕刻出凸起图像的浮雕，也不是镂空石头或石壁的透雕，更不是从上下、前后、左右对整块石头全方位雕刻的圆雕，甚至也不能称之为同时采用阴线或阳线雕刻的线雕，因为这样的雕刻技艺制作的图像也会去除很多岩石表面质料。所以，就生产或制作过程中，质料与形式关系而言，从岩石或岩壁生成岩画，本质上不是生产者对岩石或岩壁的制作过程，而是"文饰"[①]过程，或者说是对它们"结构和自然形态的补充"[②]。

图 1-4

① 此为清代文字学家王筠《说文释例》中语。笔者对此有专论，兹不赘述，参见王毓红：《羊书：一种象形表意石头文》，商务印书馆2012年版，第474—480页。

② 〔法〕埃马努埃尔·阿纳蒂：《艺术的起源》，第49页。

由岩石或岩壁生产出来的图像语言，虽然可以单独存在，即构成一个相对独立存在的岩画（图1-2），也可以同时存在，即彼此之间搭配组成一个拥有众多图像语言的相对独立的岩画（图1-4），但都对其质料影响不大。即便是分别在图1-2、图1-3所示圆圈内、右边添加一些浅线刻图像语言，也不会改变承载它们的石头本身的形状，正如表面甚至四周边缘都布满形形色色图像语言的大体呈正方形的石块一样（图1-4）。其实，早在中国北魏晚期，郦道元就非常明确地以"画石"命名岩画。他在《水经注》卷三《河水》里说："河水又东北历石崖山西，去北地五百里，山石之上，自然有文，尽若虎马之状，粲然成著，类似图焉，故亦谓之画石山也。"①显然，岩画生产的实质是对自然物的"画"或"文""文饰"，而非"画"或"文"本身这个意义上，以"文石""画石"称呼岩画似乎更切中其本质。这也是为什么我们常见的是绘画式岩画、比较浅的线刻岩画，以及浅浮雕式岩画，罕见的是比较深的线刻或高浮雕式岩画的一个根本原因，②因为后者对岩石或岩壁本身的改变相对较大。

人类历史上许多壁画，诸如古埃及人绘在墓壁上的画、达·芬奇绘在佛罗伦萨古奥宫市政会议大厅墙壁上的《安吉里大战》，以及中国古代人们绘在敦煌洞窟石壁上的画等，与西班牙阿尔塔米拉岩画、法国拉斯科岩画一样：图像生成之后，作为质料的坟墓墓壁、大厅墙壁和洞穴石壁本来的位置、形状等并没有改变。可是，它们并不是"生产"（即"人从自然物中制造出"东西）意义上的原始材料，而是人工制品。我们所说的"原始材料"意指的是图像从它生成，并继续存留在其中的那个"自然物"，即未经人加工的、自然存在的东西。因此，严格说来，以古埃及墓壁画、达·芬奇《安吉里大战》壁画，以及敦煌壁画为代表的后代壁画的生产是生产之上的再生产。因此，岩画可以"与装饰绘画或建筑物的建筑装饰相比"③的说法也不成立。

人类历史上许多雕塑、绘画等视觉图像艺术品的生产也如此。它们以木料或石料、布料和金属等为质料。且不说艺术家用以生产图像的原材料，诸如画布、青铜、陶瓷、玻璃钢之类本身就是人工产品，就是看似天然材料的大理石、青石、汉白玉等，也是人们开采出来的，即经过人类劳作之后的产物。它们与岩画原材料，即由于自然而存在的自然物岩石或岩壁截然不同。④而且，即便是以人工制品为原材料进行生产，后代以雕塑、绘画为代表的许多视觉图像艺术作品的生产过程通常也是对质料或原材料的塑形或改造过程，或者说是一个转换原材料的过

---

① （北魏）郦道元：《水经注校证》，陈桥驿校证，中华书局2007年版，第74—75页。

② 法国卡普勃朗一个冰河时代岩洞岩壁上，有些岩画的雕刻深达30厘米。

③ 〔苏〕A. A. 福尔莫佐夫观点，见其《苏联境内的原始艺术遗存》（路远译，陕西师范大学出版社1992年版，第51页）。

④ 中国古代刻制在名山上的书法石刻作品不在本书讨论的范围之内。

程。如通过对石材的雕刻，古希腊人制成了著名的雕塑《维纳斯》；达·芬奇通过填满整个画布创作了《蒙娜丽莎》。而维纳斯雕像、蒙娜丽莎图像的诞生是以原材料大理石、画布本身形状的消失为代价的。

对于西方现代艺术来说，"绘画如今已成为一个实体。跟我们的身体一样属于同样的空间秩序，它不再是那种秩序的一个想象等价物的载体"①。尽管如此，艺术家在艺术品的物质存在（physical presence）和具体性（corporeality）方面的探索，均离不开人工原材料。20世纪直接以日常生活用品为作品的"现成艺术"（found art），看似艺术家不求任何形式，重视物质材料，让画布或雕塑几乎成为自然物体，如杜尚几乎未进行制作就把尿壶拿来作为自己的雕塑作品——《喷泉》（"现成艺术"品因此又被称作 found object，意思是"捡来的东西"或"现成物"②）。但是，尿壶本身不是自然物，而是由质料或原材料生成的人工产品。③与之相反，20世纪60年代后期的"土地艺术家"（land artists）的确是以自然物大地为原材料进行生产的。受20世纪后期新兴的生态运动、环境主义影响，他们让自然环境介入艺术生产，把艺术从画廊和社会搬出去，固定在遥远、没有人居住的自然，开始创作巨大的、不可移动的、持久的"土地或地球作品"（land or earthworks）。④然而，在整个生产过程中，他们严重依赖工程师、建筑工人、土方设备，甚至飞机，肆意改造原材料大地，当他们的作品完成时，大地本来的面目已经荡然无存。

因此，如果说经过人开采或加工过的材料是绝大多数视觉图像语言艺术的原材料的话，那么，自然物就是岩画的原材料；如果说从无形到有形是包括岩画在内的绝大多数视觉图像语言艺术生产过程中的一个特征的话，那么，自然物在生产过程中不发生形变和质变则为岩画独有；如果说绝大多数视觉图像语言艺术的生产本质上是一个去自然物的过程的话，那么，岩画的生产则是一个存自然物的过程。这就是我们实地所看到的"岩画"其实是一个物体（一块石头或岩壁甚至洞穴等）的原因。此意义上的岩画更应该被称为"一个"而不是"一幅"（图1-2）。因为正如一枚有着正反面的硬币，岩画的存在是一个整体，准确地说我们要重新称之为"岩画物体"。而人们常常不仅忽视了它的反面，而且忘记了铸造它的物质材料：铜还是铅？当我们以"岩画物体"称呼岩画时，我们所指述的就是图像语言及其共生共存的物质载体的统一体。从岩画的一个重要功能凸显原始物质材料，我们可以更好地理解这一点。

---

① 〔美〕克莱门特·格林伯格：《艺术与文化》，沈语冰译，广西师范大学出版社2009年版，第188页。

② Arnason H H. *History of Modern Art*. Upper Saddle River: Prentice Hall, Inc., 2003, p. 327.

③ 准确地说是由原材料瓷生成的。而瓷本身也是人工产品，是由原材料石料生长的。

④ Arnason H H. *History of Modern Art*. Upper Saddle River: Prentice Hall, Inc., 2003, p. 596.

第三节　凸显原材料

岩画以原材料自然物及其在生成图像后基本保持不变为特征。这突出体现在它所展示出来的、专属于它的效果上。与一般视觉图像语言艺术作品相比，岩画所展示出来的特殊效果是凸显的，即凸显以原材料形式存在的自然物——岩石或岩壁。

质料与产品转而相生，是一般视觉图像语言艺术品生产的特质。对生产者来说，质料通常只是手段，产品才是目的。产品的出现，意味着质料的遁隐或消失，准确地说是转化为另一种东西，即艺术品。因为与实用性产品不同，人们通常不会根据质料评定艺术产品的价值。一个重要原因是我们看不到它们。例如，面对著名的艺术雕塑品米开朗琪罗的《大卫》、罗丹的《思想者》，我们看到的是雕像——"大卫""思想者"，而不是原材料青铜。同样，目睹世界上最大、最古老的埃及吉萨大斯芬克斯雕塑，没有人知道生产者所使用的原材料石灰岩本来的形状是怎样的。因为它已经转化为另外一个东西——狮身人面像了。事实上，艺术欣赏的经验也告诉我们，观看艺术产品时，人们常常会忘记用以生产它的质料。而且，必须忘记——假如他想"欣赏"它的话。很难想象，当聚焦于画布尺寸、颜料深浅、工具形状等原材料时，人们如何能静观达·芬奇的《蒙娜丽莎》、凡·高的《向日葵》，更何况人们根本看不见原材料。所以，除人物形象蒙娜丽莎、植物形象向日葵外，画布上其他部分也已被画家涂上了色彩（成为"画"而非原始材料画布）。虽然在以高更、塞尚和马蒂斯为代表的西方画家那里，我们也看到了一些留有空白画布的作品，但是，他们所使用的原材料画布本身就是人工制品。同理，由于中国传统视觉图像艺术讲究虚实相生，画山石者，"每留素以成云，或借地以为雪，其破墨之功，尤为难也"[①]。质料常常被作为再现或表现的对象，所以，人们目睹一幅画，往往能同时看到空白的画布。然而，此画布远非我们所说的作为自然物存在的岩石或岩壁，因为它们本身就是人工产品（如宣纸、绢、帛、金、石等）。

从图 1-2 至图 1-4 我们可以看到，刻制或绘在天然岩石或石壁上的一幅岩画，不论其上有多少个图像，都能让我们在看到图像的同时看到其原材料，甚至其本真的存在状态——作为整体存在的一种自然物（石头或石壁），甚至其生存的环境。就像仰望天上的星星一样，无论稀疏还是稠密，在视知觉场中，我们在看到它们的同时总是能看到天空。而且，很多情况下，我们是先看到以自然物形式存在的原材料岩石或岩壁，后看到图像。例如，若不首先看到并进入洞窟或穴，四

[①]　（宋）郭若虚：《图画见闻志》，人民美术出版社 1963 年版，第 10 页。

处察看洞内岩壁，我们怎能看到拉斯科和阿尔塔米拉岩画？[①]它们往往位于人们很难到达的洞窟最深处、最黑暗的地方。至于那些位于崖壁、戈壁、沙漠或山上的岩画，大多数情况下，我们也总是先目睹作为原材料的自然物石头或崖壁，后看到其上的图像。而且，我们常常要在石头或崖壁上仔细寻找才能发现图像。因此，当我们说岩画艺术品（rock art objects）时，我们意指的不仅是图像，还是一种自然存在的自然物。巴丹吉林沙漠岩画大部分位于高低不等的山上或峭壁上，曼德拉山山顶分布最集中。这意味着我们必须爬上山顶，才能看到岩画。巴丹吉林沙漠岩画里珍稀的洞穴岩画亦如此。实地考察过程中，我们总是穿越沙漠、戈壁，先到达图 1-1 所示的这片褐白色怪石群，然后才能发现其中隐藏的额勒森呼特勒洞窟手印岩画（彩图 1 所示的手印岩画就位于该怪石群左下方一块石头下面）。而图 1-5 所示的巴丹吉林沙漠岩画，位于龙首山的一个隘口南边峭壁上。很显然，我们只有前往龙首山，并且来到这个巨大的峭壁前，才能看到这幅人们通常所说的岩画。其中比较清晰可见的是两个象骑者之形的图像，以及一个已经自然剥落的、轮廓不太清晰的图像。而且，即便是在图 1-5 所示的这个比较小的视知觉场内，与承载它们的沟壑纵横的石壁及其上其他自然物象相比，这三个图像的存在并不引人注目。

图 1-5

① 我们在博物馆等展厅看到的岩画，它们或从原生存之地被凿下来，或被制作成了拓片、摄影作品等，但是，它们已经不是本真存在状态下的岩画。而且就岩画保护来说，使岩画离开它们生存语境的做法不可取。

　　岩画所展示出来的这种岩石或岩壁（准确地说是自然物存在）的"前景化"（foregrounding）①效果是双重的：一方面，它把理应隐匿或消失的原材料推到最前面凸显出来，迫使观看者不得不首先在它面前驻足、徘徊；另一方面，它反衬出了图像的渺小、微不足道，使人们不得不重新反思物质化原始材料之于岩画的意义。事实上，生存论意义上的岩画原材料岩石或岩壁主要以三种自然物的形式现实地存在着：一是大小不一、相对独立存在的个体岩石；二是或高或低比较陡峭的崖或岩壁；三是深浅不一、相对独立存在的洞窟或穴。它们大都分布在高山、沙漠、戈壁等自然荒野之中，有些很容易被我们看到，有些则很难。巴丹吉林沙漠岩画就十分典型，三种自然物形式存在的岩画都有。这在国内比较罕见。国内岩画分布比较集中的地区绝大多数岩画以前两种自然物形式存在，著名的以内蒙古地区为核心的北方地区岩画就是如此，如阴山岩画、贺兰山岩画以岩石、岩壁两种自然物形式存在。许多西方学者因此建议以"考古艺术"（archaeological arts）而非"史前艺术"（prehistoric art）指称岩画。②岩画原材料自然物的这种生存方式的功能有三：一是昭示了岩画的三个显著特征——非移动性、人迹罕至和隐蔽性；二是预设了自然界是它的观看地，而非人为建构的博物馆或画室、展厅等；三是进一步揭示了岩画生产所具有的以下三个特点。

　　第一，作为自然物的原材料与生产地的同一性。岩画生产者生产岩画的地方就是作为自然物的岩画原材料所处的地方。考古勘察亦证明：我们目前已经发现的大部分岩画遗址都位于非移动性的沙漠或半沙漠化的地区，并且非常隐蔽。这些被边缘化了的地方所能提供的生存资料有限，人口密度也比世界平均水平低得多。这种状况在岩画被制作的年代就如此。这些地区主要有阿尔卑斯山脉中的卡莫妮卡山谷、澳大利亚中部的埃尔斯石、阿拉伯地区中部的达塔米威尔斯，以及西伯利亚地区等。中国境内著名的阴山岩画、巴丹吉林沙漠岩画、贺兰山岩画（特别是其中的大麦地岩画），以及分布在内蒙古、宁夏与甘肃境内的很多岩画，基本位于巴丹吉林沙漠、腾格里沙漠、毛乌素沙漠的腹地或边缘地带。

　　第二，生产者通常不在人口聚集地作画。岩画被发现以来，没有确凿的证据能证明岩画遗址就是民众居住遗址。尽管考古学家在不少岩画洞窟发现了可能用以作画的矿物颜料，但是没有确凿的证据证明岩画洞窟曾经是人们长期生活居住的地方。相反，许多人类旧石器时代洞窟遗址里并没有岩画。非洲、澳大利亚现

　　① Fisk W C. *Formal Themes in Medieval Chinese and Modern Western Literary Theory: Mimesis, Intertextuality, Figurativeness, and Foregrounding*. Ann Arbor: University Microfilms, 1977, p. 33. 最早是俄国形式主义提出的一种观点。英语语境中常用 foregrounding 一词表示，现代汉语语句中常被译作"前景化"或"前突"。
　　② Conkey M W. Prehistoric art. *In* Wright J D ed. *International Encyclopedia of the Social & Behavioral Sciences*. 2nd ed. Oxford: Butterworth-Heinemann Elsevier Ltd., 2015, pp. 824-827.

存一些史前部落岩画创作的实际情况也表明，人们所选择的岩画生产地址远离他们的日常生活地。岩画生产者通常并不在自己家园作画。是他们没有能力开采或搬运石料吗？不。因为考古发现了大量石器时代的石制品制造场所。很远的石料被运到人们居住的地方，或被制作为工具，或作他用。例如，周口店山顶洞人居住的洞窟内有许多外来的脉石英，如龙骨山东北角的鸽子堂洞，洞穴的堆积物为角砾岩，角砾岩夹有两层薄灰烬，上、下层的灰烬中都夹有外来的脉石英。上层为石英1层（Q1），下层为石英2层（Q2）。后来混合为一起，即鸽子堂北壁。①事实上，周口店各种各样的石英几乎都有，大约20件大小不等的石英晶体和一件长5厘米的水晶是一起被发现的。②并且，周口店发现了不少旧石器地点。这些石器种类较多，它们中的一些似乎不是用作劳动生产用具或日常生活器物，而是用来制作特殊物品的，如周口店第1和第15地点的小型石器，它们中很多究竟是用来做什么的至今人们没有在认识上取得一致，没有统一命名。以三棱小尖状器为例，旧石器时代早、晚期都可以见到，证明在远古时代必然广泛使用，但直到目前还不了解其真正用途。有些苏联学者认为这些小尖状器是原始人像啄木鸟那样抠树上的虫子吃的工具，许多学者质疑此说法。③大量旧石器时代岩画的发现昭示出它们中的不少或许是用来生产或制作岩画的工具。

第三，产品，即岩画通常不是给人观赏的。如图1-6所示④，这个被放置在博物馆展厅里的岩画不是生存论意义上的岩画。尽管人们也模仿其自然生存语境，为其精心布置了岩石背景，其载体石头下面也有两个小石头支撑，但是，让人观看或者说展览的目的本身就有悖于岩画。因为岩画生产者不在人口稠密的居住地，而是刻意远离人世，置身于自然界，在那些位于高山、沙漠、戈壁中的岩石或崖壁、幽深的洞窟或浅穴岩壁上作画，其目的显然不是让更多的人知道（准确地说是看到），而是隐藏起来或者只供特殊人看。这使岩画异于一般视觉图像艺术，而与墓壁画相似。如果说刻制在坟墓墙壁上的墓壁画是给死去的人或阴间的人看的，那么，岩画又是给谁看的呢？换言之，生产者为什么要制作岩画呢？

---

① 贾兰坡：《从周口店的石锥谈到衣服》，见高星、侯亚梅主编：《中国科学院古脊椎动物与古人类研究所20世纪旧石器时代考古学研究》，文物出版社2002年版，第10页。

② 裴文中：《周口店下更新统洞穴含人化石堆积中石英器和其他石器的发现》，见高星、侯亚梅主编：《中国科学院古脊椎动物与古人类研究所20世纪旧石器时代考古学研究》，第10页。

③ 贾兰坡：《从周口店的石锥谈到衣服》，见高星、侯亚梅主编：《中国科学院古脊椎动物与古人类研究所20世纪旧石器时代考古学研究》，第10—11页。

④ 阿拉善右旗文物管理局采集，笔者拍摄于阿拉善右旗博物馆。

图 1-6

　　正如墓壁画是为死去的人或另一个世界的人做的一样，岩画是为沙漠、高山、峡谷、岩石、洞窟等神秘本真的自然世界而做的。世界岩画最密集遗址的地理环境为我们明确昭示了这一点：岩画基本位于著名的山脉或沙漠、戈壁等地，如意大利境内阿尔比斯山脉中的卡莫尼卡（Camonica）山谷、南非的卡拉哈里（Kalahari）沙漠、中国的巴丹吉林沙漠岩画、欧洲西部旧石器时代的洞穴，以及中国西藏纳木错洞窟等。这些地方自古以来就是人们朝拜或修行的神圣之地，如以色列内盖夫沙漠中部的哈尔库姆（Har karkom）和临近的埃及西奈半岛，"有 17 个地区，300 多处遗迹，同样也有至少 50 万幅图像"①。显然，岩画所处这种地理环境赋予它的不是一般视觉图像艺术所具有的展示价值，而是崇拜价值。人们冒死前往荒芜寂然的深山僻地，是因为那里是他们精神的寓所，"精神在自然内发现它自己的本质，即自然中的概念，发现它在自然中的复本"②。世界范围内新、旧石器时代的存在、大量民族或地方志文献记载，以及神话传说和人们日常生活实践充分证明：山石历来被视作创造世界、化生并统摄万物的神。石头崇拜是人类社会

　　① 〔法〕埃马努埃尔·阿纳蒂：《艺术的起源》，第 30 页。
　　② 〔德〕黑格尔：《自然哲学》，梁志学、薛华、钱广华，等译，商务印书馆 2006 年版，第 19—21 页。

普遍存在的一种现象。"即使未经雕琢的石头，对古代和原始社会来说也有着很大的象征意义。粗糙、天然的石头，常常被认为是精灵或众神的寓所，并且，在原始文化中被用作坟墓、界碑或宗教崇拜的对象。它们的用途，可以被看作雕刻的原始形式——首先企图赋予石头以更多的并非机运和自然所能给予的表现力。"①所以，"最普通的石头"也会被原始部落人们视作崇拜对象。②可以毫不夸张地说：神奇的自然物孕育或创造了岩画——幽深的洞穴或许是人们联系自由活动的潜意识之内的"洞穴"：一个象征着大地母亲子宫的、"转变和再生可以出现的神秘的地方"就像有魔力的吸铁石一样，这些地方与岩画生产者的精神相称，对他们有秘密的吸引力，赋予他们强大的精神力量和生存勇气。因此，他们的真实身份更应该是隐修者或朝圣者，而不是岩画的生产者或观看者，因为受到他们高度尊崇的自然物原材料才是他们生产或观看岩画的目的。岩画生产或被看的过程是其生产或观者精神转化的一个过程。当代美国西南部霍皮人（Hopi）的行为表明，岩画是他们"精神地理"（the spiritual geography）的一部分。他们会定期地、不畏艰险地前往象征着死亡、阴间的小科罗拉多河峡谷，造访被他们视作圣坛的遗址柳泉（Willow-Springs），并把象征他们 27 个氏族部落的图像标志雕刻在砂岩上（这便是我们现在所说的岩画），说明此地对于霍皮人的重大意义。③很显然，吸引霍皮人的是柳泉，即他们心中自然存在的神圣地方。而图像的制作是为了证实这个地方与霍皮人之间的亲密关系。它或者是霍皮人拥有柳泉的证明，或者是此次精神旅行的记录，等等。总之，霍皮人制作图像的目的不是证明或标识本身，而是记住这个地方或让这个地方记住他们。换言之，柳泉本身就是潜在的岩画，而岩画的出现仅仅是人们表达敬畏、崇拜自然物的一种手段而已。恰如文身一样，岩画图像的出现，非但没有遮蔽岩石或岩壁，反而在进一步凸显其存在的同时，昭示了它们在生产者心中的地位，如在南部非洲，德国人布利克（Bleek）和劳伊德（Lloyd）从布须曼人（Bushman）所提供的资料证明：一些地理环境对仪式（如求雨的遗址）和传说具有重要性。这种重要性又通过岩画得到了进一步的加强和提升。在泉水和水潭周围的石头或石壁上，图像不断增多。④考古勘察发现也证明：水附近通常是岩画密集地，诸如美国的内华达州金字塔湖岩画，以及中国的广西花山岩画、福建仙字潭岩画、青海通天河流域岩画和西藏纳木错岩画等。那些分布在高大山脉、崇山峻岭、沙漠里的岩画亦如此。它们总是毫无例外地具有一个显著特

---

① 〔瑞士〕卡尔·荣格等：《人类及其象征》，张举文、荣文库译，辽宁教育出版社 1988 年版，第 211 页。

② 〔英〕爱德华·泰勒：《原始文化》，连树声译，上海文艺出版社 1992 年版，第 632 页。

③ 该遗址地方语称之为 Tutuventiwngwu。见 Bahn P G. *The Cambridge Illustrated History of Prehistoric Art*. London: Cambridge University Press, 1998, p. 134.

④ Bahn P G. *The Cambridge Illustrated History of Prehistoric Art*. London: Cambridge University Press, 1998, p. 134.

征——趋水性，如遍及巴丹吉林沙漠岩画腹地及其周围的百余处岩画分布地，都临近大小不等的季节性河流、小溪。显然，岩画生产者是为物质化存在的自然物而非图像而来。

第四节　自　然　物　性

　　与现存其他图像语言相比，岩画不能还原的特质是其自然物性。这里所说的"自然"是它身上不能简化或削减的东西，或者说不假任何外物，自己可以证明自己的东西。承载岩画的自然物质质料及其所生存的自然物理环境，造就了岩画的自然物性。它内在于岩画，密切从属于它，从而使岩画成为一种自然界的特殊存在物。因此，从这个意义上说，自然物性就是岩画的本质属性。岩画在生存论意义上所展示出来的这一特质决定了人们对它的基本态度和理解方式，即还原它的本真面目，绝不能脱离自然界来理解岩画。并且明了它绝非我们现在所说的一般意义上的雕刻艺术。因为它与艺术的边界几乎是纯粹实在的自然物质。本节，笔者以巴丹吉林沙漠岩画生存的现状为个案，主要从反面论证自然物性之于岩画的重要意义。

　　与人类共存的自然界其他万物都是一个个鲜活的生命体，并且以全息面目共存于地球上。即便是表面看上去死寂、毫无生命征兆的荒漠、戈壁、沙漠等亦无时无刻不在与周围一切环境、天空乃至整个宇宙同呼吸、共命运。存在于自然界的岩画也如此，虽然古老，但是它不是"死的存在"，而是活的生命体。一方面，正如鱼儿离不开水一样，岩画亦离不开它栖息的场所。一旦脱离它所生存在于其中的特殊的自然界，它便会"死"。这里说的"特殊"是指岩画在自然界中的分布是有规律的。它总是分布在隐蔽、险要、近水的自然环境之中，从而建构了独特的岩画视觉性叙事。另一方面，正如卢克莱修所言：天空不存在活鱼，海里不存在月亮，石头里没有奶汁，世间每样东西能存在和生长的地方都有一定的安排。[1]同理，岩画的圣地并非能够存在于这个世界的任何地区。法国所有旧时期时代的岩画都集中在洞穴里。苏联境内的什基尔旧石器时代的彩绘岩画、格鲁吉亚的姆戈维麦瓦、阿布哈兹的阿戈扎、扎拉乌特卡马尔和科贝斯坦等地的岩画也分布在相似环境中。因此，"岩画常常被称为美术画廊，旧石器时代的卢浮宫、艾尔米塔什，等等。这一比喻并不恰当。画廊是由一幅幅独立的画构成的。它们今天可以这样挂，明天可以那样挂，而后天可以运到别的城市展出。它们与陈列的场所很少或者根本没有关系。岩画则相反，它们

---

　　① 〔古罗马〕卢克莱修：《物性论》，方书春译，商务印书馆1981年版，第14页。

真正与自己的环境融为一体。很难将其从整个自然环境中分离开"[1]。整个巴丹吉林沙漠岩画的生存与存在亦充分证明了这一点。这意味着我们不能人为地斩断或割裂岩画与自然界之间的联系，即岩画生产者已经在原本纯天然石窟或石壁、石头与人之间建立起来的关系。无论是解读、研究还是保护岩画，"对我们来说最有意义的不是熟悉岩画的摹本，而是去实地考察。花岗岩、石灰岩、砂岩的颜色，光线的明暗，冲刷奥涅加湖和白海岩画的水，这些理所当然都应看作古代艺术创作总体的一部分"[2]。然而，目前，由于缺乏对岩画本真面目的了解，以及岩画所面临的被偷盗或破坏的危险，我国境内一些看似保护文化遗产或岩画的行为，实则是对岩画的"误读""省略""损坏"。这主要通过以下七个方面表现出来。

一、人为移动岩画

　　人为移动岩画指的是人们强行把岩画搬到其他地方，迫使其离开原初存在地的行为。巴丹吉林沙漠岩画中有些被偷盗，有些被文物保护工作者搬到博物馆或者各种展厅中。偷盗者采取的手段通常很粗暴，往往对岩画质料破坏很大。即使文物工作者在移动岩画过程中也难免不同程度地损坏岩画。图 1-6 是一个被阿拉善右旗文物工作者放在阿拉善右旗博物馆内的巴丹吉林沙漠岩画。承载岩画的物质载体石块的左右两面，特别是下面比较崭新的石头颜色表明它们是被人们从某个比较大的石块上生硬撬凿下来的。于是，其原生态视觉叙事永远消逝了。因为我们无法知道其左右或上下是否还像图 1-7 所示那样存在其他岩画图像语言（图 1-7 为我们展示了其中间部分岩石是被人撬凿出去的，之所以被撬凿走是因为其上有岩画图像语言，而且，该图像语言一定在某些方面比较凸显）。相比较之下，那些被文物工作者收集起来放置在阿拉善右旗博物馆的巴丹吉林沙漠岩画大都是原本就存在于一个或一块相对独立完整石头或岩壁上的岩画。此类岩画尽管质料基本完好无损，但是却毫无生命力可言。图 1-2 中呈现的这个承载岩画的物质载体石头，不是从其他比较大的石块上撬凿下来的，似乎是一个相对独立完整的整体。然而，一旦我们把它移出其生存的自然栖息地，它也是从与其他物体的联系中被摘出了，因为它的正面紧贴一块形体巨大的黄色沙岩石而立，更不用说其后面及左右两边背景中的其他物体了。

---

① 〔苏〕A.A. 福尔莫佐夫：《苏联境内的原始艺术遗存》，第 51 页。
② 〔苏〕A.A. 福尔莫佐夫：《苏联境内的原始艺术遗存》，第 51—52 页。

图 1-7

二、刻意"保护"岩画

岩画的发现往往给当地文化旅游业发展带来了机遇。随着文化旅游特别是岩画旅游的开发，岩画被损坏的情形时有发生。例如，巴丹吉林沙漠岩画里最具代表性的曼德拉山岩画已经作为旅游区对外开放。为了防止岩画被游人破坏，阿拉善右旗文物工作者用铁框子把一些重要的岩画（准确地说承载岩画的物质材料或原材料——石头）框起来（图 1-8 上图）。自然生存秩序被颠覆、处于如此生存境遇的岩画，酷似被囚禁的囚犯。在为岩画量身打造铁框过程中，不仅其周围的栖息地遭到了严重的破坏，而且严重影响到游客对它们的观看，更不用说欣赏或理解了。

三、岩画被拍摄、被拓或被制作成画

目前在我国境内已发现的岩画大多已经被当地文物工作者或岩画研究者采集、整理，它们大多被制作成摄影图或拓片、复制图（图 1-8 下图）。[①]以这些方式被采集的巴丹吉林沙漠岩画通常被作为图册公开出版，或者悬挂在博物馆、展览馆，甚至私人家室，当然，也被研究者作为研究资料。很显然，一般读者或欣

---

① 其中的拓片采自阿拉善右旗博物馆，复制图见盖山林《巴丹吉林沙漠岩画》（北京图书馆出版社 1997 年版）最后所附"岩画图录"第 283 图。

赏者似乎只能通过这样的渠道接触并了解岩画。但他们这样看到的岩画的确只是一幅幅人为的"画"而已，因为岩画给我们视知觉建构的自然视觉叙事荡然无存，尤其是当有些岩画摄影图或拓片、复制图被镶嵌在画框里、制作成一幅幅的画被陈列展出时。

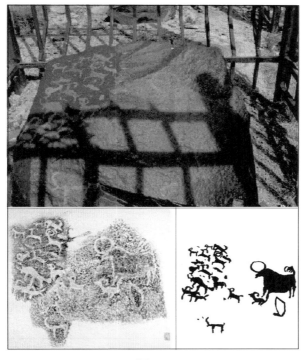

图 1-8

四、岩画图像语言被分割

岩画图像语言被分割指的是人们在采集岩画时往往会漏掉一些图像语言。在实地考察过程中，我们视知觉中的岩画都是一个相对独立存在的完满的整体形式，即格式塔心理学（gestalt psychology）上所说的"格式塔"（gestalt）或"完形"。①正如我们完整统一的身体图式②的外观轮廓是一般空间关系所不能逾越的界线一样，图 1-2 所示的这个自然物岩石上的一个圆圈状的理想形式——"格式塔"就是我们通常所说的"岩画"。它属于一个不可更改、不可分割的整体形式。

---

① 〔美〕库尔特·考夫卡：《格式塔心理学原理》，李维译，北京大学出版社 2010 年版，第 2 页。

② 早在 1945 年法国著名现象学哲学家庞蒂就提出并系统阐述了"身体图式"概念和理论。见〔法〕莫里斯·梅洛-庞蒂：《知觉现象学》，姜志辉译，商务印书馆 2001 年版，第 265 页。

图 1-4 所示众多图像语言以一种独特的方式结合在一起，形成了一个相对独立完满的、更大的一个整体形式。其中，各个相对独立完满的图像语言之间，不是各自为政孤立地存在着，而是一些图像语言包含在另一些图像语言之中。图 1-7 则给我们呈现了岩画被作为部分移动的境况：原本是一块相对完整的石头上的图像语言（即人们常说的一幅画）中间一部分被采集走了（被视作另一幅岩画）。于是，被采集的中间部分图像语言不是一幅原生态的岩画，剩余的依然生存于曼德拉山上的图像语言也不能被视作一幅完整的岩画。此外，我们经常见到的是人们孤立地理解我们视知觉中相对独立存在的岩画。如图 1-9 所示，映入我们眼帘的是一块形状不规则的石头。其上面分布着数量较多的图像语言，理应被视作一个相对完整的整体，即一幅岩画。可采集者或岩画研究者往往把它们分割为左右两个部分，即两幅岩画。①就像把一头牛解析成头、身子、四肢一样，人们如此采集到的与其说是"岩画"，毋宁说仅仅是"图像"，因为从生产者角度看，一幅包含众多图像语言的岩画或许是图像语言之间组合的结果。岩画一旦完成，便是相对独立存在的完整视觉形式，正如人手一样，岩画的空间不是空间值的一种拼凑物，而是不容分解的、活的有机整体。

图 1-9

五、岩画图像语言被误读或被省略

　　岩画图像语言被误读或被省略主要指的是当人们采集岩画时，往往会因误读而省略或规避掉一些岩画或某些岩画里的部分图像语言的情形。一般来说，采集岩画的文物工作者甚至一些研究者，主要聚焦于那些单个或整体图像形状较大，并且比较特殊的，而忽视那些形状较小的和抽象形式，以及诸如都是象羊、骑者

---

① 王雅生主编：《曼德拉山岩画集》，甘肃人民出版社 2005 年版，第 23 页。

等之形的较常见的图像。很显然,这样采集的岩画原始数据资料是欠全面和不准确的。至于那些由两个或两个以上图像或图形组成的岩画里一些点或线状形式和一些形状较小的图像或图形,以及一些位于物质载体石头四周边缘地带的图像或图形,经常会被采集岩画者或研究者忽视。如图 1-3、图 1-4 和图 1-9 所示,在这些岩画里,与具象图像一起并存的都有一些完全由点或线状形式元素独立结构的成分。它们并不是依附于某个图像之上,即不是结构某个图像的形式元素,而是与其他图像一样,相对独立地与之并存在于一个相对完整的视知觉空间。也就是说,它们与其他图像一起搭配组合了岩画,如图 1-3 所示,左边两个大小不一的点状抽象形式,以及象抽象骑者之形的图像上面和右上边也各有一个点状形式,它们都非常明确地存在着。图 1-4 里象羊或鹿、马等之形的图像四周都不同程度地点缀着不少点状形式,它们中有些井然有序排列。图 1-9 里象牦牛之形的图像前面及上面都有点状形式。然而,通常情况下,它们完全处于遮蔽状态,人们会对其视而不见或者省略。这种情况在整个巴丹吉林沙漠岩画采集或研究过程中非常普遍。[1]而人们之所以看不见它们的一个重要原因,是认为这些点状形式不是象羊或骑者,以及塔等具象图像一样的岩画(图 1-10)。可是,这种现象在巴丹吉林沙漠岩画的普遍存在向我们昭示它们在组建图像语言里的不可或缺性。毫不夸张地说,没有点状形式,类似图 1-2 中只有图形的岩画比较少见。

图 1-10

六、悬置

悬置指的是目前岩画界的一种通病——物与图分离,即几乎完全忽视作为自

---

① 如在盖志浩为巴丹吉林沙漠岩画所制作的 1441 幅复制图里,有相对独立点状形式的不多。如他所制作的图 1-3 所示的岩画复制图里,只有抽象骑者形式和西夏文。见盖山林《巴丹吉林沙漠岩画》(北京图书馆出版社 1997 年版)后所附"岩画图录"第 185 图。

然物存在的岩画，几乎不考虑承载图像语言的物质载体，更不用说它的各种自然物理语境场了。在实地采集或研究岩画的过程中，人们无论是拍摄、拓还是复制图，基本上聚焦于石头或石壁上的部分图像语言，鲜见把石头与分布其上的图像语言视作一个完整统一的格式塔，如图 1-2、图 1-3 和图 1-9 所示。目前我们所见国内外大量岩画图片资料充分证明了这一点，其中我们大都只能看到比较完整的岩画图像语言，至于相对独立完整存在的、承载它的石头或石壁的形貌则基本残缺不全，其上下文生存语境更不可见。①这种悬置起岩画质料和生存语境的做法完全无视岩画作为一种自然物的存在。如图 1-9 所示，无论怎么观看，我们视知觉中的这块形状很不规则的岩石与分布于其上的图像语言都是一个活的、不可分割的完整格式塔。它与其后面众多石头（其中有些上面有图像语言）为我们建构了一个相对独立存在的视觉叙事。而且，在图 1-9 所示的这个视知觉场内，我们能看到的是两幅人们常说的岩画：一幅位于石头左面，一幅位于石头右面。然而，如图 1-8 所示，当人们给图 1-9 所示岩画圈上铁框或拓制、复制时，岩画固有的自然物性便消失了：铁框在圈起岩画的同时重构了岩画视觉叙事，阻断了岩画与其周围自然物体之间的联系，拓片图和复制图则抹平了分布在不同方向、不同石面上图像语言之间的界线。如图 1-11 上、下图所示②，这两块承载图像语言的石头表面并不平整，纵横着数道裂缝。即使在最严格的形式层面上，当我们竭泽而渔临摹其上所有图像语言后，从我们的摹本（即通常所说的岩画复制图）上，石面本身的崎岖状况，特别是上图石面顶部与右下角处巨大的断裂带，以及下图左上角殷红色、右下角缺失的一块和图像语言分布在石头边界上的情景我们是看不到的。

　　悬置现象比较多地发生在人们对岩画密集分布点岩画的采集过程中，一个个相对独立存在的岩画往往比较紧密地并列或叠合在一起，孤立地采集某个或某些岩画是人们经常采用的方法。如图 1-10 所示，我们视知觉场内有两块上面分布着图像语言的比较大的石头，即两个相对独立完整存在的岩画物体。它们形状不同，图像语言也不同。显然，这是两个生存在一起的岩画，我们可以分别采集它们。可是，若从一个完整统一的视知觉场出发，我们应该如图 1-10 所示这样原封不动地将其整体采集。

---

①　见已经出版的巴丹吉林沙漠岩画图册资料。盖山林：《巴丹吉林沙漠岩画》，北京图书馆出版社 1997 年版；范荣南、范永龙主编：《大漠遗珍：巴丹吉林岩画精粹》，文物出版社 2014 年版；王雅生主编：《曼德拉山岩画集》，甘肃人民出版社 2005 年版。

②　图 1-11 上、下图所示岩画分别地在阿拉善右旗额肯呼都格镇巴音博日格嘎查西南 11.6 千米、14.7 千米处的呼勒斯太水井以东山沟河边悬崖峭壁、山峰岩壁上，2006 年开始的第三次全国文物普查试点过程中，阿拉善右旗普查队调查并建档，分别称作"呼勒斯太岩画""查干陶荣木图岩画"，范荣南提供。

图 1-11

七、破坏

破坏指的是进入文字时代以来，人类施加在岩画上的许多种行为所导致的其图像语言或质料、环境等不同程度地被修正、损坏等情形。如图 1-11 上图所示，该石面左下角，即两个抽象象羊之形图像的左边有一个形状不大的藏文字。这看似不起眼的添加，也是一种破坏行为。它使该岩画失去了本真原始自然存在的状态。而在盗取岩画的过程中，许多岩画物体被破坏了。不仅石头体积、形状和表面被破坏，而且被敲凿比较深或打掉的部分常显露出石头内部。有些破坏是因为人们缺乏对岩画作为世界文化遗产价值的认识。如图 1-5 所示的龙首山乌德哈布其拉石壁岩画：由于当地政府开山修路需要，分布岩画的整个岩壁被推土机推倒，几乎被破坏殆尽。

很显然，上述七种比较普遍存在于中国境内的人们对待岩画的态度和行为，背离了岩画的本质属性——自然。源自自然的岩画，存在于自然之中，服从自然法则，不能超越自然。从这个意义上说，岩画只是人们施之于自然物质上的那个自然而已。"人在自然本身之内以及自然的力量之内，寻找他的需要，寻找他祛除痛苦的良药，寻找使自己幸福的方法。"[①]与之相适应，我们对岩画的观看或了解、研究，也不能走出自然。

小　　结

从生存论、存在论意义上审视，我们则不难发现，包括巴丹吉林沙漠岩画在内的一切岩画的原材料是源于自然界的、未经人加工过的自然物，是一种自然界客观存在的实在。它在岩画图像的生产过程中始终保持着自己本真的自然存在状态。岩画图像的生成非但无损于它的本来面目，反而凸显了它的存在。岩画存在于原材料或自然物之中。为自然而存在的岩画乃是自然本身。与改变或重塑原材料为特质的一般视觉图像语言艺术相比，岩画舍弃了太多东西，以至于只剩下客观实在性。自然物性之于岩画具有生存论、存在论上的最高价值，恰如水之于鱼。它建构了岩画隐匿独特的视觉性叙事，规定了其盘纡隐深的自然物性美学品质。而且，正如图 1-9 所示，我们视知觉场中的岩画都是一个个完整的相对独立存在的物体（一块石头），即自然存在的自然物，而非一般人工制作意义上的"画"。"隐"（隐于社会、日常生活，甚至自然界）不再只是岩画显身世界的方式，而是它最根本、最基本的内涵。如果人为割裂岩画图像语言与其相关的自然物之间的联系，重新建构新的岩画视觉性叙事，那么，被瓦解了自然物理性而存在的岩画必然不再是岩画了。

---

① 〔法〕霍尔巴赫：《自然的体系》上卷，管士滨译，商务印书馆 1977 年版，第 7 页。

第二章 虚实相生的多重空间

任何事物皆存在于其中的现实物理空间，是物性的一部分。它深邃广袤，整体是无限的：向四周各方面无限地展开，毫无止境，深不可测。图像语言艺术毫无疑问亦是一种营造空间的艺术。历代艺术家心摹手追的无非是如何在有限的空间表现出无限空间的艺术。西方历史上人们惯于以"空间艺术"指称包括绘画、雕塑等在内的艺术，充分证明了空间之于艺术的意义。当代艺术家阿纳森也以毕加索为代表的立体画为例，力图基于概念艺术（concept art）构造空间（constructed space）。①与其他图像语言艺术相比，岩画的空间最独特。它似乎是无边界的。深山幽谷、高高山巅、浩瀚沙漠，均可以成为岩画的生存之地，如位于阴山山脉西段的狼山地区的阴山岩画，西起阿拉善左旗，中经磴口县、潮格旗②，东至乌拉特中后联合旗，东西长约 300 千米，南北宽 40—70 千米，几乎遍及绵亘的阴山。而浩瀚无垠的巴丹吉林沙漠腹地或边缘地带则是巴丹吉林沙漠岩画所在地。因此，岩画的空间是我们视知觉能够感知到的自然物理视觉空间。而我们之所以能够感知到岩画空间是因为图像的存在。正如任何绘画或雕刻作品一样，没有图像语言就没有我们所说的岩画物体。如图 2-1 所示，若悬置起这块大体呈长方形的不规则石面上的图像语言，它就只是一块普通的石头而已。作为一种非移动的远古文化遗产，岩画物体存在于人迹罕至的自然界里。岩画在生存论意义上所具有的这一特性，赋予它非同于一般视觉图像语言艺术的独特空间。若从岩画在自然界中的实际生存状况出发，以其图像语言存在的位置为准绳，我们可以很容易分辨出三重相对独立存在的岩画空间——图像空间、质料空间和语境空间。图像空间指一个相对完整的岩画物体上图像语言所分布的地方；质料空间指承载图像语言的物体所生存的自然地理位置；语境空间指一个相对完整独立存在的岩画物体所生存的场所，它基本上是一种纯粹的自然物理环境。很显然，空间之于岩画意义重大。它指述的不仅是图像语言构建的"画面"，还指岩画物体的生存。

然而，国内外罕见岩画空间方面的专题性论著。很多学者虽然在论及其他问题时涉及此问题，但他们大都或从考古学视野客观说明岩画所处的地理环境，或从艺术构图视角描述图像与空间之间的关系。因此，严格说来，缺乏系统深入性。

---

① Arnason H H. *History of Modern Art*. Upper Saddle River: Prentice Hall, Inc. , 2003, p. 155.

② 旧旗名，位于今内蒙古自治区。

图 2-1

本章，笔者将综合运用图像学、视知觉心理学和艺术学等领域的知识，对岩画空间展开跨学科研究。这种研究立足于岩画自身在生存论、存在论上的特质，并基于岩画与其他视觉图像语言艺术之间的比较，通过对岩画空间的分类、描述，分析岩画的多重空间及其相互之间的作用，阐释岩画空间的特质、功能，揭示岩画在生存论、存在论意义上所具有的空间特征，以期有助于人们对岩画自然物性的进一步理解。

第一节　图像空间

　　每一幅画都是由图像建构的一个相对独立完整的、有限的图像空间。非常醒目的边框（即画框）通常圈定了它的边界。在边框内，我们的视知觉能感知到的一个相对完满、封闭的整体式样或形式是图像，另一个是它存在的空间。同样，人们通常所说的岩画指的也是由图像语言建构的一个相对独立完整的图像空间。它通常是我们视知觉能感知到的一块相对独立、完整存在的石面。其上一个相对封闭的式样是图像语言，另一个与它同质的、相对非封闭的背景或衬底是空间。[①]如图 2-2 所示[②]，若按照现在人们通行的做法，当我们说这个位于曼德拉山上的岩画时，实际上具体指称的就是位于这块石头表面的一些象骑者、羊等之形的图像组成的一幅相对完整的画面。正如我们通常所说的一幅画的边界就是画框的边界一样，石头的边界就是岩画的边界。即便是面对分布图像语言的这块石头中间两道比较深的断裂沟，我们也会忽略不计。也就是说，在我们视知觉场中，我们会把整个石面视作一个统一体，而不会依据其上面的断裂痕把该岩画区分为左、中、右三幅岩画，即左边是由象羊、动物之形图像组成的；中间是由上下两个抽象形式结构组成的，以及右边是由象骑者之形的图像组成的。除图像外，石面边界以内的其余空白部分就是图像语言的背景或其生存的空间。

图 2-2

而且，无论是在学界还是在生活中，人们一般用"幅"来描述岩画，如"一幅岩画"。由于图像本身占据了一定空间，所以，严格来讲，它又被称作"正空间"，而与之相对的背景又被称作"负空间"或"虚空""留白"。[③]二者之间的

---

① 我们把视知觉经验中的相对完满的整体形式称为图像或图形，包括点、线等笔画形式。关于此，笔者已有专论，兹不赘述，见王毓红：《羊书：一种象形表意石头文》，第 35 页。

② 阿拉善右旗文物管理局采集收藏，范荣南提供。

③ 中国传统绘画艺术理论里常常称为"留白"。美国道格拉斯（Donglas R. Hofsadter）有"正空间""负空间"说法，见其《哥德尔、艾舍尔、巴赫——集异璧之大成》（商务印书馆 1996 年版）上篇第三章，法国福西永（Henri Focillon）有"虚空"说法，见其《形式的生命》（陈平译，北京大学出版社 2011 年版）。

组合构成了一定的图像空间。于是，以刻划视觉空间中相对静止、并列的事物为主要功能的绘画被西方人称作"空间艺术"或"静止和并列艺术"。①在他们看来，"一幅画便是空间和形式的一个有机整体。其功能并不是去叙述一个事件，而是去传达经验世界的一种空间直感需要"②。尽管如此，在一般视觉图像艺术，尤其是西方传统视觉图像艺术领域，图像与空间之间的关系不起多少作用。艺术家对空间远不如图像那么感兴趣。图像特别是人物肖像是他们构图的焦点、创造的目的。因此，一部西方视觉图像艺术史堪称肖像史。一幅画中占据突出位置的通常是图像，而图像以外的有限空间，则常常显得狭小、卑微：或者被艺术家简单地涂成某种单一颜色（如大卫的《马拉之死》、马奈的《短笛手》）；或者绘上远山、树木之类的简单风景（如达·芬奇的《蒙娜丽莎》、拉斐尔的《圣母像》）；或者点缀上简单的装饰物（如塞尚的《坐在红色扶椅上的塞尚夫人》、伦勃朗的《自画像》）等。总之，它们存在的目的只是更好地衬托或烘托出图像。因为"对西方人来说，空间就是一种抽象的虚空；它不会影响存在于其中的物体的运动。由于空间就是虚空，自空间中便不能产生任何东西。直到19世纪80年代之前，西方画家一直孜孜不倦地在画布的空白处填充各种'东西'，如天空、山水、人物等。对西方艺术家来说，艺术应当有所表现，而空间按欧几里得的定义'不是东西'，因此，空间变成了一种忌讳"③。

除部分纯粹的植物、花鸟画外，向来倡导计"白"以当"黑"、虚实相生的中国传统视觉图像艺术大多如此，如北宋张择端的《清明上河图》、明代唐寅的《陶穀赠词图》等，其画布基本被塞得满当当。岩画则不然。如图2-1、图2-2所示，不像画框，石头或石壁表面天然的边界就是岩画图像空间的边界。它是我们视知觉能感知到的一块岩石或岩壁表面相对完整、独立、封闭的区域。位于其中的图像语言与其所生存的空间之间存在以下两种基本关系。

一、填充

填充指的是图像语言基本占满整个石面空间的情形。就其呈现方式而言，又有以下两种。

一种是图像不完全占据整个空间，如图2-1所示，分布着图像语言的石面的上半部分留有较多空白。图2-2所示的上面"负空间"面积也比较大。另一种是图像几乎完全占据整个空间，如图2-3所示④，这是非常具有巴丹吉林沙漠岩画特

---

① 〔法〕福西永：《形式的生命》，第269页。

② 〔德〕玛克斯·德索：《美学与艺术理论》，兰金仁译，中国社会科学出版社1987年版，第370页。

③ 〔美〕伦纳德·史莱因：《艺术与物理学——时空和光的艺术观与物理观》，暴永宁、吴伯泽译，吉林人民出版社2001年版，第180—181页。

④ 阿拉善右旗文物管理局采集收藏，范荣南提供。

色的岩画：承载该图像语言的物质载体，即一块形状不规则石头的体积较大、图像空间的面积也较大。石头表面几乎布满了图像语言，有些紧挨着岩石表面自然的边界线。图1-3所示的类似岩画则表明，"正空间"以外的地方，即其底部石头另一面也刻有图像语言。拥有这样霸道"正空间"的巴丹吉林沙漠岩画不少。[①]

图 2-3

二、虚空

虚空指的是岩画图像空间里"负空间"或"白"所占有的面积远远大于"正空间"或"黑"的现象。在这种情形之下，图像空间内的图像不仅数量较少，而且单个图像的形状也不大。从其呈现方式来看，主要有以下四种。

第一种，边缘化。指的是无论数量有多少，图像都位于整个图像空间的边界或靠近边界地带。如图2-4上图所示，在一块面积较大且大体呈横向放置的不规则三角形石面上，一个象骑者之形的图像，位于整个视觉图像空间右上角的边缘地带。

第二种，居中。指无论数量有多少，图像都位于整个图像空间比较中央的位置。如图2-4中图所示，一块面积较大、呈菱形的石头表面分布着一个象骑者之形的图像。与图2-4上图所示的完全不同，它位于略靠上面一点的中间地带。

---

① 与国内外其他地方，尤其是整个中国北方岩画相比，此类岩画在巴丹吉林沙漠岩画里比较多，无论是图像数量还是组合方式等都非常独特。如当我们把此岩画与图1-3所示的简单比较就会发现许多有趣现象。此为另一话题，兹不展开。

　　第三种，零星。指数量较少（通常都是四个以下）的图像比较分散地分布在
面积较大的图像空间里。如图 2-4 下图所示，一块面积较大、呈长方形横向放置

图 2-4

的石头表面仅仅分布着两个图像，一左一右，间距比较大。

第四种，集中。指两个或两个以上的图像比较紧密分布的情形。如图 2-5 所示，乍一看，整个视知觉空间里我们看到的似乎都是一块大石头及其面积比较大的表面，仔细看才发现石头表面左上角边缘处刻有大小、形状不同的五个相对独立存在的图像语言（图 2-5 左下角），它们整体呈正三角形排列，从上往下、从左往右分别是一个横线状形式或图形、一个点状形式、一个像羊之形的图像、一个短横线状形式和一个形状比较大的曲线状形式。尽管数量不少，但是它们却聚集在一起，所占空间相对较少。

图 2-5

尽管如图 2-3 所示这样"正空间"面积大、图像语言密集的岩画是巴丹吉林沙漠岩画的特色之一，但总体来看，我们视知觉经验感知到的巴丹吉林沙漠岩画图像空间通常空白或背景多于图像，而非被图像填塞得密不透气。换言之，岩画里的主要关系是虚空，即图 2-4 里所示的岩画图像语言之间所存在的关系。填充关系，特别是图 2-2、图 2-3 所示的岩画图像空间在整个巴丹吉林沙漠岩画里相对较少。这进一步揭示了以巴丹吉林沙漠岩画为代表的岩画图像空间所具有的一个显著特点——"白"。"白"是中国传统绘画理论里所说的"六彩"之一，指的就是"画中之白"，即一幅画图像空间里除图像之外的空白处，而非"纸素之白"。清代华琳对此有十分精到的阐释，他说："黑、浓、湿、干、淡之外加一'白'字，便是六彩。白即纸素之白。凡山石之阳面处，石坡之平面处，及画外之水天空阔处，云物空明处，山足之杳冥处，树头之虚灵处，以之作天，作水，作烟断，作云断，作道路，作日光，皆是此白。夫此白本笔墨所不及，能令为画中之白，并非纸素之白，乃为有情，否则画无生趣矣。"[1]图像的相对稀少、集中，令岩画图像空间显"白"，即空白面积大。此"白"原本是石头表面天然的形状或样子，一旦进入岩画图像空间视野，它便由石头之"白"变为"画中之白"了，如图 2-4、图 2-5 所示，无论是我们看到其中的一个图像（一只象羊之形的图像）、两个图像（象羊、骆驼之形的图像），还是整个视觉图像空间左上角的一组图像时，我们都不可能不同时看到物质载体，即由石块自身边界所圈起来的空间，特别是如图 2-4 下图和图 2-5 所示，当我们从这个角度观看这两个岩画时，首先映入我们眼帘的应该是"白"（即石块表面的自然状态），而非"画"（即图像语言）。作为岩画图像空间不可分割的一个组成部分，与图像一样，此"白"当然绝非什么意义也没有的"虚"或"空""无"，而是一种"实"或"有"，即"画中之画，亦即画外之画也"[2]。诚如《心经》所云："色不异空，空不异色，色即是空，空即是色。"[3]岩画图像空间是"白"与图像之间的有机组合。而"白"多图少昭示出它的生产者似乎不是以虚写实或无中生有，而是以实写虚、有中生无——在一片"虚"或"无"中，渺小的"有"或"实"（即图像）的存在好像只是为了标识"虚"或"无"的价值——使之更凸显或赋予其与众不同感（成为一个岩画而非岩石表面）。

第二节　质料空间

　　通常，人们所说的一幅画的图像空间是有边界的。其边界本质上就是承载它的原材料或质料（如纸、布等）的边界。这意味着当分析《蒙娜丽莎》的图像空间时，人们是在其画框内进行的。至于画框外，即这幅画是挂在墙上还是立在桌上，这墙或桌子的形状、颜色等是怎样的，则无关宏旨。然而，生存论、存在论意义上岩画存在的客观事实改变了我们对图像空间的一般常识。尽管位于一个相对独立、封闭、完整石头表面的岩画图像空间是有边界的，但是，我们对它的观

　　① （清）华琳：《南宗抉秘》，见潘运告主编：《清代画论》，云告译注，湖南美术出版社 2003 年版，第 336—337 页。
　　② （清）华琳：《南宗抉秘》，见潘运告主编：《清代画论》，第 337 页。
　　③ 方广锠编纂：《般若心经译注集成》，上海古籍出版社 1994 年版，第 35 页。

看往往会超越其界线。我们会同时看到承载它的整个原材料或质料——石头或岩壁，包括它的形状大小、颜色等。事实上，在实地的考察过程中，我们总是先看到某块石头或岩壁，然后才看到位于其上的图像空间。因此，为更深入地理解图像空间，我们把前者称为岩画的质料空间，聚焦于二者之间关系的探讨，进一步揭示岩画的自然物性。

一、岩画的质料空间

在巴丹吉林沙漠岩画中，不难见到一些石头或岩壁上同时存在两个或两个以上图像空间的情形。换言之，一块石头或岩壁上两个或三个相对独立、完整、封闭的表面上都有岩画，这就更加凸显了质料空间之于岩画的重要性。如图 2-1 所示，就像梯田一样，石面天然的界线给这块石头划出了多个面。其中上面和正面分布着图像语言。上面的整体形状大体呈一个横向放置的等腰三角形，底部边缘地带分布着一个钩状抽象图形；正面是整个石头上面积最大的，形状十分不规则，像上窄、下宽的"乁"形，其下面分布着一个形体较大的塔状图像。很显然，石头表面天然界线明确表明该石头上有两幅岩画，它们分布位于其上面和正面。

同一个石头不同面上的图像空间（即岩画）之间有联系吗？有些似乎没有。如图 2-1 所示，其上面、正面分别有一个形状较小的简单钩状形式、一个形状较大并且繁复的塔状图像建构的图像空间或岩画之间并不存在明显的相互关系。[①]一些拥有两个或两个以上石面界线比较鲜明图像空间的质料空间内，这一点表现得尤为突出。如彩图 8 最右边中图、图 2-6 所示[②]，这两块承载岩画的石头两面、三面分布着图像语言，它们相对独立存在，各自拥有自己的图像空间，分别形成了两幅、三幅图画或岩画。前者石头顶上的图像空间里分布着两个图像，即一个带有圆圈状的抽象图形和一个形体较大的象动物之形的图像，石头正侧面的图像空间里分布着一个象骑者之形的图像和上下两个一横线状图形；后者三个图像空间里都分布着抽象文字类图形，其中石头顶部的图像空间里有一个；左侧面的里面有两个，即一大一小；正面的里面则有三个形状较大的，其中中间一个的上下分别还有两个已经自然风化剥落得不太清晰的图形。因此，不论是就图像语言在

---

① 塔图像上面有一个象格子棋盘之形，却不能视作一个相对独立存在的图形。因为它与塔顶部紧密联系在一起，是构成塔顶的一部分。关于岩画图像内部结构，笔者已有论述，见王毓红：《羊书：一种象形表意石头文》，第 16—27 页。

② 阿拉善右旗文物部门称作"笔其格哈登拍布岩画"，分布在阿拉腾敖包镇以东北约 14.6 千米的则勒别日格嘎查笔其格哈登拍布，笔其格图山南麓的一座山坡石壁上。1987 年第二次全国文物普查时阿拉善右旗调查队调查发现，2005 年公布为旗级文物保护单位，2006 年第三次全国文物普查试点过程中，阿拉善右旗普查队调查并建档。照片编号为 152922-0365-Z001，范荣南摄于 2006 年 10 月 15 日。

图像空间中所处位置（彼此距离较远），还是图像语言之间的组合，彩图 8 最右边中图、图 2-6 分别所示的两个图像空间、三个图像空间相对独立存在，各自建构了一个相对完满的世界。当然，这是相对而言的。有些仅仅从承载岩画的图像空间来看，它们应该是相对独立的，因为它们分别分布在一块石头的不同面上，但是，从图像语言属性及其之间的相互关系来看，分布在一块石头两面或两面以上的图像空间之间存在着一定的联系。如图 2-6 所示，图像语言尽管分布在三个图像空间里，但它们都是由酷似文字类图形组成的。而图 2-7 上图所示这块石头整体形状不规整，其上也因凹凸不平而呈现出两个相对独立的面，即图像空间。石头上面面积狭长且比较平整，整体呈中间高、两边低的平台状，其上分布着三个图像，即左右两边各一个象羊之形的，以及中间一个象人之形的；石头正侧面面积较大，高低起伏，犹如正在拉开的手风琴状，中间分布着一个形状较大的羊图像，左右两边比较大的空间内零星地刻着几个形状大小不一的点、线状抽象形式。总体来看，两个图像空间内，图像与空间之间的关系是虚空。若把该石头上面与正侧面两个图像空间里的图像语言视作一个整体，则我们不难发现图像语言之间存在明显的内在联系，特别是上面空间里一个象人之形的图像、两个象羊之形的图像，所表示的人、羊形象的整体形态及其前行的方向与正侧面空间里的羊形象完全一致。图 2-7 下图所示与之相同，即石头上面和正侧面各有图像空间，二者内部图像语言之间有比较明显的联系，如都有象车轮之形的图形，上面图像空间内一个象马之形的形象的前后各有一蹄形象部分被直接刻制在另一个图像空间内。

　　正如承载一幅画的一张纸一样，假如我们把承载一幅岩画的岩石或岩壁称作质料的话，那么，很显然，存在一种岩画质料空间，即石头或石壁表面天然形成的石面、区域，岩画图像空间就分布于其中。一个岩画质料空间内可以有一个，

图 2-6

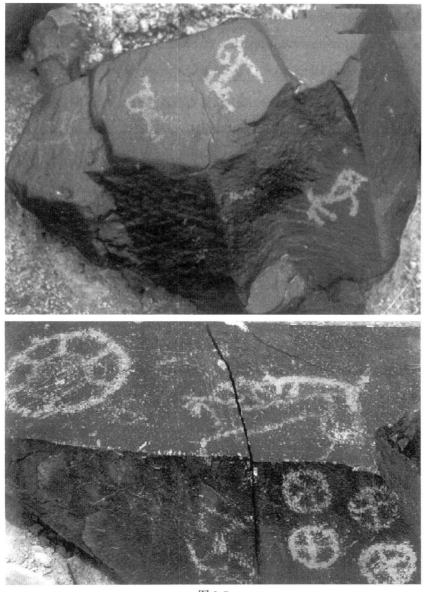

图 2-7

也可以有两个或两个以上的图像空间。下面，笔者就从质料空间与图像空间之间的关系入手，进一步探讨质料空间内图像空间的具体位置。

二、质料空间内的图像空间

　　任何岩画图像空间都包含在质料空间之内。在一个或一块相对独立、完整、封闭的岩石或岩壁空间内，岩画图像空间的具体分布或位置主要有以下五种。

第一种，上面。指图像空间位于石头或岩壁的上面。大凡有岩画的、相对独立地存在于山上的一块石头，一般有六个面，即由石头的左、右、上、下、前、后表面构成。在整个巴丹吉林沙漠岩画里，由于大多数石头直接接触地面，所以，其中石头最底部的一个面我们无法直接看到，其上大多也没有岩画。也就是说，大多数岩画位于石头的上面或左、右、前、后面，即五个面上。由于存在于自然旷野里的许多石头并不都是四方规整的，并且会与其他石头混杂在一起，如图 2-5 所示，有图像的这块石头整体呈倒三角形状，其中面对我们的前面几乎呈尖状，后面又被其他石头挡住了，这块石头其实只有三面暴露在外，即我们可以直接看到的部分。因此，相比较而言，位于石头上面的巴丹吉林沙漠岩画数量最多。当然，有些石头虽然形状和表面极不规整，但是也存在诸多面（图 2-6）。

第二种，正面。指图像空间位于石头或岩壁的正面，也就是自然生存状态中，我们的视知觉场内，位于我们正面的整个石头或石壁的石面。如图 2-6 所示，除上面、左侧面图像空间外，这块石头的正面，即面朝我们的这一面也有岩画或一个图像空间。该石面高低起伏，十分粗糙，图像分布零散。

第三种，侧面。指图像空间位于石头或石壁的左边或右边石面上。[①]如彩图 8 右边中图所示，我们正对的是这块石头的一个侧面，它的面积比较大、质地较粗糙，其上主要刻有一个象骑者之形的图像。处于石头或石壁侧面的岩画图像空间比较少见。

第四种，下面或底面。主要指图像空间位于质料空间的下面或底面。换言之，整个石头下面的就是图像空间。如图 1-1 所示，在个怪石堆里，中间一块形状诡异、形体较大的石头似乎从天而降，搭落在一堆石头上（没有直接接触地面），彩图 1 下图所示的手印图像空间就位于它的下面。其实，绝大多数巴丹吉林沙漠洞窟手印岩画的图像空间就是石头底面。

第五种，中间。主要是就那些位于某个石壁上的岩画而言。一般来说，我们站在石壁的正面观看分布在石壁上的岩画。在我们特定的视知觉场内，作为质料空间的石壁面积往往比较大。图像语言可以分布在其上或下、左、右面，也可以分布在它的中间，如图 1-5 所示，正如石头天然的界线一样，组成石壁的天然材质或表面的断裂、罅隙也为我们区分出了不同石壁面或岩画的图像空间。以图像语言为中心，若按照从左上往右下的顺序，该石壁依次存在左、中间、右三个不同的区域，建构它们的石质不同，颜色不同，形状亦不同。图像语言仅仅分布在

---

① 位于岩壁之上的绝大多数巴丹吉林沙漠岩画的侧面或背面没有岩画。笔者在青海省玉树实地考察通天河流域岩画时，曾看到正、侧两面都有岩画的岩壁，不过也非常少。

中间区域。

　　由此可见，与图像空间一样，质料空间的所指也是图像及空间之间的组合关系。只不过当我们说图像空间时是在一个相对独立、完整、封闭的石面内进行的，而当我们论述质料空间时是就我们视知觉场内一个或一块相对独立、完整、封闭的石头或岩壁整体空间而言的。这意味着，没有图像的质料空间是不存在的。我们总是因为图像，准确地说为了理解图像而研究它所生存的图像空间、质料空间。

三、质料空间的三大功能

　　总体来看，一块石头或岩壁上通常只有一面是图像空间，并且位于上面的居多，其次是正面的，最后是侧面和下面的，反面的罕见。[①]而我们之所以要从整块原材料——石头或岩壁出发审视岩画，是因为作为质料空间，它具有以下三个功能。

（一）规定了观看者的审视方位或视角

　　生存论意义上的岩画表明：从根本上说，我们与岩画的关系是由观看方式决定的。例如，有些岩画只有一个审视方位，如图 2-1、图 2-7 上图所示，只有这个位置并且采用从上往下俯视的角度，我们才可以同时看到分布在同一质料空间的两个不同图像空间。同样，只有站在图 1-1 所示中间这块石头下面仰视，我们才能看到位于该石头底面的手印岩画。那些位于特定石壁或崖壁上的岩画亦如此。如图 1-5 所示，通常它们只有一个面，即承载岩画图像空间的石壁或崖壁，只有位于它们的正面，我们才能全面、完整地看到它们。并且，很多情况下，我们的审视视角决定着我们所能看到的图像语言及其形状大小等。例如，图 1-1 所示中间一块石头底部面积较大，手印图像分布面积也较广，即便是我们置身于整个洞窟内部，无论从哪个角度都很难一次看到所有手印图像。彩图 1 所示的分别是位于不同位置的手印岩画，其中上右图是笔者在洞窟正面外部、从略微仰视的视角拍摄到的，图 2-7 上图所示也如此。由于该石头正侧面面积较大，顶部上面较狭窄，假如我们不是俯视而是平视前方，把该石头正侧面视作正面，那么我们只能看到一个图像空间，即由一个羊图像和零星的点、线状图形建构的一幅岩画。因此，某种程度上说，岩画的意义是由我们审视它们的视角及其与阐释它们的话语来建构的。

　　审视方位之于岩画意义重大。因为即便是同一个图像空间内的图像语言，我们从其质料空间的不同方位看到的是不同的。如图 2-8 所示，我们从正面或上面、右侧面看到的上图岩画的图像空间分别是由马图像位于左边、骑者图像位于右边；马图像位于上面、骑者图像位于下面，虽然图像所指没有变化，但是，它们

---

　　① 一般来说，旷野里自然生存状态下的巴丹吉林沙漠岩画物体大都位于戈壁或沙漠、山坡等向阳之处。岩画图像空间也如此。它们大都分布在石头或石壁的阳面，或两侧面、顶部，其反面或背面的图像空间我们仅在曼德拉山顶石壁上偶尔见到。

在图像空间里的具体位置、方向完全不同。同理，我们从图 2-8 下图所示岩画的正面、右侧面所看到的图像空间亦不同：前者是羊图像与两个抽象图形纵向组合；后者则是它们一右一左横向并列。而空间位置、方向不同的同一个图像，其所表达的意义显然也不同。如图 2-6 所示，对于这些文字类图像语言，我们似乎只能从某个特定的视角审视才能理解。如正面图像空间内的三个，我们显然不能从左边和右边观看。至于巴丹吉林沙漠岩画里常见的射手图像与羊或鹿图像上下或左右组合的图像空间所蕴含的意义也明显不同。

图 2-8

（二）建构图像空间之间的关系

对于我们视知觉场内一个相对独立完整存在、拥有两个或两个以上图像空间的石头或岩壁而言，质料空间概念建构了它们之间的关系。一块石头上面、正面或者左右两边都有图像及其所建构的图像空间。也就是说，一块石头可以有两幅、三幅甚至四幅岩画。巴丹吉林沙漠岩画里我们比较多见到的是两幅。它们既可以位于一块石头的上面和正面；也可以位于它的上面与右侧面或左侧面。自然界相对独立存在的物体往往是完整统一的。因此，同一物质质料不同位置上的两个或三个图像空间之间必然存在这样或那样的关系，尤其是当它们彼此之间挨得很近时。如图 2-7 下图所示，该石头若不是石面（上面和正侧面）质料空间之间天然的界线，我们很容易把这两个图像空间或者说两幅岩画视作一个统一的整体。

（三）增加"白"

如果我们把岩画图像空间内的"白"称作"画中之画"的话，那么，没有岩画的质料空间理所当然就应该被称作"画外之画"。在整个巴丹吉林沙漠岩画里，通常一块石头上只有一个图像空间，有两个或两个以上图像空间的石头较少。换言之，一块石头往往承载一幅岩画。这意味着对于载体的石头而言，它的很多面上是没有图像的。如图 2-5 所示，岩画仅仅位于该石头的左上面，其正面或左侧，以及右侧、反面均无岩画或图像。然而，没有图像并不意味着这些面与图像空间没有关系。事实上，从质料空间审视，作为"空"或"无"，它们的存在尤其是参与图像空间的建构，使岩画"白"更多、更醒目。例如，图 1-4、图 2-3 所示正面密不透风的图像空间因其左、右、前、后石面即质料空间的存在，特别是图 2-3 后面作为"白"的质料空间的存在而有了立体感、深度感，从而略显空灵，不板滞。而图 2-5 里面积较大且表面平滑的左侧面的存在使原本位于其正面的岩画，即形状较小的一组图像显得更加渺小。那些分布在石壁上的岩画在这方面表现得尤其突出。一般来说，某个相对独立完整的石壁表面罕见布满图像。大多数情况下只有屈指可数的几个，甚至一个也常见。而且，它们大都零星分布在某个区域。如图 1-5 所示，在我们视知觉场中，作为"白"，左上与右下两个石壁质料空间也是整个岩画的有机组成部分。它们的存在凸显了位于整块石壁中间的图像空间。①

---

① 即主要由两个骑者图像（其左下面似乎还有两个，由于自然风化已经非常模糊）建构的岩画的点缀修饰作用。

第三节　语 境 空 间

　　不论是被存放在卢浮宫博物馆还是梵蒂冈博物馆，《蒙娜丽莎》依然是《蒙娜丽莎》。存放地点并不影响我们对该画的欣赏。然而，岩画以其自身无可争辩的存在事实，纠正了我们的上述看法。如图 2-9 所示，若以一块相对独立存在的石头为界线，则我们看到两幅岩画。客观存在于自然地理环境中的石头之间天然的裂缝，表明它们是分别位于两块相对独立存在的岩石上。并且，以此为中心，在我们视知觉能感知到的一个相对独立完整、封闭的视知觉场内，我们总是能在看到岩画的同时，也看到其周围其他形形色色的自然物。除非我们把它们从其赖以生存的原始自然地理环境中搬走，否则，我们绝不可能只看到岩画（准确地说是承载岩画的石头或岩壁），而看不到其他石头、地面、草、远处旷野或石壁等。这些石头有些颜色或形状、大小与岩画载体的相同，有些不同。有些或近或远，零星地散落在岩画载体的周围；有些则与它紧密结合在一起。因此，除质料空间外，当我们分析岩画的图像空间时，我们还不得不考虑另外一个重要的空间——语境空间，即岩画的物质载体——石头或石壁在空间中所处的特定位置。本节，笔者立足岩画质料空间，从岩画的两种基本语境空间及其六大功能两方面深入揭示岩画存在的自然物性特征。

图 2-9

一、两种基本语境空间

不论有多少图像空间，如果我们把承载岩画的某个相对独立存在的完整石头或石壁视作岩画质料的话，那么，它在自然地理环境中所处的具体位置就是岩画的语境空间。若仅仅从岩画载体与其周围其他石头或岩壁之间的关系来看，则巴丹吉林沙漠岩画里存在以下两种基本语境空间。

第一种，相对独立。指的是承载岩画的石头或岩壁与其他石头或岩壁之间存在一定的距离。如图1-9所示，承载这幅岩画的石头相对孤立地存在着，周围地面上一些小石头被它映衬得微不足道，即便是我们看到它们都会视若不见。至于与它类似质地的石头则距离它较远。而在图1-5所示的这个承载岩画图像语言的质料空间，即这块面积相当大的石壁周围还包括其下面的乱石堆，可是，它们之间天然形成的界线还是相当清楚明晰的。

第二种，紧密联系。主要指下面两种情形：①岩画载体与其他石头或岩壁之间有一定的间隙。如图2-9所示，该语境空间内的石头比较多。承载岩画的这两块石头相当独立地存在着，其间两块石头之间天然的裂缝尽管表明了它们的区别，但是它们左右并列在一起。位于其左、右和下面的其他石头与它们看似联系紧密，实则彼此之间存在一定的间隙。②岩画载体与其他石头之间无缝隙，二者紧紧联结在一起。如图2-5所示，承载岩画的这块面积较大的石头，其上面还有另一块石头，二者表面上存在比较深的裂痕，实则紧密联结在一起。

二、岩画语境空间的四大功能

不论是相对独立，还是密切联系，承载岩画的物质载体——石头或岩壁，往往与其他石头或岩壁、周围自然环境同处于我们的视知觉场内。后者之于岩画的功能主要有以下四个。

（一）凸显

凸显指的其他石头或岩壁的具体存在状态及其位置进一步突出了岩画的存在。如图2-10左上图所示[①]，中间是一块形状十分不规则的巨石，它整体呈红褐色和淡绀青色混合色，位于群山环绕的一座山的底部，在整体颜色呈灰色和土黄

[①] 该岩画分布在额肯呼都格镇夏布日台嘎查境内的青崖窑山峰底部的一块大石头上，当地文物管理部门称为"青崖腰岩画"。石头自然风化严重，不少图像已无法辨别。加之该岩画东南100米处有草场，后人在上面再次乱刻现象也十分严重。2006年开始的第三次全国文物普查试点过程中，阿拉善右旗普查队调查并建档。按从左到右、从上到下的顺序，三个照片编号分别为152922-0094-Z001、152922-0094-Z002、152922-0094-Z003，范荣南摄于2006年5月22日。

色混合的砂岩石结构的山，以及地势比较平坦，上面有绿色草的山地衬托下，十分醒目，就像是从空中降落此处一样。因为周围山上没有它这样的石头。并且，就像被一种巨大的力量击中了一样，该巨石内部石面支离破碎。图2-10右上图和下图所示的两个相对独立的岩画图像空间，就分布在这些石面上。因此，这块巨大石头就是承载这两个岩画图像空间或岩画的质料。它特立独行地存在，不单是因为在我们这个视知觉场内，只有它一块石头，其醒目的位置及其生存的具体环境或背景也使它成为此处最亮丽的一道风景。其实，巴丹吉林沙漠岩画里类似这样的岩画语境场并不多见。我们常见的大多如曼德拉山岩画一样，分布在山顶或山上位置较高的山脊上。很显然，这种语境空间本身就有凸显岩画的作用。彩图8下左图所示也如此。承载岩画的是一块面积不大的石头，位于山顶侧面的一角，其周边山地平坦，上面清晰可见的有两个呈飞翔状的天鹅形象，其生存语境空间宛如起飞的平台，进一步彰显了图像语言的意义。

图 2-10

（二）建构岩画载体

　　建构岩画载体指的是一些石头或岩壁特别是与岩画载体联系紧密的，常常可以被我们视作岩画载体不可或缺的一部分。如图1-1所示，岩画载体（靠左边中间一块上面有不少凹穴状的石块）与位于其上面、左右边的石头的紧密、巧妙搭配组合，形成了一个天然浅洞穴，其底部便分布着如彩图1所示的著名的额勒森呼特勒洞窟手印岩画。很显然，没有其他石头的帮衬、参与，就没有手印岩画生存的质料空间、图像空间。可以说，与其共生共存的其他石块建构了手印岩画的生存空间。这个由无数石头叠加而成的类似小山丘状的崖壁，作为手印岩画的语境空间也是岩画载体的一个有机组成部分，因为它们之间密切组建在一起，拒绝我们把它们分开。

（三）拓展"白"

由于在空间中都占有一定位置，且与岩画载体之间存在这样那样的联系，因此当我们实地观看位于岩画载体之上的图像时，包括位于其周围的、没有图像的其他石头或岩壁在内的其他景物作为"无"或"空"，自然成为一种特殊的"白"。例如，当我们观看图 2-10 上右图和下图分别所示的这两个巴丹吉林沙漠岩画里比较奇特的岩画时[①]，我们怎么可能忽视承载着岩画的这块巨石所处的四周被基本光秃的群山环绕着的荒凉、空旷的山谷呢？由它们形成的大面积"白"，烘托出这块巨石岩画载体的寂寥。这表明语境空间之"白"也蕴含着意义。试比较图 2-9 与图 2-11 所示岩画物体，前者位于山顶，后者位于山坡。二者语境空间内一带远山、平缓山地，给我们迥然不同的视觉体验。

图 2-11

① 这里有巴丹吉林沙漠岩画里比较罕见的象虎之形的图像，试将彩图 4 上下两图所列举的与之相比较。

（四）建构岩画意义

正如人们在博物馆把众多物品收集起来并把它们分组或分类放置在一起的目的一样，大自然语境中岩画自身自然的地理分布次序，在展示视觉图像的同时生成了其独特的空间叙事，反映了岩画生产者的思想感情，建构了岩画叙事及其生产者自我形象。这就是每一个岩画语境空间最重要的功能之一。其叙事深植于岩画的自然排列关系之中。因此，如果把岩画视作文本的话，那么其语境空间也就是它的上下文，后者是理解岩画意义的重要因素。如忽视位于其底下或周围岩石及其组合的存在，显然无益于我们对彩图1左上图所示洞穴手印岩画的理解，特别是当其下面是另一图像空间或岩画时（彩图1下图），语境空间的意义更凸显。如图2-9所示，我们知觉到的视觉空间内有六块相对独立存在的石头，其中中间两块上面都有图像空间，有两个岩画。它们在空间中左右并列紧密存在。当我们试图理解左边岩画里的骑者形象时，右边岩画里的羊形象似乎不容忽视。因此，以岩画为中心，我们视知觉内的语境空间与质料空间一样，也是岩画的一部分。作为一种特殊的"无"或"空"，语境空间也是岩画的"画外之画"。它显示了岩画生产者利用或使用自然物质、自然空间的多种方式。

第四节　无　限　空　间

多重空间的存在之于岩画具有生存论、存在论意义上的价值。它们在我们的视知觉场内，总是一个相互联系的有机整体。如图2-9、图2-10所示，我们总是不可避免地在看到图像空间的同时，看到它所生存的质料空间、语境空间。并且，这个语境空间往往范围很大，我们会看到更远的山顶、山峦、戈壁，以及位于我们头顶的高远天空等。如果再加上我们的心理或想象空间，我们也许会看到整个连绵起伏的曼德拉山、巴丹吉林沙漠、星象等。从这个意义上说，岩画的"画外之画"广袤无垠。"画中之画"固然是我们认识岩画的起点，但与之相关的"画外之画"，即质料空间、语境空间乃至想象空间亦不容我们忽视，因为正是后者使岩画有别于其他视觉绘画艺术。本节，笔者通过对岩画临沙漠、依山、向高、近水源、向阳、向上、近墓地、近遗址等自然物性的分析，在全方位立体综合考察岩画的多重空间的基础上，阐释其特征、功能和意义。

一、岩画存在的特殊性

从生存论意义上来看，岩画空间的特色鲜明。其存在的特殊性主要表现在以下五个方面。

（一）临沙漠

与世界大多数岩画集中分布的地点相同，巴丹吉林沙漠岩画大多位于或濒临巴丹吉林沙漠的东南、东或南边。东南边主要的岩画点有曼德拉山、苏亥赛、夏拉木、乌克日楚鲁图等，东边的主要有海日很阿日格楞台、葫喇叭口子、其格塔、音阿木、孟根努扣、孟格图和阿拉格山等，南边的主要有雅布兰山脉洞窟手印岩画，以及龙首山、苏亥图、乌德哈布其拉、陶乃高勒手印、敖包图库荣、哈布其日和牧呼日乌苏岩画等。

（二）近水源

巴丹吉林沙漠岩画所在的位置都离水不远。大多数岩画点位于宽窄、长度不一、东西或南北走向的河床或河沟两边山峰的峭壁上，如葫喇叭口子、下吊吊山、其克塔克阿木和孟根努扣岩画等。有些岩画点则被河水环绕，如曼德拉山岩画点东、西、南三面有河；有些岩画点的名字就含有"水"之意，如陶乃高勒手印岩画、哈布其日岩画、牧呼日乌苏岩画，其中的蒙古语"陶乃高勒""哈布其日""牧呼日乌苏"分别含有"胡杨河沟""狭窄的河沟""河沟顶端的水"之意。巴丹吉林沙漠岩画一般位于山的顶部，个别位于山腰或山下的岩画点，往往更贴近水源，如道布图岩画位于一座山东边山脚下的几块碎石上，其东面约 10 米处就有一条南北走向的河沟。而位于原额日布盖苏木西南约 14.2 千米的惠森陶勒盖岩画旁边就有一条季节性河道。

（三）近墓地、近遗址

巴丹吉林沙漠地区古墓葬、遗址众多。大多数岩画点所在位置往往距离某个古墓葬或遗址不远，如道布图岩画以东 950 米处是道布图墓葬群，孟格图岩画西南约 3000 米处为孟格图墓葬。有些距离两个或两个以上古墓葬地不远，如青井子岩画以东 2100 米处是道布图墓葬群、以西 1400 米处是惠森陶勒盖北墓葬，雅玛图岩画以西 1100 米、西南 924 米和东北 990 米处分别是道布图墓群、伊克尔布日墓群和雅玛图墓葬；有些甚至四周都有古墓葬，如曼德拉山四周 18 平方千米的范围内都分布着墓葬。其中，最大的地处曼德拉山南面山底的缓坡上，它的周边均有岩画分布。除烽火台外，许多岩画点还距离墙体、坑等某个古遗址不远，如曼德拉山岩画所在地曼德拉山山脉东侧的尾端，有大体呈西北、东南走向的三段长 98 米的古代墙体。惠森陶勒盖、青崖窑和青井子三个岩画点均离惠森陶勒盖牛圈遗址不远。

（四）依山性、向高性

大多数巴丹吉林沙漠岩画不仅位于当地海拔比较高的山（低山丘陵较少）上，而且位于山顶，于是，"位高"或"崇高"便成为岩画在生存论、存在论意义上的显著特点之一，如分别位于曼德拉山、苏亥赛山、夏拉玛山的曼德拉、苏亥赛和夏拉木岩画点，以及坤岱图、坤岱图南岩画点等。岩画分布最密集的曼德拉山岩画大多位于曼德拉山的顶部。有的岩画点甚至离古代的烽火台很近，如格日乌苏烽火台距离孟格图岩画点约 4.7 千米，有的甚至就是烽火台，如希博图岩画所在地希博图山顶部。从更大的空间审视，位于东部、东南部的岩画点属于雅布赖山脉，南部的属于龙首山山脉。其中，雅布赖山脉由巴丹吉林沙漠和腾格里沙漠弧形隆起形成。

（五）向阳性、向上性

大多数巴丹吉林沙漠岩画位于向阳坡石头或石壁的上面或正面。这种现象存在的原因既不是山下或阴面坡上没有石头，也不是大多数石头平躺或竖立在地上或其他石头上（人们因此只能在其上面刻），而是人们刻意所为，如绀青色的岩石头几乎遍及曼德拉山山顶，但除山顶上个别位于阴面的石头上有岩画外，绝大多数岩画位于向阳坡的石头上。并且，就相对独立存在的石头或石壁而言，图像空间一般分布在阳面。

很显然，无论是临沙漠、近水源、近墓地、近遗址，还是依山、向高、向阳、向上，岩画现身世界的方式及其生存所展示出来的这些自然物性特征，其实就是它所具有的自然物理空间特征。

二、建构空间

空间特征对于我们深入理解巴丹吉林沙漠岩画至关重要，因为这些是岩画之为岩画的东西。显而易见，知道了岩画为什么近水源、近墓地、近遗址，为什么要向阳、向上，我们也就知道了岩画不同于其他视觉图像艺术的地方。事实上，如果充分考虑到岩画的多重空间及其相互之间的作用，以及由此形成的一系列特征，则我们不难发现岩画的显著特质是寂寥和神圣。如图 2-10 所示，在一个相对辽阔的、多重自然物理空间内，两个岩画物体显得孤独、旷远。即使在一个相对较小的语境空间内（图 1-2），或图像空间被图像填充得比较满并被其他石头环绕（图 1-9）①，岩画总是显得形单影只。而且，在一个视知觉场内，通常承载岩

---

① 笔者 2010 年拍摄到的该岩画语境场已经不是它的本来面目了。20 世纪 90 年代末，该岩画前面还有两个相对独立存在的质料场，分别是由一个形状较大的牦牛、三个形状较大的马图像建构的岩画。见盖山林：《岩石上的历史图卷——中国岩画》，上海三联书店 1997 年版，第 28 页。

画的石头数量远远少于其他石头。而岩画的向阳性、向上性则凸显了它的神圣性。大多数巴丹吉林沙漠岩画位于一块石头的上面，这规定了岩画的视角：除居高临下从上往下看外，人们不可能从其他视角一览它的整个图像空间。若一块石头的两个甚至三个面上同时存在图像空间，这一点就表现得更加突出。如图 2-6 所示，这是一块三面有岩画图像空间的不规则石头。所有图像空间内的岩画需要我们站在某个合适的角度才能同时看见。如果我们从侧面看，只能完全看到其中一个图像空间内的岩画。有些岩画所处的质料空间甚至要求人们从空中而不是地面看它们，特别是那些位于山顶由众多不规则石头组成的、呈条状分布的石堆中间的岩画。因此，从这个特性来看，与其说岩画是给生活在地面上的人看的，不如说是给天空中的神看的。

于是，由质料空间和语境空间所赋予的岩画俯瞰视角又建构了空间：它把岩画的空间进一步延伸至天空乃至遥远、辽阔的星空，从而形成另一超岩画空间。这种超岩画空间又进一步塑造并建构了岩画的特征和意义。如若从较远的地方或空中审视，则绝大多数曼德拉山岩画分布在曼德拉山 18 平方千米的、由众多黑色石头组成的、呈条状分布的岩盆悬崖或突兀的岩石上。而整个曼德拉山又濒临浩瀚的巴丹吉林沙漠。总之，以岩画为中心，由近到远或由远及近，我们会根据我们的意愿寻找到它不同层次的空间。此意义上空间的广袤是无垠的，其整体可以向各方面无限地展开。而每一重空间之于岩画的意义似乎都是显而易见的：它既是岩画的寓所，又是它的一部分。就像容器一样，空间既包裹着岩画，也塑造、构建着岩画，凸显着岩画在生存论、存在论意义上与其他视觉图像语言艺术的本质差异：它不是挂或放在画室、展厅、博物馆等处，也不是矗立或位于广场、街道、商店等地，而是存在于旷野或洞穴的岩石或岩壁上。这意味着，一旦脱离其生存的具体自然物理空间，岩画便不是岩画了。

三、3D 全息投影效果

与后来一切以画框为基本边界的视觉图像艺术相比，岩画的空间准确地说应该是一种现实自然界中的真实空间。从本质上说，它比人为制作或画出的扁平平面上的空间不仅更加别致特殊，而且要更有力量得多。"画外之画"的三维形式语境空间带给观看岩画者的一个强烈的审美感受就是 3D 全息投影效果。如果说岩画质料空间规定了观看者对某些岩画图像语言的审视方位或视角的话，那么，总体来看，岩画语境空间的存在则使观看者的审视方位更加多元化。在语境空间内，观看者利用不断变化审视方位，可以看到岩画真实的三维图像，即获得 3D 全息投影效果般的审美感受。如图 2-9、图 2-10 所示，就像戴了偏光眼镜，观看者在这两个审视方位看到的岩画都带有纵深感：不论是远处的远山和岩画，还是前后被堆砌的石头建筑，以及周围的自然环境与岩画，都同时映入观看者的眼帘。

相对于岩画图像语言而言，如果说图 2-9 所示的审视方位是把近处的拉远的话，那么，图 2-10 所示的审视方位则是把远处的拉近。而从图 2-9 所示的这个审视方位把平面的岩画转化为立体：观看者在这个视知觉场内不仅看到了岩画及其承载它的整个石头的形象，而且不可避免地会看到岩画质料空间周边的其他石头的整体形象及其周边环境。至于观看者在图 2-12 所示这个方位所看到的岩画更是一个不断连续的客观真实存在的自然场景，高低、远近各种各样的景物、环境扑入眼帘：岩画里象人、骑者、马、羊等之形的图像仿佛"活的"；它们跳跃着、奔腾着，处于这种审视方位下的观看者完全打破了天空与大地、人为的图像语言与客观自然界之间固有的阻隔，使其成为一个在其眼前连续不断运动着的统一整体。

图 2-12

小　结

　　岩画空间独树一帜，别具一格。若直面岩画视觉图像语言本身，我们不难区分出岩画的三大空间，即图像空间、质料空间和语境空间。它们在我们的视知觉场内，是一个不可分割的、相互联系的统一有机整体。如果说图像空间凸显了岩画有别于一般视觉图像语言艺术的显著特点（即空白多于图像）的话，那么，能够建构空间的质料空间，特别是语境空间的存在则向我们鲜明地昭示了岩画是一种生存论、存在论意义上的存在。它赋予岩画空间多重、无垠等特质的同时，从根本上显示了岩画与其他视觉图像语言艺术之间的界线。有多少重空间，就有多少重关系。岩画生存于多重空间相互作用之中。而岩画独特不可还原的自然物性特质、多重生存空间的存在向我们展示出：岩画不是一种孤立的存在。在一个特定的生存环境中，岩画的图像空间、质料空间和语境空间等之间存在一定的联系。岩画所处的特定质料空间或语境空间决定了一个拥有特定图像空间的岩画在该环境中的生存状态、功能。反之，当我们了解了岩画，观察并理解了它在某种环境中的生存状态和功能，我们就可以推断该空间中岩画的特性。于是，我们通过观察岩画在不同空间中的客观自然存在状态而发现岩画的一些特性。同样，我们也可以通过勘探岩画具体所处的自然地理位置而发现与岩画相关的空间。由此可见，空间和岩画是相互关联的。由于空间决定着岩画的存在，因此这种存在可以用作岩画的特性指标。更进一步，岩画的存在不仅意指与空间有关的客观自然界物质的存在，还涉及岩画会经历一些变化。于是，当我们说岩画时指述的是生存在一定时空结构里的岩画，即在场的岩画。

第三章　在场的岩画

　　存在论意义上的岩画以自身客观自然的存在状态，即图像空间与其质料空间、语境空间的交织同时并存，引发了一系列比较突出的、值得我们进一步探究的问题：①岩画的空间不空。如图 3-1 所示，在这个非常有限的、聚焦所有图像语言的视知觉空间里，除通常真正被人们称为岩画的一整幅图画外，我们同时不可避免地会看到承载它的整个物质载体——一块整体大致呈长方形状的、绀青色大石头及其周围的小石头、沙土、草状植物。而在图 2-12 所示的稍微开阔一些的视知觉空间里，我们还可以看到山下的一片景色，甚至目光所及的周边辽阔的原野、头顶的蓝天、星空等。②岩画的空间不是静态的，而是动态的。与岩画视觉图像语言共存于一个相对完整、独立视觉空间里的所有自然物之间存在无以言说的相互作用关系，它们相互依赖、相互映衬，且不说旷野里永远流动着自然的风等。③岩画空间不是被动的容器，其中的物体会影响到岩画本身，如人类自然历史时空的演变、自然界的风吹日晒，尤其是巴丹吉林沙漠烈风、酷暑，都不断撼动、侵蚀着岩画，许多因此风化、剥落、消失，岩画因此成为亟待人类保护的、珍稀的文化遗产。④岩画中的图像存在于多维空间中，其中有些是可见的，有些是不可见的。存在于人迹罕至地区的岩画绝非我们现在所说的一般视觉图像艺术。它的存在主要不是为了给现实客观存在的人看。审美欣赏或娱乐既不是其生产者，也不是其观看者的目的。⑤岩画多维空间之间并不是相互孤立、对立的，而是相互依存、相互影响的。岩画总是比较普遍存在于一些特殊的自然环境之中。⑥岩画多重的自然空间决定了观看者审视岩画的多个方位和视点。⑦岩画总是分布在有着特殊质地和形貌的质料空间或图像空间内。图 3-1 所示形状大体规整、石面基本平坦的比较少见。即便是这样的，其图像空间内的石面内部也有裂痕、高低不平，十分粗糙，尤其是其边缘边线呈犬牙状，部分断裂。⑧岩画图像空间内图像数量及其分布位置等不同。

　　一般人们用来主要说明位置和边界的"空间"概念不足以充分概括或描述岩画实际的自然生存状况。"史前史是一种有地域特点的学科。""岩画艺术是周围环境的一个组成部分，前提是：只要人们去关注艺术所要融入的地点，只要人们尝试去弄明白选择这一地点的理由，有关周围环境的很多方面都会变得可以理解。"[①]为更进一步地揭示岩画的自然物性，本章，笔者将借用物理学、格式塔心

---

① 〔法〕埃马努埃尔·阿纳蒂：《艺术的起源》，第 45、58 页。

图 3-1

理学中"场"的术语，提出"岩画场"的概念作为岩画生存和存在的场所，从另一个方位，再次深入、细致地剖析岩画的生存状态及其本质。岩画场的类别、特点及其相互关系等问题是本章所论及的主要话题。

第一节　多维度场

　　"空间"复杂多元。人们通常用它指称人及其事象或自然物在客观实际生活中所占据的位置或处所，以及其生存于大地上的区域，也用它指称包括人及其事象在内的各种物之间的间隙，以及与大地相对的天空，更用它指称人内心世界、行为、生理等。一言以蔽之，"空间"概念包罗万象。从人的内心世界到外部世界，从意识到宇宙，世间有多少种存在物及其呈现或展开的活动，就有多少种空间。并且，无论具体指称什么，当人们使用"空间"一词时总暗含有"边界""场""区域"等意义。这与中国古代"四方上下曰宇"的空间观念一致。换言之，"空间"概念总是蕴含着"范围"之义，"物体场""环境场""心理场""知觉场""生理场""行为场"等说法很是常见。我们在存在论意义上所探讨的岩画的空间则基于自然物理学概念。①图像空间、质料空间、语境空间分别指述的是图像、质料，以及岩画物质载体周边环境在客观自然界的一个区域内的分布，它们都有各自的边界。在一个相对独立完整的视知觉场内，岩画图像空间以特定的某一石面为其范围，石面的边界就是图像语言空间的边界；岩画质料空间以特定的某块石头或石壁为其范围，石头或石壁的边界就是质料空间的边界；岩画语境空间以某个或某些岩画位置所圈定或标识出来的、某个特定的区域为其范围，该区域的边界就是语境空间的边界。图像空间、质料空间、语境空间本质上都是我们视知觉所圈定的有物质化边界的特定的"田地"或"领地"，即"场"。从这个意义上说，岩画不是由某种事物构成或组成的，而是由多维场生成的。每一个场内都存在不同的事物或对象，它们都有自己相对独立完整的领地。本节，笔者从内外与大小、可视性与不可视性，以及存在方式三个角度，在对多维岩画场进行区分的基础上，概述不同维度岩画场的基本特征。

一、内外与大小

若以岩画图像场为轴心，则由内向外、由小到大，我们可以进一步把岩画场依次区分并描述为六种，即图像场、质料场、语境场、环境场、地形场和宇宙场。这里所说的"大小"是就物理学上所说的体积而言的，下面分别述之。

（一）图像场

图像场指的是岩画图像语言本身实际生存于其中的有限的、客观物质化的区域。如图 3-2 上图右边所示，我们可以称此为图像空间，其间分布着一个象骑者之形的图像和位于其下面的几个点状抽象形式。通常，当人们把图 3-2 上图左边摄影图所示的称作"岩画"时，指的就是图 3-2 上图右边它的复制图所展示的图像语言及其所建构的图像空间。由此我们看不到承载图像语言的石面质料及其形态。与缺乏物质化边界的、人们常说的"岩画"概念不同，本书所说的"图像场"概念指述的是岩画，即图 3-2 上图左边所示的，图像语言生存的物质化具体场所，

---

① 由于目前国内学界使用的"场域"概念大都来自法国社会学家皮埃尔·布迪厄（Pierre Bourdieu），因此笔者在本章十分谨慎，刻意避免使用"场域"一词，即使偶尔不可避免地使用了该词，也与布迪厄不同。布迪厄认为"社会并不只由个人所组成，它还体现着个人在其中发现自己的各种联结和关系的总和"。因此，他所说的"场域"是就社会关系而言的，"由附着于某种权力（或资本）形成的各种位置间的一系列客观历史关系所构成"。"它排除了一切功能主义和有机论：一个既定场域的产物可能是系统性的，但并非一个系统的产物，更不是一个以共有功能、内在整合和自我调控为特征的系统的产物。也就是说，对于系统理论中如此之多的基本假定（即共有功能、内在整合、自我调控等），场域理论都拒绝接受。"而且"不存在超越历史因素影响的场域之间关系的法则"，因为"一个场域并不具有组成部分和要素"。"争斗"是布迪厄所说"场域"概念的一个重要特征。所以，学校体系、国家、教会、政治党派和协会等都是他所说的比较典型的场域。见〔法〕皮埃尔·布迪厄、〔美〕华康德：《实践与反思：反思社会学导引》，李猛、李康译，中央编译出版社 2004 年版，第 12—19、139—146 页。

即一个呈不规则形状的、大体梯形的石面。因为从考察物理实在的结构出发，任何一幅岩画图像语言结构绝不仅仅是一种真空存在或空洞的名称，它必须被实际存在物之间的物理关系所支撑。而图 3-2 中间图所示的这个摄影图呈现了承载图像语言的石头质料，却也不是我们此处所说的岩画的"图像场"。因为石头或石面本身没有物质化的边界，缺乏一个相对独立存在的完满的形式。

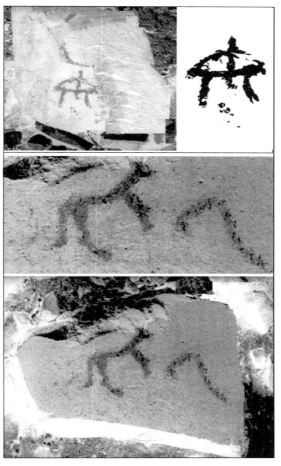

图 3-2

　　与图像空间相比，之所以用"场"描述图像语言是由生存着的岩画本身决定的。无论形状有多么不规则，质地有多么奇特，存在图像语言石面自身的物质化边界都很清晰。它们不仅准确地标示出了图像空间的边界、展示了其所处石面的客观状态，也昭示了该"场"内图像语言之间、图像语言与空间之间的联系。如图 3-2 下图所示，承载岩画的质料石面天然的物质边界为我们确定了岩画图像场的边界。如果我们把图 3-2 中间所示的称作图像空间的话，那么，以图像场称呼图 3-2 下图所示，更符合岩画本真的存在。

正如图 3-2 中图所示，人们一般所说的"岩画"或"岩画构图"指的就是抽象线状和"7"图形与马图像之间组合的一幅图画。该图画的空间指述的是三个图形周边及其之间的空隙。显然，我们所说的岩画的"图像空间""图像场"大于一般人们所说的岩画空间或构图所占整个空间面积。除一般人们所说的"岩画"外，它们还包括图像语言所在的整个相对独立完整的石面空间。图像场更强调石面物质化的质地、形貌和边界。相比较之下，由于整个巴丹吉林沙漠岩画图像语言空间里比较普遍存在的现象是"白"多于"黑"，即整个石面上或图像空间内仅仅刻有一个或两三个图像或图形，不少还处于边缘地带，以图像场称呼此类图像空间能更准确地揭示岩画图像语言生存的客观状态。因此，当本书以"图像场"分别解说图 3-2 上图左边、图 3-2 下图所示岩画时，本书指述的既是一定数量的图像相互联系、作用所形成的一个完美的、整体图像语言形式，也是承载该形式的一个相对独立存在的、完整的石面质料。二者不可分割，相互作用，共同形成了岩画图像场——一个物质化的、更大的整体外观形式。此完满的形式即"格式塔"，"是场的概念，即一种电磁场的概念"[①]。而决定岩画图像场的正是图像语言和质料这两种格式塔形式。前者可以说是人为的，后者则是天然的，即承载岩画图像语言的石面或石壁表面本身的整体形式。没有图像就没有岩画图像场，而没有石头或石壁质料就没有岩画图像场。就像自然物质之间所存在的可见的不可见的各种引力一样，图像和质料本身及其之间的相互作用形成了岩画的图像场。这一点有别于格式塔心理学里所说的"图形场""背景场"。前者指述的其实就是图 2-3 上图右边所示的人们通常所说的岩画或岩画构图，即整个图画空间；后者指述的是除"图形场"之外，整个图 2-12 所示的该岩画的背景部分。格式塔心理学代表人物考夫卡（Kurt Koffka）认为"图形比背景深一些，也可能淡一些"，"一个图形场要比一个背景场更有力地被组织起来"。[②]而岩画里的情形恰恰与考夫卡所说的相反：石面自然物质边界所勾勒出的有形的边界远比图形相互作用所形成的无形的边界清晰、有力地被组织起来。因此，与"图像空间"相比，"图像场"概念的使用一方面更能形象、准确地展示出岩画客观真实自然的生存状态；另一方面能更好地揭示岩画图像语言的自然物性特质。

---

① 〔瑞士〕让·皮亚杰：《人文科学认识论》，郑文彬译，中央编译出版社 1999 年版，第 97 页。
② 转引自〔美〕E. G. 波林：《实验心理学史》，高觉敷译，商务印书馆 1981 年版，第 155 页。

（二）质料场

质料场指的是承载岩画图像场的特定原始物质材料本身所形成的某个相对独立、完整的区域。巴丹吉林沙漠岩画里质料场的存在形态主要有以下三种。

（1）石头。这是最常见的一种。如图 3-1 所示，这个承载骑者图像场的石头客观存在的状态构成了该岩画的质料场或称石头质料场。

（2）岩画所生存的某个相对完整、独立的场所。这通常是针对那些存在于石壁上的岩画而言。仅就数量而言，巴丹吉林沙漠里这种石壁质料场里的岩画比较多，仅次于石头质料场的。如图 3-3 所示，这是位于石壁上的、由众多图像语言建构的岩画。除图像语言之外，在这个视知觉场内我们看到的该岩画整体的背景，即四周空间及其景象，便构成了岩画质料场。这种石壁质料场与其图像场界线的区分，主要依据分布于其中的图像语言位置，以及石壁表面纹理。相比较而言，岩画图像场的划分，则更多依靠的是图像语言，而其质料场的区分，更多考虑到

图 3-3

石壁表面的物质化纹理。并且，岩画图像场的面积比其质料场的要小。譬如，如果彩图1上右图所示的是这个手印岩画的图像场的话，那么，彩图6左中图所示的就是它的质料场；如果说该图像场更好地凸显了手印图像的话，那么，其质料场则同时展示出了该手印图像在一个相对完整、面积较大石壁上所处的空间具体位置。①

（3）岩画存在的石壁质料场内特定的、相对封闭的物质空间。这种情形主要指巴丹吉林沙漠岩画里洞窟手印岩画。如图1-1所示，与欧洲阿尔塔米拉和拉斯科的洞穴或洞窟不同，人们现在所说的巴丹吉林沙漠洞窟手印岩画并不是位于深不可测的洞穴或洞窟里，而是位于一片由外部奇形怪状的石头密密实实构成的石林里。具言之，位于这片石林里某块石头的底面或上面某个比较隐蔽且由石头本身天然物质质料形成的一个相对封闭的空间内，本书把这个空间称作分布在其中的某个或某些手印岩画的质料场。

（三）语境场

语境场是指在一个相对完整、独立的视知觉场内某个特定岩画质料场与其周围其他物体共存的空间场所。出于保护岩画的目的，目前人们在很多岩画分布地点，采取了一系列的防护措施。这里所说的"周围其他物体"指的是自然界的事物，不包括任何人为添加的东西。总体来看，巴丹吉林沙漠岩画语境场主要呈现出繁、简两种形态。"繁"指的是语境场里的景物十分复杂，并且依据岩画质料场所处具体位置而有所区别。如图1-1所示的这片石林，以及天空、植被、石头、土地等的综合统一体就构成了彩图1所示手印岩画的语境场。该场相对比较大、繁杂。图2-12所示存在于曼德拉山顶的这个岩画的语境场的形态也比较复杂。只不过与图1-1所示这种分布在比较平缓地带的相比，这个地处山顶的岩画语境场内多了许多人们通过远视或俯视可以看到的物象。相对"繁"而言，景物比较单一的岩画语境场所呈现出来的整体形态就比较"简"，特别是那些地处山崖峭壁或石壁，以及平缓山坡上的岩画语境场。如图3-1和图3-3所示，除天空、地面一些小的石头、植物，以及稍远处一些低矮的石头或石壁外，这两个岩画语境场没有其他体积较大物体存在，总体显得比较单一、空旷。②

---

① 即分布在一条形状较大的灰色树杈状石缝的右边，该质料场的右边还有一个小的灰色树杈状裂缝，关于此后面有论述。

② 彩图2上右图所示的是图3-3右边图像场情形。

（四）环境场

环境场是指在一个相对独立完整的自然地理环境内，某些岩画密集区所处的地理空间场所，相当于目前考古学界或岩画学界人们所说的岩画点。总体来看，世界范围内岩画点的命名和划分依据的基本标准是存在论意义上岩画所处的自然地理环境，即一个相对完整、独立存在的环境场。其具体表现形式主要有某座山，某个山峰或山谷、岩壁，某个山口子、峡谷，以及戈壁上岩壁形成的洞穴或洞窟，等等。就巴丹吉林沙漠岩画而言，已经发现的环境场有 70 多处[①]，基本用当地人对岩画点所处自然地理环境的命名来称呼它们，诸如曼德拉山岩画、下吊吊山岩画、葫喇叭口子岩画、立沟泉岩画、布布洞窟岩画等。其中，岩画分布最多、最密集的环境场是曼德拉山。

（五）地形场

地形场指的是在一个相对完整、独立的自然地理环境中，某些岩画密集区，即岩画环境场所中比较大的自然地理空间场所，它们通常都比较宏大，诸如山脉、大河、沙漠、戈壁等。本书把这些比较大的自然地貌称为岩画的地形场。已发现的世界岩画基本都地处或靠近当地最具地理学或地质学意义上的自然地形之中。如分布在欧洲西南部高山国家之一的西班牙境内、世界上最早被人们发现并明确命名公布的阿尔塔米拉洞穴岩画，其北部是欧洲著名的、绵延千里的比利牛斯山脉，紧靠它的是海拔在 2000 米以上、北临浩瀚比斯开湾的坎塔布连山脉。事实上，世界岩画界也一般习惯于以临近岩画环境场的某个最突出、鲜明的自然地理环境，即地形场命名岩画，诸如撒哈拉沙漠岩画、贝加尔湖岩画、阴山岩画、贺兰山岩画等。同理，地处巴丹吉林沙漠腹地或边缘地形场内的岩画，则被称为巴丹吉林沙漠岩画。

（六）宇宙场

宇宙场指岩画密集区与位于其上的天穹、星体、星际乃至整个宇宙所处的空间，主要是针对地形场而言的。天与地相对应，与自然地形场相对应的是位于其上的辽阔天空，和分布在天空中的日、月、星辰，以及与之相关的其他天体，等等。

二、可视性与不可视性

尽管处于岩画场内的实体物象，人们能感受到它们的存在，甚至岩画的图像空间、质料空间等都是我们可以感触的，但是，其间有关物理学里的电磁场、

---

① 据阿拉善右旗博物馆统计，2014 年之前有 69 处，近些年又有发现。

引力场等，以及心理学里的心理场等，人们的肉眼是看不到的。从观看者的视域，依据可见性与不可见性，可以把岩画场再次区分为两大类，即现实场与虚拟场。

（一）现实场

现实场指的是岩画在空间内生存的状态，以及在客观自然环境中存在的延展及其中各个部分之间的邻接，也可以称之为物理场。这里所说的"现实"泛指包括人在内的一切有客观现实形状的物或物体的存在及其相互作用所形成的各种关系、事件。它既指单个的物，也指由单个物体构成的某个特定的物质系统。这种物质系统的规模、范围、大小等差别决定了其邻接的存在。最严格的意义上，图像场、质料场、语境场、环境场、地形场和宇宙场也都是岩画的现实场。除此之外，还包括行为场。这主要指的是人们之于岩画现实场的实践活动。换言之，本书所说的岩画行为场具体指述的是岩画生产完成之后，后来人使之于岩画现实场上的行为或开展的与之相关的一系列实践活动，且主要是就其视觉效果来看的。由于岩画宇宙场、地形场、环境场的辽阔宏大，因此人类在其中的实践活动一般不会对它们产生较大影响，如吞没巴丹吉林沙漠、消除雅布赖山脉、推倒曼德拉山等。一些被开辟为旅游景点的岩画语境场，其整体风貌也保存完好。总体来看，人类行为对以下三个岩画场影响较大。

1. 图像场

图像场内人们的行为集中体现在三个方面：一是篡改岩画。那些距离现在人们生活比较近的岩画环境场内，不少岩画图像语言被重组或者被修改了。刻制痕迹的颜色明显表明一些图像语言是后人增补上去的。有汉代汉字的岩画图像语言也并不少见。二是选择性摘取。这指的是出于各种原因，人们会打破岩画图像场原本的完整性，而将其分割成两个或两个以上岩画的情形。例如，额勒森呼特勒洞窟宽 5.2 米，深 24 米，洞窟内最高处 3.2 米，最低处 0.83 米，其顶部石壁上至今比较清晰可见的手印有 27 个。而彩图 1 所示的只是笔者从中摘取的部分。三是不完整。这指的是人们所采集的岩画，并不包括一个相对完整的图像场的情形。

然而，我们实地看到自然生存状态中的岩画会更加鲜活生动。如图 3-4 所示①，该视知觉场内可以同时看到图像语言及其在图像场内的具体位置、整个图像场的

———————

① 下图所示岩画位于曼德拉苏木锡林布拉格嘎查东南 13 800 米，地处一条河沟两侧的石壁上，被当地文物部门称为"乌克日楚鲁图岩画"，2006 年第三次全国文物普查过程中，阿拉善右旗普查队复查并建档。照片编号为 152922-0034-Z001。

全貌，但我们却只从中分别采集出一个象羊之形的图像和一个象骑者、射手和羊之形的图像（还有一些不清晰的圆圈状抽象形式），且这两个图像被称为两幅"岩画"，而毫不顾及或考虑到它们的具体生存状态，如上图里的羊形象位于整个图像场右上角边缘地带甚至边界线上（如圆圈表示的羊形象的头部部分）；下图里的图像场右下角部分有一个较大断裂带，羊图像就分布在最右下角。也就是说，羊图像与其他两个图像之间隔着一条比较大的深沟。

图 3-4

2. 质料场

　　质料场内人们的行为集中表现在两个方面：一是移动与破坏。不论是出于保护、收藏还是其他目的，在人为强行从自然地理环境中移动岩画的过程中，承载岩画的物质载体石头或石壁自然的质料场都会脱离其原始的生存语境，如彩图 5 上图所示，位于山脚下的这个岩画质料场被挪动了，其右边留有明显被人撬动过的痕迹。那些没有被移动、仅仅被人们从岩壁上撬下来的，也不同程度地受到损坏。如图 1-6 和图 1-7 所示的质料场，其石头正面犬牙交错状的被撬凿痕表明：即使再努力试图修复，也永远无法还原它原始的形态，更不用说它原初的自然生存状态了，尤其是有些岩壁质料场内部分图像语言是被铲下来的。[①]二是肢解。目前，绝大多数人在实地采集岩画的过程中，仅仅聚焦于图像语言，而忽视其物质载体。于是，且不说复制图、拓片等，即便是从权威出版社出版的岩画摄影图册集里，我们也鲜能在看到岩画图像语言的同时看到其完整的质料场。绝大多数只保存了该质料场内完全承载图像语言的部分，像图 3-3 这样保留大部分质料场的摄影图册很少。

3. 语境场

语境场主要指两种情形：一是毁灭。随着历史的变迁，人类繁衍、人口增多，以及社会经济的发展，特别是由于缺乏对岩画文化遗产的高度重视，不少岩画生存的语境被后人破坏了。如乌德哈布其拉岩画环境场位于巴丹吉林沙漠南 90 千米的山脉中。蒙古语"乌德哈布其拉"的意思是像门一样的山口子。在乌德哈布其拉河沟两侧陡峭的崖壁、沟口、要冲或河床交汇处，刻制着为数不少的岩画。彩图 4 上左图、下中图，以及图 1-5 所示的岩画就分布在一个相对独立完整的悬崖峭壁岩画语境场内。近年来，当地政府开山修路，直接推倒了其周边不少类似岩画语境场。[②]二是再造。这指的是后人基于种种原因重新构建岩画语境场的行为。如图 1-6、图 1-9 上图所示，这两块承载着图像语言的石头已经脱离了其原本的生存语境场。前者被后人移植到博物馆内；后者则处于一个人用铁框重新为它建构的另一个语境场内。

当然，人施之于岩画场最重要的行为就是发现岩画了。正是人们对岩画遗产的高度重视，以及不畏艰险的精神，众多岩画才得以见天日。如图 3-5 所示[③]，谁会想到著名的巴丹吉林沙漠手印岩画会被绘制在该石头上的拱形石洞内？由此可见，如果说我们可以把岩画现实场内的图像场、质料场、语境场、环境场、地形场和宇宙场，称为物理场的话，那么，岩画行为场就可以被称为岩画的社会场。而当我们用行为场指述岩画时，主要谈论的是人之于岩画的行为及其所产生的效果。随着岩画环境场、语境场、质料场不断被发现，岩画行为场应该引起人们的

---

① 这样收集起来的岩画，其载体是薄薄的岩片。

② 2016 年 9 月笔者在阿拉善右旗博物馆馆长范荣南的陪同考察该地岩画时，目睹了有大型推土机的施工现场。

③ 分布于内蒙古自治区阿拉善盟阿拉善右旗雅布赖镇巴音笋布尔嘎查东北 15 500 米，雅布赖山脉腹地的一座山靠近山顶部分山腰上。这块石头东西 5 米，南北 4 米，高 3 米。该图拍摄的是它的南侧。其紧贴地面部分有一个拱形浅洞，其内石壁上有三个手印图像，两个左手，其中一个带手臂，另外一个似乎是左右手叠加制作。当地文物部门称此为"特格几格下洞手印岩画"。在 2010 年第三次全国文物普查试点过程中，阿拉善右旗普查队对该岩画点进行了调查并建立了档案。照片编号为 152922-0524，范佳炜摄于 2010 年 3 月 8 日。

高度关注。

图 3-5

（二）虚拟场

多维度岩画场并非完全是纯视觉的。本书用虚拟场指述与现实场相对应的以太空间和个人的内空间。前者指述的是空无一物的空间，即人肉眼看不见的物质世界的存在，诸如空气、光、波、包括人在内的物体之间的相互作用等（如气场）；后者指述的是人的思维与意识、心理与精神等在运动过程中所形成的一定的空间。虚拟场也是有一定区域、边界的。例如，2001 年，以意识为话题，牛津大学教授苏珊·格林菲尔德（Susan Greenfield）明确提出并系统论证了人的大脑的"内空间"（inner space）。她研究并告诉人们：思维就是大脑的个人化。"你的任何行为都关系到你的大脑。""发生在你身上的任何事情，你所想的任何事情，在你的大脑中都有生理基础。"①如果大脑是人一切活动的领域或场的话，那么，人的心理活动、精神活动及其与更广泛的外在自然地理环境、人文文化环境之间的

———————

① 转引自〔英〕彭茨等编：《空间》，马光亭、章绍增译，华夏出版社 2006 年版，第 9 页。

相互作用等，都是在一定场内发生的。依此审视，岩画的虚拟场主要有四种：
①生产者借助于图像语言与其沟通的想象中的世界。模拟、再现现实生活中的物
是容易的，可岩画生产者如何呈现他与客观世界的关系之外的其他东西，即他
想象中的世界？是我们难以知道的。②制作者和观看者的心理、想象、语言、
民族、精神、文化和审美空间等。③岩画现实场内各个场里物体之间的相互作
用，以及场与场之间的相互作用所形成的空间。④岩画观看者与岩画现实场相
互作用所形成的空间，我们可以统称为自然力场。这里所说的"相互作用"其
实指述的是观看者对岩画现实场的思维活动，它具体发生在人的大脑中。前两
种，即岩画生产者的心理场和观看或解读岩画者的心理场，我们也可以统称为
心理场。

三、存在方式

就岩画的存在方式而言，我们可以把上述岩画场进一步区分概括为五种类
型，即图像场、自然物理场、心理场、心物场和文化场。其中岩画的自然物理场
包括质料场、语境场、环境场、地形场和宇宙场。每个场都是以岩画客观存在或
生存于特定时间或空间中的要素形式显现的：图像场由图像构成；自然物理场由
自然物质材料、语境、苍穹等构成；心理场由制作者或观察者个体的心理要素构
成；心物场由制作者或观察者个体的心理和客观存在的岩画现实构成；文化场由
人、历史、种族、宗教、心理、审美等因素构成。其中，人们在具体阐释岩画的
运用过程中，且不说不会割断心物场与文化场之间的紧密联系，就是自然物理场
也不会脱离。因为位于特殊自然地理环境中的岩画往往是历史上特定时期、特定
人所制作的。如卡莫尼卡谷、圣弗朗西斯科山和措迪洛山岩画均被联合国教育、
科学及文化组织列入《世界遗产名录》，而博帕尔地区岩画中最古老的部分有1.2
万年的历史，比目前发现的所有的古印度河文明遗址时间都要早。因此，撒哈拉
大沙漠、喀拉哈里沙漠等孕育了非洲岩画。它们是非洲岩画的自然物理场，即非
洲岩画生存其间的、比较大的语境空间。与此同时，我们说是生活在撒哈拉大沙
漠、喀拉哈里沙漠地区的人们分别制作了该地区的岩画，他们是该地区岩画人文
文化场的中心。由于岩画通常都制作于史前时期，它们的制作者已经不存在，而
且可供考证的历史文献资料、考古资料有限，因此，相对于现在客观存在的、可
见的岩画自然物理场，岩画的文化场一般是不可见的，即不是客观存在的实体。
岩画自然物理场与文化场之间相互依存、相互作用，共同形成了一个相对独立完
整的岩画生存系统。文化场决定着自然物理场的存在。如图3-5所示，人们为
什么选择在这块石头南面洞内石壁，而不是其他地方制作岩画本身就彰显了岩
画的特质。而且，由于岩画总是处于某些特殊的、大的自然地理环境之中，因
此用"自然物理场"来描述阿尔卑斯山脉的卡莫尼卡谷或圣弗朗西斯科山、莫

贝特卡山，以及巴丹吉林沙漠比"语境空间"更加准确和具体。

以上笔者依据大小、可视性与不可视性和存在方式三种标准，分别对岩画场进行了分类。只是为了更好地认识岩画，笔者才采用上述三种分类法，但它们不是绝对的，而是相对的。如就存在方式而言，也可以把心理场纳入其中，因为岩画也存在于生产者或观看者的思想意识里，而后者也有承载他们的客观物质载体——大脑。由于宇宙空间的无限性，人类眼睛看不到的世界更大，特别是人的心理空间。因此，岩画的虚拟场更加辽阔无限。

第二节　统　一　场

岩画场是多层次、多元化的，也是共生共存的。其图像场、质料场、语境场、环境场、地形场和宇宙场相互依存、层层相套、相互作用共同形成了一个无穷的、更大的统一岩画场，其整体呈现出实体性、连续性、广延性和可塑性四大特征。本节，笔者以此为探讨内容，在此基础上，对岩画场的概念做进一步的梳理与概括。

一、实体性

自 18 世纪以来，物理学界有关场概念、术语及其众多的场论，诸如电磁场、引力场、统一场论、规范场、量子场等，不仅为自然科学领域的发展带来了革命，而且广泛为社会科学、人文科学，乃至人们日常生活中所使用。[①]如著名的"格式塔心理学"里所说的"格式塔"，一个相对完满的形式本质上就是有边界的区域或场。德国心理学家勒温（Kurt Lewin，1890—1947）把场引入社会学研究。现实生活中我们所说的"市场""农场""操场"等"场"概念，指述的是客观现实存在的地域或场地。不论是否有人或其他物出入，它们都存在在那里。与之相反，现代物理学领域的各种场论里所说的"场"指述的并非一个实体性的场，即客观实际存在的场地，而是物质运动或与其他物的相互作用。这意味着没有物及其相互之间连续不断的运动、相互作用就没有物理学上所说的"场"。客观现实地存在于自然界的岩画空间、岩画场既不是现实生活中我们所说的广场之类的场，也不是物理学上所说的电磁场、量子场等。与物理学上所说的场不同，岩画是物质与场的统一。本书对岩画场的描述分析，主要是依据客观给定的一种物理实在，即空间区域进行的，而不是我们头脑中的想象。这种岩画场是客观外部世界与人们主观内部世界的同一，而不是内部世界在外部世界中的投影。以自然物质的形态客观真实地存在着的岩画场，是一个人们可以感知的、看得见的客观物质存在

---

① 如说某人"气场"强等。

的实体。物质性是岩画最突出的特质。假如"我们永远无法进入别人大脑的内部。内空间将永远是个人的"①，那么，除了虚拟场里的"心理场"外，即便是岩画的文化场和宇宙场也并非人完全不可见。文化场我们大都能通过考古发掘发现的实物对其有所了解；心物场的物理场是我们完全可以感知的客观物质化存在；宇宙场虽然浩渺，其中许多空间还属于我们的想象空间，但是有些却是我们可以实地观看、探测的。然而，自然界里的许多场、生活中的场能独立于其他自然物、人或其他事物之外存在，而岩画场却离不开岩画，准确地说是离不开图像空间而存在。这意味着没有岩画或图像语言的岩画场是不存在的。岩画场依赖于岩画，即图像语言或图像场的存在。同样，岩画图像语言亦以客观存在的、物质化的岩画场为支撑。因此，岩画场准确地说是一种实体场或实在场。

二、连续性

岩画场的连续性及其之间的相互作用主要通过以下三个场体现出来。

（一）现实场

岩画现实场所展示出来的连续性集中表现在四个方面：①完全处于自然物质世界中的岩画现实场其实是一个统一场。其图像场、质料场、语境场等之间是相互渗透的。如图 3-6 所示，在这个视知觉场内，我们可以同时看到图像场、质料场及其语境场等。而各种穿透力极强的自然界音响、声音的存在，更是消解了所有岩画场的形状、边界，侵蚀了场与场之间的内外之别，将它们连缀成一个整体。②正如我们实地观看任何艺术作品必须前往它所处的地方一样，岩画的实地观看也要求我们这样做。在我们前往岩画所处位置的路上，我们实际上会依次不断地穿过地形场、环境场、语境场，最终抵达图像场。而在我们全身心地处于自然物质空间中时，种种物理场之间的区别、界线却消失了。我们所体验或者说感受到的是一个个连续不断的自然场景。岩画之于我们只是以一种比较明确的方式表现时间和空间的存在而已。③存在论意义上的岩画是移动的而非静止的。即便是在图像场感知、观看岩画的过程中，我们的视知觉，准确地说目光，也会渗透岩画图像场的边界，进入其质料场、语境场和环境场，并且会进入它更遥远的地形场和宇宙场。如图 3-6 所示，在这种情况下，我们会忽略承载岩画的石头或石壁的自然界线，包括图像与语境、近与远的物之间的一切区别。各个岩画场客观物质化的边界全都消失了，消解为一种包罗万象的空间，其中各种景物和天空相互融合的、整体般呈现。④各种场是关系性的。这意味着只有在彼此的关系之中，它们才能充分发挥作用，我们才能更好地理解它们。只是因为有了岩画图像场的存

① 〔英〕彭茨等编：《空间》，第 26 页。

在，才有了其质料场、语境场和环境场等。因此，我们必须在岩画统一场宏大系统之中，而绝不能孤立地界定并理解每一种岩画场的存在。虽然各种场都有边界，但从这个意义上说，各种场之间的边界都是动态的。

图 3-6

（二）心物场

心物场指述生产者或观看者在生产或观看岩画过程中的思想情感与客观自然物理场之间相互作用所形成的场。二者都是生产者或观看者心理场与岩画物理场的统一。在这种心物场内，由于个人与外界的感应和相互作用，无论是生产者还是观看者，他们在客观现实自然物理场内看到的物体和周围空间之间的边界在他们的意识、思维中都消失了。恰如源源不断的河流，在他们的意识流、思维流里，他们很容易会看到一个完全不同的场。而在这个囊括一切的动态流动的场之中，物之间通常被认为的区别消失了，内部自我与外部世界之间的边界被超越了。其间内部自我或曰心理空间、心理场与外部世界或曰外部空间、外在场之间的边界是互渗性的：一方面，生产者在生产岩画的过程中，"流连万象之际，沈吟视听之区；写气图貌，既随物以宛转；属采附声，亦与心而徘徊"；另一方面，观看者在考察、解读岩画的过程中，亦"目既往还，心亦吐纳。春日迟迟，秋风飒飒。情往似赠，兴来如答"。[1]而生产者与自然万物、观看者与岩画之间这种游戏般互动互渗心物场发生的前提条件是认同，即面对自然万物或岩画，生产者或观看者不会无动于衷，他们会以极大的兴趣与热情面对它们，对其做出回应，从而

---

[1] （梁）刘勰撰，（清）黄叔琳注，（清）纪昀评：《文心雕龙辑注》，第400、403 页。

体验到"神与物游"①的快感。如目睹图 3-7 所示的岩画，我们视线会很快捕捉到位于整个图像语言中间位置的骑者图像，并且认为它是该岩画制作者所要表达的重心。因为骑者图像的形状最大，远远超过图像场内其他三个骑者图像的。正所谓"物心貌求，心以理应"，"神用象通，情变所孕"。②此意义上的自然万物、岩画之于生产者（即面对岩石从事岩画生产的生产者）、观看者（面对岩石正在凝视其上图像语言的观看者）本质上都是一种心与物会通的心象。③

图 3-7

（三）文化场

　　存在于岩画语境场或环境场、地形场里的墓葬、遗址等，与心物场有些类似。文化场并非完全客观现实性的物质存在。换言之，它不是独立于人之外的存在。它的存在主要基于生产者与图像、观看者与岩画的相互作用。图像语言承载着岩画生产者所处的年代、心理、才能、想象力、民族等。观看者也主要通过岩画图像语言及其现实场了解岩画。因此，文化场是通过主体与客体相互的吸收渗透而对差别的超越，内外边界的消解，自我与世界的相互融合形成的，它本质上也是一个心物不断相互交融的结果。流动性、互渗性是其特征。

　　总之，岩画现实场本身就是一个全息的、生态自然的整体性存在。心物场、

---

①（梁）刘勰撰，（清）黄叔琳注，（清）纪昀评：《文心雕龙辑注》，第 271 页。

②（梁）刘勰撰，（清）黄叔琳注，（清）纪昀评：《文心雕龙辑注》，第 275 页。

③ 这与法国精神分析学家拉康（Jacques Lacan，1901—1981）关于自我构型曾提出的"镜子阶段"（the mirror stage）概念有相似之处。与动物不同，18 个月大的婴儿首次面对镜子里的自己，便会以游戏的方式体验到镜子中自己的种种形态与自己之间的关系。他把这个阶段称为一次"认同"（identification），即主体认定镜子中自己时所发生在他身上的转换。并且，借用一个西方一个古老的术语"心像"（imago）表示。详见〔法〕雅克·拉康：《拉康选集》，褚孝泉译，华东师范大学出版社 2019 年版，第 31 页。

文化场也是人与物相互作用的场，它们均不能独立于人。事实上，正是在人的视知觉视野里，岩画各个场相互关联，并且呈动态状，它们之间的边界消失了，连续的岩画场出现了。

三、广延性

广延性涉及岩画场的两个方面，即有限的、客观物质化的实体与无限的、非物质化的精神性的存在。后者主要指岩画心物场、文化场和宇宙场。我们所说的"场"本质上指述的是空间区域。这种"区域"在空间广延上不是闭合的，而是连续的、开放的。岩画既是实在也是精神的客观存在。尽管岩画存在于特定的客观现实自然地理环境之中、文化场内，但是，作为人类精神创造的产物，岩画一旦产生便具有了超越时空的、相对独立存在的价值。同理，即便是今天，宇宙场之于人类也是已知与未知并存。于是，尽管从整体来看，岩画场是一种客观物质化的存在，具有实体性特点，但是，当人们试图理解它时，不可避免地会融入种种非实体性的东西，诸如个体心理、情感取向、审美爱好、某个特定历史时期或民族的审美趣味、文化风尚，以及人们对宇宙中不可知物的想象等。因此，岩画场本质上是可视性与不可视性的统一，其连续性可以扩散到无限的空间之中。

四、可塑性

岩画场的可塑性从两个方面体现出来：一是地球本身乃至自然界的万事万物都不以人的意志为转移，独立于人之外而存在。它们都是鲜活的生命有机体，无时无刻不处在呼吸、运动变化之中。处于其间的岩画场亦不例外。它随天地宇宙呼吸而呼吸，风雨雷电浸润、冲击（有时会毁灭）着图像场内图像语言，甚至会削弱、撼动质料场，并进而改变它的语境场、环境场和地形场。如图1-2、彩图2中图分别所示，如由于夏季洪水，曼德拉山下有不少被冲下来的承载在石头质料上的岩画，这些石头一般比较小，也有一些面积较大的石头。二是人以自己的意愿任意改变着大自然及其生存其中的岩画场。他们会把岩画准确地说图像语言或图像场，有时包括质料场，从其固有的质料场或语境场中移除，或者将其转移到另外的环境场中，重构或重组岩画视觉叙事。如图3-7所示，这个岩画语境场已经不是岩画生产者生产岩画时所挑选的了。不仅因为大多小块石头明显被移动了，而且因为中间这块由象骑者之形图像建构的岩画图像场和质料场也是不完整的，其左上面留有被人生硬切割的明显痕迹。图1-8上图所示的岩画质料场所处的语境场，更是后人搭建的。至于那些被转移到另外的地形场、文化场中的岩画，如巴丹吉林沙漠岩画曾被转移到贺兰山岩画场，以及北京等地的博物馆展厅等。总之，自然的因素、人为的因素都决定了岩画场是一个永远动态的变动场，它一直处于发展变化之中。

第三节　图　像　场

　　图像场是整个岩画场里最小的。它指述的是在一个相对完整、独立的视知觉场内，由图像语言和物质质料相互作用形成的一个相对完整、独立的区域。它比单纯的"图像空间"概念能更准确地、更好地描述并揭示岩画图像语言真实客观的存在状态。因此，本节，笔者从分类及特征、在场的形式和意义三个方面，全面系统地探讨岩画图像场，揭示自然物性之于我们理解岩画图像语言的重要作用。

一、分类及特征

（一）分类

　　仅就某个特定岩画图像场内一个相对完整独立的格式塔形式的数量而言，我们可以把整个巴丹吉林沙漠岩画划分为两大图像场——独体图像场、合体图像场。前者指述的是一个相对独立、完整的场内只存在一个图像的情形，如图 1-2 及图 3-4 上图所示，不管图像场的面积是小还是大，其中都只有一个图形；后者指述的是一个相对独立、完整的场内存在两个或两个以上图像的情形，如图 3-3 及图 3-4 下图所示。这里所说的"格式塔形式"指的是"图像"或"图形"，它们可以是点状或线状形式（图 3-8），也可以是象人或动物之形的形式，前提条件是在图像场内它们要相对独立而不能依附于其他形式而存在。[①]

图 3-8

---

　　① 关于此，以及下面所述独体、合体图像及其组合；岩画图像语言能指层面都存在差异、繁简、抽象之别，笔者已有专论，兹不赘述，见王毓红：《羊书：一种象形表意石头文》，商务印书馆 2012 年版。

就像物理学里的引力场一样，一个相对封闭的、独立完整的图像场的形成来自看不见的图像语言之间的相互作用，如一个象羊之形的形式显然是因两条以上的线、点状形式之间的相互作用而形成的，图 1-1 所示的圆圈状图形便显示了一股强有力的线状结构。因此，用来建构图像场的图像是一个相对独立、完整的视觉格式塔形式，而非数量上的单个。如图 3-6 所示，乍看这是一个合体图像场，里面好像存在不止一个图像。其实，它们是一个串联在一起的整体，即一个独体图像场。而图 3-2 上图、下图所示的则是另一种情形：两个图像场里一个象骑者或马之形的图像的下面或左边都存在两个点状形式，但我们却会把它们视作一个相对独立存在的整体格式塔形式。因为两个点不仅形状小，而且彼此之间的距离很短。

巴丹吉林沙漠岩画里，独体图像场内的形式可以是非常简单的，如一个点或一条线，也可以是比较繁复的。如图 3-8 右图所示，该图像场内有一个比图 3-6 中还复杂的单个图像或整体形式。这个形式的左边即主体是一个呈蛙状的象人之形的图像，它的右边及右上角和下面零星地分布着几个点、线状抽象形式，以及一个形体较大的抽象形式。这些抽象形式与形体最大的蛙状人形式之间有或大或小的间隙，可我们很难把它们视作彼此相互独立的，特别是蛙状人形象右手似乎握有一条长线，该线与形体较大的抽象形式紧密联结，蛙状人图像下面的点状抽象形式也与该图像之间存在实质性的联结。至于蛙状人图像右上角的两个短线状形式，我们很容易将其看作整个蛙状人图像里的一个部分，因为它们被包裹在整个蛙状人图像语言的空间内。

由于增加了形式，合体图像场一般比较丰富复杂。就某个相对独立存在的合体图像场而言，其中的形式可以有两个、三个、四个、五个，也可以有六个、七个甚至数十个，不可胜数。我们可以把它们依次称为二重、三重、四重、五重、六重、七重，以及多重合体图像场。有两个形式的我们称为二重合体图像场，有三个形式的我们称为三重合体图像场，以此类推。七重以上的我们统称为多重合体图像场（图 3-3、图 3-4 下图）。数量越多，合体图像场显得越多样复杂。

（二）特征

通常情况下，无论是独体还是合体岩画图像场，都具有以下四个共同特征。

第一，从形式类型上来看，两大场内的形式类型多种多样，既有抽象的点、线、圆圈等几何状图形，也有象骑者、马、羊、人、鹰、骆驼、鹿等之形的图像。并且，抽象图形与具象图像、抽象图形与具象图像可以共存于一个图像场。无论何种形式在能指层面都存在差异与繁简之别，如巴丹吉林沙漠岩画里的"骑者"图像并不都完全像图 3-2 里的。从图 3-1、图 3-3、图 3-4 下图、图 3-7 所示来看，不仅不同图像场内象骑者之形的形式能指层面存在差异与繁简之别，而且同一图像场内的亦不同。以此类推，巴丹吉林沙漠岩画里象羊、马、鹿等之形的形式，以及抽象形式亦如此。试比较图 3-1 和图 3-3 里的马图像。

第二，从外在形态来看，独体、合体岩画图像场都存在单一与复杂之别。存在能指层面简单形式的独体岩画场被称为简单独体图像场（图1-2、图3-4上图所示），与之相反的则被称为复杂独体图像场（图3-6、图3-8右图所示）。一般来说，我们把图像数量多的多重合体图像场称为复杂合体图像场（图3-1、图3-3），与之相反，特别是数量较少的合体图像场，我们称为简单合体图像场（图3-2上图、下图）。

第三，从具体位置来看，一个格式塔岩画形式或图像可以处于整个图像场的任何地方。例如，就独体图像场而言，在图1-1里，一个抽象圆圈状图形把整个图像场塞得几乎满满当当，似乎位于整个图像场内。同样都是骑者图像，图3-2上图里所示的位于图像场的上面，图3-6所示里的则分布于边缘地带。合体图像场亦如此。例如，在巴丹吉林沙漠岩画里，就点状形式与骑者形式存生于其中的二重合体图像场而言，骑者形式可以位于某个图像场的上半部分（图3-2上图），也可以位于下半部分。而与之共存的另一点状形式，可以位于骑者形式的下面，与之呈直线形分布，也可以位于骑者形式的左或右上角部分，与之呈对角线形分布。

第四，从图像场的几何形状来看，由于其载体是自然界的自然物质，因此，巴丹吉林沙漠岩画里鲜有三角形、四边形、菱形、梯形等完全规整的几何学意义的图像场。它们基本上整体都呈不规则的形状。以独体岩画图像场为例，图3-4上图、图3-6和图3-8右图图像所处的图像场的整体外观（即由石面物质化边界标示出来的）大体都呈不规则长方形，形态万千。图3-4上图右边凹进去，上半部分略呈菱形；图3-6左右延伸较长，且上面的宽呈犬牙状；图3-8右图所示图像场则整体略呈正方形，其左下角多出一面。那些位于石壁上的岩画图像场也有一定的形状。就巴丹吉林沙漠岩画而言，主要存在以下两种情形。

（1）浅凹穴或洞穴。不论是独体还是合体图像场，洞穴手印岩画图像场都是有一定物质边界的某个特定的自然地理区域。与欧洲阿尔塔米拉、拉斯科等为代表的洞窟、洞穴岩画不同，我们所说的巴丹吉林沙漠岩画里最具代表性的手印岩画，即额勒森呼特勒洞窟岩画实际上分布在由巨石堆成的一堵石丘似的峭壁上。然而，我们看到的某个或某些手印岩画不是位于一块或一个石头的表层，而是位于其自然形成的上面或下面、左面或右面大小不一的凹穴场（如我们正面看到的图1-1所示石堆中间这块上面有许多坑状凹穴、彩图1上右图所示四周有着类似卷曲的荷叶一样边界的长方形场，都是手印岩画的图像场），或者位于一个巨石的底部（彩图1），它们为大致呈不规则的各种几何形状。而特格几格下洞手印岩画则分布在一块巨石的石洞里，如图3-5所示，岩画图像场位于该洞窟顶部石壁上。

（2）位于石壁上的岩画图像场。这些图像场看似没有形状，其实不然。与前面我们所说的巴丹吉林沙漠洞穴手印岩画图像场一样，石壁也好，峭岩也罢，它们无非都是石头或石块结构。而岩画所处的图像场总是位于某一块或一片相对独立的石壁之上，这些石壁有着自己天然的、比较明确的边界。例如，地处龙首山乌德哈布其拉山口子一堵长约 300 米的巨大峭壁上，分布着百余个相对独立存在的岩画场。彩图 3 上右图、彩图 4 上左图和下中图，以及图 1-5 所示的就是其中的四个。无论其中图像的数量有多少，其图像场的边界都是由石壁表面天然形成的沟、洞窟等决定的，或者说它们起到了划分各个岩画图像场边界线的作用。总体来看，分布在乌德哈布其拉峭壁上的岩画图像场都是合体图像场，其中许多图像自然风化现象严重，画面已经模糊甚至消失。图像场之间一般都保持着一定的距离。值得一提的是，笔者这里所说的是图像场的位置，而不是图像场内部形貌。这意味着，某个相对独立存在的图像场内部形貌不影响其本身的相对独立存在。如图 3-3、图 3-9 所示，前者图像场内部中间有一条竖沟，后者图像场下半部分似乎塌陷了（其实是这块石头表面天然形成的上下平台）。事实上，内部崎岖是岩画图像场的一个重要物性特征。分布在乌德哈布其拉山口子石壁上的岩画场亦如此。如图 1-5 所示，该岩画图像场内，乱石堆、断裂的坑、洞窟等，与岩画图像语言同时并存，浑然一体。它们的存在并没有破坏该图像场自身的相对完整性。

图 3-9

二、在场的形式

作为一个有一定客观物质化区域或边界的岩画图像"场"，各种形式在场的分布存在以下两个基本规律。

（一）图像场面积的大小与形式的大小及其分布无关

这意味着并不是说图像场地实际的面积越大，形式就越大或者数量就越多，反之亦然。在整个巴丹吉林沙漠岩画里图像场地面积很大、图像形状很小或数量很少的情形比较常见。而图像场地面积小、图像数量多且分布密集的情形也很普遍。无论是独体还是合体，就图像形式在图像场内分布的情形来看，主要有以下三种。

（1）集中。指的是形式在图像场内的分布比较聚集。如彩图 3 左中图、彩图 4 右中图所示，这两个独体图像场面积都比较大，其中分别只有一个象人、马之形的形式，它们分别位于图像场的左、右边缘地带。彩图 4 左中图所示的合体图像场也存在同样的情形：一块面积比较大的石面上有众多图像，它们比较集中地分布在整个图像场的中间。

（2）均衡。指述的是形式在图像场内的分布比较平衡。如图 3-8 右图所示的独体图像场，该场面积较大，其中虽然分布着一个复杂的形式，但是它却位居整个图像场的中间位置。图 3-1 所示的这个比较复杂的合体图像场也如此。图像几乎布满整个图像场，包括图像场的边界处。而图 3-2 下图、图 3-3 所示的则分别体现了另外一种均衡：前者左右两边的点、抽象钩状笔画形式与马图像建构了一个横向三重合体图像场，其中三个形式之间保持着相同的距离；后者所有图像整体从上往下纵向排列（其中有些又左右横向组合），各个图像之间的距离大体适中。可见，在一个图像场内，图像与图像之间距离均等，即便是一些点状形式与图像组合时也维系着这种关系。

（3）疏散。指的是形式在图像场内的分布比较空疏。如图 2-4 下图和图 2-9 所示，这是两个由两个形式构成的二重图像场。图像场面积都比较大，两个图像在其中的分布却比较分散。如果说后者里骑者图像与羊图像之间间隔距离大，也许是因为它们中间的石头上有一道深深的断裂的话，那么，前者里两个羊图像之间距离较大、一左一右地分布在表面平坦、面积较大图像场内的情形则值得我们深思。很显然，在石面哪个地方刻图像，图像与图像之间保持多大距离，都是岩画生产者刻意而为的。

（二）形式往往分布在形貌奇特的图像场

一般来说，不论是纸、木板、绢，还是各种石材，如玉、花岗岩、大理石等，人们用来绘画或雕刻、刻制图像的物质材料的表面都是平整的。客观真实存在的巴丹吉林沙漠岩画质料场和图像场颠覆了我们的这种认知。尽管作为自然界的一部分，巴丹吉林沙漠岩画地形场、环境场和语境场内可以刻制岩画的岩石或石壁形态万千。其中，不乏非常适宜刻制图像的形状比较规整、纹理比较细腻的石头或石壁。但是，绝大多数岩画刻制在奇形怪状、石面不平坦的岩石或石壁上。崎岖、怪异是岩画图像场整体形貌最突出的特质，这主要有以下八种情形。

1. 粗糙

那些表面看起来比较平坦的图像场，其实纹理很粗糙。它们或者像被水泥浇注过的混凝土地的表面一样，沙、石子毕露，洞状小孔众多（图 1-2、图 2-8 上图、图 3-2 下图、图 3-7、图 3-8 右图）；或者像大水冲击过的平原一样：一道道或深或浅的纵向纹路，并不杂乱，顺着一个方向，图像通常都被刻制在我们视知觉场内呈纵向分布的纹理上（图 1-3、图 1-10、图 2-9）横向纹理鲜见（图 2-11）；或者像鱼鳞一样，石面纹理呈大小不一、形状不定的片状鳞次栉比（图 2-12）。相比较之下，我们常见的是那些表面有无数类似小圆点状孔或洞石面的图像场。同时拥有两种或三种上述类型粗糙纹理的岩画图像场石面也不少见。

除石面纹理粗糙的外，巴丹吉林沙漠岩画里比较常见的、乍看或远看大体比较平整的图像场还有凹凸不平的，如图 2-3、图 3-1 所示，前者数量众多的复杂合体岩画，其几乎被图像遮蔽的图像场内部高低起伏、坑坑洼洼；后者独体图像场石面纹理虽然比较细腻、光滑、透亮，却不平整：有的地方深陷下去，有的地方高出许多，就像起伏的山峦。

2. 有层次

在巴丹吉林沙漠岩画里，我们较多看到的是石面纹理十分复杂并且明显呈高低起伏状的图像场。如彩图 5 下左图和图 3-10 所示的分别是位于曼德拉山顶不同石壁岩画语境场内的、两个相对独立的岩画质料场。[①]其图像场内石头表面纹理所形成的地貌十分特别。前者就像一座小山上被人开垦的梯田，它们依图像场本身实际面积大小，从上到下，环绕着整个图像场，层层相接相套；后者右下面一块面积较大的石面石纹也如此：从右上角往左下角，依据大体相同的间隔，水波纹状的石头纹理呈单线或双线状，深深地勾画出了石面上 9 个比较明显的不同区域。其中有的区域里，又有类似比较细、浅的水波纹。这样，除最下面一个区域没有图像外，水波石纹把一个原本由众多抽象和具象图像建构的复杂合体图像场区分为从上到下 9 个区域。上面 4 个区域里的图像语言数量较多，分布比较密集。下面 4 个区域里的则较少，分布得也比较分散。

---

① 其中图 3-10 四面被当地文物管理部门用铁框框起来。因此，严格说此岩画质料场不是我们所看到并界定的，而是铁框决定的。该图右上角就有很多铁框，为凸显岩画质料场，笔者对它进行了遮掩处理。

图 3-10

在巴丹吉林沙漠岩画里，这种梯田状的有层次的图像场样式很多，如从石头纹理形状来看，有大体呈直线形的；就石头纹理所区分出来的区域的数量而言，有些只有一个，有些则有两个或两个以上。至于这些区域的形状、大小等也千差万别。

3. 缺损

缺损指的是一些大体比较平坦的图像场内，部分石面好像被人铲掉一样消失的情形。

如果说图 1-7 所示图像场中间、左边和右上角部分的石面是被人切割掉的话，那么图 3-11 所示的图像场下面石面好像被人铲掉、割去的部分（内部石面主要呈沟壑状）则是天然缺损。[1]石面有这样自然天成纹理特征的图像场在巴丹吉林沙漠岩画里比较常见。有些图像场内有一处，有些则有两处或两处以上。如彩图 4 下左图所示，几乎贯穿整个石面的横竖两条比较长的天然石棱把整个图像场区分为三个主要区域：一是位于整个石头上面面积最大、纹理大体呈鱼鳞片状、顶部有一块长方形缺损部分的，其中分布着众多连缀成一体的塔状图像语言；二是石头左边面积也比较大、粗糙不平，右下角部分有一块三角形状的缺损部分，其上分布着三个形状较大的骑者图像和两个羊图像等；三是石头正面面积比较大的凹陷部分。与其他两个区域相比，该区域本身就像是原本与整个石头上面部分石面一

① 该图像场左下角两边也有面积一小一大的两个缺失部分。与月牙状的相比，它们似乎是后来自然或人为剥落的。

样比较平整的石面，被人们任意铲削后留下的坑状缺损部分，其内部坎坷参差，整体呈左高右低起伏状，顶部分布一些比较小的象人之形的图像语言。

　　4. 裂缝

　　石面有裂缝的图像场在巴丹吉林沙漠岩画里很普遍。有些图像场只有一条，有些则有众多条。这些裂缝不仅长短、宽窄、深浅等形貌差异甚大，而且在图像场内的数量、分布的位置等方面也不同。如图 3-10、图 3-11 所示，这两个面积比较大的图像场内裂缝众多，其形状、位置都不同，它们或长或短，或深或浅，纵横交错。有些呈比较细长的曲线形，有些呈比较深短的直线形；有些仅仅穿越图像场，有些则几乎贯穿整个质料场。通常情况下，石面有裂缝的图像场整体给我们的感觉还是在一个水平面上，比较平整，如彩图 3 上左图、上右图和下右图，以及彩图 4 左中图所示。只是在那些分布于山顶石壁的图像场内，我们能看到嶙峋的情形。如图 3-11 所示，以图像语言为核心，这是位于我们视知觉场内一个相对独立完整的岩画质料场。其正面图像场内分布着不少图像语言。6 条比较明显、深浅、宽窄、长短不同的裂缝（5 条纵向、1 条横向）把整个图像场大体分割为四部分，致使图像场整体比较峻峭、突兀。

图 3-11

5. 沟壑

沟壑指的是图像场内存在沟壑或断裂情形。巴丹吉林沙漠岩画里存在很多石面自然断裂比较严重的图像场。如图 3-10 所示，该图像场中间部分的断裂既没有图 3-4 下图里所示的宽，也没有它那么深，可是，它的存在造成了整个图像场中间部分的明显塌陷，尤其是其左下面部分石面几乎荡然无存。原本比较平整的统一图像场因此被分割为上下两个部分。而图 3-10 所示图像场顶部，即左上角部分裸露出地面的纵深部分，更像是整个图像场内的沟壑。与缺损、裂缝一样，图像场内沟壑的存在改变了其面貌。但是，相比较而言，图像场内沟壑的存在在某种程度上重构了图像语言视觉叙事。如图 3-10 所示图像场顶部沟壑里有一块承载着一个骑者图像的、面积较小的石头，它与基本位于石面上的图像场内其他图像语言所处位置的巨大差异，使我们难以确定它究竟是整个图像场内图像语言的一个组成部分（即合体岩画的组成成分），还是另一个独体图像场。

6. 石棱

多形态万千的石棱是巴丹吉林沙漠岩画图像场石面比较明显的一个特征。一个图像场内可以有一条石棱，也可以有两条或两条以上。它们的长短、宽窄、深度和整体形状形形色色。如图 3-9 所示图像场的下面有一条比较深、很不规则的石棱；彩图 5 上图所示图像场左下角分别有两条整体呈 M 状的石棱，其中一条比较短，呈横向，另一条比较长，呈纵向。而图 3-12 所示图像场内则比较密集地分布着很多大小、长度、面积、形状等不同的石棱。与比较深的石头纹理在其表面形成的层次不同，石棱建构的岩画图像场不仅高低起伏，很不平坦，而且非常凌乱。不规则多边石棱把整个图像场切割为众多面积较小的区域。其中左上角一小块分布着一个羊图像，中间大体呈长方形的地方有几个抽象笔画状形式。与沟壑一样，图像场内石棱的存在往往会使我们对岩画图像语言意义的理解有所不同。如图 3-9 所示，射手、骑者、马和人图像组建构了一个相当明确的"射猎"视觉概念。[1]而图像场下面一条比较高、右边有缺损的多边角石棱，斩断了射手、骑者、人与马形象之间的联系，使得我们会把马形象单列出来。事实上，巴丹吉林沙漠岩画图像场内部天然存在的断裂、沟壑、石棱等，不仅会改变图像场表面的纹理，而且会重构位于其中的图像语言之间的视觉叙事。如彩图 5 下右图所示，一条矗立在我们视知觉场内的纵向直线状天然石棱，似乎在为我们划分出左右两个图像场的同时，也完成了对它们的视觉重组：我们会把它们视作两个相对独立完整存在的格式塔形式，尽管它们之间存在种种联系。然而，就一块承载着岩画的质料，即一块相对独立存在的完整石头而言，这

---

① 射手形象所做的射击动作展示了这一点。另外，图像场断裂下面是一个抽象马象形，其背上或许是两个骑者形象，或许是驮着什么东西。巴丹吉林沙漠岩画里罕见两人骑一马图像。因此，此处判断为驮东西的马形象。

条天然石棱并不是能让我们区分出不同石面的石头本身物质化的边界。而仅仅是一个相对完整独立的石面上高高隆起的天然石棱。这意味着我们视知觉场内其实只有一个相对完整独立存在的图像场。该图像场内四个图像语言分布的位置也昭示了这一点：上下面两骑者形象里马形象后半部分、前半部分都直接横跨石棱分布，最下面一个抽象形式也如此。

图 3-12

7. 平台

平台指的是岩画图像场表面存在高出石面的石台情形。如图 3-8 左图和图 3-13 上、下图所示，在这三个岩画图像场内存在十分明显的高低两个区域。与一道道丛生的石棱相比，分割区域的是一块块呈片状分布的石面。它们整体形状往往不规则，面积可以小于或大于图像场内的其他面积。其上可以有图像语言，也可以没有。就像绝大多数石缝、断裂、石棱等一样，图像场内部的这些平台很大程度上是自然形成的。例如，我们可以说图 3-8 左图里位于图像场最上面的这个面积很小的平台是岩画生产者所为（平台周围石面酷似人用锋利刀斧切割或砍的），却不能肯定图 3-13 上、下图所示的也如此。前者位于图像场上面这个平台的上部，与下面石面之间没有斧凿痕，犹如其上的石棱一般；后者右边这个面积较大的平台，高出左边基础平面很多。其左边很宽的石棱状面显示出它比右边较高的石面，或许是人们打凿出来的（即挖去原本与右边平台一样高的石面，从而形成左边石面）。然而，且不说山上自然存在的类似石头并不少，岩画生产者比较容易找到，仅就切割或挖凿、打磨出左边这么深石面所花费的时间和精力而言，这种可能性很小。当然，若果真是人工打凿出来的，那么，岩画质料石头自身物性之于岩画的意义就更重大了。

图 3-13

8. 带彩

如彩图 7 右上图和图 3-14 所示，崎岖的巴丹吉林沙漠岩画图像场还有一个比较明显特征，即除人为的图像语言外，还夹杂着天然色彩，以及非人为的某些酷似自然界的物象。这突出表现在以下两个方面。

（1）带颜色。也就是说，巴丹吉林沙漠岩画图像场是有色彩的。总体来看，巴丹吉林沙漠岩画图像场表面的基本色调是深浅不一的绀青色。分布在峭壁上大体呈土黄色的并不多。而人工刻制的图像语言（即留在石面上的天然痕迹）则往往呈程度不同的红色系列，如土红色、红褐色等，以比较深的红褐色居多。于是，天然绀青色便与多样化的红色错杂，形成了绀青色与红色并存，这一独特的巴丹吉林沙漠岩画图像场色彩情景。不仅如此，巴丹吉林沙漠岩画里我们比较常见的底色并非完全是绀青色的，而是绀青色中泛红或带红色的，如彩图3上左图所示，其基本色调是绀青色的合体图像场局部呈略微夹杂着淡黄色的红褐色，整个图像场显得斑驳陆离；而彩图2左中下图、彩图3下左图所示的两个图像场更是绚丽多姿：大量或大片红色熏陶下，两个绀青色的图像场展示出层林尽染，满场映红的斑斓景象，特别是彩图 7 上右图所示的这个图像场给人梦幻一般的感觉。与整个图像场绀青色中泛红的情形相反，巴丹吉林沙漠岩画里还有一种比较常见的，即绀青色中带"彩"。如彩图4右中图所示，该独体图像场最上面边缘或边界处是一条比较宽且与图像场物质边界长度相等（甚至有点超越）的红色横线，宛如人刻意绘制上去的一样。于是，整个呈倒三角形状的图像场就像戴了一条红丝带的少女，俏丽动人。

图3-14

（2）带景物。除人为的图像语言外，图像场内还存在天然景物。由于存在于自然界，岩画图像场并不是纯粹单一的图像语言的居所。除上面我们所说的石头表面细小或较大的裂缝、石棱、沟壑、平台，以及因缺损导致的大小不一、数量不等的凹穴外，我们在巴丹吉林沙漠岩画图像场内还能见到一些较为常见的天然景象。如图 3-14 所示，上图图像场下面部分有一条呈横向带状分布的、纹理细腻、颜色呈浅灰色的石面，犹如面积较大的、被冲刷的冰川（图 3-6 所示的也如此，只不过分布在图像场上半部分）；与之相反，下图有四条纵向分布的、纹理细腻、颜色呈浅灰色的石面，犹如从上到下一泻千里的瀑布。这种瀑布往往是带有颜色的，如彩图 3 上右图、彩图 4 上左图和下中图所示。

由此可见，图像场内天然颜色、景象的存在表明，岩画生产者会刻意挑选此类石头制作岩画，就像刻制砚台的人孜孜寻求那些带有天然色彩和物象的石材一样。因此，不仅仅是颜色、景物，岩画图像场内除图像语言外，所有的现象，如形状、裂纹、裂缝、缺失、凹穴、断裂、沟壑、石棱和平台等，若用中国传统术语来说，都是石面天然的"彩"。有"彩"，特别是多"彩"、多奇"彩"的石面就是制作岩画的上乘材料，也是岩画图像场的自然物理特性。这一点不是我们分析或阐释出来的，而是生存于自然界的岩画展示给我们的。事实上，天然色彩、凹穴、粗糙的纹理、裂痕或裂隙，甚至断裂等，共存于许多岩画图像场，特别是程度不同的各种裂隙、断裂，以及各种红色是巴丹吉林沙漠岩画图像场最突出的特质。岩画图像场客观具有的这些特性迫使我们在谈到或采集岩画时，必须同时面对图像语言之外的图像场内其他情景或物。而这些特色，正是岩画生产者选择场地的标准或者说记号。这便引发了一个追问：岩画生产者为什么在这种并不适宜刻制图像石面刻制岩画呢？

三、意义

由以上对岩画图像场自然物性的描述分析可以看到：场之于岩画并不是可有可无的东西。以图 3-15 所示这样展示的岩画显然缺少些什么。因为不像一张洁

图 3-15

白、平滑的白纸，岩画图像语言总是位于一些特殊的自然物质场内，而这是岩画生产者或制作者选择的结果。于是，我们传统上对"岩画"的欣赏、理解就不得不转变为对图像场内"岩画"的欣赏、理解。本书引入"场"概念的一个重要意义就是把"岩画"视作一个连续、统一的整体，这一点集中通过以下三个方面体现出来。

（一）不容忽视的物质化边界

岩画图像语言总是分布于一定的、有物质边界的场内，即自然形成的某块石面、石壁。这种图像场往往具有一定的面积，由石头或石壁表面天然物质化边界圈定。但是，这并不意味着石头或石壁上的所有物质化边界都是图像场的边界。如图 3-16 所示，这是笔者从彩图 5 上图里摘出的两个局部：上、下图分别凸显的是图像场左下面的石棱和右上角缺损部分，即由此天然形成的类似凹穴状的区域。不论是呈横向 M 形石棱，还是形似月牙状的凹穴，它们也都有着比较鲜明的物质化边界。然而，我们不能把它们圈定的区域分别称作图像场，因为它们同时隶属一个比较大的岩画视知觉场。这意味着当我们审视它们时，应该在彩图 5 上图所示的这个统一场内进行。有时，图像场内一些比较大的断裂痕或豁口等似乎起着划分物质化边界的作用。如图 3-9 所示，这是外在形状大体呈不规则长方形的、一个相对完整统一的视知觉场，准确地说是四重合体图像场。其上半部分分布着三个图像，即象人之形的形式、象射手之形的形式和象羊之形的形式；下半部分分布着一个抽象的象马之形的形式或象骑者之形的形式。图像场上、下部分之间存在一个比较深的石棱，从而使整个图像场内石面形成了比较明显的一高一低两个部分。据此，许多巴丹吉林沙漠岩画采集者往往按照这两部分采集岩画，即将该图像场内的上下部分分别视作两个相对独立的图像场，即两幅岩画，如图 3-15 左右复制图所示，上面三个图像组成的一幅，下面一个图像构成的一幅。

孤立看，这样做似乎未尝不可。可一旦把图 3-9 所示的置放在整个巴丹吉林沙漠岩画中审视，其错误就很明显。巴丹吉林沙漠岩画自然存在的状态显示：岩画图像场的边界应该是某个特定的、相对完整的石面外部天然的物质边界，而非其内部地貌形态特征。因为在巴丹吉林沙漠岩画里，类似图 3-9 所示这种外部形状不规则、内部不平坦、有比较深石棱的图像场很常见。而且，很大程度上，它们在制作者制作岩画时已经存在。也就是说，制作者特意选择了这些带有特殊特征的、奇形怪状石面刻制图像或岩画。两个强有力的事实证据如下。

图 3-16

1. 崎岖地带刻有图像语言

如果把图像场内粗糙、裂缝、断裂、石棱、凹陷、石棱、平台等特殊地貌区域统称为崎岖地带的话，那么，岩画生产者往往会程度不同地在其内部或周边刻上图像语言，还会把建构一个图像场内的一些重要图像语言刻于此。如图 3-2 上图所示，不平整的图像场内，有相对比较平坦的、足以刻制同样大小的骑者图像的区域，然而，它却被刻在凹凸地方。同样，图 3-16、图 3-17，以及彩图 5 下左图分别所示的石棱、平台、层次内，甚至图 3-6 所示的图像场上半部分的冰川景物上面都刻有图像语言。而在图 3-2 所示的图像场里，马形象不仅是整个三重合体图像场里唯一的图像，而且它形状最大、位于其他两个抽象形式的中间。很显然，它是建构该图像场视觉叙事的最重要的词语。然而，它没有分布在整个面积较大、比较平整的图像场上下居中位置，而是紧靠左上面有一片缺损的凹陷地带，特别是马形象头部上半部分竟然位于该缺损区域内。

2. 打通两地的图像语言

除那些整体粗糙或多裂缝、多层次、多石棱、多平台等的图像场外（其众多裂缝、层次等上都程度不同地分布着图像语言），总体来看，与绝大多数图像场面积相比，一个因石面本身自然凹陷、断裂等，从整体图像场内似乎被分割出来的部分通常显得很特别、突出，其内部的图像语言也如此，它们是整个图像场内图像语言的一个组成部分。如图 3-9 所示的整个图像场从上往下被石棱一分为二，下面部分，即似乎从一个相对完整的视觉平面上陷下去的区域分布着一个马图像。无论是从场地面积，还是从图像语言的数量和种类等方面来看，该凹陷区域与分布于其上的其他区域均没有可比性。然而，它在整个统一图像场内所处的特殊空间位置，决定了它的独特性。不仅如此，分布于其中的图像语言本身也展示了它与上半部分图像场内图像语言之间的可能会存在着的联系。图 3-16 所示的也如此。其上图右下面石棱把该视觉场区分为高低两区域，二者内部都有图像语言。高区域内紧挨横向 M 形石棱形成的地区域的是一个骑者图像。其中，骑者形象所骑的马形象的两个蹄子下面都线刻有数条长长的线状形式，它们不仅直接与下面区域内一个抽象形式联结在一起，并且直通到石面最底部。下图图像场上面因缺损形成的月牙状凹穴区域内分布着三个图像，其中一个象鹿之形的位于右边。其右上角和下面各有一个抽象形式紧邻图像场内另一平面比较高的区域，前者横跨两个区域，即分布在二者的边缘地带。高区域内一个象骑者之形的图像部分分布在月牙凹穴区，即骑者形象所骑马形象大部分尾巴。①因此，打通不同区域的图像语言自身的存在也从另一个角度再次证明了两点：①图像场内因石棱、断裂、平台等导致的物质化边界的功能不是划分图像场的；②崎岖图像场内的裂缝、断裂、凹穴、石棱、平台等是天然形成的。

综上，岩画场内有着物质化边界的天然凹坑、塌陷、平台、石棱等处不仅刻制着图像语言，而且这些图像语言本身与图像场内其他区域的相联系，即它们并非孤立地存在。巴丹吉林沙漠岩画在生存论、存在论意义上这一显著特质，进一步揭示并彰显了自然物性之于岩画的重要意义：岩画生产者是为自然存在的岩石或岩壁而生产或刻制图像语言。他们总是挑选那些带有特殊色彩、形貌，与众不同的石头或石壁作画。

---

① 由于自然风化，图 3-16 所示线刻马蹄子下面延伸至石棱区域的一些线条，以及月牙状凹穴内两个抽象形式不是很清晰。但是，其基本轮廓还是鲜明的。石面留有明显的褐红色刻制痕迹。

（二）图像语言

岩画自然存在的状态向我们充分展示了石面或石头上特殊的面貌、物象，是岩画图像场重要的自然物理特性，它们与图像语言之间存在密切联系。因此，物质化图像场之于岩画最突出的一个意义就是构建了一个既包括图像语言也包括岩画场自然物性特征的完整统一的格式塔形式。这意味着当我们试图理解图 3-17 所示这个岩画时，不能人为地割裂图像场，我们必须同时考虑到以下三点：一是不能忽视承载岩画的这块整体形状似横置的扁壶一样的石头及其带有石棱的石貌特征；二是必须分析分布在不同位置的图像语言，因为它们都被岩画生产者刻制在由石棱形成的大小平台上，哪个或哪些图像刻制在什么地方，显然意义有别；三是必须把分布在图像场的所有图像语言视作一个统一整体，而不能仅仅是从中摘出的一部分或某几个语词。然而，就目前世界范围内岩画界研究的现状而言，前两点基本为人们所忽视，自觉意识到后一点的也鲜见。

图 3-17

人们所说的"岩画"指的就是某个石面上由图像语言构成的一幅画。即便是在此意义上的"岩画"，很多情况下，人们也往往未能准确描述出岩画图像语言实际存在的真实状况。他们在图像语言层面上所说的"岩画"往往存在一个明显的误区，即一般仅仅把象某某之形的形式，诸如人、骑者、马、羊、鹿等图像，或类似十字、车轮、太阳、圆圈等形状的形式，称为岩画，忽视了点、线状抽象形式。而后者比较普遍地存在于巴丹吉林沙漠岩画图像场内。它们不仅与其他形式参与组合，形成合体岩画，而且可以单独存在，即以独体岩画或图像场的方式存在。点、线状抽象形式在有些图像场内，甚至像绘画的底色、音乐里的基调一样，被岩画制作者作为打底使用，如图 3-9、图 3-17 所示的石棱层次图像场内，密密麻麻几乎布满各种形状不一的点、线状形式。很显然，自然客观存在的点、状形式及其在图像语言里的功能（单独存在、参与组合、打底）充分向我们展示了它们的存在及其地位，昭示了它们不容被忽视的客观性。事实上，只要从一个连续、完整的图像场出发，我们很难不重视它们。如若悬置起岩画图像场其他自然物性，仅就图像语言而言，我们说图 3-17 是一幅岩画，指的是分布在岩画图像场内所有图像语言构成的整体形式，包括其中的众多点状形式，以及无数密集分布在射手、羊或马图像及抽象形式周围的长短不一、形状多样复杂的细线状形式。同理，悬置起图像场下面的石棱，把似乎以它为边界的图像内部上下部分视作一个统一的整体，并且考虑到点状形式，则我们为图 3-9 所示岩画，准确地说图像场内的图像语言，所制作的复制图应该如图 3-18、而非图 3-15 所示的岩画（此不仅割裂了图像语言，而且漏掉了大量点状形式）。即使这样，图 3-18 也没有完全复制出所有的点状形式（主要由于自然风化，许多已经模糊不清，甚至消失了）。而图 3-17 里作为"底色"的大量细小、密集分布的线状形式几乎是无法复制的。

图 3-18

（三）图像与场一体

正如人与他身上的衣服一样，引入"场"概念，提醒我们在观看或采集岩画时必须把场与位于其内的所有图像语言视作一个统一、连续的整体。这主要指述的是以下两点。

1. 不能割裂图像与场之间的联系

在观看、采集特别是研究岩画时，标示出场的边界及图像在场的位置十分重要。如图 3-3 所示，一个物质化沟壑的存在，把图像场区分为左右两部分。其上都分布着图像语言。于是，引发了人们的思考：它们究竟应该被视作一幅岩画还是两幅岩画（如彩图 2 右图单列的）？尽管"仔细观察岩石表面的断裂处，我们有时能够将最错综复杂的岩画划分成为被这种天然界限框起来的独立画面"[①]，但是，从分布在该图像场左右两部分里图像性质相似的图像语言推断，它们应该被视作一幅岩画里的两个不同部分或区域、空间。因此，对于那些分布于面积比较大、形貌复杂石壁上的岩画来说，图像场物质化边界的区分显得尤为重要。如图 3-10、图 3-11

---

① 福尔莫佐夫较早地注意到岩画图像场内由天然断裂等形成的区域，但他认为这种情况在西伯利亚地区岩画里少见，所以只是提及，并没有展开论述。见其《苏联境内的原始艺术遗存》第 52 页。

所示，这两个图像场分别被比较宽断裂、裂缝分割得支离破碎，三个或四个相对比较完整的区域都有图像语言。把二者分别视作一个相对完整的图像场（即一幅岩画），还是三个或四个图像场（即三幅或四幅岩画），是采集和研究岩画的第一步。

2. 不能把图像语言与图像场内自然地貌孤立起来

岩画制作者对岩壁、石头纹理了解得十分透彻，他们总是选择那些有着特殊地貌的图像场制作图像，诸如形状、大小不同的天然凹穴、红色、断裂等。如彩图 2 上左图、图 3-13 下图所示，这两个分别有一条比较宽裂缝、一个比较高平台的图像场的面积都比较大。裂缝或平台所明确标示出的大小两个区域内都分布着图像语言。不论是面积、形状、纹理、图像语言等，同一图像场内的两个区域区别很大。如彩图 2 上左图所示的图像场裂缝左上角有一小块状粉褐色"彩"。图 3-13 里平台所区分出来的右边较高区域，也有一条比较长的横线状枣红色"彩"。可是，一般来说，当人们用"岩画"来指称它们时，他们所指述的对象并不是如彩图 2 上左图、图 3-13 所示的，而是如图 3-19 上、下图所示的。[①]也就是说，人们用"岩画"仅仅指述图像语言，而不包含其所处的物质化场里的情景。很显然，人们的这种把图像与处于其中的物质化场所隔离的做法存在着问题。因为正如不同词语之间按一定语法造句表意一样，一个相对完整图像场内的岩画图像语言也是岩画制作者按一定规则排列组合在一起的。图像语言在场的特殊位置也十分明确地提示我们：对它们的理解离不开它们在场的空间位置。此处的"在场"指述的不是一般图像语言的在场（图 3-19），而是存在论、生存论意义上岩画的物质化在场（彩图 2 上左图、图 3-13）。

图 3-19

① 这是笔者依据摄影原图用电脑制作的。与目前国内大多数人所制作的岩画复制图相比，该复制图严格遵循图像场内图像语言之间本来的秩序，即刻意展示出了两个图像场内分别由裂缝、平台划定的两个区域之间的比例。

从以上描述可以看出："场"概念的引入基于目前国内外岩画研究的历史现状。无论是国外还是国内，关于如何界定一幅"岩画"，标准不一。一般画的边界或者是其物质化载体的边界，或者是画框的边界、岩画的边界，即怎样一些图像语言算是一幅岩画，人们从未深究过。以阿纳蒂为代表的部分学者往往以图像为标准（尤其是那些形体比较大的图像）采集岩画，如彩图4左下角所示，这块石头上面有众多图像语言，阿纳蒂在采集时完全没有从图像场的角度考虑，而是仅仅聚焦形体较大的图像，只采集了其中三个形体较大的骑者图像。[①]这样采集的岩画显然不完整，有断章取义之嫌。以此作为一幅岩画进行研究，失之偏颇。不论是从他们采集的具体岩画，还是他们自己所说的标准来看，一些学者看似以图像场为标准统计岩画，实则不是。例如，盖山林在《巴丹吉林沙漠岩画》里明确指出："一般一石一幅，只有个别较大的画面和巨大石块上的岩画，从内容上再分做不同的组"是他计算一幅岩画的标准。[②]可是，从该书采集的岩画实际情况来看，主要存在的问题如下：①忽视了岩画普遍存在的一个特质，即"白"多于"黑"。盖山林采集的岩画仅仅是石面上的图像而已，从中看不到岩画"白"的存在。摄影图常常是图像，看不到整个图像场，复制图或描图更如此。②忽略了一些图像语言。与阿纳蒂一样，盖山林也往往聚焦图像场内形体较大的一个或一些图像，采集岩画。如面对图3-20所示的这个分布在一块相对独立石头上的面积较大的长方形图像场，盖山林并没有按其所说的"从内容上再分做不同的组"，只从中摘取了图像场右边的一个形体最大的象塔状的形式，以及左边一个象羊之形的形式和两个"一"状线形形式。至于一些点、线状形式，在他采集的岩画，特别是在复制图或描图里往往被省略。③没有区分图像场与质料场，即往往把质料场里的所有图像场视作一幅岩画。④没有考虑图像场内的裂缝、断裂、平台等情况，经常把断裂的部分忽视或视作另一幅岩画，或者遗漏或者只采集了某个或某些图像的一部分，如图3-9所示的，盖山林采集的该岩画的摄影图里缺少下面象马之形的图像。⑤没有边界的概念。正如盖山林所说的，对于视知觉场内一块面积比较大的石面或石头上的众多图像语言，他往往把它们割裂成两幅或两幅以上岩画。⑥完全没有考虑图像场内地貌特征。如图3-20左边上下两个凹穴，特别是上面的红色，他丝毫未论及。总之，除了布满图像、面积比较大的相对独立的一块石面图像场，以及面积较小、图像分布比较集中的图像场外，盖山林采集岩画的标准并不统一。其实，上述阿纳蒂、盖山林界定岩画的做法，是学界通病。这从反面说明了提出并强调岩画自然物性的紧迫性。

① 〔法〕埃马努埃尔·阿纳蒂：《艺术的起源》，第268—269页。
② 盖山林：《巴丹吉林沙漠岩画》，第7页。其书最后所附"岩画图录"第329图便是此处所述的图3-20。阿拉善右旗文物工作者亦如此。如从图3-20所示岩画图像场内，他们也仅仅摘取了右边一些形状比较大的图像。见范荣南、范永龙主编：《大漠遗珍：巴丹吉林岩画精粹》，第159页。

图 3-20

第四节　质料场与语境场

如果说有着非人工的物质化边界的图像场对于我们理解岩画非常重要的话，那么，承载它的石头或石壁及其所处自然语境之于岩画自身存在的价值亦不容忽视。本节，笔者从自然物理场的意义上展开论述，进一步揭示自然物性之于岩画的意义。

一、质料场

有物质化边界的岩画图像场总是某个更大物质载体上的一部分。于是，我们视知觉场内，有着岩画图像场的、一个相对独立存在的完整的物质物体或形式，被称为岩画的质料场。这里所说的"物体""形式"分别指述的是旷野里自然存在的一块石头、一块石壁。如彩图 8 左中图所示，承载这个由两个分别骑着骆驼和马的图像，以及位于其下面的两个已经变得模糊的抽象形式建构的合体图像场的，是一块相对独立地存在着的石头。该石头总体略呈十分不规则的三角形，面积不大，有着鲜明的物质化实体边界（其中右边下角缺损；左边就像凹陷一样，缺损了一大块；下边呈犬牙状）形成的五个面，其中上面那个面积最大的是图像场。因此，此"边界"指述的不仅是图像场的边界，还包括整个石头上其他面的。而整个石头天然的物质化边界所圈定的一个格式塔，即完满的形式，就是岩画质料场。以石头上的岩画为例，其质料场既指该石头在空间中所处的具体区域，也指包括图像场在内的整个石头的其他自然物理特性。作为承载图像场的物质载体，岩画质料场规范并决定着图像语言或岩画的存在。因此，了解岩画，除图像场外，还必须充分考虑到其质料场，这也是岩画自身客观存在的状态昭示给我们的，主要体现在以下四个方面。

（一）图像场总是位于一些特殊的质料场内

众所周知，物质化原材料对于雕塑艺术品的价值、效果往往非常重要，特别是在现当代艺术里。岩画亦如此。以巴丹吉林沙漠岩画里石头或石壁质料场为例，岩画总是被特意刻制在那些表面总体呈绀青色的石头上。著名的曼德拉山上漫山遍野都是各种各样的石头，其中比较多的有土色或土黄色或灰色的，其上鲜有岩画。岩画基本上都不仅被刻制在绀青色的石头或由它们叠加呈的峭壁上，而且均程度不同地带有天然的物象和色彩。岩画图像场所在质料场的面积大小不一、不一定平整、不一定非得位于正面或上面。也就是说，岩画图像场无关乎质料场的面积、面的平坦光滑。恰恰相反，图像场都分布在内外均嶙峋崎岖的石头或石壁上，它们都程度不同地带有红色。如彩图8所示，尽管或石壁，或石头，石壁和石头的面积有大有小，有些厚重，有些单薄，这些岩画质料场却都程度不同地绀青色里泛着红色，并且多切面。而且，许多质料场特别是那些石壁质料场，像被雷电击了一样，整体形状显得破碎不堪（图3-4下图、图3-10、图3-11）。有些石壁四周都裸露出石头内部结构、纹理（彩图3左中图）。总之，承载巴丹吉林沙漠岩画图像场的总是那些在颜色或形貌等方面比较特别的石头或石壁质料场，如拥有绀青色或红色，形貌和图像场内崎岖，有裂缝、凹穴等自然形成的物理特征。

（二）图像场与质料场的互渗

对岩画的观看离不开质料场的一个重要原因是图像场与质料场之间往往存在着互渗。这种互渗常常是借助一个中介——图像语言实现的。如图3-1所示，这是一个面积较大、缺乏厚度、多边不规则的大体呈长方形的岩画质料场，其正面分布着一个多重合体图像场。与一般图像场不同，该图像场内两个形式的分布跨越了图像场的边界，延伸到了石头的另一个面。最上面靠右边的是一个象马之形的形式，右下角处是一个象骑者之形的形式。前者中用以表示马形象身躯的一条横线（表示马形象的头部、身体和尾巴部分）竟然与图像场的物质化边界完全重叠（图3-21下图）；后者中用以表示马形象腿部的部分形式元素也位于图像场外部。此外，该图像场左下边有一个射手图像，其左边紧紧靠石面边界，边界上面刻有点、线状图像语言（图3-21上左图）。如果说这些图像语言可能是由于射手形象左边刻有图像语言的石头断裂后留下残余部分的话，那么，刻制在边界线上、横跨两个石面的马图像及其存在的上下文语境（图3-21下图）则显示出，它们是岩画生产者刻意所为。因为马图像所跨的另一石面上也分布着图像语言（其中左边有一个形状较大的骑者形式）。

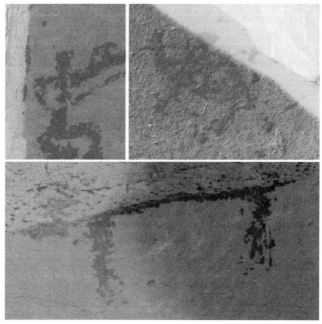

图 3-21

　　其实，巴丹吉林沙漠岩画里，在拥有两个或两个以上图像场的质料场内，图像语言跨界分布现象比较普遍。如彩图 8 左中图所示，该图像场比较大的是一个骑骆驼的人图像。其中，用来表示骆驼和人形象脊背部分，以及人头部的形式元素跨越了该图像场的边界，位于质料场的上面，即另外一个面积较小、较狭窄的石面或空间内（图 3-21 上右图）。而且，质料场上面狭小空间内还有另外几个点、线状形式。图 3-22 上、中图所示也如此。上图所示图像场上面中间边界上刻有一个抽象形式和点状形式，它们同时参与质料场内另一个图像场的建构，即与位于其下面的另一个象动物之形的图像组合（图 3-22 中图）。

　　巴丹吉林沙漠岩画图像语言在质料场内客观存在的这种生存状况，十分直观地告知了我们审视岩画的一个视点——跨图像场。也就是说，我们不能拘泥某个或某些图像场，而要把它们与质料场视作一个连贯的、统一的整体，在整个质料场内审视岩画。如此，我们才能获得对类似图 3-1、彩图 8 左中图所示岩画的整体观照。换言之，当我们指称或描述图 3-1、彩图 8 左中图所示的两幅岩画或图像语言时，绝不能漏掉那些位于质料场另一面的图像语言。因为且不说别的，仅就某个形象而言，我们在一个图像场内往往看不完整。如在彩图 8 左中图所示这个视知觉场内，我们是看不到骆驼和人形象背部的，特别是驼峰和人头部形象。同样，若不同时看到质料场里的另一图像场，我们从图 3-1 所看到的该图像场右上边只有两条竖线状抽象形式，而非马图像。

图 3-22

（三）质料场同时拥有两个或两个以上的图像场

如图 3-22 下图所示①，在一块相对独立存在的质料场或石头上，我们有时会在它的上面、侧面等处同时看到两个或两个以上图像场。相对石头质料场来说，石壁质料场情形比较复杂，尤其是对于那些面积比较大、图像分布比较零散的。与石头本身形状边界形成的质料场相比，一块相对独立完整的石壁，往往是由我们视知觉场决定的。如图 3-23 所示②，该石壁质料场面积较大，按照由近及远的顺序，它包括四个相对独立的图像场，它们包括的图像语言依次分别是：一个比较大的圆圈、骑者、羊等图形；一个圆圈和两条线状形式；一个抽象形式；一个"田"字状抽象图形；一个羊图像。整块石壁上比较大的天然断裂所形成的间隔，构成了图像场与图像场之间的界线。一般来说，图像语言以多种方式分布在场内，个别图像语言会跨出图像场的边界延伸到质料场，也并不影响我们依然会把它们视作图像场里的一个组成部分。因为在一个相对完整的视知觉场内，我们可以同时看到图 3-1 所示的两个图像场内的图像语言，尽管不完整。实际上，目前人们基本上会把图 3-1 和彩图 8 左中图所示的岩画看作位于一个统一图像场，即把跨场的马形式、骆驼形式仍然视作它们在场。至于两个形式周围的点、线状形式则忽略不计（它们其实已经位于另一图像场），因为它们太不起眼了（数量少，基本都是形体较小的点、线状形式）。

图 3-23

---

① 这是彩图 2 上左图所示质料场的另一个侧面，即图像场。
② 岩画位于曼德拉苏木以南约 38.8 千米，距浩木肯高勒嘎查西北 25 千米，分布在夏日玛山上，1987 年文物普查时被阿拉善右旗文物管理局发现并登记建档。照片编号为 152922-0322-GD001。

　　然而，巴丹吉林沙漠岩画质料场里有些跨场的图像以其自身凸显、醒目的存在，形成了另一个或多个颇具特色的、不容我们忽视的图像场。如果说图 3-1 和彩图 8 左中图所示的两幅岩画让我们注意到图像场的边界之于图像语言并非铜墙铁壁般不可逾越，图像场的语言可以从一个图像场转移到另一个图像场的话，那么，图 3-22 及彩图 2 上左图则让我们看到一个质料场内两个相对独立存在的图像场。前者这个面积较大、大体呈三角形的质料场的上面、右侧面（图 3-22 上、中图）分别分布着两个图像场；后者里的两个图像场分别位于这块面积较大长方形上质料场上面的（彩图 2 上左图），以及另一个侧面（如图 3-22 下图所示，该侧面位于上面图像场内靠近裂缝的右上边）。与彩图 8 左中图所示的相比较，彩图 2 上左图所示的同一个质料场内的两个图像场，不会同时出现在我们的视知觉场内。图 3-22 上、中图也如此。这意味着当我们看到图 3-22 上图所示图像场内的所有图像语言时，我们看不到被承载在同一个质料场内的其他一个岩画图像场（图 3-22 下图）。因此，我们可以把彩图 2 上左图和图 3-22 所示的岩画图像场称为绝对跨界图像场，把彩图 8 左中图和图 3-21 上右图，以及图 3-1、图 3-21 上左图和下图，称为相对跨界图像场。

　　值得一提的是，无论是相对还是绝对，笔者这里所说的图像语言的跨界是就一个相对完整的质料场内图像场及其图像语言之间实质性会通现象而言的。这意味着两点：一是在一个相对完整的视知觉场内，即便是我们同时能看到质料场内的两个或两个以上图像场，只要其中的图像语言没有跨界，就不能被称为跨界图像场，如彩图 4 下左图、彩图 6 下左图、彩图 8 右中图所示，在这三个视知觉场内，我们虽然可以同时看到一个质料场内的两个图像场，它们的物质边界线大都由质料场整体形状形成的，但是，其中的图像语言都相对独立存在。二是那些因某个图像场内石面自然裂缝或缺损、凹穴、石棱、平台等形成的图像语言分布的区域，不在我们的论述之内。如彩图 4 下左图所示，在这个视知觉场内，我们能同时看到该质料场里的两个相对独立存在的图像场，即上面这个面积较大、凹凸不平，里面分布着众多骑者、蒙古包、人图像的，以及正面面积较小狭窄的，其上图像很少，比较清晰可见的只有一个形状较小的象马之形形式。[①]两个图像场内的图像语言之间不存在跨界现象。至于上面这个图像场内主要因石头表面自然形成的石棱、缺损、凹陷和层次形成的区域，其物质化边界线并不是图像场的边界。因此，尽管分布在三个区域的图像语言之间部分存在着跨界现象，但是，这一切都是在同一个相对完整独立的图像场内进行的。

　　图像语言本身也证明了我们的视觉判断。与跨界绝对或相对图像场分布的同一个图像语词所发挥的联结功能一样，图像语言之间的联系也显示了同一个质料场

---

① 其中正面的人们从未提及，自然风化得有些模糊，上面刻有一个象马之形的形式和抽象形式。

内几个不同图像场之间的联系。就整体构图而言，分布在彩图 2 上左图和图 3-22 下图，以及图 3-22 上图与中图所示两个质料场内的两个图像场可以是一致的。也就是说，图 3-22 下图所示羊图像①、图 3-22 中图所示马图像，都可以分别成为彩图 2 上左图与图 3-22 上图所示图像语言里的一个组成部分，它们组合的视觉叙事语言可以表达出"放牧"这个整体概念。即使不属于一个构图，其图像类型差异很大，由于同处于一个相对完整独立存在的质料场内，那些图像语言之间不存在跨界现象的两个或两个以上图像场之间也存在千丝万缕的联系。如彩图 8 右中图所示，在这个视知觉场内，我们很难不把被承载于同一块石头上的两个图像场里的图像语言放在一起思考。事实上，同一质料场内不同图像场的存在及其图像语言之间的联系，都明确提醒我们：当我们审视其中一个图像场内的图像语言或岩画时，可同时考虑到同一个质料场内的其他图像场。

（四）图像场为质料场而存在

若把图像场置放在整个质料场审视，则图像场为质料场而存在就是一个无可争辩的客观事实。这集中体现在以下三方面。

1. 图像边缘化

图像边缘化描述的是不论图像场内有多少形式，它或它们大多分布在图像场边缘地带的情形。类似图 3-17、图 3-20 所示的这种众多图像语言基本均停地、分布于图像场中部的岩画，在巴丹吉林沙漠岩画里比较少见。大部分岩画图像场内的图像语言或者集中位于图像场的某个边缘地带，如图 3-4 上图、图 3-6 所示；或者靠近其边界地带，如图 3-12、图 3-14 下图和彩图 6 上右图所示，即便是图像场面积较大，无论其内有多少图像语言，它们亦一律遵循靠边界原则分布。有些图像语言虽然整体分布在图像场内，但是其中某些图像的部分形式元素分布在图像场的边缘地带（如图 3-8 右图所示的这个独体场内用以表示像蛙状人形式的部分形式元素紧靠右边边界）。

2. 图像跨场

图像跨场指的是图像场中的某些形式往往会跨越图像场固有边界分布的情形。如图 3-1 和彩图 8 左中图所示，前者多重图像场内各种图像语言疏朗有致，可就在最上面的空间基本闲置着的情形下，位于其中的一个马图像却跨场了；后者更是匪夷所思：面积比较大的图像场内，几个形状较小的图像集中分布在场地的最上面，其中一个骑骆驼的人图像竟然跨场分布。

3. 图像临近化

图像临近化指的是图像语言往往或者靠近图像场内自然形成的裂缝、凹穴、

---

① 还有六七个模糊不清。

平台、断裂带等，或者紧挨另一个图像场分布的情形。如图 3-24 所示，射手形象用弓箭对着骑者形象，于是，我们有了一个完成的"射击"视觉叙事概念。二者之间从上至下的裂缝似乎不会影响我们。然而，巴丹吉林沙漠岩画里还有一种常见的情形，即发生在图像场内的断裂关涉的不仅是图像场内的地貌，而且是整个质料场。如图 3-9、图 3-10 所示，一条深深的石棱或断裂绝不只是发生在这两个图像场内的现象，它们同时把整个质料场一分为二。而图像则分布在石棱或断裂的附近；或者位于其上；或者部分形式元素与其重合，甚至某些图像的形式元素会延伸到断裂内部，或直接分布在断裂层。巴丹吉林沙漠岩画里图像临近化的另一突出表现是在有两个或两个以上图像场共存的质料场内，图像往往毗邻分布。如彩图 2 上左图和图 3-22 下图分别所示的是同一个质料场内的两个不同图像场，在二者之内的图像语言遵循靠近原则分布，特别是图 3-22 下图所示图像场内部左上方的一个羊图像。同理，图 3-23 里的四个图像场内的图像语言或者至少是部分图像语言靠近另一图像场的边界处分布。

图 3-24

总之，巴丹吉林沙漠岩画图像场总是位于一些特殊的质料场内。很显然，不是岩画制作者选择的图像场或质料场，而是此类独具特色的质料场决定了制作者的选择。一个质料场内可以有两个或两个以上的岩画图像场，它们之间各种各样的存在方式展示了它们有着千丝万缕的联系。而图像所存在的边缘化、临近化和跨场分布的情形则昭示了它们为岩画质料场而存在。

二、语境场

承载着岩画图像场的质料场存在于客观自然界，而不是我们的想象中。于是，常识告诉我们，在实地体验岩画的过程中，一个相对完整统一的视知觉范围内，我们绝不会只感觉到岩画质料场。其周边的一切也不可避免地会进入我们的视野，不论我们愿意不愿意。因此，若把岩画或图像语言视作文本的话，那么其上下文除了整个图像场、质料场外，还有语境场，即岩画质料场周围的一个相对完整、独立的区域。其实，作为一种自然物体，我们所说的岩画质料场具体指述的就是某个特定语境场中的某个或某块相对独立存在的石头或石壁。岩画质料场与语境场之间存在某些必然的联系。这集中体现在以下四个方面。

（一）岩画质料场总是存在于某些特定的语境场之中

自然界中的巴丹吉林沙漠岩画质料场总是与大地上其他自然物并存。如图 1-2 所示，看似位于空旷地带的这个形状不大的岩画质料场，周围不仅还有其他绀青色的石头，而且有零星、疏散地分布着的许多大小不一的其他石头、植物。如图 1-1 所示的是彩图 1 所示岩画质料场的语境场，该语境场内分布着不少与岩画质料场几乎完全相同或相似的石头、植物、沙地等。同样，如图 3-13、图 3-14、图 3-17、图 3-20、图 3-24 和图 3-25 所示的这些岩画质料场都程度不同地被包围在形形色色的语境场内。除地面、植物、远山、天空等之外，岩画质料场周围还有不少与之几乎完全相同的石材——绀青色石头或石壁。如紧挨着图 3-6 所示岩画质料场左边的几块石头不仅面积比该岩画质料场的大，而且石面更平整光滑、适宜雕刻。可是，它们只是山上的石头而已。换言之，其上没有刻制图像语言。图 3-24 所示的也如此。右边这块相对平整的石壁上并没有图像语言。尽管如此，这也成为巴丹吉林沙漠岩画语境场最显著的特征之一。作为原始物质材料，除其他各种石头、植物外，与岩画质料场并存的是与它相同或非常相似的其他绀青色石头或石壁。也就是说，巴丹吉林沙漠岩画语境场内与其质料场并存的通常是与之相同或相似的物质。

除此之外，巴丹吉林沙漠岩画语境场还有两个特征：一是红颜色物质比较多。无论是石壁还是石头，岩画语境场整体色彩属于红色系列（如彩图 7 上右图所示，岩画质料场所处的一片区域内整体泛红色）。二是地势高。巴丹吉林沙漠岩画语境场往往是位于相对自然地理意义上地势较高的地方。如图 3-6、图 3-20 所示的岩画语境场分别此处曼德拉山山顶下面不足 1 米的地方或者山顶。前者的四周皆为质地与岩画质料场一样的石头；后者的则俯视原野、傲视群山。岩画语境场的特殊性表明，岩画制作者并不是随意选择生产岩画的场所，他们有着明确的目标。他们似乎并不是单纯地为了制作某个或某些图像而选择具体制作场所，毋宁说是这些特别的场所吸引了他们。

图 3-25

（二）同一个岩画语境场往往分布着两个或两个以上的岩画质料场

　　巴丹吉林沙漠岩画里普遍存在的一种现象是岩画质料场总是跟与之相同物质材料及其造型的物质并存。假如岩画质料场的物质载体是绀青色石头，则其语境中一般都会有其他的。以此类推，假如岩画质料场的物质载体是岩壁，则其语境中还有同样岩壁并存。而且，同一个语境场内，承载岩画质料场的石头或石壁的造型、形貌等大体与岩画质料场相同或相似。以巴丹吉林沙漠里最著名的额勒森呼特勒洞窟手印岩画环境场为例，这里的"洞窟"其实都是由一块块大小不一的石头自然搭建堆积而成。若仅就其整体形状而言，在图 1-1 所示的这个相对独立完整存在的额勒森呼特勒洞窟手印岩画语境场内，存在以下三种岩画质料场。

1. 凹穴

凹穴指的是手印岩画质料场其实就是一块石面布满大小、深浅不一凹穴的石头，如图 1-1 中间所示，该石头左右两边及底部与其他石头相互支撑，从而形成了一个距离地面大约 1 米的洞窟，彩图 1 所示手印岩画就分布在该石头的底部，即洞窟的顶部石壁。

2. 圆坑

圆坑指的是承载额勒森呼特勒洞窟手印岩画的质料场是某块石头或石壁上面天然形成的圆坑。如图 1-1 所示，分布在中间这块凹穴岩石四周，特别是顶部的是大量由与它一样岩石叠加形成的石壁，其中分布着众多大小、深浅不一的圆坑，其底部分布着手印岩画。

3. 龟探海

龟探海指的是承载手印岩画的质料场，是一块形似乌龟伸头探海状的石头。如图 1-1 所示，地处整个这片石壁前面的是一块相对独立存在的石头，其底部与地面上的其他石头之间保持着一定距离，形成了一个悬空的、相对独立的空间场所，手印图像就位于其顶部的石壁上（其实是石头的底部）。如图 3-25 下图所示的就是分布在这块石头前面的另外一块石头，即岩画质料场。只是由于自然风化严重，分布在这类岩画质料场的手印岩画已经模糊不清，只残留有红色或黑色人工颜色。

除上述三个质料场外，在额勒森呼特勒洞窟手印岩画环境场内，还分布着另一个岩画质料场，如图 3-25 上图所示，其内两块形状很大的石头相互搭配成一个形似“八”字形的拱门状洞窟，手印图像就分布在其内壁的顶部，而其后紧接着又有其他类似的石头两两相交形成其他洞窟状，其顶部也有手印岩画。因此，同一岩画语境场、环境场内同时存在着两个或两个以上岩画质料场。这意味着巴丹吉林沙漠岩画并不是单个、孤立地存在于旷野之中，它们与其他自然界物质特别是与其物质载体相同的物质共存，更与其他岩画质料场共存。如图 3-7、图 3-24 所示，在这两个语境场内，存在着不止一个岩画质料场。与石壁相比，以石头为物质载体的岩画质料场并存现象更加直观。前者里众多大小不一的绀青色石头存在于此语境场内。其左右各有两个岩画质料场，它们的物质载体分别是两块面积比较小、整体呈不规则长方形状的石头。二者之间的间隔处显露出大地面貌（而不是一整块石头上的断裂），这表明它们是相对独立存在的两块石头或岩画质料场。图 3-24 所示的两块呈立体状站立、紧挨着的石头更加清晰地向我们展示了两个岩画质料场并存的情形。

事实上，两个或两个以上岩画质料场并存是巴丹吉林沙漠岩画语境场的一个显著特点。它们之间或者紧密相连，或者中间间隔一小段距离（图 1-1）。很多情况下，二者之间的距离还比较大，如图 3-24 所示的是曼德拉山上岩画分布比较集中的一个语境场。其中，我们眼前这个形状较大石壁质料场背后和右边间隔不远处，还分布着形状大小、距离远近不等的许多其他质料场。同理，图 3-25 下图所示的岩画质料场，其周边语境场中也有类似质料场。

（三）岩画语境场决定岩画质料场

就岩画质料场的数量而言，巴丹吉林沙漠岩画语境场内可以有一个，也可以有两个或两个以上，其中以两个以上居多。这意味着大部分巴丹吉林沙漠岩画是聚集、呈片状地集中分布在一个相对完整的语境场之中。而每一个语境场具体所处的自然地理位置通常决定了岩画质料场的分布。以曼德拉山岩画为例，绀青色石头好像从天而降的星星散落在山上每个地方，而岩画质料场却不仅集中分布在众多绀青色石头形成的一道道山脊之上①，而且位于每个山头的顶部。这意味着此类有着岩画质料场的山脊和山顶就是岩画语境场。如图 3-7、图 3-24 所示，前者山顶岩画语境场内的每块绀青色石上都分布着数量不等的图像；后者山脊岩画语境场主体部分是一片片绀青色石头形成的峭壁，周围疏散地分布着一些大小、形状不一的绀青色石头，它们几乎都是岩画质料场。

（四）岩画语境场决定着岩画图像场

我们知道，岩画质料场也好，岩画语境场也罢，它们都有赖于岩画图像场的存在。也就是说，没有岩画图像场就没有岩画质料场、岩画语境场等。而从图像语言来看，位于同一岩画语境场内的不同岩画质料场之间存在着某些联系。这突出体现在洞窟岩画上。再如，由于同一语境场内岩画质料场基本情况大体相同或相似，所以，一般来说，巴丹吉林沙漠岩画同一个语境场内的质料场也大体相同或相似。再如，依据额勒森呼特勒洞窟自然生存的地理环境，目前被人们称为额勒森呼特勒洞窟手印岩画的语境场、质料场其实有两种类型：一种是主要由上面有众多凹穴的岩石相互叠加建构的，如图 1-1、彩图 1 分别所示的语境场和质料场；另一种是由上面没有明显凹穴，却有着天然色彩形成的瀑布状"彩"的比较大的石头与其他类似石头相互搭建形成的或深或浅的洞穴（图 3-25 上图）。虽然额勒森呼特勒洞窟手印岩画的语境场和质料场存在着这两种类型，但是，其中分布的都是清一色的手印图像。

分布在同一个语境场内的石壁或石头岩画图像场则比较复杂，主要有两种情形：①图像类型或指称对象相同。如图 3-7、图 3-26 所示，在这个岩画语境场内，比较明显存在的左右两个不同岩画质料场内，建构其岩画图像场的都是骑者和马图像，以及抽象点或线状形式。这说明，同一岩画语境场内的图像语言类型和所

---

① 石头彼此叠合形成石壁，石壁再次建构后形成一道道或一串串石壁链条。

指是相同的。于是，在实地体验过程中，我们不仅会发现某种图像只会出现在某个特定的岩画语境场内，而且会看到某个岩画语境场内众多图像场里都是指称对象相同的图像语言。如在龙首山、面积巨大的乌德哈布其拉石壁语境场内，我们看到的基本上都是骑者图像（图 1-5），它们的基本构图都相似。因此，我们有理由把同一语境中众多不同质料场所承载的所指大体相同的岩画视作一个统一场（图 3-26）。②图像类型或指称对象不相同。如图 3-20 所示岩画质料场地处曼德拉山一个靠近山顶的阳面上坡上。这里是岩画密集分布地，该岩画质料场周围还存在着许多其他岩画质料场。它们所承载的图像语言大都是单个羊或马图像，以及抽象形式构建的独体图像场。然而，同一个岩画语境场内，两个或两个以上岩画质料场的或近或疏的分布状况总使人们情不自禁地将它们联系起来考虑。

图 3-26

第五节　地　理　场

　　从一个连续的统一场视点出发，当我们联系上下文，在一个岩画语境场内审视其质料场时，还必须考虑该岩画语境场所处的比较大的自然地理环境。这是因为岩画语境场总是客观存在于一些特定的自然地理环境场之中。①本节，笔者以

---

① 关于巴丹吉林沙漠岩画地理场，阿拉善右旗博物馆已经完成了卫星影像图、地形地貌图、自然地理和人文等一系列图表制作，并在该馆展出。

巴丹吉林沙漠岩画为个案，通过对其环境场和地形场的全面考察，阐释它们对于岩画生存的价值和意义。

一、奇特环境场

一旦我们把考察岩画的视野放大到其生存的语境场时，自然会牵扯进来另一个场——岩画环境场，即岩画语境场所处的一个比较大的自然地理环境。绝大多数巴丹吉林沙漠岩画环境场都与山密切相关。岩画语境场与其环境场最大的区别体现在面积上。前者比较小，指述的是环绕某个或某些岩画质料场的一个有限的区域；后者指述的是一个比较大的区域，或者说承载某个或某些岩画语境场的物质化区域。下面，笔者将主要通过对岩画环境场的基本类型及其与语境场之间关系的描述分析阐述之。

（一）五大类型

总体来看，我们可以把巴丹吉林沙漠岩画环境场区分为以下五大类。

1. 河床边

濒临河或河床是巴丹吉林沙漠岩画环境场非常突出的一个特点。巴丹吉林沙漠岩画里，一片或一堵岩壁或峭壁往往构成了岩画的语境场。这些语境场通常与常年干涸或季节性的河床毗邻或被其环绕，从而与之相互作用，形成了一种特殊的岩画环境场。例如，在内蒙古阿拉善右旗阿拉腾朝克苏木那仁布拉格嘎查东北6800米的吉格德自然村以东的葫喇叭口子河床边，约30米长的陡峭山壁上分布着众多岩画语境场。由于自然风化现象严重，该葫喇叭口子岩画环境场内大部分图像语言已经模糊不清，其中比较清晰的有象舞者之形的形式、藏文和蒙古文等。有些岩画环境场几乎紧靠河床，如在内蒙古阿拉善右旗额肯呼都格镇敖伦布拉格嘎查西南11300米处的山峰下，矗立着一堵面积巨大、比较平整的峭壁，其底部便是一条比较宽阔的河沟。在这个岩画环境场内分布着大小不同的众多岩画语境场，其上存在着百余个相对独立的岩画质料场。其上图像语言许多已经模糊不清，比较清晰的仅有一些象鹿、羊等之形的图像。

2. 山谷

山谷是巴丹吉林沙漠岩画环境场之一。许多岩画语境场位于两山之间所形成的峡谷中。例如，在内蒙古阿拉善右旗阿拉腾朝克苏木那仁布拉格嘎查东北11700米的其格塔克山谷中，其南北两侧海拔1812米的两座山峰峭壁上，比较集中地分布着近百个屈指可数的图像，虽然多数已经风化得看不清基本轮廓，但是，可以分辨的图像很丰富，它们中既有象羊、马之形的动物图像，也有藏文、蒙古文等。其山谷内还有一条河沟、北面山峰以北约20米处还有一个高2.5米、宽2.5米的溶洞，其内还有一个高1米、宽60厘米的小洞。因此，如果我们把有图像分布的峭壁称为岩画的语境场的话，那么，该语境场所处的比较大的自然地理位置——其格塔克山谷就是它的环境场。同理，在阿拉腾朝克苏木那仁布拉格嘎查东北11 100 米孟根努扣山谷山崖北侧几块比较平坦的峭壁上，刻有已经不太清晰的210 个大大小小的图像，有象羊或马之形的动物、抽象符号，以及藏文、蒙古文等；而在阿拉腾朝克苏木查干德日斯嘎查西北11 500 米的孟格图山谷内靠西边，一个面积约 100 平方米的山峰峭壁上，分布着 58 个象动物、藏文、抽象符号等图像。由于岩画的存在，我们可以把这两个山谷分别称为孟根努扣或孟格图山谷岩画环境场。

　　3. 山峰

　　山峰是巴丹吉林沙漠岩画重要的环境场。由于山峰的形体通常比较高大、面积比较辽阔，根据巴丹吉林沙漠岩画实际分布情况，可以把此环境场再次细分为以下四种。

　　第一种是底部。指环境场位于山峰的底部。例如，在内蒙古阿拉善盟阿拉善右旗额肯呼都格镇萨布日台嘎查境内的惠森陶勒盖山峰之间的台地上，准确地说山峰底部，集中分布着岩画。其中，在一块面积约 700 平方米的方石头上，分布着180 多个图像，它们中有象羊或马之形的动物图像，也有多种类型的抽象符号等。而在萨布日台嘎查南偏西 17 800 米处的群山间一座山峰底部的几块碎石上，分布着百余个象骑者或羊等之形的图像，以及大量抽象符号。因此，岩画图像语言的存在，使得我们可以把这两个山峰底部称为一个相对独立存在的岩画环境场。

　　第二种是山腰。指岩画环境场位于山峰的中间部位。例如，在额肯呼都格镇萨布日台嘎查南偏东雅玛图群山之间的一座海拔 17 500 米的山峰山腰南面峭壁上，大约 100 平方米的范围内分布着象羊、马、牛等之形的图像，以及抽象符号58 个。而在萨布日台嘎查南偏东 18 200 米的伊克尔布日一座小山峰的山腰石壁上，分布着象牛、羊、马、人、骑者、北山羊等之形的图像，以及象羊群、围猎等行为事件的图画，大部分损坏严重，比较清晰可见的有 340 个。显然，这些山腰就是岩画所生存的比较大的自然地理环境场。

　　第三种是山顶。指岩画环境场位于山峰顶部。这是巴丹吉林沙漠岩画里比较常见的一种岩画环境场。例如，在内蒙古阿拉善盟阿拉善右旗额肯呼都格镇萨布日台嘎查，其境内南偏西 16 800 米处的青井子山山峰西边的山顶南面石壁上，分布着 450 多个象人或骑者、马、羊等图像，以及太阳、圆圈等抽象形式，面积较大。而在萨布日台嘎查南偏东 20 100 米处的山峰顶部，分布着 87 个图像，其中有象羊或牛、岩羊、马、骑者、骆驼等形式，以及抽象形式，不过大部分已经自然风化得不清晰。

　　第四种是山脊。指环境场位于山峰的许多山脊上。这也是巴丹吉林沙漠岩画里比较常见的一种岩画环境场。如图 3-27 上、下图所示的是曼德拉山上岩画环境场情形。曼德拉山位于内蒙古阿拉善盟阿拉善右旗孟根布拉格苏木克德呼都格查境内，海拔1776.9米，整个山体呈西北—东南走向，长6000米，宽3000米，面积约18平方千米，气势雄宏。山峰上天然绀青色石头或石块，呈线状一片片、一块块集中分布。虽然近看它们有些分布得比较零散，甚至中间有中断，如图3-27上图所示，左边黑色石头联结而成的一起伏曲线状，与其右边的中间间隔较大。也就是说，间隔地带没有绀青色石头，但是，远看它们整体形成的是一道道长短、宽窄不一的、曲线状绀青色石脉，连续起伏，相互间隔一定的距离，比较密集地集中呈网络状分布在曼德山上，犹如人身体上的经络，也似戴在曼德拉山上的一条条项链（图3-27下图）。

图 3-27

　　就某座山峰而言，巴丹吉林沙漠岩画环境场一般或者位于山顶，或者位于山腰，或者位于山脊，或者位于山底。曼德拉山比较特殊，整座山山顶、山脊、山腰、山底都程度不同地或集中或疏散地分布着多种类型的图像。据阿拉善右旗文物管理局统计，共有4234幅岩画，内容涉及动物、人物、抽象符号、狩猎、放牧、村落、帐篷、寺庙建筑、神佛和日月星辰等，曼德拉山岩画因此被国内外专家誉为"美术世界的活化石"[1]。

---

① 范荣南、范永龙主编：《大漠遗珍：巴丹吉林岩画精粹》，第12页。

4. 戈壁

除沙漠外，一望无际的戈壁是整个巴丹吉林地区特有的自然地理环境。无论是从天上还是地面一个更加辽阔的视域审视，该地区的山、山峰、洞窟等其实都分布在戈壁上。曼德拉山远眺就像一条孤立地横亘在一片辽阔的戈壁滩上的长方形巨石。然而，与戈壁上偶尔出现的一些突兀高耸的怪石堆或石林相比，曼德拉山足够自成为一博大、相对独立的自然地理环境。因此，就巴丹吉林沙漠岩画而言，除分布在一些较大山峰上的岩画外，我们把分布在其他地方岩画的环境场，统称为戈壁岩画环境场。这种环境场域里最著名的就是手印岩画。图 1-1 所示的最有代表性的额勒森呼特勒洞窟岩画，其实位于戈壁上一片怪石滩上。这些石头相互叠加形成了丘陵状的小山包，岩画语境场就位于某些石头相互巧妙搭配所形成的洞窟里，其中某个或某些石头的底部之上有图像。

5. 丘陵

分布在丘陵地区的巴丹吉林沙漠岩画并不多。例如，在曼德拉山以西大约 2000 米处的哈日德勒，有一片高低起伏不大、坡度较缓的丘陵地带。在其西、南北大约 100 米的范围内，比较疏散地分布着一些岩画。质料场、图像场面积一般不大，5 个以上图像的多重图像场很少，而且以象骑者或羊、马之形的图像居多。而在内蒙古阿拉善盟阿拉善右旗阿拉腾敖包苏木西 40 000 米的阿日格楞台，有一条呈东西走向的丘陵地带，在其中一条小山沟边的崖壁和岩脉上，疏散零星地分布着数量较大的岩画，分布总面积大约 3000 米，图像类型比较丰富，有象骑者或人、羊、马之形的具象图像，也有象"田"字状、梯子状等抽象形式。整个巴丹吉林沙漠岩画分布在丘陵地带数量最多的是地处阿拉善右旗曼德拉苏木固日班呼都格嘎查东南的苏亥赛。在该丘陵地带类似曼德拉山上的一道道形体巨大的绀青色石头结构的岩壁或峭壁上，东西长约 3500 米、南北宽约 2000 米的范围内，分布着 2800 个相对独立存在的岩画图像场，图像类型众多，内容丰富，是巴丹吉林沙漠岩画比较重要的一个环境场。

上述五种类型的岩画环境场只是为说明问题起见，笔者人为分类的。事实上，它们之间的界线并非泾渭分明。如许多位于山谷峭壁上的岩画同时临近河床，许多位于山腰、山底的岩画不远处也有季节性河沟，或常年干涸的河道（彩图 3 下左图所示的岩画语境场，存在于图 3-28 所示的岩画环境场内）。因此，相比较而言，山峰、山谷、河床是巴丹吉林沙漠岩画普遍的环境场。

（二）岩画环境场与其语境场之间的关系

岩画环境场的比较普遍存在充分展示了自然地理环境之于岩画的意义。我们有理由相信正是岩画环境场决定了其语境场的存在。巴丹吉林沙漠岩画语境场与其环境场密切相关，这集中体现在以下两方面。

图 3-28

1. 岩画语境场总是分布在某些特定的自然地理环境场内

岩壁或峭壁、石头是巴丹吉林沙漠岩画里常见的承载岩画质料场的物质化载体。而它们一般存在于群山环绕之中，特别是两山之间的峡谷之内、山顶，而且濒临河床。曲线带状绀青色山脊是曼德拉山岩画环境场的标签。很显然，自然地理环境之于岩画制作者有着致命的吸引力。他们是为环境而制作岩画。岩画环境场决定着其语境场。这突出体现在岩画语境场通常沿着某条河床或河沟分布上。如图 3-28 所示，这是曼德拉山上一个非常特别的语境场。曼德拉山上大部分地区都分布着岩画语境场，它们普遍位于绀青色山脊或山顶。然而，在通往山顶的一座小山包上的一块巨石上刻有象骑者或马之形的图像（已经模糊）。这座小山包与位于其对面的另一座小山包之间形成了一道比较宽的峡谷，其中是一条季节性河沟，如图 3-28 右边所示。显然，承载岩画的巨石质料场临近河沟。可以说，近河沟的峡谷地带、比较高的地理位置，预示了该岩画语境场的存在。巴丹吉林沙漠岩画里，众多诸如此类岩画语境场的存在充分证明了这一点。例如，总体来看，山顶是巴丹吉林沙漠岩画普遍的环境场，特别是那些分布着绀青色或红色岩壁的区域。雅布赖镇西尼呼都格嘎查东南 38 000 米的立沟泉，有一座位于群山之间的很不起眼的小山丘。然而，就像佩戴在曼德拉山山脊上绀青色石壁形成的项链一样，该小山丘顶部也有一条绀青色石头组成的东西长约 2000 米、宽约 1000 米的岩壁脉，其上分布着大约 855 个岩画图像场。至于洞窟手印岩画所处的自然地理环境场的特色也与其他岩画环境场的一样。如图 3-29 所示，这是被当地文物工作者称为特格几格上洞手印岩画的语境场。承载手印岩画的这块巨石分布在雅布赖山脉腹地一条山沟的底部，四周群山环绕。①布布井手印岩画语境场也是地处一座山的山顶，其内东西两侧分别有一条季节性河水冲刷的河沟、一条南北走向的河沟。②

图 3-29

2. 同一岩画环境场内存在两个或两个以上岩画语境场

一个相对完整的岩画环境场内，可以有一个语境场，也可以有两个或两个以上。例如，在额肯呼都格镇萨布日台嘎查境内的惠森陶勒盖山峰之间，有一条季节性河道，其岸边岩壁分别分布着三个相对独立的语境场。而葫喇叭口子岩画环境场内大致有 50 个相对独立存在的岩画语境场。同样，地处阿拉善右旗曼德拉苏木固日班呼都格嘎查东南的苏亥赛山峰顶部，在这个大约东西长 3500 米、南北宽 2000 米的苏亥赛环境场内，就像曼德拉山山脊一样，在一条条主要由绀青

①　由于地处雅布赖镇巴音笋布尔嘎查特格几格高勒，因此人们以地名命名该岩画环境场。其场内就这一个岩画质料场。该巨石大约高 5 米，东西、南北分别为 15 米、12 米。众多手印图像语言就分布在其底部、东侧内部石壁两个图像场内。2010 年第三次全国文物普查试点过程中，阿拉善右旗普查队对该岩画点进行了调查并建立了档案。照片编号为 152922-0520-Z002。

②　即雅布赖镇巴音笋布尔嘎查西偏南 9600 米的一座山峰顶部，位于雅布赖镇东北部的布布井，被阿拉善右旗文物工作者称为"布布井手印洞窟岩画"或"布布手印岩画"。

色石头形成的绀青色峭壁上，2800 个岩画图像场大约分布在近百个相对独立存在的岩画语境中。

　　岩画环境场与其语境场之间紧密的联系规定了观看者审视岩画的视野：对一个岩画语境场的认识离不开我们对其所处自然地理环境场的认识。它使我们情不自禁地要追问：为什么岩画制作者专门选择在峡谷、河道边的岩壁或悬崖上，以及山顶作画？峡谷、河沟、山顶之于岩画有什么特殊意义？同一岩画环境场内两个或两个以上岩画语境场之间存在着怎样的联系？而要深入探究这些问题，我们又必须涉及岩画的另外一个自然地理场——地形场。

二、浩瀚地形场

　　谈到地形场，或许人们以为它与岩画无关。然而，世界岩画具体分布本身给我们展示出了它们之间必然的联系。岩画与自然界密不可分。自然界孕育或生成了岩画。多重岩画语境空间的存在表明：世界上一些著名的岩画往往是奇特自然地理环境和特定文化的产物。例如，阿尔卑斯山脉伦巴第地区的卡莫尼卡谷地岩画（rock drawings in Valcamonica）。梵尔卡莫尼卡谷地位于布雷西亚城北部、意大利北部伦巴第区的阿尔卑斯山脉南麓峡谷之中，看上去像是一个巨大的地质断层。它绵延近 70 千米，正对着意大利阿尔卑斯山脉的心脏地带，并有冰川和高山。20 世纪初学者便对这一地区进行考察。在这个峡谷中的 2400 块巨大岩石上，共有 14 万幅石刻画，刻制时间约在公元前。墨西哥南下加利福尼亚州（Baja California）的圣伊格纳西奥（San Ignacio）圣弗朗西斯科山岩画，位于墨西哥的南下加利福尼亚州北部险峻的岩石山地和荒凉的沙漠地带。这里留下了古老的岩画群，它们数量多、规模大，而且保存完好。岩画被绘制在大山洞窟的岩壁或洞顶上，形成于公元前 1100 年至公元 1300 年。印度中央邦（Madhya Pradesh）博帕尔附近的莫贝特卡（Bhimbetka）山所在的山脉是古老的温迪亚山脉（Vindhya Range），后者是印度地理上的南北分界线。[1]博帕尔坐落在温迪亚山脉北部一块突出的高地——温迪亚高原上。博帕尔地区周围的 5 座小山上，分布着大约 400 处岩穴，而整个山区则有 700 处，其中莫贝特卡山有着与其他地方迥然不同的地表：一片黑红色砂岩的小山群，山上有 243 处岩穴、133 处岩画。"如果每个洞穴平均有 1000 个图像，2000 个洞穴理论上应该有 200 万个图像。"[2]岩画以自然物形式现身世界的这种方式，使得世界范围内人们一个普遍的做法就是以岩画在自然地理上所处的位置或地理环境对岩画进行

---

　　[1] 这里的 Madhya Pradesh 和 Vindhya Range 为印地语、Bhimbetka 为英语，中文语境中常分别译作"印度中央邦""温迪亚山脉""莫贝特卡"。

　　[2] 〔法〕埃马努埃尔·阿纳蒂：《艺术的起源》，第 32 页。

命名。诸如高山、大河、洞窟、山谷、峡谷、沙漠等，其中沙漠是比较常见的一种。因为截至目前，世界范围内发现岩画最多的地区基本上都是沙漠。如世界岩画分布最密集的地区是非洲。北部非洲的基本分布在横贯它的世界最大沙漠——撒哈拉沙漠地带，特别是阿尔及利亚的塔西里 N-阿吉地区和乍得的恩内迪（Ennedi）地区。[①]"北非次大陆的大部分地区，雕刻画和岩画非常之多，后者由于其数量，内容的高质量、美感和绘画风格而成为真正不同凡响的现象"[②]。喀拉哈里沙漠（Kalahari Desert）是非洲南部内地高原的一个大而如盆地般的平原，几乎占据了博兹瓦纳全部、纳米比亚东部的 1/3 及南非以北的部分。喀拉哈里沙漠仅 10 平方千米的地方就保存有 4500 多幅岩画作品。这个地区的考古发现按年代顺序记载了至少 10 万年间的人类活动和环境变化。沙漠之上的世界文化遗产措迪洛山位于博茨瓦纳西北角，被誉为沙漠罗浮宫。联合国教育、科学及文化组织资料表明措迪洛山是世界上岩石艺术最集中的地区之一。因此，可以说撒哈拉大沙漠、喀拉哈里沙漠孕育了非洲岩画。它们是非洲岩画的场域背景，即非洲岩画生存其间的、比较大的自然物理场——地形场。同样，巴丹吉林沙漠是分布在其腹地及其边缘地带的岩画的地形场，正是它孕育并塑造了岩画。下面，笔者将通过对巴丹吉林沙漠及其岩画地形场类型的分析阐释之。

（一）物理实在——巴丹吉林沙漠

巴丹吉林沙漠位于内蒙古阿拉善高原的西部，弱水以东，紧邻青藏高原东北缘，北部比邻蒙古国，东部和东南边缘又临近乌兰布和沙漠、腾格里沙漠，地处阿拉善荒漠中心，常年盛行西风或西北风，气候干旱。除具有一般沙漠的一切特性外，作为巴丹吉林沙漠岩画地形场的巴丹吉林沙漠还具有以下五个独有的特征。

1. 生成很早

巴丹吉林沙漠产生至少始于更新世（pleistocene）早期。更新世是地质时代第四纪的早期，相当于考古学上的旧石器时代。巴丹吉林沙漠的"新沙山大致形成于末次冰期以来，老沙山大致形成于末次间冰期以前，其下限以上新世红黏土层为界"[③]

2. 山脉环绕

巴丹吉林沙漠四周基本为高山环绕，如北部的红石山、马拉盖山，东部的狼

---

① 法国埃马努埃尔·阿纳蒂对此有论述，见《艺术的起源》第 148 页。

② 〔法〕埃马努埃尔·阿纳蒂：《艺术的起源》，第 148 页。

③ 闫满存、王光谦、李保生，等：《巴丹吉林沙漠更新世古风向变化及环境意义》，《清华大学学报（自然科学版）》2001 年第 11 期，第 118—122 页。

山、巴彦乌拉山、银根乌拉山、阿拉腾山，南部的雅布赖山、龙首山、北大山，以及西南部的合黎山、祁连山，西部的北山等①，是中国第二大流动沙漠，平均海拔为 1400—1600 米，相对高度超过 500 米，比非洲撒哈拉沙漠平均海拔还高 430 米，整个地势东高西低、南高北低，"即从南部海拔 1800—2300 米、东部 1300—2200 米分别向北、向西逐渐降低至 970—1200 米"②。东南部沙丘高大密集，高度多为 200—300 米，最高可超过 450 米，且多复合型、金字塔型及无明显叠置型沙丘，从沙漠中心到边缘，沙丘呈东北—西南走向，丘间地的海拔逐渐升高，沙丘的数量逐渐减少，整体地势呈升高趋势。

3. 流动

尽管高山环绕，但是它们都没有完全阻挡住巴丹吉林沙漠不断地向外延伸。如横贯阿拉善右旗中部，长约 110 千米，最宽处有 20 千米的雅布赖山系，其实是巴丹吉林沙漠和腾格里沙漠弧形隆起的一个山脉。它东南侧悬崖绝壁，西北侧坡度相对较缓，看似阻挡巴丹吉林沙漠东侵的天然屏障，其实巴丹吉林沙漠就像汹涌澎湃的洪水已经横穿雅布赖山南北两端的峡谷地带，形成了一条长长的沙带，从而把巴丹吉林沙漠与位于其东南边的另外一个著名沙漠——腾格里沙漠串联起来，成为一个整体。而雅布赖山脉是巴丹吉林沙漠岩画最集中分布的地形场，著名的五大洞窟手印岩画的所在地。

4. 湖泊众多

与撒哈拉沙漠等世界其他地区，以及中国境内其他面积较大的著名沙漠相比，辽阔无垠的巴丹吉林沙漠并非死亡之沙海。巴丹吉林沙漠腹地高大沙山间的低地分布着 144 个内陆咸水湖，以及终年不干涸的泉水。

5. 丝绸之路要道

春秋时期，特别是汉代以来，巴丹吉林沙漠地区人类各种实践活动频繁。巴丹吉林沙漠腹地分布着众多人类文化遗迹，诸如墓葬、烽火台、庙宇、军事建筑、城墙等。除汉族、蒙古族外，这里也是历史上北方众多少数民族生息繁衍之地。并且，此地以东可去宁夏、包头，以西可往嘉峪关、新疆，以南便可进入甘肃境内张掖等地，自古就是兵家必争之地、丝绸之路进入河西走廊的必经之路。

总之，生生不息的巴丹吉林沙漠积淀着深厚的历史文化。这一地形场之于岩画的功能是多方面的。它所具有的特性不仅与岩画的生存息息相关，而且决定着岩画的特性。例如，巴丹吉林沙漠四周高大山脉环绕，而其东部的比较大

---

① 宁文晓、王振亭：《巴丹吉林沙漠东南部典型高大沙丘形态参数分析》，《福建农林大学学报（自然科学版）》2018 年第 6 期，第 755—763 页。

② 王涛：《巴丹吉林沙漠形成演变的若干问题》，《中国沙漠》1990 年第 1 期，第 29—40 页。

的雅布赖山脉，以及南或西南的祁连山脉则是巴丹吉林沙漠岩画重要的环境场。换言之，巴丹吉林沙漠岩画主要分布在这两大环境场。巴丹吉林沙漠腹地百余湖泊，主要分布在沙漠的东南部。而这里也正是岩画主要的生存之地。因此，巴丹吉林沙漠这一特殊地形场不仅孕育了近水、靠山脉的岩画，而且一直守护、塑造着它。

（二）巴丹吉林沙漠岩画地形场的类别

正是由于生成古老、多湖泊、势不可挡，特别是高山环绕，我们才得以看到巴丹吉林沙漠岩画。因为岩画基本位于其周边的山上。的确，正如撒哈拉大沙漠、喀拉哈里沙漠之于非洲岩画一样，巴丹吉林沙漠之于阿拉善地区岩画亦如此，它横贯此地岩画密集区——阿拉善右旗全境，现已经发现的阿拉善地区主要岩画密集点基本都分布在巴丹吉林沙漠腹地及其周边地区。下面，笔者将从两个不同角度对其进行分类说明。

第一，若以当地地名命名、按照由北向南的顺时针方向，则可把巴丹吉林沙漠岩画环境场在巴丹吉林沙漠的具体地形位置大致划分为以下三大类。[①]

（1）北部靠近东部主要是布勒古图岩画环境场。

（2）东部从北至南、从东边缘至内部主要分布着 17 个环境场，即阿日嘎善山、郭德乌苏、布德日根、笔其格图、曼德拉山、夏日玛、苏亥赛、希博图、阿日罕、阿日格楞太、哈拉乌苏、布墩苏海、乌克日础鲁图、额勒森呼特勒手印岩画、陶乃高勒手印岩画、布布手印岩画和海日很。

（3）南部从东至南主要分布着 17 个环境场，即立沟泉、哈日根南高勒、青井子、双井子、乌德哈布其拉、道布图、恩格尔乌增、呼勒斯太、查干陶荣木图、布雅图、祖勒格图乌拉、东大山、孟根努扣、孟格图、其克塔克、下吊吊山和查克勒萨拉。

可见，岩画地形场决定着其环境场。人们常以此命名岩画环境场。如被当地文物工作者称为额勒森呼特勒洞窟手印岩画的环境场，该名称里的"额勒森呼特勒洞窟"系蒙古语，意思就是"沙坡"，因为其洞窟北靠巴丹吉林沙漠。巴丹吉林沙漠岩画里的其他手印岩画场也基本都分布在类似"沙坡"上。如图 3-30 所示的陶乃高勒手印岩画场[②]，虽然地处雅布赖山脉腹地，海拔 1616 米左右的山上，

[①] 这里关于岩画环境场的名称及其分布，以及后面岩画文化场的划分，参照阿拉善右旗文物管理局制作的"阿拉善文物分布示意图""巴丹吉林岩画分布示意图"。二者陈列在阿拉善右旗博物馆展厅内。后者也收录在范荣南、范永龙主编的《大漠遗珍：巴丹吉林岩画精粹》（文物出版社 2014 年版）里。

[②] 位于雅布赖镇西尼呼格格嘎查西偏北 12 600 米雅布赖山脉腹地，在 2009 年开始的第三次全国文物普查过程中，阿拉善右旗普查队对该洞窟内手印岩画进行了调查并建立了档案，称作"陶乃高勒手印岩画"。照片编号为 152922-0471-GD001，张有里摄于 2009 年 7 月 3 日。

但由于北靠巴丹吉林沙漠，地面为砂石，石壁也是风沙作用下嶙峋的砂岩。洞窟手印岩画就分布在中间这些面积较大石头建构的石窟内石壁上。事实上，除西边外，内蒙古阿拉善盟阿拉善右旗境内的岩画环境场基本都分布在巴丹吉林沙漠周围的群山之中，特别是东部靠南和南部靠西的山脉。于是，巴丹吉林沙漠便成为位于其周边的所有岩画当之无愧的地形场。以之命名该地区岩画便顺理成章。因为它是岩画在生存论、存在论意义上客观生存的现实。

图 3-30

第二，依据比较大的山脉，可把巴丹吉林沙漠岩画地形场区分为以下两个亚类。

（1）雅布赖山脉岩画地形场。巴丹吉林沙漠和腾格里沙漠弧形隆起的雅布赖山脉呈东北—西南走向，横贯阿右旗境中部，长 110 千米，最宽处 20 千米，面积 1800 平方千米；海拔为 1600—1800 米，最高峰 1938 米；最大坡度 35°，一般坡度为 15°—20°。其东南侧悬崖绝壁，西北侧坡度较缓比邻茫无涯际的巴丹吉林大沙漠，东南起伏的丘陵是巴丹吉林沙漠东缘的重要屏障。比较集中地分布在巴丹吉林沙漠东部的岩画环境场，基本上都与雅布赖山脉有关。例如，横亘在巴丹吉林和腾格里两大沙漠之间的曼德拉山，属于雅布赖山脉东南尾端，北依雅布赖山脉，南望戈壁草滩，是最著名的曼德拉山岩画环境场。地处巴丹吉林沙漠南麓的、驰名中外的布布洞窟手印岩画、陶乃高勒洞窟、额勒森呼特勒洞窟手印岩画，位于雅布赖山脉中部，其中布布洞窟手印岩画环境场南侧与雅布赖山脉相连。

（2）龙首山山脉岩画地形场。巴丹吉林沙漠南部大约长 195 千米、宽 30—35 千米处是龙首山山脉。其整体为西北—东南向断块山，横亘在阿拉善盟阿拉善右旗与甘肃省边界，西边是著名的祁连山山脉。巴丹吉林沙漠南部比较集中分布的岩画环境场基本都与龙首山山脉有关。例如，龙首山北麓的哈德陶勒盖山，东部的孟根努扣、孟格图、下吊吊山，南部的道布图和双井子等岩画语境场或环境场，等等。而坤岱图、坤岱图南、坤岱图西北、伊克尔布日和道布图等岩画环境场或语境场，其气候都程度不同地受到南部龙首山脉、祁连山山脉的影响。

　　由上述两种分类，我们可以更进一步地理解地形场对于岩画环境场意义之重大。可以毫不夸张地说，岩画环境场都是依据其地形场分布的。巴丹吉林沙漠岩画因此具有了世界岩画在自然地理分布上的一般特征。人们对岩画生存场域的选址更多考虑的是地理位置和山海形胜。或者说就是为它们而作的。而以沙漠为岩画地形场，特别是其中的山脉为岩画环境场，其最明显的一个功能就是藏，即隐蔽性。直到 20 世纪 80 年代文物工作者才发现部分巴丹吉林沙漠岩画，即我们才得以目睹万年前人们制作的图像语言——岩画。如旧石器晚期的额勒森呼特勒洞窟手印岩画直到 1987 年才被当地文物管理工作者发现。沙漠腹地之于岩画地形场的另一个明显功能是贮藏性或保存性。地形地貌以沙漠戈壁为主的巴丹吉林沙漠终年干旱少雨，年均降水量仅为 100 毫米，蒸发量高达 4100 毫米，境内无地表径流，植被稀疏，土壤贫瘠疏松，砾石化、沙化程度高，极不利于生物生存，自古就是人类望而生畏、止步不前的地方。而且，由于终年气候干旱，风沙猛烈，蒸发强烈，巴丹吉林沙漠百余湖泊积聚大量盐分，湖水大多不能饮用或灌溉。可以说，水的缺乏很大程度上阻止了历代人们试图开拓、穿越甚至栖息在巴丹吉林沙漠腹地的脚步，某种程度上保护了巴丹吉林沙漠、保护了生存其中的岩画。

第六节　心　物　场

　　在巴丹吉林沙漠地形场、曼德拉山环境场，以及山顶或河谷语境场、石头或石壁、洞窟质料场乃至石头或石壁正面或侧面图像场制作或生产岩画，是岩画制作者独特视界选择的结果。如图 3-31 所示的就是图 3-5 所示特格几格下洞手印岩画质料场语境场内部分情景。[①]该岩画语境场地处雅布赖山脉腹地的一个靠近山顶部的山腰上，山顶巨石嶙峋，高耸起伏。承载手印岩画图像场的却是我们眼前这块孤立存在的一块石头。或许就是因为其南侧有一个拱形石洞吧，三个手印图像就"藏"于其内石壁上，洞口面临一道距离它约 30 米的山沟。显然，制作这三个手印图像人的某种或某些特殊的观念或思想，以及特有的技艺，甚至情感

---

① 在 2010 年第三次全国文物普查试点过程中，阿拉善右旗普查队对该岩画点进行了调查并建立了档案。照片编号为 152922-0524-Z001，范佳炜摄于 2010 年 3 月 8 日。

等众多主观因素都熔铸于手印图像的制作之中。从这个意义上说，每一种、每一个岩画场都是心物合一作用力的产物。这种"心物场是有组织的（organized）。首先，它表明了自我（ego）的极性（polarity）和环境的极性，其次，这两极都具有其自身的结构。于是，环境既不是感觉的镶嵌，又不是'旺盛的、嗡嗡作响的混乱状态'，更不是模糊不清的整体单位；相反，它是由一些明确的彼此独立的物体和事件所组成的，这些彼此独立的物体和事件都是组织的产物。同样，自我既不是一个点，也不是内驱力（drive）或本能的总和或镶嵌"①。同理，观看者或研究者的观看场或研究场也不是杂乱无章的，而是他们对岩画的自我解读与理解。并且，在这种解读或理解过程中，始终伴随着他们与岩画之间的互相交流、沟通。所以，无论是从生产场还是从观看场或研究场来看，岩画都是一个生产者或观看者主体与岩画融为一体的"心理格式塔"（mental gestalten）。这种整体形式是心理事实与物理事实和谐地共存的"心物同型"（isomorphism）。于是，行为场便不可避免地会被引进我们对心物场的理解。而它的引进必然带来另一个重要的岩画场——文化场的出场。本节，笔者通过对它的类型、特点等的分析论述，阐释岩画文化场作为一种"心物同型"的客观物质化的存在对于岩画的意义。

图 3-31

---

① 〔美〕库尔特·考夫卡：《格式塔心理学原理》，第54页。

一、岩画文化场三种类型

通常，除植物、河流、沟壑、峡谷等外，岩画环境场、地形场内还程度不同地存在着文化场，也就是说岩画文化场一般包含在其环境场或地形场之中。巴丹吉林沙漠岩画所有环境场内都包括岩画文化场，只不过它们的类别、数量不同而已。若依据整个巴丹吉林沙漠的位置，从东北往东、南，则可把这些岩画文化场大体划分为以下三大类。

（1）东北岩画文化场。该岩画文化场自北以南，主要包括笋布日列燧遗址、塔林拜兴障遗址、乌兰拜兴遗址、乌海希勒遗址和雅布赖列燧遗址等。

（2）东南文化场。该岩画文化场自西往东主要包括呼勒斯陶勒盖石器遗址、宗扎哈吉林石器遗址、乌朗傲格钦石器遗址、巴丹吉林庙、库列图庙、通沟遗址、雅布赖列燧遗址、查干乔吉遗址、阿规庙、额肯呼都格遗址、曼德拉山遗址、拜兴高勒遗址和夏拉嘎庙等。

（3）南略偏西岩画文化场。该岩画文化场自西往东主要包括龙首山列燧遗址、查干敖包遗址和查特布希庙等。从年代上来看，这些岩画文化场的时间跨度从旧石器时代到近现代。当然，作为人类劳动生产实践的产物，岩画场本身就是一种特殊的行动场或文化场。若把岩画场也计算进去，则整个巴丹吉林沙漠地区岩画文化场众多。据阿拉善盟第三次文物普查资料及"三普"数据库2012年的统计，"古遗址939处、古墓葬145处、古建筑27处、石窟寺及石刻106处、近现代重要史迹及代表性建筑43处"[①]。其中的"石刻"指的就是岩画场。

二、岩画文化场的特点

总体来看，除在自然地理空间分布上存在着差异外，上述三种类型的巴丹吉林沙漠岩画文化场鲜明的共同特点集中表现在以下六个方面。

（一）远古

尽管我们无法准确地确定究竟是什么人生产或制作了巴丹吉林沙漠岩画，但是，其文化场的存在表明该地区有着远古时代人类的文明。现已发现的有关人类早期遗址众多。其中最早的是旧石器时期的洞窟手印岩画。在东西绵延约35千米的雅布赖山脉环境场内，分布着额勒森呼特勒、特格几格洞、特格几格上下洞、布布和陶乃高勒五个相对独立存在的洞窟手印岩画场。这是中国境内首次发现的洞窟手印岩画。除手印岩画外，当地文物考古工作人员还在这些岩画语境场发现了众多遗址，以及一些石器等文物。考古学界和文物学界学者主要依据岩画图像

---

① 此数据根据当地文物部门2012年的统计。见范荣南、景学义、张震洲编著：《草原文明的见证·阿拉善右旗》，阳光出版社2012年版，前言。

语言及其语境场内的文物，并比照世界手印岩画最早出现的时间，认为该岩画环境场内的五个洞窟手印岩画场内、现存形状比较清晰的 76 个手印岩画生产的时间也应在旧石器时代晚期，即距今 3.5 万—1.7 万年。而巴丹吉林沙漠地区近些年陆续发现的 50 多个新石器时期的遗址里出土了大量石器及其制品，其中比较多的是陶器、陶片，以及细石叶、石核等，其中一些已经被文物考古工作者认定为属于新石器时代马家窑文化遗存或新石器时代中晚期及仰韶时期的文化遗存，如位于巴丹吉林沙漠腹地的准诺日图遗址出土了大量石磨棒、石磨盘、石斧头等石器；毕鲁图准敖格钦坑遗址出土了鬲、罐、盆、纺轮等陶器；巴润伊和日西遗址出土了彩陶、夹砂灰陶等遗物。[①]若我们把巴丹吉林沙漠岩画的自然物理场再放大一些，则位于其东南边的水洞沟遗址、萨拉乌苏河遗址的存在更进一步证明了巴丹吉林沙漠岩画地形场悠久的人类文明历史。两个遗址发现的生产石制品的场所，"客观上打破了中国没有旧石器时代文化，没有史前人类的谬论"[②]。其中，水洞沟遗址是中国最早发掘的旧石器时代遗址之一，1988 年被国务院公布为全国重点文物保护单位。自发现以来，已经经过 5 次比较大规模的考古发掘，出土了 3 万多件石器和 67 件古动物化石。[③]其中构成水洞沟文化基础的一些石制品、工具及石器制作修理技术，可以和欧洲、西亚、北非的莫斯特、奥瑞纳时期人类栖居地的石器相媲美，尤其是出土的大量勒瓦娄哇石核，与欧洲相当古老的奥瑞纳文化形状接近。对这种地区相隔遥远、文化雷同的现象，国外一些学者甚至认为这是人类大距离迁徙的结果。而萨拉乌苏河遗址距今约 5 万年，与水洞沟遗址一起是中国境内最早发现和研究的旧石器遗址，出土了以细小石器为特征的早期人类文化遗物。巴丹吉林沙漠岩画地形场周边两大旧石器遗址的存在至少证明：早在远古时代，该岩画地形场就已经不仅作为自然地理物理场存在，还作为人类行为场、文化场而存在，尤其是后者的存在充分证明了远古时代该地区比较发达的人类文化。例如，在 2007 年考古发掘出土的文物里，除石制品、动物碎骨和用火遗迹外，还有近百枚精美的环状装饰品。装饰品以鸵鸟蛋壳、骨片为原料，圆形，其外径一般在 8 毫米左右，用琢制和磨制结合的方法做成，中间钻小孔，孔径一般为 2—3 毫米，个别的有 4 毫米，有的表面还被矿物质颜料染上色。完整、残缺、成品、半成品各种类型都有发现。这些装饰品小巧、规范，是目前在中国发现的旧石器时代同类遗物中制作最为精美的，展示了以审美、情感为代表的远古人类丰富的精神世界。更重要的是，许多新石器时代遗址一直被后代沿用，如赛亨艾力图遗址、策力格日遗址等。这种文化场的存在

① 范荣南、景学义、张震洲编著：《草原文明的见证·阿拉善右旗》，第 32—33 页。

② 李炎贤：《总结过去，展望未来》，见高星、侯亚梅主编：《中国科学院古脊椎动物与古人类研究所20世纪旧石器时代考古学研究》，第 13 页。

③ 孙琦、刘柳编著：《黄河述说》，黄河水利出版社 2018 年版，第 58 页。

对于我们深入了解巴丹吉林沙漠岩画心物场，特别是岩画生产者有着十分重要的意义。

（二）多民族

人类自身有一个不断繁衍发展的历程。因此，对岩画文化场的理解离不开对人类历史演进的了解。巴丹吉林沙漠文化场内所生存的人的历史、种族、信仰、审美情感等是其重要内容。除旧石器、新石器时代遗址外，巴丹吉林沙漠地区还发现了汉代、西夏、明清等时代遗址。于是，历史考察巴丹吉林沙漠及其周边地带人类繁衍生息和文明进程自然构成了研究岩画文化场的一项内容。从史书里的记载，以及该地区考古发掘出土的文物来看，巴丹吉林沙漠地区自古就是多民族汇聚之地：春秋时期为北狄牧地；战国至秦为月氏居住地；西汉时期为匈奴右贤王牧地；东汉至三国时期，为羌、乌桓、鲜卑、匈奴等少数民族牧地。西晋时，秃发鲜卑牧于阿拉善西北部，匈奴贺兰部牧于贺兰山西部，匈奴铁弗部和鲜卑拓跋部游骑出没于阿拉善东部；东晋时期，前后赵、前后秦、大夏时，阿拉善东部和北部为柔然游牧地，西南部为秃发鲜卑牧地；北魏、西魏、北周时，为柔然、突厥牧地；隋唐时为突厥诸部居住地；唐末，为吐蕃、党项游牧地；五代时，由吐蕃、回纥、党项等杂处；西夏至金，地属西夏兀剌海路，并设有贺兰山坚军，是吐蕃、党项、回纥、鞑靼、阻卜诸部游牧地。自元代起，始为蒙古族部落牧地。明代蒙古族部落的亦卜剌因、火筛、月氏、著力兔、楂汉胡墩先后占有此地。多民族的历史造成了巴丹吉林沙漠岩画文化场的复杂性。如不少岩画图像场内存在着类似考古学上所说的文化层现象，即图像语言之间程度不同地存在着打破或叠加、增补关系，特别以增补西夏或蒙古文文字比较常见。而民族文化特点也反映在人们对一些岩画环境或语境场的命名上。如位于阿拉善右旗阿拉腾敖包镇呼木德勒嘎查以西 25 200 米、海拔 1375 米的海日很山岩画场。"海日很"系蒙古语，意为"圣山"。而曼德拉山岩画所处的语境场"曼德拉"一词也是蒙古语，大致含有"腾飞""兴旺""升起"等吉祥意思。①总体来看，绝大多数岩画场的命名反映了人们对该岩画场的基本态度——崇敬。

（三）墓葬

墓葬是反映人类文明的一种重要文化现象，也是巴丹吉林沙漠岩画文化场里的一种特殊的类型。因为几乎所有的岩画环境场或语境场内都伴随有墓葬。而且，与岩画一样，某一个特定环境场或语境场内的墓葬也是成群分布的。换言之，某个特定岩画语境场或环境场内通常分布着众多墓葬而非单个或个别。可以毫不夸

---

① 范荣南、景学义、张震洲编著：《草原文明的见证·阿拉善右旗》，第 11 页。

张地说,墓葬与岩画共存。例如,曼德拉山岩画环境场四周都分布着墓葬,范围大约 18 平方千米,呈不规则状分布。与岩画一样,大部分墓葬也依山而建,即位于山上,准确地说山坡之上。仅地表可见的就有 50 座以上,用不规则的条状石头垒砌而成,平面呈圆形或椭圆形,墓圹大小、出露地表高低不等,大部分至今保存完好。其中,最大的墓葬地处曼德拉山南面山底的缓坡上,用石头封堆,直径约 8.5 米,残高约 1.6 米。应当引起我们高度注意的是:该墓葬其实就是一个岩画语境场。因为其周围分布着数量众多的岩画质料场。而且,类似这样的墓葬还很多,它们分布在整个曼德拉山岩画环境场四周。这意味着曼德拉山岩画语境场内大都分布着墓葬。换言之,曼德拉山岩画环境场或语境场也是墓葬场。伊克尔布日岩画也如此。它分布在地处额肯呼都格镇萨布日台嘎查南偏东 18 200 米的伊克尔布日一座山峰的山腰石壁上,小山丘高约 10 米、长 40 米,山脚下有一条南北走向的河沟,东南 30 米处是一口水井,北 52 米处便是伊克尔布日墓葬。墓葬以南 71 米处是伊克尔布日嘛呢石,西北 645 米处是道布图遗址。

岩画与墓葬共存的现象值得我们深思。与中原文化为代表的典型汉族墓外在形貌不同。巴丹吉林沙漠岩画场内分布的墓葬具有典型的北方草原民族墓葬的特点。它们表面一般没有隆起的坟堆或包,而是由形状大小、不规则的各种石头或石块砌成或垒成的墓圹,其平面整体大致呈圆形或椭圆形的。这种墓圹有些石圈垒得高一些,远望就像在戈壁上放了一个圆圈状东西。若把墓葬与岩画作为一个整体通盘考虑,则在一个相对完整的自然地理环境中,其石头(或石壁)上刻有岩画,有些石头则被用来搭建墓圹。于是,石头成为连接岩画与墓葬的物质化自然纽带。承载岩画的石头或与堆砌或建构墓圹的性质一样吗?大量考古发掘资料证明史前镇墓石的存在。在史前的欧洲、中东、东北亚(特别是朝鲜)等地区都发现大量镇墓石。这些镇墓石上也常常雕刻有被天文学家称之为"星象"的点、线状形式。[1]无论是从何种角度审视,它们就是现在人们常说的岩画。[2]

（四）军事

整个巴丹吉林沙漠地区现已经发现的岩画文化场,有许多是烽火台,以及西夏时期被用作军事设施的障址,如塔林拜兴障址、巴润海日汗障址。其中的烽火台有 37 个,不少是汉代的。这些烽火台都建在高山险绝处。由于岩画大多分布

---

[1] 孙小淳、何驽、徐凤先,等:《中国古代遗址的天文考古调查报告——蒙辽黑鲁豫部分》,《中国科技史杂志》2010 年第 4 期,第 384—406 页。

[2] 2016 年笔者在考察通天河流域岩画时,也发现两处分别位于悬崖边河床高处和小山坡上的墓地,其上分布着比较多的、类似的古吐蕃墓圹。位于悬崖河边墓地周围许多石头,以及用来堆砌墓圹的不少石头上面有"点""线"状形式,个别有简单的抽象图案形式。对此,笔者已有论述,见王毓红、冯斯我:《"点"派生的图像语言:通天河流域岩画里的终极实在》,《青海民族大学学报(社会科学版)》2017 年第 1 期,第 118—125 页。

在山顶，所以几乎所有烽火台的遗址同时也是岩画的环境场甚至其语境场。例如，孟格图岩画地处阿拉腾朝克苏木查干德日斯嘎查西北 11 500 米的孟格图的山谷中，位于阿拉腾朝克苏木以东，直线距离约 13 700 米，岩画分布在山谷中靠西边山峰的峭壁上，岩画东北方约 4700 米处就是格日乌苏烽火台，它地处特布希山脉北麓丘陵地带的山峰上。而位于阿拉善盟阿拉善右旗曼德拉苏木夏拉木嘎查西北 14 900 米的希博图山岩画，分布在海拔 1370 米的希博图山上，南北 2500 米、东西 3000 米的丘陵地带。"希博图"系蒙古语，意即"石堆""烽火台"。

（五）商贸

自古以来，巴丹吉林沙漠自然地理空间不仅是岩画地形场，而且是人类栖息、移动，乃至文化传播的场所——它是古丝绸之路进入河西走廊的主要驿站，是东通宁夏、包头，西往嘉峪关、新疆，北入额济纳弱水及蒙古国的重要要道。现已经发现的古代驿站遗址有 4 个，即白芨芨东井、伊和呼都格、大车场和扎木呼都格。其中，白芨芨东井驿站遗址曾是巴丹吉林沙漠地区最早西走新疆、东去绥远的古丝绸驼道；伊和呼都格曾是巴丹吉林沙漠地区明清时期比较大的草原商道；大车场和扎木呼都格驿站遗址也曾经是骆驼商道。

（六）宗教

巴丹吉林沙漠岩画的地形场、环境场和语境场，尤其是其质料场和图像场的自然物理特性，彰显了自然物之于人类精神发展所起的巨大作用。如图 3-32 所示的是分布着众多手印图像的布布洞窟手印岩画的环境场、语境场和质料场的情形。[①]这是一个地处巴丹吉林沙漠南麓、雅布赖山中部的整体形似一座小山的地区，总体地势西北高、东南低，平均海拔 1600 米，地貌以黄沙土山地、沙漠、戈壁丘陵为主。图 3-32 下图所示的是从侧面拍摄到的该岩画场内的质料场。它是主要由左、右和下面三块巨石相互叠合建构的洞窟，11 个比较清晰的手印图像就分布在左右两块巨石底部或侧面内的石壁上。[②]只不过我们所说的"洞窟"其实分别是左右石头左下角、右下角的天然形成的凹穴。正如图 1-1 和彩图 1、图 3-5、图 3-25、图 3-31 所示的额勒森呼特勒、陶乃高勒和特格几格下洞岩画质料场一样。然而，不论浅还是深，这些手印图像质料场外在形貌都给我们以"穴"或"洞""窟"般的印象。人们选择以洞窟或洞穴、沙漠、高大山脉、深邃峡谷为代表的自然地质环境作画本身，表现了他们对这些自然物理场域的尊敬及崇拜之情。

---

① 1987 年被阿拉善右旗文物管理局普查登记的布布洞窟手印岩画。照片编号为 152922-0249-Z004。
② 左边石壁上的已经自然风化得不清楚了。

图 3-32

　　事实上，世界岩画所生存的这些自然地理场域也为我们呈现出了岩画的一个显著特点——神秘的宗教性。自19世纪中后期比较多地被发现以来，人们就注意到了岩画这一突出特质，并提出了世界岩画研究领域著名的"洞穴教堂说"的理论。他们认为："旧石器时代的古人类装饰了他们的洞穴，正像我们的西方文明装饰教堂一样。根据这种受基督教堂和印度教神庙启发而来的假说，洞穴人追求一种美感的，有纪念意义的氛围来举行仪式和祭拜。换句话说，有了岩画的洞穴被看成是史前的教堂。"[①]这种早期岩画阐释理论给后人许多启发。20世纪初以来，人们在基础之上，运用心理学、宗教学等新的理论和方法，又进行了多方面的研究。人们探究的焦点依然是岩画语境场或环境场、地形场同时也是祭祀场这

　　① 〔法〕埃马努埃尔·阿纳蒂：《艺术的起源》，第47—48页。

一客观现实。例如，世界著名岩画密集地哈尔库姆拉岩画，"位于沙漠中部，是史前祭拜之高地"①。与《圣经》中所说的圣山西奈山是一个地方，也是整个西奈半岛上岩画最丰富的地区。位于巴丹吉林沙漠岩画亦如此。现已发现的岩画语境场或环境场内有祭祀遗址。例如，分布在萨布日台嘎查境内的雅玛图群山之间的山峰峭壁上的雅玛图岩画，四周群山环绕，沟谷纵横交错，距萨布日台嘎查南偏东 17 500 米，以北 782 米便是胡勒亥保德尔祭祀遗址。②且不说岩画遗址，就是巴丹吉林沙漠地区迄今为止发现的许多其他遗址，无论什么时期的，已经考古发掘证明与祭祀有关。如巴丹吉林沙漠腹地 2008 年发现的比较大的聚落遗址——必鲁图遗址。遗址中心多处是火烧后灰烬遗迹，大量石叶、石核、刮削器等细石器，以及刻有绳纹等刻划纹的夹砂陶（夹砂红褐陶、夹砂红陶、夹砂褐陶）和泥质（如彩陶、素面陶等）陶片。清代以来建立的庙宇也不少，如夏日格苏莫、库热图苏莫、库日木图阿贵苏莫和阿拉腾特布希苏莫等。

小　　结

　　自被发现以来，世界范围内人们对岩画的研究一般局限于图像语言。许多情况下，当我们还原其在原生态中存在的状态，会发现被人们收集整理的岩画图像语言往往是错误的。就像从水里捞出鱼一样，人们通常都是从图像场内摘出图像语言，称其为"岩画"。这样的"岩画"显然是死的。因此，岩画场论彻底颠覆了割裂岩画图像语言与其所生存的自然物理环境的做法，认为场决定并统摄着岩画。若从统一整体的时空场或统一场的视域审视，正如一样，岩画是一种活的有机生命存在。这突出表现在它与其生存场域的紧密联系上。特定场域出现特定岩画，特定岩画只会出现在特定的场域。以巴丹吉林沙漠洞穴岩画为例，目前我们已经发现的此类岩画的仅分布在雅布赖山脉一个东西狭长的自然地理环境场内一些类似的岩画语境场、岩画质料场和岩画图像场内。就像蒙古包一样，天是拱形的，古人把它比作"笠""车盖"。虞喜《穹天论》云："天形穹隆如笠，而冒地之表，浮元气之上。"③祖暅《天文录》曰："盖天之说，又有三体：一云天如盖，游乎八极之中；一云天形如笠，中央高而四边下；亦云：天如欹车盖，南高北下。"④巴丹吉林沙漠洞穴岩画的质料场亦呈大体拱形状。它们或者宛如拱门、人所打开的上下颚（图 3-25），或者宛如四面卷起的荷叶、"盖笠"（彩图 1）。

---

① 〔法〕埃马努埃尔·阿纳蒂：《艺术的起源》，第 36 页。
② 以西 1100 米处是道布图墓群，西南 924 米处是伊克尔布日墓群，东北 990 米处是雅玛图墓葬。
③ 转引自（清）严可均辑：《全晋文》中，商务印书馆 1999 年版，第 867 页。
④ （宋）李昉等撰：《太平御览》（一），中华书局 1960 年版，第 17 页。

可以说，巴丹吉林沙漠洞穴岩画指述的就是那些形状像天一样的自然物理质料场。它模拟的是有上下界线或空间的天与地之形。当然，这种自然质料场最典型的莫过于洞穴、洞窟了。而巴丹吉林沙漠此类岩画质料场内的图像语言只有唯一的一种——手印。也就是说，巴丹吉林沙漠手印岩画只存在于以洞穴（通常比较浅）为代表的拱形自然物理质料场内。

　　岩画是鲜活的生命物的存在是由岩画生存的客观现实决定的。前面我们只是为了论述问题起见，从六个方面对巴丹吉林沙漠岩画文化场所体现出来的种种特点进行了概要说明。事实上，上述岩画文化场的许多特点在同一个巴丹吉林沙漠岩画场里都程度不同地有所体现。例如，位于内蒙古自治区阿拉善盟阿拉善右旗额肯呼都格镇敖伦布拉格嘎查西南 7200 米处的低山丘陵地带的小苏木图嘛呢石岩画语境场内有三块小石头，其上刻有藏文。该岩画语境场西北 2900 米处是一个旧庙沟遗址，东南 4800 米处是乔吉提乌拉烽火台，西南 3400 米处则是坤岱图阿木防御工事。分布在内蒙古自治区阿拉善盟阿拉善右旗额肯呼都格镇巴音博日格嘎查西南 11 700 米一座山峰顶部石头上的呼勒斯太东南岩画，其东面山丘底部有一条西南走向宽约 3.5 米的河沟，以西北 545 米处是呼勒斯太墓葬，以北 376米处是呼勒斯太东北墓葬，以西 1900 米处是另一个岩画语境场——布雅图遗址。因此，岩画客观存在的现实向我们昭示了当我们在思考其图像场或者质料场、语境场时，不能也绝不可以忽视其环境场、地形场及其中存在着的一切，特别是种种特色的文化场。岩画的自然物理场与人文心理、文化场是统一的。岩画图像场和非图像场构成了一个统一的岩画场的两大部分。二者之间紧密联系，不可分割，相互作用，共同构成了一个连续的充盈的整体岩画空间场域。

第四章　存在与位移

　　存在意义上所说的"此在"场所或空间常常是时间的参照物。不论客观现实存在的、可视的，还是存在于人的大脑中的、想象的、思维中的、不可视的，即在场或空间意义上探讨岩画场。然而，"大地这万物的母亲被认为同样也是万物的共同坟墓，所以你能看见她有所减少，然后又由新的生长而增大"①。既然地球、宇宙都有可以度量的自然物理时间性，那么岩画在原始的存在论上也可以是人们以多种方式度量的自然物理时间性。其实，正是时间性使岩画的存在成为可能。因此，严格说来，我们所说的岩画空间、场都指述的是此时时空的岩画场。如图 4-1 所示的是 2010 年 5 月 30 日下午 6 点 12 分，我们所看到的彩图 2 中间这个由密集点状图像语言建构的岩画质料场所生存的语境、环境场部分自然地理风貌。此刻它们一定发生了很大变化。因为宇宙自然万物分分秒秒都在更新，栖息其间的岩画场的存在亦瞬间消逝，瞬间更新。仅以该岩画位于季节性河道边为例，夏季大洪水每年对包括其场内众多石头进行着更新：原有的被冲到其他地方，与此同时又从其他地方带来了许多新的。所以，只有从时间性出发，岩画空间、场存在的整体性才能得到理解。事实上，时间之于岩画意义重大。世界岩画的考古研究证明：岩画一般与独特的晚石器时代晚期狩猎–采集文化的分布相匹配，被称为 Nachikufuan。②人们大都以时间命名岩画，"史前艺术"是人们对岩画惯用的一种称呼。"古代"、"历史"与"岩画"概念密不可分地联系在一起。1995 年以来，人们综合依据岩画图像语言里所出现的形象、刻制风格等因素，提出了"户外冰川时期岩画"说。③事实上，自发现以来，岩画一直被视作考古学里的一个领域。因为在岩画上，我们看到的并不是这些图像语言的原始风貌（如其色彩），而是流经绵长岁月洗礼之后变化而成的模样（如其颜色）。无论是归因于物质的形状和颜色的化学反

---

① 〔古罗马〕卢克莱修：《物性论》，第 276 页。

② Namono C. Dumbbells and circles: Symbolism of Pygmy rock art of Uganda. *Journal of Social Archaeology*, 2012, 12(3): 404-425.

③ 人们一般认为该时期岩画位于洞内，20 世纪 80 年代后期以来，考古学家在西班牙、葡萄牙科阿山谷（Portugal's CôaValley）等地陆续发现了分布在悬崖峭壁上的冰川时期岩画。1995 年，巴恩（Paul G. Bahn）将这些岩画命名为"户外冰川时期岩画"，并认为这些发现证明洞窟在保存冰川时期岩画的过程中具有优势，然而，此时期绝大多数岩画应该分布在户外。见 Bahn P G. Outdoor creations of the Ice Age. *Archaeology*, 1995, 48(4): 37.

应，还是归因于数世纪的人类实践活动（如再次雕刻、重绘、修改、刷漆、拓制、损害等），时间因素造成的影响本身成为岩画历史的一个重要部分。岩画本真存在的历史指述的并不仅仅是它的最初状况，还应该包括时间对它造成的影响。本章，笔者将暂时悬置起人们通常采用考古发现或最先进的科技手段考证岩画的年代或时间的做法，立足岩画当前现实，在描述分析并揭示作为时空整体存在的基础上，对岩画的时间性进行哲学反思，以使我们对岩画的物质特质有一个更加真切的理解。

图 4-1

第一节　时间塑形

　　任何存在着的事物都是世界之中的存在。这意指与世界打交道，各种事物以特有的生存、探究方式存在于世界。岩画亦如此，它广泛存在于世界各地，与存在于世界的其他事物并存。也就是说，它绝不能脱离其生存的世界万物。例如，巴丹吉林沙漠岩画与人、动物、植物、日月等，以及世间所有事物，如人类建筑、文化等并存，拥有同一个时空场域。尽管它基本远离人类居住地生存，但是，它与自然界而且与人类并存。没有绝对的空间、时间，"时间只因在它之中发生的事件而存在"[①]。自然存在物存在的基本方式，即变化、位移和运动充分证明了这一点。古希腊亚里士多德在《物理学》里明确地论述了时间就是其中发生着事件的东西的思想。古罗马卢克莱修也指出，"从事物中产生出一种感觉"，这意味着"什么是许久以前发生的、什么是现在存在着，什么是将跟着来：应该承认，离开了事物的动静，人们就不能感觉到时间本身"。[②]因此，时间概念通常意味着"流动""变化"等。从这一点来看，岩画的时间性现象比较明显、突出。岩画客观物理场的存在更进一步揭示了岩画的自然物性。自然界其他事物的运动变化几乎程度不同地影响到岩画。可以说，岩画随其自然物理场的客观变化而变化。如贺兰山地区曾多次发生强烈地震，位于该地形场内的不少贺兰山岩画也受到影响，它们中有些因其自然物理场，特别是岩画语境场或质料场、图像场被颠覆而发生移位、转移、变形等。生成于更新世早期的巴丹吉林沙漠岩画更是如此。它主要随着漫长的巴丹吉林沙漠自然地质环境的变更而变化。近年来，科学工作者、考古工作者通过多种科学技术、考古手段，对巴丹吉林沙漠的研究表明：不论是其腹地湖泊蒸发量和补给量、北缘拐子湖流沙下垫面近地层湍流强度和陆面过程、植被分布、腹地及其周边区域的降水量、边缘沉积物粒度和微形态特征空间，还是其东缘不同粒级砂土空间分布、南缘地下水、东南部沙山群地区近地层湍流及其湖泊底质中现代介形类、东南部典型高大沙丘形态及其近地层温湿廓线与能量，巴丹吉林沙漠岩画地形场——巴丹吉林沙漠都处于不断变化之中。生存于其中的岩画环境场、语境场，乃至其质料场和图像场亦与之同步处于不断变化的过程之中。这种变化是多方面的、复杂的。它主要呈现出一种自然序列和形态，我们称为岩画的"序"或"态"。[③]岩画的时间性正是由它们展示给我们的。下面，笔者将暂时悬置起巴丹吉林沙漠岩画那些需要科学手段测量、证明的变化，特别是涉及岩画地形场、环境场、语境场等内部自然地质结构的变化，仅仅从普通人视知觉心理场视域来审视岩画的"序"或"态"及其诸多表现。

---

① 〔德〕海德格尔：《时间概念》，陈小文译，见孙周兴选编：《海德格尔选集》上，上海三联书店1996年版，第9页。

② 〔古罗马〕卢克莱修：《物性论》，第25页。

③ 关于时间的"序""态"，海德格尔有深入分析，见其《存在与时间》，陈嘉映、王庆节合译，生活·读书·新知三联书店1987年版。

一、岩画的"序"

岩画的"序"具体指述的是岩画的次序，即岩画在自然地理空间中的秩序。我们视知觉心理场中所能知觉到的巴丹吉林沙漠岩画的"序"，呈现出鲜明的时间性。这集中表现在岩画（即岩画场）的移动上，特别是许多巴丹吉林沙漠岩画质料场被自然或人为地转移到其他场所。例如，目前曼德拉山岩画比较集中存在的语境场是山顶，但是，山下偶然我们也能见到一个个孤零零的岩画质料场，如彩图2中间和图4-1下图所示，这块面积不大、整体大致呈不规则长方形的红褐色+绀青色石头位于曼德拉山脚下比较平坦的地方，距离图4-1上图所示木栈道旁边1米左右。除此之外，周围基本上是比较平坦的戈壁及土黄色的大小不一的砂石。若考虑到曼德拉山岩画环境场分布的一大特点是它们基本位于山的顶部或山腰、一条条由大小不一石或石壁组合的山脊之上的话，那么，这块孤立位于山脚下的、同样石材的岩画质料场显然是脱离了其原本生存的语境——从山腰或山顶其他岩画语境场滚落到此地的。而它之所以如此，更多的是因其生存期间的自然物理场内发生了某种自然现象所致。位于河道边的它，很可能是夏季洪水暴发从山上某处被洪水冲到此处。在这个孤立的岩画质料场正面石面分布着一个相对独立的图像场。

即便是那些位于同一个语境场内的岩画，也存在着移动情形。曼德拉山顶及其阳面向下一点的山坡上的岩画语境场最具代表性。其内往往分布着众多岩画质料场。山顶大都是石壁，剥落现象十分明显。如图4-2上图所示，无论从石头质地和整体颜色，还是从其上残留的露出石头内部结构的缺口来看，距离我们视觉最近的这块呈钩状的小石头，即岩画质料场，是从它右边石壁上掉下来的。靠近曼德拉山顶的山坡上四处滚落的、类似于山顶石壁质地颜色的石头也如此。如图4-2下图所示，这些从山顶滚落于此的石头，原本或许隶属山上某些更大的石壁，只不过由于自然地质、气候等原因，它们脱离了其原始生存语境。虽然我们不能肯定它们是从更高的位置落到这里的，但是，它们的形貌及其具体存在状态显示它们有过移动的经历，特别是有些岩画图像场是倒立的。

除自然现象导致的岩画质料场的位移外，巴丹吉林沙漠岩画里还存在着比较多的人为移动岩画质料场的情形。例如，不少岩画是当地文物工作者在当地牧民家的院子里、羊圈、马棚等地发现的。由于承载岩画的物质材料是石头，它们大多被当作建筑物的原材料石头使用。有些岩画则被非法偷盗者盗取。被盗取的巴丹吉林沙漠岩画去向不明。从被盗现场，即岩画图像场或质料场，我们发现绝大多数岩画以三种形式被盗取：①图像场。人们通过切割等手段，把图像场（即某块石头或石壁的表面石皮）从岩画质料场剥掉，并窃取。②质料场。最简单易行的就是人们直接把承载岩画的某块石头（通常比较小）拿走，这也是人们最常见

图 4-2

的一种偷盗岩画的手段。③图像语言。仅仅盗取某个图像场内部分图像语言。一块相对完整的岩画质料场内某个石面上某些图像语言，被人们强行从中摘取的情况在巴丹吉林沙漠岩画里并不少见。

　　基于保护岩画的目的，不少岩画被当地文物工作者迁徙，它们大多被放置在当地博物馆或其他地方。在迁移岩画的过程中，文物工作者通常以保护岩画为前提条件，他们不会大面积地破坏岩画。被他们陈列在博物馆或其他展厅的往往是一些形状较小的岩画质料场，或个别已经开始自然剥落的岩画图像场。然而，也有些岩画质料场被不知名的人迁徙后，另做他用。巴丹吉林沙漠岩画常见的是被当地牧民用作砌羊圈等的石材。

　　无论自然还是人为，岩画质料场的转移都表明它们已经脱离了原本生存的自然岩画语境场，离开了它们生存的环境场、地形场（如那些被迁徙到博物馆、展览馆等地的）。至于它们是什么时候被移位的，则很难确定。人为移动的岩画，有些我们或许知道（如博物馆何时移动某些岩画）[①]，有些我们或许永远都不会准确地知道它们被移动的时间（如被非法偷盗的）。至于由于自然原因发生位移的，我们更是难以知道其具体时间。如图 4-3 所示[②]，承载岩画的石头就像生根似的，部分或大部分被"种"在地上，与大地浑然一体，岿然不动，似乎亘古未变。图 1-1 所示手印岩画语境场也如此。与山顶岩石或岩壁建构相比，这些由一块块紧贴沙漠戈壁的、体积较大的巨石构建的似乎更加不可撼动。它们现在所处的位置或许与千万年之前的一样。现存大量模糊不清的、消失的手印图像鲜明地展

图 4-3

---

① 一般来说，当地文物工作者不会记录他们移动某个岩画的具体时间。

② 位于额肯呼都格镇巴音博日格嘎查西南 20.1 千米的祖勒格图乌拉一座山顶部的石壁上。2006 年第三次全国文物普查试点过程中，阿拉善右旗普查队调查并建档，称为"祖勒格图乌拉岩画"。照片编号为 152922-0195-Z003，范荣南拍摄于 2006 年 6 月 21 日。

示了岩画生存的历史及其质料场、语境场，甚至环境场、地形场所曾经发生的位移。

二、岩画的"态"

我们在生存论、存在论意义上所说的岩画的存在，指述的其实是岩画的现成状态。其展开状态或曰形态，即岩画在自然地理空间中存在的外在形貌组建了岩画的"态"。变是万物之本。"万物从一个状态过渡到另一个状态，也没有任何东西能够保持原来的样子。万物皆消逝，自然改变一切，她使万物变化。"[①]岩画的本质在于它的自然生存，所以，我们在岩画身上所能梳理出来的种种特性都不是"看上去"如此这般的现成存在者的属性，而是对它来说总是时刻存在着的种种可能方式：一方面，大自然或人类会把一些东西强加到岩画身上；另一方面，会去掉岩画身上一些固有的东西。其实，岩画形态的时间性结构由变形组建而成，它主要借助于岩画图像场或质料场、语境场甚至其环境场、地形场呈现出来。这主要指述的是许多巴丹吉林沙漠外在形貌被自然或人为改变的情形。

除内部自然地质变化外，视知觉场内巴丹吉林沙漠岩画的地形场——巴丹吉林沙漠的外在形态也处于变化之中。这突出表现在它随季节变化所呈现出来的不同形貌上。冬季雪、春季风沙、夏季河水、秋季黄色植物的景象都令其披上了不同的"外衣"。地处其中的岩画环境场、岩画语境场和岩画质料场，甚至其图像场也同时经历着同样的变化。此外，岩画场也常因自然或人力因素而发生着改变。如由于自然地质演变，岩画地形场巴丹吉林沙漠的面积在不断扩大，尤其是向东南部延伸。近年来，岩画环境场龙首山岩画则因人为地开山修路，不少地方岩画语境场已经面目全非，几近崩溃。而曼德拉山一些山顶岩画被当地政府开辟为文化旅游景点，由于担心被破坏、被盗取，当地文物部门给岩画语境场内一些岩画质料场套上了铁框保护起来，旁边插着小红旗，从而修改了该岩画语境场本来的自然物理形"态"。相比较而言，岩画质料场和其图像场"态"的变化对岩画的影响更直接。下面，笔者将分别描述分析之。

（一）岩画质料场

岩画质料场，即岩石其实就是岩画的容器，当它由于某种原因而遭破坏，当它因风化而剥落的时候，就再不能保住岩画了。岩画原材料石头或石壁表面的改变主要存在着自然力和人为的影响两种情形。自然界的风吹日晒、电闪雷鸣，特别是打雷、狂风暴雨对岩画质料场形态的破坏比较大。如图4-3、图4-4

---

① 〔古罗马〕卢克莱修：《物性论》，第276页。

所示①，有些石壁或石头因被劈裂成几部分而整体形状变形，有些石头表面的石皮剥落，有些石头表面出现刻痕、裂隙、断裂等。一般来说，年代越久远的石料，自然风化现象就越严重。虽然我们不排除有些石料在岩画生产者生产岩画时已经是现在的模样（这意味着岩画生产者挑选的用以制作岩画的石头或石壁并不是我们所预期的，即选择那些平整、光滑、形状规则的，而是相反），但是，岩画质料场生成之后，一定经历了岁月的洗礼，只是我们不能或比较难以准确地知道其中哪些、什么时候发生了改变，以及它们究竟发生了怎样的变化而已。例如，那些位于石壁上的岩画质料场内几乎都程度不同地存在着裂缝、断裂、破损等情况。有些我们或许不能确定它们何时成为这样的，但是，其边缘被砸碎、裸露出岩石部分，以及散落地下的碎石等，均清晰地显示出这种人为破坏的情形发生在近些年。

（二）岩画图像场

岩画图像场"态"的变化主要是就其以颜色为核心的外貌而言的。随着岩画质料场的改变，位于其内的图像场也往往会随之发生种种变化。这主要存在着三种情形：一是由于自然风化，有些图像刻痕变得很浅，甚至消失；二是后人再次制作、篡改等导致的岩画图像语言的模糊、隐遁等；三是自然或人为因素所导致承载图像语言的石面部分破损。一般来说，岩画图像场所呈现出来的这三种能展示出岩画产生先后顺序的"态"，不论是田野工作过程中，还是只看拍摄的图片资料，仅从视知觉视域，通过观看图像语言的颜色和清晰度，我们就不难察觉。通常情况下，颜色比较暗淡，呈灰或深褐色，清晰度低，甚至模糊的，距离我们现在的时间较远。反之亦然。如图 4-4 所示，该岩画图像场内图像语言基本上是独特的抽象形式，刻制密集，部分被后来人再次书写，上下叠加，已经很难还原、辨识。绝大多数图像语言，制作者采用的是镂空手法。像这样浅雕刻的图像语言在整个巴丹吉林沙漠岩画中比较罕见。而从图像语言本身、刻痕、清晰度及刻制手法来看，该图像场内图像语言有三个时间段：最早的占绝大多数，它们的颜色最浅，近乎石头表面一样的淡绀青色，密集地布满整个图像场，犹如蛇一样互相缠绕在一起，彼此之间几乎没有间隙。然后是数量不多且集中分布在图像场右边边界地带的比较清晰的三个羊图像，它们的颜色呈红褐色。距离我们最近的是第三个时间段的，它们呈现出比较新鲜的土黄色，与该质料场内部颜色一致，主要有三个，位于图像场下面，除位于右下角的一个象马之形的图像外，其余两个

---

① 位于阿拉腾散包镇境内的巴音塔拉嘎查西北 10 千米，哈勒乌苏东南麓长宽分别为 2000 米、1000 米的山峰顶峭壁上，1987 年文物普查时被阿拉善右旗文物管理所发现并登记。2005 年阿拉善右旗人民政府将该岩画环境场确定为旗级文物保护单位，2006 年开始的第三次全国文物普查试点过程中，阿拉善右旗普查队复查并建档，称作"阿日格楞台岩画"。照片编号为 152922-0355-Z002，范荣南摄于 2006 年 10 月 14 日。

似乎是藏文。至于图 4-3 所示则岩画图像场石面右边破损部分，则为我们呈现出了岩画图像场"态"发生变化的第三种情形。从其剥落部分的厚度、大小以及石面残留比较深的石面内部质地来看，很像是人为所致。因此，正如书面语言一样，图 4-3 和图 4-4 所示图像语言本身就给我们讲述了它们的一些重要历史。

图 4-4

除时间强加在岩画图像语言之上的多种"态"的变化外，岩画生产者当时对岩画图像语言的制作，也是导致其后来出现种种变化的重要原因。一般来说，生产者主要采用凿刻方法，刻制得比较深、面积较大的，其"态"的变化相对要小，反之则相反。图 4-5 所示的是巴丹吉林沙漠岩画里常见的，该岩画图像场内左边上下 7 个形貌不同的象羊之形的图像比较醒目。其余，特别是右边，制作者采用线刻手法则不清晰。田野作业下，只要光线稍强或阴暗，许多我们肉眼就看不见了。有些甚至需要我们通过电脑技术处理才能看到。如左边 7 个羊图像里，靠右边中间部分一个呈倒立状的象羊之形的图像，已经看不清了。

　　然而，就整个巴丹吉林沙漠岩画而言，最能显示出岩画图像场"态"变化的就是颜色。其中，以洞窟手印岩画最具代表性。置身于大自然怀抱之中的巴丹吉林沙漠岩画并不是一个无色的世界。相反，岩画场的存在意味着它是一个被诸多色彩包围的世界。岩画生产者会利用红色制作手印图像，与天然色彩相比，使用人为颜色制作手印岩画的颜色更容易随着时间的流逝而消退。目前，当地文物工作者在巴丹吉林沙漠南缘的雅布赖山脉，自西往东大约 40 千米的直线空间位置发现的 5 个洞窟岩画环境场，即陶乃高勒、布布、特格几格上下洞和额勒森呼特勒内，共收集到 76 个手印图像。事实上，岩画生产者在这些场域所生产的手印岩画的数量不止于此。例如，位于巴丹吉林沙漠南缘雅布赖山脉最东端的是额勒森呼特勒洞窟手印岩画。当地文物工作者所说的额勒森呼特勒洞窟手印岩画指述的既不是额勒森呼特勒环境场内的手印岩画，也不是图 1-1 所示的这个语境场内的所有手印岩画，而是分布在其中一个岩画质料场内的，即图 1-1 所示中间面积最大、上面布满大小不一凹穴的石头底部图像场的手印岩画（彩图 1 右图与下图、彩图 6 左上图与中图）。如图 3-25 上图所示岩画质料场位于图 1-1 所示语境场的东面约 100 米之处的另一个手印岩画语境场内，这是一些紧贴地面的石头相互之间叠加而成的深浅不一的洞窟，其上许多地方残留红色颜料，以及已经模糊不清的手印图像。当然，同一岩画质料场内还存在着不同图像场。如彩图 1 左图所示石头上面还分布着不少深约 0.33 米的圆形坑或凹穴，其内底部分布着手印岩画（比较清楚的有 3 个）。也就是说，在彩图 1 上左图所示整体呈荷叶状石头上众多深浅、大小不一的圆形坑内也有手印岩画。然而，这些岩画语境场、质料场和图像场都被人们忽视了。一个重要原因是岁月的磨砺，大部分手印残缺不全、形状已不可辨认，比较明显的遗留物是巴丹吉林沙漠洞窟手印岩画通常用的红色或黑色。因此，当地文物考古人员公布的手印岩画数量其实指的就是至今还比较清晰的。

　　总体来看，随着时间的流逝，与自然作用相比，人为导致岩画图像语言"态"变化，甚至消失的现象更加严重，特别是人们在岩画图像场内添加其他图像语言或文字[①]。位于阿拉善盟阿拉善右旗额肯呼都格镇沙布日台嘎查 17.6 千米处，海

　　[①] 主要是西夏文、古蒙古文、现代汉字和梵文，如位于阿拉善盟阿拉善右旗额肯呼都格镇阿日毛道嘎查东北 16.4 千米、海拔 1413 米的塔塔勒呼都格格岩画之上有梵文。

拔 2647 米的青崖腰岩画里的不少图像语言存在着明显叠压打破关系，显示了刻制的年代。当地考古文物工作者认为这些图像语言制作的时间"早期上限应到青铜时期，晚期下限在元、明、清时期"[①]。位于阿拉善盟阿拉善右旗阿拉腾敖包镇塔木苏格布拉格呼木德勒嘎查以西北 23 千米处，海拔 1312 米的布勒古图岩画也是。分布河沟东畔崖壁上的约 5000 平方米范围内的岩画，其中的图像语言内容丰富，既包括象马、羊、牛、骆驼等之形的动物形式，也有手印、足印等，以及西夏文等。这种改变，有些或许基于与岩画生产者同样的目的；有些或者就是出于单纯的模仿；有些则是刻意的篡改。古老的洞窟手印岩画也未能幸免于此。如图 3-29 所示，由于当地曾经是牧场，这块位于雅布赖山脉腹地一个山沟底部的一座巨石内壁上密集分布着众多手印图像[②]，只是绝大部分已经不清晰了。其实，目前我们看到的这个图像场内的图像语言基本上已经是一幅 21 世纪初期的"岩画"了：现在残留红色颜料最多的东侧石壁，按照从左到右的顺序，图像语言依次为一个用红色颜料涂抹出来的手印图像、一个类似半截靴子状膝盖以下人腿形象、几个不清晰的文字类抽象形式、"好人一生平安"字样、一个半圆圈拱门状形象。岩画图像场右下面有"2012.5.12"表示日期的数字。因此，除自然风沙造成的石壁表层氧化、脱落外，该岩画图像场手印岩画现在状"态"的形成是因为当代人的肆意篡改。

图 4-5

---

① 范荣南、景学义、张震洲编著：《草原文明的见证·阿拉善右旗》，第 197 页。
② 由于风蚀、氧化非常严重，许多地方石壁表面已经剥落，底部的几乎都模糊不清。仰视角度拍摄的东侧的能依稀辨认的手印有 12 个，9 个左手，3 个右手，手指全部向上。2010 年第三次全国文物普查试点过程中，阿拉善右旗普查队对该岩画点进行了调查并建立了档案，称作"特格几格高勒手印岩画"。照片编号为 152922-0520-Z002，范荣南提供。

第二节 当 下 存 在

岩画存在的基本方式是图像语言。尽管我们不能确定这种图像语言说的是什么，但是，我们知道它们在言说，冰河时期的岩画亦如此。[①]换言之，岩画的在世界中存在是在言说中发生的。因为图像语言就是一种言说，即与其他人或物进行对话。而岩画与共存于其中的世界万物言说的存在方式，展示了它的自我话语、表述或解释，如图 4-5、图 4-6[②]分别所示的羊图像及其相互对话，以及羊图像与其他抽象、具象图形所建构的两个图像场，或图像语言、岩画，向我们展示了它们作为当下存在的"我"的存在。因此，我们说的"岩画存在"指述的是"岩画正在或此刻存在"，或者说正在或此刻存在的岩画，即岩画的此在。一切岩画的基本特性必定汇集在作为岩画的"此刻"或"当下"性之中。而时间维度之中岩画特有的"序"和"态"表明：时空之于岩画具有组建作用。若用普通的空间和时间坐标来描述岩画场，即岩画场的某些物理量会随着时间流逝及其在空间中移动，我们所看到的是这种岩画场随时间所出现的变化。于是，严格来说，存在于客观物理自然界的任何岩画场的前面都要加上定语"时空"。并且，任何我们在实地考察过程中所看到的种种岩画场都是"当下"的场或"此刻"场（presence of the present）。岩画的确是一种生存于当下的存在。这意味着时空岩画场里的岩画，具有以下三个突出特征。

一、多变

岩画的时间性证明它自身存在着一个历史性时间建制。此时间是历史变化的。我们已经知道自然界的风雨变化程度不同地影响着岩画的种种自然物理场，人为的种种实践活动亦如此。与之相比较，这里所说的"当下的存在"更是从在场的观看者视域来审视岩画的存在状态。如这里所说的"观看者的在场"，指述的是我们"此刻正在观看的图 4-6 所示的这个岩画图像场"。尽管我们同时会看到其过去的"态"（如图像场下面一个形状较大的象抽象动物之形的图像，以及其下面一个羊图像的上面，分别被后人添加上了一个椭圆状形式、两个圆圈状抽

---

① 即便是冰川时期的岩画，也展示了一种视觉语言的表达。例如，20 世纪后期，考古学家在西班牙和葡萄牙境内岩壁上所发现的冰川时期岩画图像语言里，既有象马之形的图像，也有点、线等抽象形式。通过对它们的分析，巴恩强烈倡导人们对其展开深入研究，不要湮没它们。因为如果这样的话，我们将失去一个难得的机会来了解更多关于冰河时代的生活。见 Bahn P G. Outdoor creations of the Ice Age. *Archaeology*, 1995, 48(4): 37.

② 位于额肯呼都格格镇巴音博日格嘎查西南 11.7 千米的呼勒斯太丘陵地区的一座小山丘顶部。2006 年开始的第三次全国文物普查试点过程中，阿拉善右旗普查队调查并建档，称作"呼勒斯太东南岩画"。照片编号为 152922-0204-Z001，范荣南摄于 2006 年 6 月 14 日。

图 4-6

象形式），但是，我们只能接受并直面眼前的现实，因为这些被篡改的图像语言的过去已经无法还原。更何况旷野里，人视知觉场内岩画的千变万化。风沙漫天时刻，即便是绵延的雅布赖山脉、曼德拉山都不可见。因此，人们都是选择特殊季节、气候、天气来收集巴丹吉林沙漠岩画。通常，阳光明媚或晴天或无风沙的天气是人们的首选。即便是这样，光线瞬息万变、扑朔迷离，很多时候，当阳光直射到岩画图像场，特别是图像语言时，人们看不到岩画，或者看到的只是光怪陆离的岩画图像场。

　　于是，在阳光作用影响下，人们所采集的岩画（主要是摄影图像）也呈现出多种变化，主要存在着四种情形，即图像不清晰、有一个或两个以上的光斑、遗漏部分图像语言、失真。其中"失真"指述的是为避免光线影响，人们通常会往图像语言上泼水的情形。这样采集的岩画看似比较清晰，却失去了岩画图像语言一些本真的特质，如人们生产某个或某些图像语言的方法（如线刻还是敲凿等）、质料场石面面貌等。光线不仅影响到人们所采集的岩画图像语言的质量，导致它们呈现出多种变化形态，而且有时直接影响到人们看到岩画的颜色。

二、瞬间

生存于自然界这个事实决定了岩画的瞬间特性。我们看到的巴丹吉林沙漠岩画大多有着近千年历史，甚至有的岩画为万年以上旧石器时代的。然而，这并不意味着岩画具有永恒性。亘古久远的岩画同时具有瞬间性。这主要指述的是时空岩画场的岩画会在某个时刻突然发生程度不同的变化。图 4-7 所示的是分布在一座小山顶部的恩格尔乌增岩画。[①]这是巴丹吉林沙漠岩画里罕见的以线刻的各种单线条为基底，上面再次刻制象人、羊、马等动物图像，以及抽象形式，由众多图像语言建构的图像场。然而，由于分布在当地牧民的草场中，已经被人严重涂写破坏。若按照从左往右、从上往下的顺序，比较清晰的汉字有"朝勒明""巴图查干""亲爱的朋友""写""门仓儿""中年人""巴"等。同样，与彩图 3上右图、彩图 4 上左图所示岩画图像场处于同一个环境场内的乌德哈布其拉岩画，其中一个图像场内图像语言大都模糊，有些甚至不可辨析。该图像场最引人瞩目的是右边从上往下并列三行的 9 个现代汉字，从左往右依次是"二二八""机二队""部二队"。假如说后人在一个相对独立完整的岩画图像场边缘地带，即没有图像语言的空白之处，添加个别图像语言或文字，打破了岩画固有的完整性或者说篡改了它的本来面目的话，那么，他们在岩画图像语言上再次刻制的图像语言或文字，则完全毁坏了最原初的岩画。存在数百年甚至千年以上的恩格尔乌增山顶、乌德哈布其拉崖壁这两个岩画图像场，因人们粗暴地插入了不少汉字，

图 4-7

① 位于额肯呼都格镇阿日毛道嘎查东偏南 15.3 千米处，一座小山丘顶部石壁上。2006 年开始的第三次全国文物普查试点过程中，阿拉善右旗普查队调查并建档，称作"恩格尔乌增岩画"。照片编号为 152922-0181-Z001，范荣南摄于 2006 年 6 月 20 日。

不仅其原始建构的视觉叙事瞬间荡然无存，而且永不可还原。即便是后人在岩画质料场旁边其他石头上再次添加其他图像语言，也根本没有顾忌到或者说尊重已经存在的岩画。正是从这个意义上，我们说远古存在的岩画具有瞬间性。当然，岩画的瞬间性很多时候是自然力量相互作用导致的，诸如岩画质料场和语境场的变化及其图像场部分图像语言的风化等。

三、易逝

"易逝"主要指的是一直生存着的岩画语境场或质料场会在某个时间段或特定时刻突然彻底从自然界消失的情形。如地处龙首山山脉地形场内的乌德哈布其拉环境场内的岩画，部分岩画语境场因开山修路需要而被人们夷为平地。曼德拉山上的许多岩画质料场，上午人们还看到，下午或许已经被人们偷走。更多情形是自然力量的影响。如夏季突发的洪水泛滥时，靠近季节性河或沟边的岩画质料场，往往被湮没或冲刷得无影无踪。岩画的这种消逝有两种情形：一种是不在场，即岩画脱离了其原初生存的自然物理场域。这主要指述的是岩画因种种原因被移除其原本生存的自然语境场或环境场、地形场。另一种是不在时空场，即作为一种客观物理现实存在的岩画彻底从地球上遗失。这主要指述的是岩画图像场或质料场、语境场等被销毁。被销毁的有些岩画场在其图像语言不在（如图 1-7 所示的原始岩画图像语言部分被人销毁，其整体图像场却存在。额勒森呼特勒洞窟手印岩画的图像场、质料场、语境场和环境场，基本都存在，可是分布其中的手印图像则绝大多数已经自然风化）；大多数则是岩画场与其图像语言都荡然不存。[①]

除此之外，岩画的易逝性还指述岩画图像场内的图像语言存在着被再次甚至多次刻制、覆盖现象，即岩画原初的图像场被重新建构为另外一种或两种、两种以上图像场。图 4-4、图 4-6、图 4-7 所示的都属于这种情况。其实，这是巴丹吉林沙漠岩画里比较常见的现象。如许多葫喇叭口子岩画地处阿拉腾朝克苏木那仁布拉格嘎查东北 6.8 千米的吉格德自然村以东的葫喇叭口子河床边的峭壁上，东南方向约 2000 米处，约 30 米长的山峰峭壁上分布着两个岩画语境场，其中不少岩画质料场内的图像语言不仅内容杂，而且被打破叠压情况严重。如有的除常见的象羊、马之形的常见图像外，其上还刻有两段藏经、一个蒙古文字。[②]而地处阿

---

① 这既是人为因素也是自然因素所导致的。相比较而言，远古岩画的消失更多是自然力影响的结果。如巴恩谈到葡萄牙科阿山谷（Portugal's Côa Valley）崖壁上发现的户外冰川时期的岩画时，认为该地区此类岩画众多，但由于自然腐蚀，只有 6 个地址内的图像语言比较清晰。更可悲的是，其中最大的一个也将被湮没，由于 1995 年 3—4 月当地人们要修建的一个大坝项目[Bahn P G. Outdoor creations of the Ice Age. *Archaeology*, 1995, 48(4): 37]。地处巴丹吉林沙漠的岩画也如此，尤其是年代久远的洞窟手印岩画，绝大多数手印图像已经自然风化。至于人为修路或破坏行为所导致的岩画消失现象更是随着时间的推移越来越严重。

② 据当地文物考古工作者说蒙古文是汉语"十个"的意思。

拉腾朝克苏木那仁布拉格嘎查东北 11.7 千米的其格塔克山谷南北两侧山峰的峭壁上的其格塔克阿木岩画，以及位于其西北方约 600 米处的孟根努扣岩画，这两个岩画语境场内的岩画质料场分布比较集中、数量较多，其中不少岩画图像场内既有象羊、鱼之形动物图像，又有蒙古文或藏文。①图像语言之上的反复再创作，特别是文字为我们展示了岩画鲜明的时间性。

　　总之，时间之于岩画意义重大。多变、瞬间、易逝的岩画场本质上是此在展开状态的一种生存论建构，以至于我们能够从它身上读出什么是时间，如人们据此进行断代等。因此，在最极端的存在可能性中，岩画此在就是时间本身。

第三节　无蔽在场

　　时间维度之中岩画的不在场、不在时空场，并不意味着岩画不存在。恰恰相反，这种现象既显现了岩画原始生存的在场状态，即神秘、隐蔽的曾经现身者或者说在场者，也昭示了它潜在的、可能的或即将的现身或出场。例如，且不说岩画图像场内严重的篡改无法掩饰其场内图像语言最基本的"态"，即便是原始图像语言也几乎被淹没，其原初图像场依然存在。当然，这主要指述的是岩画图像场物质化的边界没有被破坏或取消的情形。而以乌德哈布其拉环境场岩画为代表的岩画被严重毁坏，特别是其质料场、语境场已经被机械挖掘推平的状态，则预示了岩画的未来。

　　在人口众多、科技比较发达、交通比较便利的当代中国，迁徙之于很多人越来越容易。于是，聚焦岩画场，我们一方面会执着于它的过去，思考并追究发生在它身上的种种变化；另一方面我们会忧虑它的未来。相比较而言，我们会更加焦虑后者，即它明天在不在场，以及其在场的状态等。因此，我们所说的岩画的"不在场""不在时空场"本身就是一种尚未，即它不可预测的、无穷无尽的隐蔽到达的尚未；我们所说的"岩画存在"从来就不仅仅指述它所拥有的客观自然物理现实的东西，还指述它过去、未来的存在。因为生存论、存在论意义上的岩画生存或存在本身总是一种消逝以及早期和晚期的共时性。这样的岩画存在显然是一种无遮蔽的在场②，虽然它已经发生了种种变化。如果我们说岩画的存在是在时间中的存在的话，那么当前时间之于岩画就具有一种突出的意义。

　　事实上，岩画是人类文化遗产，是至今我们依然能感知到的一种弥足珍贵的、历史悠久的、物质化的活态存在。作为与世界万物相互共存的岩画，意味着它在自己与其他世间万物对话之中，受它们的影响。从这个意义上说，岩画此在客观

----

　　① 由于后人不断在图像语言之上的再次或多次雕刻，许多很难辨析。
　　② 〔德〕黑格尔：《精神现象学》，贺麟、王玖兴译，商务印书馆1979年版，第34页。

自然存在的状态或时间就是世间万物在其中相互共存的时间。此时间赋予岩画"态""序"，以及多变、瞬间和易逝的特性，更重要的是揭示了岩画此在不是一个静止或停止的时刻，而是一个过程，一个预示未来、唤回过去的阶段。换言之，岩画的将来存在于它的过去和当前，尽管岩画的消逝具有不确定性。于是，当我们试图从自然时间上推出岩画的时间时，它的现在就是度量其过去和将来的尺度。如图4-8所示岩画质料场和图像场右下角的"1984"，明确地告诉了我们该岩画图像场的一个过去时间，以及之后至今的时间段。这样一来，与人们通常对时间的理解一样，岩画的此在也可以被解释为当前，岩画的过去可以被解释为不在当前，岩画的将来可以被解释为不确定的或尚未到来的当前。总之，岩画的过去是不可回复的，岩画的将来是不确定的。因此，我们说岩画在时间中存在，并不是说岩画具有时间，而是说岩画穿过当前正在发生着的、在此存在着的而与其过去、未来共存。岩画的这种当前时间是一种连续的、不断滚动着通过现在的流逝序列。它具有线性的一维性。岩画这种前后相继的序列或者说当前时间具有以下三个突出特点，即不可逆性、在场和不可避免地误读。

图 4-8

一、不可逆性

这主要指述的是岩画时间序列是单向的，任何岩画都是从过去来到当前并走向将来。一旦当前岩画因各种原因瞬间消逝或毁坏，便回不到从前。此外，人之于岩画的一般理解也如此。如果说透过图4-7、图4-8分别所示的图像场内"亲爱的朋友""1984"等，我们还可以还原这两个图像场内图像语言的过去的话，那么，图4-6所示图像场右边象动物之形图像的就是不可还原的、消逝的。以现在被开辟为旅游景区的曼德拉山一个岩画环境场为例，与其他地区岩画场相比较，这里展示的是同一个岩画或图像语言不同时空场的情形，其中最明显的变化是许多岩画质料场整个戴上了铁制的大体呈正方形的镣铐。不仅如此，与这些岩画质料场共同生存在同一个语境场、环境场中的其他岩画质料场也遭受了同样的铁框命运（图 1-8 上图）。表面看，似乎人们随时可以去掉戴在岩画质料场身上的枷锁。然而，去掉铁枷锁之后的岩画，已经不是曾经的它了。如即便是去掉如图 1-8 所示岩画质料场的铁框，它也不再是 2006 年的它了（图 1-9）。这主要是因为其语境场遭到了颠覆性、不可逆转性的破坏：在给该岩画质料场上枷锁的过程中，人们不仅在其边界粗暴地打入了一根根坚硬的铁杆，破坏了其自然地质结构，而且强行拿走了与其共存的其他自然物，如左边的一块长条形石头等。更严重的是图 1-9 所示的 2006 年笔者见到的其语境场状态已经被基本改观。

二、在场

在场指述的是岩画的时间等同于空间，即岩画的过去和将来同时汇聚到其当前的现象。大量岩画考古发现或发掘证明：存在着岩画文化层。这主要指述的是同一岩画地形场的部分岩画存在着叠压或打破、共存现象。叠压指晚期图像出现在早期图像之上；打破指晚期图像破坏了早期图像；共存则是指不同历史时期的图像出现在同一个岩石或岩壁上。如图 4-7 和图 4-8 分别所示，现代汉字、阿拉伯数字制作的时代明显晚于与其共存于同一岩画图像场的其他图像语言。除文字或数字明确标示出岩画图像语言的时间性外，图 4-6 还表明，巴丹吉林沙漠岩画里存在着不少图像语言本身展示出其时间性的。虽然我们不能准确地知道某个岩画是何时制作的，但是，生存于瞬息万变自然物理场内的岩画图像语言的刻痕和颜色往往比较明显地呈现出了它们的时间性。[1]不同刻痕、不同颜色图像之间的重合本身，在展示其不同时间内特有的"序"和"态"的同时，为我们呈现了一个岩画文化层的概念。也就是说，图 4-6 所示的图像场是一个汇聚不同历史时期人们创作的、共时的岩画场。换言之，不同时代的岩画图像语言同时在场。图 4-7、图 4-8 也如此。正如中国古代对经典文本的注疏一样，从某种意义上说，这种现象也是人们解读或阐释岩画的一种方式。

悠久的历史及其生存的特殊自然物理场，导致岩画时间"序"与"态"的异常复杂性。这突出体现在有时我们很难凭借已有的认知，在视知觉场判断其时间性，除非用非常精密的科学仪器。如图 4-9 所示[2]，该岩画图像场中间分布的图像

---

① 当地文物工作者曾试着在类似的石头上刻制，发现其刻制的痕迹颜色与之前的完全不同。

② 分布在额肯呼都格镇巴音博日格嘎查西南 11.7 千米的呼勒斯太丘陵地区的一座小山丘顶。2006 年开始的第三次全国文物普查试点过程中，阿拉善右旗普查队调查并建档，称作"呼勒斯太东南岩画"。照片编号为 152922-0204-Z002，范荣南摄于 2006 年 6 月 14 日。

语言，存在着程度不同的叠加现象。如左上面一个羊图像、骑者图像，左右两个
射手图像，右边一个复杂不知的抽象形式。它们不仅自身存在着部分叠加现象（所
有图像上或多或少都有线刻的长短、大小不一的细线状的形式，它们与结构这些
形象的部分形式元素重合），而且彼此之间也存在着重合（如骑者形象左上面一
个羊形象的前半部分与骑者所骑马形象脊背上的一短竖线之间）。这样就模糊了
图像彼此之间的界线，特别是右下面一个不知名的抽象形式（即左边射手形象所
射击的对象），我们很难厘清其边界。不仅如此，其上细线状形式纵横叠加，甚
至跨图像（其中一条比较深、长的线状形式，叠加到上面骑者图像上，数条比较
长的则横贯叠加到左边射手图像上），使得整个图像场中间空间好似被篡改、涂
鸦一般。可是，叠加在图像及其图像场空间内的众多线状形式的刻痕、颜色等并
没有给我们展示出其不同的时间性。而整个巴丹吉林沙漠岩画里图像之间的叠加
（尤其是部分形式元素之间），以及图 4-7 所示的线作为基底图像场的存在，都表
明图 4-9 所示的图像场内的图像语言或许只有一个生产时间。

图 4-9

三、不可避免地误读

很多情况下，岩画此在，即此刻存在的特性，使得人们力图实证性地解读它的努力成为梦想。例如，同一岩画质料场，图 1-8 上图与图 1-9 所示的分别是笔者 2010 年、2016 年考察并拍摄到的情形。岩画质料场"态"本身显示，我们看到的只是那个瞬间的它。而"那个瞬间的它"身上又同时承载着它的过去与未来。于是，在阐释岩画过程中，人们往往把它的过去与未来置入岩画的当前之中。岩画的当前便具有了历史时间性：人们也许会在对岩画当前的历史考察过程中，看到岩画自然物理场内绝不可能出现的已经消逝的岩画过去的事情。因此，岩画当前的历史和时间性使得岩画的过去成为一个人们可以随时随地，并且一而再、再而三地返回去的存在。同理，如果说"任何一个当下的当前就是按照这种可能性理解将来存在的。这乃是一切解释学的第一原理"①的话，那么，从岩画的当前我们也可以看到它的将来。这就是消逝或死亡。与人类一样，岩画是一种生命体。一种有着特殊生存环境、特殊需要的活的有机整体存在。古罗马卢克莱修认为万物有生命，他举例论证说："石头如何也为时间所征服？具有死的躯体的东西，一定不会有能力抵抗无数年代中的时间的暴力，从无限的过去直到现在。"②然而，任何有生命的东西必有死亡。自然物岩画也如此。它并不是永恒的存在，而是一个"向死而生"过程。巴丹吉林沙漠岩画当前的生存状态就是一个最好的证明。或许人们会说，岩画不会消失，它们被保护在博物馆等地，会随着人类的存在而永远存在。然而，被转移的博物馆的岩画已经不是岩画本真的状态了，此意义上的岩画已经死了或消逝了。因此，从时间维度审视，岩画时间的基本现象是此在。

小　结

岩画以时间性方式生存，它是过去人类创造的一种物质化文化遗产。这里的"过去"有双重意义：一是说它无可挽回地隶属较早的时间；二是说属于过去时间的它在当前"还现实存在"。因此，岩画是一种过去存在还留有遗迹的"当前"。其历史既意指一种贯穿"过去""现在"与"将来"的诸事相联系，也指述的是在时间中演变的岩画存在者整体。这意味着岩画图像语言及其所生存的自然物理场所本身的秩序和状态，因长期或某个时刻自然力和人为因素所导致的演变及其所呈现出来的种种特征。在这里，岩画的历史主要不是意指岩

---

① 〔德〕海德格尔：《存在与时间》，陈嘉映、王庆节译，见孙周兴选编：《海德格尔选集》上，第 24 页。
② 〔古罗马〕卢克莱修：《物性论》，第 276 页。

画的演变这一存在方式，而是指它的一种领域：作为一种自然界的存在，恰如万物的枯荣一样，生存论意义上岩画的本质隶属自然界，即一种不可移动的、向死存在的"当前"。

第五章　最古老的颜色

　　色彩与光是世间万物的根本特质之一，是人们身体、情感和心理上的一种体验，记录了人们视知觉到的东西及大脑是如何解读它们的。人肉眼能大体识别出的基本色彩有三种，即红、黄、蓝，其他色彩都是由这三种基本色彩发展而来的。作为一种视觉和心理上的感觉，色彩不仅是自然科学家实验室内研究的对象，它与每个人的身心、精神和审美感知也密切相关。感性美学基本诉诸人们的视知觉。于是，颜色便无可争辩地是人类对终极之美的体现。世界上已经发现的大量岩画证明：岩画生产者总是"为自己的创作精心选择背景。在扎拉乌特卡马尔洞穴，有岩画分布的洞壁突出部的岩面，均被石灰流积层，即所谓荒漠岩漆所覆盖。在这种驼黄色的背景下，画面会清晰地显现出来，而在自然的灰色岩面上就要差得多"[1]。事实上，岩画是关于色彩神奇力量的活化石。除时间以外，红色是最贴近岩画本质的。这里所说的"红色"是基本色彩意义上的，严格说是"红色系列"色彩，即由"红色"基本色彩衍生出来的其他多种色彩。世界著名的岩画密集地不少岩画都涂有红色，只是每个密集地红色岩画的数量不同而已，特别是早期洞窟岩画更是如此。著名的世界十大史前洞穴岩画里都有红色岩画。例如，世界上较早发现的、已有上万年历史的阿尔塔米拉洞窟、拉斯科洞窟岩画，比莫贝卡特石窟、拉斯嘎拉石洞、肖维岩洞和马古拉洞岩画，以及撒哈拉沙漠的塔德拉尔特·阿卡库斯石窟岩画、印度的莫贝特卡岩画等。红色是人们选择在哪里生产或制作岩画的重要依据。这种选择涉及所有岩画场。例如，印度莫贝特卡山由众多黑红色砂岩小山群构成，山上几乎布满了大大小小的洞穴和缝隙。于是，从史前时期一直到印度的中世纪，古印度人都选择在这些地方生产岩画。巴丹吉林沙漠洞穴手印岩画语境场、环境场内至今清晰可见的红色手印，以及残留的红色颜料都鲜明地昭示了这一点。该地形场内考古发现的大量新石器遗址里发掘出土的众多红色、彩色陶片也证明了生存在这里的人们曾经有着悠久的文化。

　　作为早期人类世界物质文化遗产的一部分，岩画已经经历了数千年甚至上万年的风霜。无论是天然的还是人工添加的，我们现在所能见到的岩画色彩一定没有它当初鲜艳。因为一个显而易见的事实是："年代久远，有机物不能保存下来，

---

① 〔苏〕A. A. 福尔莫佐夫：《苏联境内的原始艺术遗存》，第48—49页。

许多红色颜料基本消失了，我们目前所拥有的数据资料只不过是实际情况的一小部分。"①即便如此，自被发现以来，研究者依然以红色界定岩画，认为它是"通常用红色颜料描绘"的"赭石岩画"等。②然而，国内外学界鲜有对岩画所展示出来的这一重要特征进行专题性系统深入研究的。本章，笔者以此立论，并且选取红色花山岩画、云南沧源岩画为具体研究对象，从生存论、存在论意义上的岩画，以及色彩学角度，通过对巴丹吉林沙漠岩画色彩系统的构成，特别是岩画红色系统生成机制的比较系统、深入的分析，尝试理解岩画色彩的语言及其所传递的信息，探究并揭示色彩对岩画和岩画生产者，以及早期人类精神世界特别是审美意识的意义。

第一节　基本色调

巴丹吉林沙漠岩画自然物理场颜色的基本色调是红色。③以红色为底色，再混合其他颜色，鬼斧神工的大自然和岩画生产者便为巴丹吉林沙漠岩画制作出了一套纷繁复杂的色彩语言，赋予原本就神秘莫测的它一种突出的、前景化的审美品质——色彩美。

红色+黄褐色是巴丹吉林沙漠岩画地形场和许多环境场的基本色调。色彩的本质是光。随着光线变动，特别是在阳光的照射下，巴丹吉林沙漠颜色变幻莫测，其中较多的是橙色（橙红色+橙色）、土黄色（黄褐色+红色），尤其是变幻的橙红色和橙色使浩瀚的巴丹吉林沙漠更加令人敬畏。人们常常用"金色"来形容它。巴丹吉林沙漠岩画环境场亦如此。该环境场的基本颜色有三种：一是土黄色；二是黄褐色；三是红褐色。三种颜色内都包含不同的红色，如土黄色可以由红色+黄褐色或赭石+藤黄、朱砂红+藤黄、曙红+藤黄形成。黄褐色是介于红色和黄色之间的一种颜色。红褐色更不用说了，它可以视作巴丹吉林沙漠岩画环境场的主要颜色。因为巴丹吉林沙漠东南部赭红色的雅布赖山脉是大部分巴丹吉林沙漠岩画的环境场所处地形场。雅布赖系巴丹吉林沙漠和腾格里沙漠弧形隆起的一个山脉，山体全部由地壳变化形成的红褐色风蚀岩石构成，人们称为红褐色山脉。阳光之下，整个山脉经常呈现出炫目的红褐色、赭石色。与之相比，地处该自然地形场和环境场内的岩画语境场，特别是其质料场和图像场的色泽更加丰富多彩。

---

① 〔法〕埃马努埃尔·阿纳蒂：《艺术的起源》，第 71 页。

② Namono C. Dumbbells and circles: Symbolism of Pygmy rock art of Uganda. *Journal of Social Archaeology*, 2012, 12(3): 404-425.

③ 目前国内已经出版的有关巴丹吉林沙漠岩画彩色图册主要有两种，即王雅生主编：《曼德拉山岩画集》，甘肃人民出版社 2005 年版；范荣南、范永龙主编：《大漠遗珍：巴丹吉林岩画精粹》，文物出版社 2014 年版。由于涉及色彩，为更好地了解本部分所述内容，读者可以参看这些摄影图册。

这里所说的"语境场""质料场""图像场"不仅指述的是那些刻制在悬崖峭壁之上的岩画，而且指述的是刻制在一个相对独立完整存在的石头上的任何岩画。正常天气情况下，这些峭壁或石头、石块表面上的颜色主要呈现出黄褐色、土黄色、珊瑚色、粉棕色、绀青色和红棕色六种颜色，其中峭壁岩画场的颜色主要有黄褐色、土黄色、深粉棕色三种，石头或石块岩画场的颜色比较丰富。下面，笔者将把这六种颜色划分黄褐色与土黄色、粉棕色与珊瑚色、绀青色与红棕色三组，结合具体实例，概述巴丹吉林沙漠岩画语境场、质料场和图像场的整体色彩。

一、黄褐色与土黄色

葫喇叭口子岩画地处阿拉腾朝克苏木那仁布拉格嘎查东北 6800 米的吉格德自然村以东，位于阿拉腾朝克苏木东南直线距离约 5000 米。岩画位于葫喇叭口子河床边约 30 米长的山峰峭壁上。峭壁岩画场颜色整体呈比较浅的黄褐色（局部颜色更淡一些），其图像场内主要刻着蒙古文。地处阿拉腾朝克苏木那仁布拉格嘎查东北 6700 米的下吊吊山，一个山谷靠近河床边峭壁上的岩画场也如此。其颜色与距离该岩画语境场呈东西走向、宽约 30 米河床边的葫喇叭口子岩画语境场里的一样。而在阿拉善盟阿拉善右旗雅布赖镇巴音笋布尔嘎查东北 15 700 米，海拔 1396 米处，一条通沟内的南岸，分布着一个相对独立的岩画语境场——布哈音高勒岩画场。[①]岩画质料场的物质载体是一块长 2.5 米、宽 3.5 米、高约 1.3 米的黄褐色花岗岩，其上主要刻有古藏文，文字直线横排。与葫喇叭口子岩画场的黄褐色不同，其颜色整体比较浅且略带青黑色。

其格塔克阿木、孟根努扣和乌德哈布其拉岩画语境场整体呈土黄色。其格塔克阿木岩画语境场地处阿拉腾朝克苏木那仁布拉格嘎查东北 11 700 米的其格塔克山谷中，位于阿拉腾朝克苏木以西，直线距离约 9000 米的山谷南北两侧山峰峭壁上，整体颜色呈土黄色。沿山谷向西北方约 600 米处，地处两座山峰较平整峭壁上的孟根努扣岩画语境场的颜色也如此。基本位于悬崖峭壁上的乌德哈布其拉岩画语境场的颜色也类似土黄色。额勒森呼特勒洞窟手印岩画语境场的也是。而且，由于地处悬崖峭壁或岩壁，所以，这些岩画语境场内的颜色基本决定了其质料场和图像场的颜色。换言之，此种岩壁岩画语境场颜色与分布其中的岩画质料场、图像场的整体差不多。例如，葫喇叭口子、下吊吊山和乌德哈布其拉岩画的图像场、质料场和语境场的颜色基本一致。三者之间的区别仅仅是程度不同而已。如黄褐色在不同岩画质料场呈现出来的具体色泽有差别：有些比较深、有些比较淡。偶尔，我们也能见到例外情形，如在整体呈土黄或黄褐色的乌德哈布其

---

① "布哈音高勒"系蒙古语，意思是"通沟"。所以，当地文物考古工作者也称其为"通沟岩画"。

拉岩画语境场，我们能看到相对独立完整的以深浅不一的粉棕色为主调的岩画质料场和图像场（彩图 3 上右图、彩图 4 上左图、彩图 4 下中图）。

　　与一般生活中人们所说的"黄褐色"和"土黄色"相比，我们这里用来指述巴丹吉林沙漠岩画的通常都程度不同地略带些红色，如彩图 1 上面左、右图和彩图 6 左边上、中图所示的都是额勒森呼特勒洞窟手印岩画图像场部分情形。地处其他自然地理环境场内的巴丹吉林沙漠岩画洞窟手印岩画的语境场和质料场、图像场的颜色大体也如此。它们远看或乍看呈黄褐色、土黄色，近看黄里泛红。相比较而言，在整个巴丹吉林沙漠岩画里，那些位于石头或石块上的岩画质料场或图像场的颜色，很少有土黄色或黄褐色的。拥有这种颜色的石头基本上都是分布在山脚下的、含沙量很高的砂石，其中不少质料场内的图像场里基本刻有蒙古文字或一个、两个图像语言。[①]例如，曼德拉山岩画环境场内，一些零星位于山脚下或比较低矮的山坡上的一些岩画语境场内的质料场和图像场不少也呈现土黄色，它们往往夹杂在黄褐色的岩画语境场内。同样，苏亥赛岩画语境场内也有此种颜色的岩画质料场和图像场。[②]

二、粉棕色与珊瑚色

　　含有红色的粉棕色是比较少见的。这种颜色有时略微偏棕色，有时略微偏红色。如图 3-32 所示，布布洞穴手印岩画语境场位于一座山峰顶部，东侧有一条季节性河水冲刷的河沟，南侧与雅布赖山脉相连，西侧有一条南北走向的河沟，北侧为戈壁沙丘地带。该地区干燥少雨，年降水量约 95 毫米，风沙较大，沙尘暴频繁，土地严重沙化。然而，自然环境孕育了呈独特淡珊瑚红色的岩画语境场。与土黄色的额勒森呼特勒洞窟手印岩画语境颜色相比，布布洞穴手印岩画语境场更多地带有淡红色。除以布布洞穴手印岩画语境场为代表的外，粉棕色的岩画质料场我们在巴丹吉林沙漠岩画许多语境场内都能看到。如额勒森呼特勒洞窟手印岩画质料场、苏亥赛岩画质料场、阿日格楞台岩画质料场、曼德拉山岩画质料场内都有这种颜色。通常情况下，曼德拉山岩画这种质料场分布在曼德拉山半山腰地区，承载它们的是一些含沙量较高的、整体呈土黄色或淡粉棕色石头。

　　珊瑚色也是巴丹吉林沙漠岩画场比较少见的一种颜色。拥有这种颜色的岩画

　　[①] 依据其位置和上面蒙古文或现代汉字判断，这些岩画基本上是近代以来的人刻的。除去人们在岩画图像语言里添加的现代汉字、图像和符号外，总体来看，在巴丹吉林沙漠岩画里，那些分布在土黄或黄褐色岩石上的图像语言大都是蒙古文，以及少量的西夏文和藏文，含有一般巴丹吉林沙漠岩画常见图像语言的较少。这也从一个角度说明，史前巴丹吉林沙漠岩画基本都分布在红色系列颜色的石头或石壁上。

　　[②] 见范荣南、范永龙主编：《大漠遗珍：巴丹吉林岩画精粹》，第 219 页。下面所提到的苏亥赛、阿日格楞台、夏拉木，以及夏日玛、希博图岩画质料场，该书中都有彩图，请分别参见第 220、224—268 页。

有些呈亮珊瑚色，有些呈浅珊瑚色。亮珊瑚色岩画语境场远望似一片红霞，绚丽多姿。由于这种颜色往往是绀青色石头表面一层剥落后呈现出来的，因此，当我们说巴丹吉林沙漠岩画的珊瑚红色时，主要指述的是特定岩画语境场内岩画的质料场和图像场所具有的颜色。综观巴丹吉林沙漠岩画，拥有这种色彩的、比较典型的是夏拉木、夏日玛和希博图岩画。[①]前二者位于海拔 1377 米的夏拉木山的顶部绀青色石头上。可是，就像表面涂了绀青色油漆一样，这些石头表面的绀青色比较浅，一旦风化剥落，便显露出深浅程度不同的珊瑚色。那些绀青色消退比较严重的，珊瑚色就比较明显。一些岩画语境场，整体呈现出红霞一片的景象：不仅承载岩画的石头颜色基本为珊瑚红，而且其周围其他石头的颜色也如此。如彩图 7 上右图所示，该岩画质料场的色彩呈绚烂的亮珊瑚色与绀青色的混合色。二者之间存在明显的先后关系，即珊瑚色显然是从石头本色——绀青色蜕变而来。[②]在那些绀青色自然蜕变得不十分严重的岩画场，我们可以更加清楚地看到这一点。如位于阿拉善右旗曼德拉苏木夏拉木嘎查西北 14 900 米的希博图山，海拔 1370 米，其山顶部大约东西长 3000 米、南北长 2500 米的空间内，分布着大约 1200 个岩画图像场，它们可以大体归为五个相对独立的岩画语境场。这些语境场内的岩画色彩有些呈现比较明显的亮珊瑚色，有些呈现出比较浅的珊瑚色。后者往往绀青色所占比例比珊瑚色多，从而凸显了珊瑚色的出现是由于绀青色的自然褪色。尽管整体呈珊瑚色的巴丹吉林沙漠岩画场不多，但是，以雅布赖山脉洞窟手印岩画为代表的不少岩画场内都程度不同地带有珊瑚色。

三、绀青色与红棕色

“绀青”也称“红青”“绀紫”，是一种外表呈现出黑里透红的颜色。按色表名称划分，则介于琉璃青色与普鲁士蓝之间。这是巴丹吉林沙漠岩画语境场和质料场及图像场的基本颜色。无论是远看，还是中看、近看，它们表面上都基本是绀青色的。所以，一般都称之为黑色。然而，只要我们近距离稍微仔细观看，不难发现这种绀青色十分特别：它就像基本是红褐色的石头或石块、石壁表面或薄或厚地被涂上了一层黑色一样。很多情况下，这种黑色无法完全遮蔽住下面的红色。就呈现出来的形式而言，拥有这种色彩的岩画场主要有三种：悬崖峭壁或岩壁、像马鬃式一条条的山脊、相对完整且独立存在的石头或石块。其中以后两种最为常见。巴丹吉林沙漠岩画里，整体呈这样颜色的岩画语境场主要有曼德拉

---

① 夏拉木和希博图岩画环境场都位于阿拉善右旗曼德拉苏木额肯呼都格嘎查境内。在夏拉木山大约长 2500 米、宽 2000 米的顶部，分布着千余个岩画图像场。它们大致归为四个相对独立的岩画语境场。除这三个岩画自然物理场之外，巴丹吉林沙漠还有比较分散、数量有限的其他淡珊瑚红颜色的岩画场，如布布洞窟、额勒森呼特勒洞窟手印岩画质料场等。

② 范荣南提供。

山、惠森陶勒盖、雅玛图岩画、道布图、花石头山、坤岱图西北、坤岱图、坤岱图南、小苏木图嘛呢石、呼勒斯太东南、立沟泉和苏亥赛等，其中的立沟泉和苏亥赛，以及曼德拉山是比较典型的马鬃式绀青色山脊构成的岩画语境场，雅玛图、花石头山的则基本由比较散落的或者位于石壁下面的绀青色石头或石块构成。

除相对独立存在的一个石头岩画质料场外，相比较而言，巴丹吉林沙漠岩画里绀青色岩画质料场或语境场最常见的物质载体是石壁。它们往往分布在山顶部。如彩图 5 下右图所示，这里展示的是位于曼德拉山西北一座小山顶部、一个绀青色石壁岩画质料场的部分情形。该石壁昂首嶙峋，其周围散落的大小不一的绀青色石头和石块，以及表面一条条比较宽大石棱表明它是由绀青色石块或石头叠加构成的。这种绀青色石壁岩画质料场是以曼德拉山为代表的整个巴丹吉林沙漠岩画里比较典型的岩画质料场。与石头或石块不同，它们大多数并非相对独立存在，而是彼此之间紧密连接，形成一条条或一棱一棱的、马鬃式峭拔矗立的山脊，像链条一样套在大大小小的山顶或山头较高的部位，从而进一步形成了整个巴丹吉林沙漠岩画里最典型的绀青色石壁语境场。伊克尔布日和青井子岩画语境场也是由这种绀青色石壁构成的。前者地处额肯呼都格镇萨布日台嘎查南偏东18 200 米的伊克尔布日山峰顶部绀青色的石壁之上。后者位于额肯呼都格镇萨布日台嘎查南偏西 16 800 米处的青井子山山峰，其山峰靠西边南面山腰部绀青色的石壁就是岩画语境场。

存在论、生存论意义上的三种绀青色岩画语境场之间并非孤立。它们之间往往存在相互依存的密切关系。例如，青井子石壁岩画语境场与基本分布在石头或石块上的其他岩画语境场共存于同一个比较大的岩画环境场内：其以南969 米处是道布图岩画语境场，东南 2200 米处是雅玛图岩画语境场。这两个岩画语境场，都由位于山峰顶的绀青色石头岩画质料场构成。而且，绀青色岩画"悬崖峭壁或岩壁"和"马鬃式山脊"语境场，虽然都是由石块或石头叠加的，却浑然一体。许多情况下，我们根本无法将其再次分割为独立的石头或石块。即使那些由单个石头或石块构成的山脊或石壁岩画语境场，也是不可割裂的。如与曼德拉山上通常连缀成一个比较大的统一整体的绀青色岩画语境场或环境场（即"马鬃式山脊"）不同，分布在其山顶或山腰的绀青色"悬崖峭壁或岩壁"岩画语境场面积一般不大。场内随处可见散落的大小不一的绀青色石头岩画质料场，它们构成了一个视知觉场内相对独立存在的完整形式——岩画语境场。

因此，从构成来看，这里所说的"悬崖峭壁或岩壁"和"马鬃式山脊"岩画语境场的绀青色，其实描述的是石头或石壁本身所具有的颜色。它们是承载巴丹吉林沙漠岩画特有的绀青色的自然物质载体。尽管如此，以曼德拉山、青井子为代表的绀青色"悬崖峭壁或岩壁"岩画语境场，与"马鬃式山脊"岩画环境场的一样，都是一个个不可分割的整体。这意味着我们不能把它们拆卸成一个个完整且相对独立的绀青色石头或石块。由于绀青色石头本身的颜色存在差异，所以，分布其上的岩画及由此构成的整个岩画语境场的颜色也不同。例如，整体均大体呈绀青色，希博图与阿日格楞台岩画语境场的就比坤岱图、坤岱图西北、坤岱图南的深一些；而双井子、道布图、花石头岩画语境场的又比坤岱图、坤岱图西北、坤岱图南的更淡一些。通常情况下，绀青色越深颜色越显黑色，相反，绀青色越浅颜色越显灰青色。

由于石质本身及自然风化的影响，不少绀青色岩画质料场或图像场蜕变成深浅不一的红棕色。它们基本零星分布在整体是绀青色的岩画环境场或语境场内。其中大部分是如彩图3右中图所示的比较浅的红棕色岩画质料场。而由它们组成的岩画语境场的颜色也大抵如此。一般来说，这种颜色的岩画语境场或质料场、图像场集中分布在地势较高的山峰的顶部。如彩图8下左图所示的就是位于曼德拉山西侧一个山头顶部的岩画语境场内的部分情形。该场内存在着由绀青色的石头组成的山脊，其中一些绀青色石头已经蜕变为或浅或深的红棕色，上面刻制着岩画。这些红棕色岩画质料场内，被岩画生产者作为岩画图像场的往往是红棕色最鲜明的石面。这种岩画图像场内的图像语言数量一般比较少，大多只有一个或两个。

总之，无论是岩画的地形场、环境场还是其语境场、质料场和图像场，巴丹吉林沙漠岩画所呈现出来的整体颜色是红色系列。黄褐色、土黄色、珊瑚色、粉棕色、绀青色和红棕色是其主要颜色或基本色调。然而，存在于自然界的巴丹吉林沙漠岩画的色彩非常复杂。这突出体现在同一个岩画，其各种场颜色的不一致上。由于质料场是承载岩画图像场的物质载体，岩画图像场位于质料场之内。因此，一般来说，岩画质料场的颜色与其图像场的大体一致。并且，无论是悬崖峭壁还是山脊，岩画语境场的基本颜色通常就是建构它们的岩画质料场、图像场的颜色。对于那些分布在某个特定空间场域的岩画，如悬崖峭壁、山脊、岩壁、洞穴等来说，尤其如此。即使这样，在自然界各种因素的作用下（如季节、昼夜、风雨雷鸣、光线等），岩画语境场或质料场、图像场的颜色也是变幻莫测的。如中午阳光普照下我们看到或拍摄的某个大体呈粉棕色的岩画场，阴雨天也许就是咖啡色。同一时间面对同一个岩画图像场，从不同角度拍摄到的，其颜色有时也大相径庭（彩图1）。而自然力冲刷下的布布洞穴手印岩画质料场五彩缤纷：该巨大石壁上半部分主要是黄褐色、土黄色、黑色和红棕色的混合颜色，下面主要是淡粉棕色。至于那些位于石头上的岩画，其语境场的颜色并非总是与其质料场和图像场的相一致。与岩画语境场的颜色相比，巴丹吉林沙漠岩画质料场和图像场的种类更多。可以说，巴丹吉林沙漠岩画丰富多变、炫美的色彩在其图像场中体现得最全面、充分。下一节，笔者将以此为个案，对巴丹吉林沙漠岩画的色彩语言展开更深入细致的探究。

第二节　斑 驳 陆 离

　　岩画图像场的颜色由两部分构成：一是"白"色，即除图像语言以外，图像场内其他空间场域的颜色；二是"黑"色，即图像语言本身的颜色。巴丹吉林沙漠岩画"黑"色整体上也属于红色系列，常见的有红褐色、褐色、深浅不等的黄色等①。一般来说，一个图像场内"白"与"黑"可以相同，也可以不同。而且，"白"的色彩复杂多变，"黑"的比较单一。这意味着巴丹吉林沙漠岩画图像场里整体拥有某种单一颜色的"白"与"黑"的比较少，拥有某种单一相同颜色"白"与"黑"的更是少见。大多数情况下，我们所见到的巴丹吉林沙漠岩画图像场的颜色是"白"比较混杂、"黑"比较单一。二者之间的相互映衬，更增添了其图像场颜色的复杂性。除具有巴丹吉林沙漠岩画自然物理场所常见的整体颜色，即黄褐色、土黄色、珊瑚色、粉棕色、绀青色、红棕色等②，以及整体具有某一种颜色或某一种颜色比较均匀的岩画图像场外，与质料场、语境场等其他岩画场的颜色相比，巴丹吉林沙漠岩画图像场的更加绚丽多姿。斑驳陆离是其总体颜色所呈现出来的显著特点。

　　两种基本因素生成了岩画图像场的颜色：一是自然力量。这指述的是承载图像语言的物质载体，即石头或石壁的表面或石皮的颜色是自然界各种力所为。二是人为。人为又存在着两种情形：一是岩画制作者添加的颜料，即制作者把外面其他物质添加到原本自然存在的岩画图像场或质料场内，这指的是洞穴手印岩画；二是刻痕颜色，即岩画制作者使用其他物质工具刻制图像语言时，在岩石或岩壁上所留下的图像语言本身颜色的痕迹（其实也是石头自身所具有的颜色）。由于因人工添加颜料制作的洞穴手印岩画比较特殊，笔者将在本书后面单辟专节论述。本节，笔者将立足岩画图像场内色彩，剔除那些比较单一的"白"与"黑"，聚焦那些比较丰富的"白"与"黑"，特别是斑驳陆离的"白"颜色，主要从岩画图像场色彩的构成、制作者以及图像语言和空间颜色之间的关系三个方面，通过对此类巴丹吉林沙漠岩画里比较典型的图像场颜色类别的区分与描述，比较深入

---

　　① 本处的"黑""白"采用中国传统绘画说法。关于"黑""白"的相关论述，请参见本书第二章第一节。
　　② 黑色和青色罕见。这里所说的"黑色"和"青色"是与巴丹吉林沙漠岩画里最基本的绀青色相比较而言的。与岩画地形场、环境场和语境场整体绀青色相比，个别岩画质料场的显得很深，几乎完全是纯黑色或青色。此类岩画质料场内一般刻制的都是藏文或蒙古文，如小苏木图、雅玛图岩画质料场，而且刻制痕迹比较深，明显是人用金属刻制的。这也从一个角度说明，古老的巴丹吉林沙漠岩画，一般分布在整体呈红色系列颜色的自然物理场内。这意味着人们会在红色系列颜色的石头或石壁，而不是那些质地更加坚硬的纯黑色或青色岩石上作画。

地剖析岩画图像场颜色及其组合关系，并在此基础之上揭示其独特的审美功能。

若按照某个岩画图像场颜色所占比例，可以把整体呈红色系列色彩的巴丹吉林沙漠岩画图像场大致区分为以下三类。

一、红颜色居多

以红色为主色调的复杂图像场在巴丹吉林沙漠岩画里最多。若按照图像场里各种颜色所占比例的大小，可以把巴丹吉林沙漠岩画里比较常见的、色彩复杂的红色系列图像场里的基本颜色按次序排列，再次细分为红褐色、橘红色、粉棕色、珊瑚色四种。其中前两种主要集中分布在曼德拉山顶岩画语境场，后两种分别主要集中分布在龙首山石壁，以及夏拉木、夏日玛和希博图岩画语境场。拥有这四种基本颜色的岩画图像场颜色比较鲜明。当然，这是就岩画图像场整体而言的，即占岩画图像场面积较大的一种颜色，尤其是那些以珊瑚红为主调的图像场就像晕染了胭脂红一般，在红色系列图像场里最艳丽。整个图像场呈现出夹杂粉红色的淡珊瑚红+绀青色，如彩图7上右图所示。偶尔也能看到比较深珊瑚红+绀青色的。除这种以珊瑚红为主调的、颜色比较单一的图像场外，通常我们见到的每种主要色调的岩画图像场都同时还夹杂着其他颜色。如彩图2下右图、彩图3下左图所示，这两个以红褐色为主调的岩画图像场不仅有深浅之别，而且与之参与组合的其他颜色及其所占比例也不同。若按照每种颜色在岩画图像场所占比例大小，则面积呈长方形直立的为红褐色+棕色+青色+黄褐色+土黄色；形状似龟背的则为红褐色+绀青+青黄+黄褐色+土黄色+黑色。[①]其中，"青色"与"土黄色"分别是两个岩画图像场"黑"的颜色。此外，我们在曼德拉山顶石壁岩画语境场内还比较常见的有红褐色+黄褐色+绀青色+土黄色，以及红褐色+绀青色+土黄色两种图像场。前者整体的颜色是比较鲜艳的红褐色及与之相渗透的黄褐色，其次是其底色的绀青色。位于这三种颜色组合的"白"之内的分别是土黄色的图像语言；后者的"白"与深浅不一的土黄色"黑"之间相衬相映，形成了一个色泽明艳的图像场。

相比之下，橘红色占主导的图像场颜色比红褐色的更加艳丽。如彩图3上右图所示，这是一个比较小的岩画语境场，其中左边一块相对独立存在的石壁岩画图像场面积比较大且最亮丽的颜色是橘红色；其次是和橘红色相叠相套的比较深的红褐色；再次是绀青色，三者相互渗透，橘红色似乎是红褐色随着自然力影响逐渐淡化后形成的。岩画图像场的上面和右边还夹杂着一些黄褐色、黑色、青色等。场内左右边和中间靠下部分则分别存在着一个深或淡土黄色的象人、羊、马之形的图像。于是，橘红色+红褐色+绀青色+黄褐色+黑色+青色+土

---

① 排在后面的所占比例较少。

黄色，便成为该岩画图像场的颜色。有时，在一些石头岩画质料场内，我们也能看到色彩比较单一的粉橘红色图像场。这种图像场内的颜色，不仅"白"，而且图像语言"黑"也都整体呈十分鲜艳的颜色，底色绀青色已经变得零零散散、模糊不清了。

除粉棕色图像场整体比较暗淡一些。如彩图4上右图和下中图所示，这两个岩画图像场整体的颜色大体呈深浅不一的粉棕色，其中程度不同地夹杂着红褐色、黄褐色、绀青色、土黄色、青色和灰黑色，颜色错综复杂。色彩单一的青色"黑"，在多种颜色混杂的"白"映衬下，清晰凸显。整个图像场的色彩比较冷艳。在巴丹吉林沙漠岩画里，我们也比较容易看到粉棕色+红褐色+青灰色+土黄色，以及粉棕色+黄褐色+青灰色+土黄色的岩画图像场，其中青灰色或青色是"黑"的颜色。由于分别缺少绀青色、红褐色，这两种粉棕色岩画图像场色泽比较明亮一些，其"白"透着比较多的黄色，其中又混合着已经自然蜕变得比较浅的青灰色。此外，我们在一些石头岩画质料场内，能见到整体拥有比较单一粉棕色的岩画图像场。如彩图7上右图所示，该图像场颜色是粉棕色+绀青色，其中粉棕色几乎覆盖包括"黑"在内的整个图像场颜色，绀青色只是以点状形式若隐若现地作为底色。

二、黄褐色

黄褐色居多的岩画图像场并不多。一般来说，承载黄褐色图像场的质料场主要是砂岩石或由此形成的峭壁上。砂岩石通常分布在丘陵或山下地带。巴丹吉林沙漠岩画里此类质料场数量最少。而且，其内图像语言绝大多数都是蒙古文、藏文等文字类。这意味着史前岩画生产者一般不会选择此类质料场作画。这种岩画质料场或图像场远看大体呈深浅不一的灰色或土黄色、黄褐色，近看大都总体呈黄褐色，其"黑"的颜色大多是土黄色中略带红褐色。若按其中各种颜色所占比例的多少排序，则可把它们区分为四大类，即黄褐色+土黄色+绀青色、黄褐色+红褐色+绀青色+土黄色、黄褐色+粉棕色+绀青色+土黄色、黄褐色+土黄色+红棕色+绀青色。其中，第一类比较少见，绝大多数都属于后三类，即都程度不同地带有红色系列色彩。例如，在葫喇叭口子峭壁分布着比较多带有蒙古文、藏文的图像场，其整体呈黄褐色+土黄色，其中有些若隐若现的底色是绀青色，有些是红褐色。凿刻有20个藏族文字的沙枣沟嘛呢石质料场大体也如此，只不过其中的红褐色在整个质料场内分布得更加比较均匀。[①]而分布在苏赛亥丘陵地带峭壁上、

---

① 即一块长方形的巨大石头，位于雅布赖镇西尼呼都格嘎查东北12千米处一座小山顶下面，其南面为图像场。2006年开始的第三次全国文物普查试点过程中，阿拉善右旗普查队对它进行了调查并建立了档案，称作"沙枣沟嘛呢石"。严格来说，像这种完全刻制蒙古文或藏文等后代文字的石刻，不是岩画。

被称作"生育神"的岩画图像场整体黄褐色+红棕色或粉棕色+绀青色+土黄色，尽管整个岩画质料场的整体颜色呈灰色+黄褐色。巴丹吉林沙漠手印岩画图像场大都呈黄褐色+土黄色+红棕色+绀青色，如彩图 1 所示，由于比较鲜艳的深浅不一的红棕色的加入，因此这种岩画图像场更加斑斓多姿。相反，若黄褐色居多，则图像场会暗淡。如彩图 6 左边上、下图所示，该质料场正面图像场是黄褐色+红褐色+绀青混合色，其中黄褐色所占比例远远超出后两种。[①]除上述比较斑驳的黄褐色主调图像场外，还有一些颜色比较单一的。如曼德拉山脚下有一片砂岩石累积形成的石壁，上面零星分布着一些包括蒙古文在内的图像语言，其图像场颜色整体呈比较浅的黄褐色+红褐色。彩图 7 左中图所示的则整体呈黄褐色+绀青色，整个岩画图像场色泽比较暗淡。

三、绀青色

与一般绀青色岩画场一样，绀青色比较多的图像场也是巴丹吉林沙漠岩画里最典型、最常见的。上面所说的红色和黄色比较多的图像场本质上都是其底色——绀青色，自然风化蜕变形成的。如彩图 3 左边中图、彩图 4 右下图所示，绀青色只是承载岩画质料场表面薄薄的一层而已。图 1-7 所示这个被人撬开的岩画图像场更清楚地展示出，除表面 1 厘米左右厚的绀青色石皮外，该质料场是斑驳的五色石，其整体呈比较鲜艳的浅橘红色或橘黄色、红褐色、青绿色、黄褐色等。因此，我们这里所说的色彩复杂的绀青色比较多的图像场颜色也只是相对而言的。它具体描述的是那些以绀青色为主导的色彩比较复杂多元的岩画图像场颜色。若按照各种颜色所占比例的多少排序，则可把这类岩画图像场再次划分为四类，即绀青色+红褐色+粉棕色+土黄色、绀青色+红褐色+黄褐色+土黄色、绀青色+红褐色+土黄色+黄褐色、绀青色+红褐色+土黄色。如彩图 7 右中图所示，绀青色、红褐色、粉棕色和灰白色构成了该图像场的整体斑驳色彩，其上还有土黄色或黄褐色的三个象羊之形的图像。由于三个图像语言分布在整个图像场下半部分，且形状较小，所以，图像场整体色彩是粉棕色"白"决定的。除粉棕色外，巴丹吉林沙漠岩画里，我们常见绀青色图像场，基本都是绀青色、红褐色、黄褐色和土黄色四种颜色，依据不同比例搭配组合的混合色。一般来说，有黄色掺入的色彩比较亮丽。如彩图 7 上左图、彩图 2 中右图所示，这两个图像场整体虽然是绀青色和深浅不一的红褐色混合色，但是，由于黄褐色、土黄色的图像语言比较均匀地分布在整个图像场内，特别是前者里形状最大的一个土黄色象羊之形的图像位于图像场内色彩最斑斓的右半部分中间，后者里密集的浅土黄色点状形式遍及图像场四周及其边界处。于是，在整体绀青色与黄褐色、红褐色混合的比较暗

---

① 彩图 1 所示与彩图 6 左上图和左下图所示同一岩画图像场内不同颜色主要是拍摄角度、光线不同所致。

的色彩背景烘托之下，岩画生产者所刻制的淡土黄色或黄褐色的图像显得非常醒目。

那些土黄色或黄褐色所占分量较小的岩画图像场，其整体色彩相对比较暗淡。如彩图8左中图、彩图4右上图、彩图6右上图所示，这些图像场内土黄色或黄褐色图像只有一个或两个，大面积则是绀青色+红褐色或者红褐色+绀青色、绀青色+黄褐色的"白"。绀青色所占比例大于红褐色的，其"白"整体呈青黑色；红褐色所占比例大于绀青色的，其"白"整体呈深红褐色；而黄褐色所占比例大于绀青色的，其"白"整体呈深黄绿色。[①]总体来看，绀青色与红褐色混杂的"白"，在巴丹吉林沙漠岩画图像场最具代表性。拥有这种色彩"白"的不同图像场之间的差异主要体现在红褐色在其中所占比例的多少，以及图像语言数量及其在图像场内形状的大小。

绀青色是绝大多数巴丹吉林沙漠岩画图像场的底色。这意味着其中复杂多样的红色系列颜色都是由此自然风化、蜕变而来。所以，除上述绀青色比较多的四种色彩复杂的图像场颜色外，还有一种常见的绀青色与众多颜色混杂错综而形成的一种更加复杂的颜色。这主要表现为图像场不同位置，混杂的颜色不同。如彩图3左中图所示，该图像场底色是绀青色，其上"黑"是土黄色象人之形的图像，"白"的顶部是粉棕色，中间夹杂红褐色，下半部分非常复杂，既有绀青色、黄褐色、红褐色，又有青色、绿色、土黄色等，多种颜色相互交融渗透，很难分辨出哪些占主导地位。

第三节　人 工 颜 料

自然界的无限复杂和丰饶孕育了巴丹吉林沙漠岩画颜色的丰富多彩。与世界上许多地方，特别是国内岩画相比，巴丹吉林沙漠岩画最独特的就是还存在着人为添加色彩的岩画。此类岩画最典型的就是洞窟手印岩画。[②]本节，笔者以颜色为切入点，通过对自然色彩与人工颜料、手印与手形图像语言，以及手印图像色彩的描述分析，全面、系统、深入地探究巴丹吉林沙漠洞窟手印岩画。

一、自然色彩与人工颜料

一般来说，两种现象在世界岩画里比较常见：一种主要是为了更好地看清其图像语言的轮廓，后人在岩画上用白色石灰类涂料或红色颜料描摹图像；另一种是为了拓制图像语言，后人在其上涂抹黑色油墨。于是，相应地在岩画图像场内

---

① 该图拍摄于傍晚太阳刚落山时，光线有些暗。

② 除此之外，在巴丹吉林沙漠岩画里，人为添加色彩制作的岩画至今没有发现。

出现了白色、红色和黑色三种后人添加的多余颜色。巴丹吉林沙漠岩画也不例外。被白色石灰类涂料、红色颜料描摹的或被拓制后的图像语言甚至图像场并不少，尤其是那些单个图像形状较大且比较有特色的（如牦牛、鹿等），以及图像较多的被拓制现象严重。从保护岩画文化遗产角度来看，这是一种破坏岩画图像语言的行为。许多情况下，白色石灰类涂料、红色颜料的人为添加完全改变了原始图像语言的形状，甚至磨灭了一些图像。这主要表现在一些添加非常粗糙，所添加的涂料常常越出了原始图像语言刻痕的边界，不仅使原始图像变得面目全非，而且常常会涂抹掉位于其周围的其他一些形状较小的图形，如点线状抽象形式。至于拓制给岩画图像语言或图像场带来的损害更大。这突出表现在拓制后遗留在其上的黑色油墨对图像语言及其场内和周边自然风貌的损害上。因此，本书所探讨的岩画颜色不包括这些后人添加的颜色，而指述的是岩画作者生产岩画时所使用的颜色（包括其自然风化后，至今依然残留在岩画图像场或质料场内的颜色），以及承载岩画的物质载体本身的天然色彩。从这个意义上，可把巴丹吉林沙漠岩画颜色分为自然颜色和人工颜色两大类。前者指述的就是生存于自然界的岩画场自然所具有的颜色；后者指述的是岩画生产者在生产岩画时所使用的颜色，即在图像场内人为添加的颜色。下面，笔者将以巴丹吉林沙漠手印岩画为个案，对岩画人工颜色展开研究。

二、手印与手形图像语言

巴丹吉林沙漠岩画里的人工颜色基本出现在洞穴手印岩画里。红褐色的雅布赖山脉东西两端，大体呈一条直线状分布着 5 个相对独立存在的洞窟手印岩画场。考古学特别是岩画学界对此类手印岩画的命名通常是就其生产方式而言的。凡是生产者采用颜料喷绘而成的人手印均被称为阴纹手印岩画。如图 5-1 所示陶乃高勒洞窟 4 个手印图像就是如此。[①]其生产或制作的过程大体为：生产者把某种液体状颜料装入管状物体，手掌紧贴石壁表面，用嘴吹管状物体，将其中的液体状颜料喷射在手和石壁上，喷射完毕，把手拿开，岩壁上便会遗留该生产者或其他人的手印。这种手印岩画图像我们可以分为内外两部分：由于生产过程中，要制成手印的手掌必须面朝下，即紧紧按在岩壁上，所以，这里所说的手印岩画的内部指述的其实就是手掌或人们常说的手心，它主要包括手纹等，偶尔我们也能看到连带部分手臂的手印岩画（图 5-1 中下边左侧）。至于颜料的来源，则应该取自天然赭石而不是动物的血。世界范围内现存手印岩画颜色的状况，以及部分洞

---

① 在 2009 年开始的第三次全国文物普查过程中，阿拉善右旗普查队对该岩画点进行了调查并建立了档案。照片编号为 152922-0471-Z002，张有里摄于 2009 年 7 月 3 日。

穴内残存的赭石碎块，说明了这一点。①

与之相适应，本书所说的手印岩画的外部，指述的就是由颜色印染出来的手的整体轮廓及其周边语境。如彩图1上右图所示，比较亮丽的橘红色晕染出了一个清晰典型的巴丹吉林沙漠手印岩画。除右边外，该手掌周围都浸染着深浅不同的橘红色。因此，人们所说的巴丹吉林沙漠岩画洞穴或洞窟手印岩画，其实指述的就是由某种颜料印染出来的人手掌或手心的图像。于是，手印岩画内部的颜色通常就是石壁本身的自然颜色，外部的颜色就是人工添加的颜料颜色。如彩图6左上图、左中图所示，前者四个比较清晰的手印图像内外整体呈红褐色+土黄色；后者手印岩画内部石壁比较深的土黄色与和其外部被制作者喷上颜料的红褐色、绀青色的映衬，拓出了一个手印图像。②与彩图1和彩图6所示的额勒森呼特勒洞窟手印岩画相比，图5-1所示的陶乃高勒洞窟4个手印图像的颜色略深：上面两个自然风化的颜色淡的渐成橘红色；右下面的颜色最深；左下面的可能是拓制手臂的缘故，所以至今我们看到的颜色面积较大、颜色也较深。因此，与其他生产者通过刻制制作的岩画图像语言相比，颜色决定了这种手印岩画的产生。换言之，没有人工添加的颜料就没有巴丹吉林沙漠洞窟手印岩画。

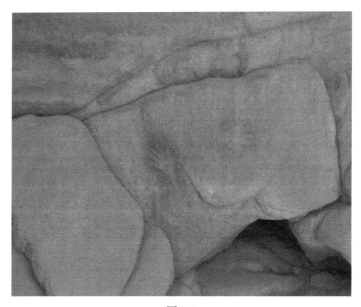

图 5-1

① 如对苏联境内岩画有比较系统研究的考古学家福尔莫佐夫曾指出："在科贝斯坦一个岩画洞穴的文化层中，曾被发现大量赭石碎块。"见其《苏联境内的原始艺术遗存》第49页。

② 由于位置较高，其红色已经蜕变为深红褐色，手印轮廓也比较模糊。所以，此图像往往被人们忽视。

值得一提的是：除生存于深浅不同的洞穴或洞窟内的手印岩画外，巴丹吉林沙漠岩画里还有采用一般刻制手法生产的象人手之形的岩画。这种手形岩画或图像比较罕见，仅在曼德拉山环境场内见到几个。如图 5-2 上、下图所示[①]，这是由象手之形图像建构的两个独特岩画。上图里图像场内的"白"主要是比较红褐色＋红棕色＋绀青色混合色，部分地方红色呈比较鲜艳的淡橘红色，其"黑"是一个土黄色的象手之形的图像，以及位于其下面的一个抽象形式。下图图像场内的"白"主要是绀青色＋红褐色混合色，颜色比较深，"黑"，即人工刻痕或图像语言呈红褐色。岩画图像场内图像语言比较复杂，其中右上角是一个带比较长手臂部分的手形图像。与它组合的有象骑者、马、羊、弓箭等之形的图像，以及"十"字等抽象图形。很显然，这种手形岩画所具有的土黄色、红褐色是一般巴丹吉林沙漠岩画所具有的自然色彩，即是石头表面被人们刻制后遗留下来的石头本身天然的颜色，与人们使用人工颜色晕染或印染拓制的手印岩画颜料截然不同。因此，在巴丹吉林沙漠岩画里，我们不能把手印岩画与手形岩画（象手之形的图像）混淆。[②]虽然它们都是象手之形的图像，且颜色都属于红色系列，但是，正如人们盖印章一样，手印岩画是由颜料拓或印染出来的，而手形岩画或图像则如人们刻制或雕刻象人或动物等之形的图像一样，是人们用某种生产工具刻制出来的某种象形图像。换言之，手印岩画与手形岩画图像指称对象相同，生产或制作方式截然不同。当然，若深究二者之间的差异还集中体现在两个方面：一是生存的岩画语境场和质料场甚至图像场也不同。手印岩画只生存于深浅不同的洞窟或洞穴的顶部（凹穴之内）或正面、上面四周的石壁上；手形岩画只生存于露天旷野某个石头的上面，而且目前仅仅在曼德拉山环境场内发现几个。二是图像语言的存在方式不同。在一个相对独立的岩画质料场或图像场内，手印岩画可以单独存在，也可以与其他手印组合。相比较之下，后者更常见。如彩图 1 下图所示，一个相对完整的岩画图像场内，分布着一些手印图像，它们不仅两个或两个以上并列存在，而且有序组合并非任意堆积。曼德拉山上的手形岩画往往也是与其他图像并列存在。可是，与它组合的并非同样的手形图像，而是其他象人或动物等之形的图像，甚至可以是抽象形式，如图 5-2 所示。总而言之，岩画生存场域和图像语言存在方式，特别是添加颜色是巴丹吉林沙漠岩画里的手印岩画与手形岩画的根本区别。

---

① 曼德拉山岩画，范荣南提供。
② 一些学者把巴丹吉林沙漠洞穴手印岩画称为"手形"，不妥。

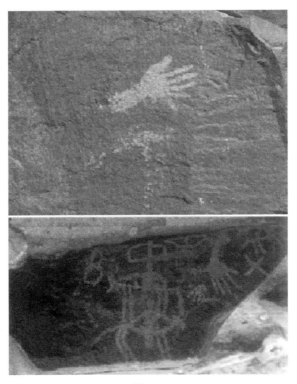

图 5-2

三、手印图像色彩

岩画的时间性决定了我们目前所说的岩画的颜色就是其当下的颜色。考古发现的现存大量人工添加的红色岩画、巴丹吉林沙漠洞窟岩画质料场内现存大量红色颜料痕迹，以及自然红色之于巴丹吉林沙漠岩画场的意义，都使我们有充分的理由推断，岩画生产者最初制作手印图像所使用的是如血一般的红褐色或黑色颜料，而且红色占绝大多数。因此，与自然颜色一样，巴丹吉林沙漠洞穴手印岩画的人工颜色整体也属于红色系列。按照笔者田野采集时所看到的手印图像颜色，笔者把整体呈红色系列色彩的巴丹吉林沙漠洞穴手印岩画的颜色再次细分为以下五种。

（一）橘红色

田野考察过程中，自然光线下，笔者见到的巴丹吉林沙漠手印图像绝大多数都是红褐色。承载它们的质料场整体大致呈土黄色或黄褐色、灰黑色；其图像场内"白"一般呈比较暗的土黄色、黄褐色、淡橘红色或灰青色。只不过在特殊光线，特别是摄像下，它们往往会呈现出不同色彩。例如，巴丹吉林沙漠手印岩画最著名的语境场是海拔 1413 米的陶乃高勒额勒森呼特勒洞窟。[①]该石窟坐西向东，洞口宽 5.2 米，洞高 3 米，洞深 24 米，洞内最低处 83 厘米。石窟内顶部的石壁上有 27 个比较清晰的手印图像，其中左手印图像 23 个，右手印图像 4 个，带手臂的 2 个。手印的颜色虽然大体属于红色系列，但是，每个具体手印图像都存在着差异。彩图 1 上右图所示的就是总体呈橘红色的一个。这是笔者从额勒森呼特勒洞窟内顶部石壁上截取下来的一个相对独立存在的空间，即手印岩画质料场或图像场，其内一个手形整体向上矗立，上半部分面积较大的橘红色的颜色晕染衬托出根根清晰可见的五指。如果说整个手形是图像语言，即该手印岩画图像场里的"黑"的话，那么，彩图 1 上右图所示的手印岩画质料场或图像场内的其余空间部分就是"白"。按理说，红色颜料是用来制作手印岩画的。可是，笔者发现彩图 6 上右图所示的手印岩画图像场内的"白"，即手形图像四周也不均匀地分布着比较深的橘红色。或许这是自然风化造成的。但也存在着这样一种可能性，即在制作过程中，岩画制作者同时在图像场"黑"和"白"里都使用了同样的红色颜料。整个手印岩画图像场内"白"呈土黄色+橘红色也表明了这一点。由于相对浓淡的橘红色，因此彩图 1 右上角所示的手印岩画质料场或图像场色彩整体比较淡雅、明亮。而且，特别值得注意的是，该手印图像分布在一条很长的树杈状石壁裂缝旁边，即沿着手小指左边直通上去，其左边还有已经不太清晰的横置的手印图像（彩图 6 左中图）。

（二）粉棕色

巴丹吉林沙漠洞穴手印岩画里，粉棕色的不多见，主要存在于布布手印岩画里，如图 5-3 所示[②]，这是分布在洞穴内顶部石壁上的部分手印图像。它们的自然颜色大体类似彩图 1 上右图所示的，却比它带有更多的橘红色，尤其是从侧面某个角度拍摄，手印内部颜色与图像场的一样，呈或淡或深的粉棕色。其外部，即分布在手形外部轮廓，特别是五根手指的、用以晕染的人工颜料的颜色也是比较深的粉棕色。该图像场内共发现手印图像 11 个（9 个左手，2 个右手），形状最大的长 22 厘米，宽 12 厘米；最小的长 15 厘米，宽 10 厘米。大部分手印图像比较清晰，少部分比较模糊。有些带部分手臂，有些没有，只有手形。由于自然风化，现存每个手形图像的粉棕色所占面积不同、颜色的深浅也不同。颜色较多的，手印相对清晰。反之，颜色较少的，手印轮廓则不太清晰。那些模糊的就是颜料几乎已经随着岁月的流逝，自然风化殆尽的。

---

①　通常简称为"额勒森呼特勒洞窟手印岩画"。"额勒森呼特勒"系蒙古语，意为"沙坡"。该遗址北靠巴丹吉林沙漠，南邻雅布赖山脉。
②　此即图 3-32 所示的岩画语境场和质料场内的图像场部分情形。

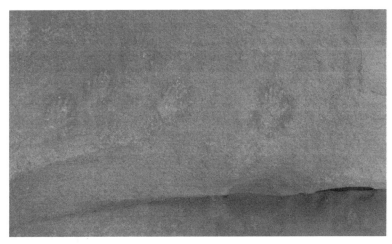

图 5-3

（三）红褐色

这是巴丹吉林沙漠手印岩画最多见的一种颜色，也是额勒森呼特勒洞窟里大多数手印图像的颜色。如彩图 1 下图所示的是笔者从额勒森呼特勒洞窟顶部石壁上所截取的一个集中承载该质料场内手印岩画的图像场。底面上壁图像场内比较密集地分布着众多清晰或不清晰的红褐色手印图像。整个图像场内"白"大体呈比较深的土黄色与粉棕色混合色，其右下面有一条比较宽的带状的淡土黄色面积。"黑"即手印图像及其颜色是红褐色。依照这种颜色便会很容易找到比较清晰的 12 个手印图像。而且，也可据此判断出那些已经风化消失的手印图像，如该图像场右下角及其土黄色带状上面也有红褐色，只是我们已经看不到手印图像的大体轮廓了。

（四）黑红色

偶尔，我们能在某个巴丹吉林沙漠洞穴手印岩画场看到黑红色的手印图像。当地文物工作者，以及其他国内外一些考古或文物工作者甚至直接称为黑色。科学实验证明：一些红色颜料，特别是红褐色发生化学反应后会变成黑色。实地考察及手印岩画场的状况也表明：个别黑色巴丹吉林沙漠手印岩画可能是由红色系列自然风化蜕变而形成的。如彩图 1 上左图所示，荷叶状岩画图像场里现存 5 个比较清晰的红褐色、橘红色、黄褐色、灰色手印图像，其中的灰色显然是由黑色蜕变而来。彩图 1 下图所示的左下角，有两个黑色手印图像，其中一个已经自然蜕变得近乎深红褐色，只有边缘部分略呈黑色。另外一个则呈比较明显的黑红色。与之并列存在的其他 2 个深褐红色及其周围残存的褐红色和深浅不均的红褐色充分展示了我们现在所看到的所谓"黑色"手印图像，或许也是由血红色长期自然演变蜕化而成。彩图 1 上右图与彩图 6 上左图里的图像场是同一个。比较不难发现，该图像场上面中间边界呈比较鲜亮的红棕色，图像场内部分石壁也呈深浅不一的红色系列颜色。如果说图像场内的也许是手印图像自然风化逐渐扩散印染的话，那么，其边界上的红色则似乎是天然的。实际上，额勒森呼特勒承载手印图像场的质料场，即这块石头本身就有不少地方呈红色。这意味着岩画生产者在生产该手印图像时所使用的颜料应该也与该图像场，特别是其周围的其他手印图像的一致，即是红褐色或红色系列的。

（五）黄褐色

巴丹吉林沙漠洞穴手印岩画里，陶乃高勒岩画语境场比较特别，如图 3-29 所示，其上是一个像金字塔状的山顶，岩画质料场是山坡上一些巨石叠加建构的洞窟。其内顶部石壁上分布着众多手印图像。由于自然风化严重，大多数都比较模糊，有些仅仅大体能看出其轮廓。图 5-1 所示的是部分比较清晰的。洞窟质料场整体呈土黄色，图像场内"白"整体呈深浅不均的土黄色，右边部分石壁表面已经完全剥落呈青色。"黑"即手印图像乍看是红色，细究是呈比较浅的黄褐色。

光与影之于地处露天或洞窟的岩画色彩意义重大。无论是橘红色、粉棕色、红褐色还是黑红色与黄褐色，巴丹吉林沙漠洞窟手印岩画的基本颜色也是红色系列。只是由于自然风化，现在可以看到或知觉到五种不同的颜色。而且，我们视知觉的这些感知很多时候都是相对而言的。即便是我们在前后相差不到一分钟的时间内拍摄同一个图像场，不同角度拍摄到的其整体颜色也不同。如彩图 1 和彩图 6 左边上、中图分别所示的额勒森呼特勒洞窟手印岩画。这些手印图像分布在同一个图像场内。它们都拍摄于 2016 年 9 月 25 日阳光明媚、晴空万里的中午，彩图 1 上左图、上右图和彩图 6 左边上、中图的颜色比较接近当时我们视知觉中手印岩画的自然色彩。而彩图 1 下图所示整体呈比较深的粉棕色的，则是笔者从左侧面略微仰视的角度拍摄的。

当前考古学或岩画界比较一致的看法是：与西班牙和法国为代表的手印岩画一样，巴丹吉林沙漠洞穴手印岩画也是旧石器时代的产物。假如此种说法成立的话，那么，岩画生产者最初制作岩画时所使用的颜色应该是抗自然力最强的非常鲜艳的红色。而且，能调制出这种红色颜料的物质也非同寻常。从审美效果上来看，红色始终是巴丹吉林沙漠洞穴手印岩画的基本底色。生产者最初生产手印岩画时，图像场内"白"与"黑"之间色彩的对比一定非常强烈、鲜明，即洞窟内天然基本的土黄色与鲜艳红色（即拓制手印图像颜色）。时至今日，整体来看，手印图像的外部颜色（即红色系列）与"白"的不一致、手印图像的内部颜色与"白"的大体一致、手印图像内外，以及图像场内"白"与"黑"色彩之间的对比及其相映相衬效果，都没有完全消逝。不仅如此，由于原来一些颜色的自然风化蜕变、相互渗透，手印图像场内各种颜色之间的相互对比映衬的效果愈加丰富多彩。

第四节　五色绚烂

多种色彩的存在，多种复杂岩画图像场，以及人工颜料的使用，都从不同侧面给我们展示了以红色系列为主导的巴丹吉林沙漠岩画色彩之斑驳陆离。而各种岩画场颜色之间的对比，更加强了我们视知觉的这种感知，并且给我们以五色绚烂的美感。总体来看，巴丹吉林沙漠岩画场颜色之间存在着一致或不一致两种情形。它们分别指述的是各种岩画场颜色的大体相同或不相同现象。岩画场颜色之间的大体相同或相似、相近主要通过以下四方面表现出来：其一，所有岩画场的颜色。以葫喇叭口子和下吊吊山岩画环境场为代表的一些地处悬崖峭壁上，整体呈土黄色或黄褐色的岩画图像场，其包括质料场在内的其他自然地理场的颜色大体亦如此。其二，两个或两个以上岩画场的颜色。岩画图像场和质料场颜色相同或相似是巴丹吉林沙漠岩画里比较普遍存在的现象。如彩图 3 左上图，中间左、右图及左下图所示。而以乌德哈布其拉和其格塔克阿木岩画语境场为代表的、那些分布在崖壁上的岩画，其大多数质料场和图像场的颜色也基本与之相似。其三，一个岩画质料场内两个或两个以上岩画图像场颜色大致相同。如彩图 8 右下中图，以及彩图 4 和彩图 6 左下图所示，这是同一个石头上不同石面，拥有两个岩画图像场的三个岩画质料场。其中彩图 8 右下中图里两个图像场的颜色几乎完全相同，彩图 4 和彩图 6 左下图里的存在着差异，却大抵相似。[1]其四，图像场内"白"与"黑"颜色大体相同。那些以珊瑚红或土黄色、黄褐色为主调的图像场基本都如此。尽管存在着各种岩画场颜色的大体相同现象，但是，相比之下，巴丹吉林沙漠岩画里最普遍存在的是各种岩画场颜色的不相同现象。各种岩画场颜色之间比较鲜明的对比将这种不同展现得非常突出。这既体现在巴丹吉林沙漠岩画地形场与环境场（如金黄色的巴丹吉林沙漠与褐红色的雅布赖山脉），以及岩画环境场与语境场（如褐红色的雅布赖山脉与土黄色的额勒森呼特勒语境场，土黄色曼德拉山环境场与分布在其上的一条条绀青色山脊语境场）之间，也体现在岩画语境场与质料场（如土黄色的曼德拉山语境场与其绀青色的质料场）之间，更体现岩画质料场与图像场，以及图像场内"白"与"黑"之间。由于比较辽阔的岩画自然地形场、环境场和语境场之间色彩的对比昭然若揭，因此，本节笔者重

---

[1] 彩图 4 所示岩画质料场上面、正面图像场的颜色大体都是绀青色与红褐色混合色，只不过这两种颜色在两个图像场内所占据的比例不同。前者里绀青色多一些（可以表示为绀青色+红褐色），后者里红褐色多一些（可以表示为红褐色+绀青色）。同样，彩图 6 左下图所示岩画质料场的上面和正面两个图像场颜色都是红褐色与黄褐色的混合色。前者里红褐色所占比例多些，后者里则是黄褐色居多。

点通过对岩画质料场与图像场，以及图像场内"白"与"黑"颜色之间相互关系的描述分析，进一步探讨巴丹吉林沙漠岩画色彩所呈现出来的多层次映衬之美。

一、语境场与质料场

由于天空和远处是每个存在于自然界旷野之中的岩画语境场共同拥有的，所以，笔者在这一节论述的所有内容都暂时悬置起了它们。笔者仅仅立足于实地田野考察，充分考虑到观看者观看岩画的不同方位和视点，在一个相对独立完整的视知觉场内，以岩画图像场为中心，按照由近及远的顺序，解析岩画语境场与其质料场颜色之间的关系。为此，笔者引进"层次"概念，以便更好地揭示巴丹吉林沙漠岩画里语境场与质料场颜色之间多层次关系。岩画语境场与质料场颜色之间呈单一层次的情形比较少见。这主要指述两种情形：第一种是某个岩画语境场和质料场颜色大体相似。由于岩画语境场颜色一般是就其整体而言，所以，悬置起天空和远处的某个岩画语境场的颜色主要指的是由其地貌和大部分其他物体共同所呈现出来的颜色。总体来看，峭壁岩画语境场与其质料场的颜色基本相同。然而，若仔细察看比较，则不难发现其质料场的更加特别一些，如布哈音高勒岩画①和孟根努扣岩画②，置身于这两个分布在大体呈土黄色的峭壁岩画语境场内，我们所能看到的某个岩画质料场的颜色，往往与其整个语境场的存在着程度不同的差异。前者大多呈黄褐色与红褐色混合色；后者大都呈淡黄色与红褐色混合色。于是，土黄色岩画语境场分别与黄褐色+红褐色、淡黄色+红褐色的岩画质料场之间便形成了一个层次的颜色差。第二种是观看者非常近距离地正面俯视图像语言时，该岩画语境场与质料场之间颜色对比所形成的层次。如图2-1所示，该语境场是采集者站在质料场前且以俯视的眼光观看它时的情形。整个岩画语境场和质料场之间的颜色大体形成了一个层次，即绀青色质料场及其周围其他绀青色石头、小面积土黄色地面，与面积较大的土黄色地面及其上的绀青色石头和绿草。当然，上述两种情形，特别是后一种只是相对而言的。事实上，视知觉中的巴丹吉林沙漠岩画语境场与质料场颜色之间的对比，比较普遍形成的是多元化的多层次。如彩图4上右图所示的也是我们非常近距离看到岩画质料场的情形。为拍摄到该石头上面面积较大的整体呈长方形直立的岩画图像场的全貌，只要我们略微蹲下身子，便可以看到其语境场内其他情景：一片蓝天，土黄色远山，两道青灰色山脊。它们与该绀青色岩画质料场颜色之间形成了四个层次，即绀青色/土黄色

<hr />

① 该岩画环境场地处阿拉善盟阿拉善右旗雅布赖镇巴音笋布尔嘎查东北15 700米的山沟南岸海拔1396米的崖壁上。其岩画语境场是一块长2.5米、宽3.5米，高约1.3米的黄色花岗，其上一处刻有古藏文。

② 该岩画环境场地处阿拉善盟阿拉善右旗阿拉腾朝克苏木那仁布拉格嘎查东北11 100米、海拔1849米的山谷内一条河沟西侧的峭壁上，其上一处约2000平方米的岩画语境场内分布着大约14个岩画质料场，其图像场内大多数图像语言已经风化，残留的有象马或羊之形的图像、符号，以及藏族、蒙古族和满族文字。

+青灰色/土黄色+青灰色/天蓝色。这意味着该岩画质料场颜色与其语境场内其他物质的颜色所形成的颜色对比层次越多，整个岩画语境场色彩越斑斓。于是，当我们采集到比较完整的彩图 8 下左图所示的岩画质料场内的图像语言时，我们不可避免地几乎会同时看到其多彩的语境场。下面，笔者将从包括质料场在内的整个岩画语境场具体颜色种类数量的多少及其程度，描述分析岩画质料场与语境场颜色之间的层次关系。

（一）由较多种类的颜色形成的多层次

对色彩的感知基于我们的视知觉及其观看的方位和视点。一般情况下，距离岩画质料场越近，我们看到的该语境场内的景象或者说物质的色彩越少，反之亦然。同样，那些位于山脚下或戈壁地势平坦的岩画，该语境场与质料场颜色之间的层次一般都较少，相反，那些位于山的顶部特别是山顶的岩画，其语境场与质料场颜色之间的层次往往较多。换言之，地势越高，岩画语境场与其质料场颜色之间形成的层次越多。所谓站得高看得远。看得越远，视野中的景物越多，景物越多，其色彩亦会越多，它们与岩画质料场颜色形成的层次亦越多。当然，观看者所处的不同审视方位也决定着他所看到的岩画质料场与语境场的颜色层次。例如，图 2-11 所示的是笔者在非常近的距离所看到的曼德拉山环境场某个山顶岩画语境场内的情形。其中承载岩画的一块面积较大的石块，即岩画质料场的颜色是绀青色。它与其语境场之间的颜色层次丰富：以岩画质料场为核心，按照由近及远的次序，则二者之间大致存在着 6 个层次，即灰青色石块/土黄色山地/绀青色（质料场和其他石块）/土黄色+绀青色山地丘陵/青灰色山地+绀青色山脊/绀青色山脊+青灰色山地。彩图 8 下左图与图 2-11 所示的岩画质料场位于同一语境场内。二者之间的差别只是一个位于山顶岩画语境场中间部位，一个位于山顶岩画语境场边缘地带。彩图 8 下左图所示的就属于后者，其中岩画质料场与语境场的颜色之间形成了至少 8 个层次，即土黄色山地+绿草/绀青色质料场和其他石块/土黄色+比较小的一些绀青色石头/绀青色呈三角形状的石壁/黄绿色草+土黄色石头/土黄色山地+绀青色山脊+黄绿色草/绀青色山脊/土黄色山地丘陵。因此，虽然审视方位都是距离质料场较近的山顶岩画语境场，但是，观看者在岩画语境场内所处的具体位置不同，所看到的岩画质料场及其周边景象也不同。相比较之下，由于高空俯视效果，站在山顶某个边缘位置所看到的景色更丰富多彩。它不仅包括山顶的一些景物，而且包括更多山下及其更远处的一些景物。换言之，分布在山顶边缘地带的岩画质料场颜色与其语境场的往往会形成更丰富、复杂的层次。

（二）由较少种类的颜色形成的多层次

有时，由于审视方位及其视点不同，我们在一个相对独立完整的视知觉场内所看到的岩画语境场面积会非常有限，如彩图7图所示，这些岩画质料场内语境场的面积较小，颜色种类也较少。然而，我们所看到的两个岩画场颜色之间的层次却并不少。二者整体分别是两种或三种颜色的混合，即粉棕色或绀青色、黄褐色、红褐色+土黄色+绿色（草颜色）。由于包括承载岩画图像语言的物质载体（即质料场）和承载其他东西的物质（主要是大小不一的石头或石块，以及山地和绿草等）似乎杂乱无章地共处同一语境场，因此便形成了三种颜色通过错综复杂地搭配组合形成的多种层次。与由较多种类的颜色形成的层次相比，这种多层次显得更加有规律。如彩图7右上图所示，除深粉棕色+深或淡绀青色混合的岩画质料场色彩外，该岩画语境场除稍远处零星露出地面的土黄色外，其余颜色几乎也都是浅粉棕色+深或浅绀青色。然而，它们或纵或横错杂分布，形成了多层次的色彩，非常明艳。彩图7左中下图所示的看似凌乱无章，仔细看无论是承载岩画的绀青色石头（即质料场）还是其他众多大小不一的绀青色石头，它们就像生长在土黄色土地里的植物一样，彼此之间维系着一定的间隙，与众多绿色草共存于一个语境场，形成绀青色与绿色及土黄色相互交叉交替、星星点点分布的众多颜色层次。

（三）由斑驳颜色形成的多层次

在巴丹吉林沙漠岩画质料场与语境场里，种类并不多且比较单一颜色通过错综复杂的组合可以形成多层次的色彩。更不用说那些色彩斑驳复杂的岩画质料场和语境场的。如彩图3左边上、下图所示，与笔者上面详细剖析的色彩斑驳的岩画复杂图像场一样，巴丹吉林沙漠岩画里也存在着大量同样的岩画质料场和语境场。这种复杂岩画质料场和语境场之间不仅也存在着由两种或两种以上颜色形成的层次，而且，它们自身斑驳的色彩更增添了层次本身的丰富性和复杂性。除天空之外，这两个岩画语境场颜色分别呈比较单一的土黄色、青灰色；岩画质料场则分别呈比较复杂的橘红色+绀青色+红褐色+黄褐色土黄色+青绿色、绀青色+黄褐色+青绿色+红褐色+土黄色+青灰色。面积较大的石壁岩画质料场内部色彩对比鲜明：中间颜色明亮，特别是顶部色彩绚烂，两边比较单一、暗淡。于是，恰如一点绿在万花丛中的作用一样，不论是左右前后石壁还是在远近语境场，其单一的颜色不仅更进一步烘托了岩画质料场凸显的色彩，而且形成了两个岩画场整体由近及远多层次的色彩，即青绿色+土黄色+绀青色+红褐色/绀青色+橘红色+红褐色+青绿色（质料场）/绀青红+土黄色+白色/绀青色+土黄色（彩图3左上图）。显然，我们视知觉场里，彩图3左上图和左下图所示的两个岩画场五彩斑斓的颜色，基本上是由其质料场颜色决定的。

假如岩画语境场的颜色稍微丰富一些的话，那么，色彩错杂灿烂的岩画质料场与其之间所形成的色彩层次就会更加丰富。如彩图7左上图所示，笔者所截取的这个包括岩画质料场的语境场面积非常有限：几乎只选取了承载岩画的质料场的自然环境作为其语境场，从中我们既看不到其周边的山地，也看不到稍微远或近一点的远山、天空等。尽管如此，我们也可以对此岩画质料场与其语境场之间多层次错杂的色彩窥见一斑。其质料场颜色为绀青色+黄褐色+土黄色+橘红色。它的左右及前后方既有相同颜色石头的映衬，又有绿草色、黄土地色、绀青色石头。于是，由近及远，在一个十分有限的视知觉场内，我们看到了该岩画质料场与语境场之间所形成的6个层次的色彩，即绀青色+土黄色/斑驳质料场/绿色+绀青色+土黄色/土黄色/绿色+绀青色/绿色+绀青色+土黄色。可见，岩画质料场的斑驳陆离与其语境场之间纵横交错，使得整个岩画场色彩更加斑斓炫丽。

二、质料场与图像场

在各种岩画场颜色的对比过程中，层次多、色彩最复杂多变的是岩画质料场与图像场颜色之间的对比，具体主要通过以下几方面体现出来。

（一）图像场和质料场都多彩

巴丹吉林沙漠岩画里比较常见的多层次色彩对比关系，出现在颜色本身比较复杂多变的岩画质料场与图像场之间。如彩图3右上图，中间左、右图所示，这三个岩画质料场整体颜色呈多样复杂的混合色，位于其上图像场的也如此。多种混合色的岩画质料场和图像场之间的相互映衬，形成的色彩层次多且丰富。不论整体主要呈红褐色+橘红黄色+绀青色+青色、粉棕色+绀青色+红褐色+土黄色+青色，还是红褐色+橘黄色+绀青色+土黄色混合色的岩画质料场，其上图像场的颜色大体也与其相同，但色泽一般都以质料场内比较亮丽的为主调。橘红黄色之于彩图3右上图和左中图所示的图像场就是如此。彩图3左中图所示的看似是绀青色占主调的图像场，可其顶部一片鲜艳的红色，凸显了它在整个岩画质料场内的特殊性，尤其是其内部两个深或浅土黄色的象人之形的图像，从上往下，纵向分布，占据了图像场大部分面积，与主要呈绀青色的图像场内的"白"交织在一起，增加了其色彩的丰富性。

（二）多彩图像场与单一质料场

这指的是由颜色整体比较复杂的图像场与其比较单一的质料场之间所形成的多层次色彩对比关系。如彩图2、彩图3右下图所示，承载图像语言的质料场整体颜色都是比较单一的绀青色。而二者图像场的颜色却比较炫丽。前者里的"白"主要是粉棕褐色+黄褐色+绀青色混合色，"黑"是淡土黄色；后者里的"白"主要是浅红褐色、橘红色+绀青色混合色，"黑"所占面积较大，是土黄色的三个象羊之形的图像。很显然，岩画图像场内斑驳的色彩就像光一样，映照得其整个质料场光彩流溢。很多时候，图像语言自身也能形成对比色彩层面。如彩图2左中图、彩图 6 右中图和右下图所示，这三个岩画图像场内图像语言的色彩之间形成了比较鲜明的土黄色+黄褐色对比层。于是，图像语言之间的多种多样的搭配组合使得原本自然颜色就比较多彩的"黑"的层次更加繁复（如彩图 6 右中图和右下图所示，用来表现其中形体最大的象马之形形象的土黄色与黄褐色之间存在着叠加现象）。即便是悬置起岩画质料场的颜色，拥有这样颜色层次的图像语言与多彩的"白"相衬相映，多层次、多色彩岩画的形成也就不可避免了。

（三）颜色整体比较单一的图像场与质料场

一般来说，那些生存于石壁或峭壁、石窟的岩画质料场的颜色就是其图像场的颜色。换言之，二者的颜色大体相同。然而，即便如此，我们也能比较容易地知觉到其颜色的丰富性。例如，彩图 3 右上图所示的一个相对独立的乌德哈布其拉石壁岩画质料场和图像场整体颜色是粉棕色与深浅不一黄褐色的混合色，其中图像场的可以再次细分为淡红褐色与形状为条状的粉棕色，以及块状的青色混合色。额勒森呼特勒和布布洞窟岩画质料场和图像场整体颜色大致分别呈较深的土黄色、黄褐色，其中岩画质料场的颜色可以再次分别区分为土黄色与黄褐色、部分绀青色和红褐色混合色，以及土黄色与部分绀青色和粉棕色混合色，而岩画图像场的则是通过"黑"与"白"之间的对比体现出来的。"白"色彩的形成基本是出于自然，与岩画质料场的基本一致。"黑"则是人工添加的颜料，主要是深浅不一的红褐色、黑色。于是，原本整体比较单一色彩的图像场变得复杂了，有了层次感。它们发生在手掌内部的土黄色与其外部的红褐色，以及手掌外部红褐色与"白"土黄色之间。如果再扩大到拥有土黄色与部分绀青色和粉棕色混合色的岩画质料场，便又有了一层更复杂的色彩。其中黑色及其自然风化蜕变而成的青灰色、黑灰色的"黑"增添了整个洞窟岩画图像场的魅力，因为拥有人为刻痕的这种颜色的图像语言在整个巴丹吉林沙漠岩画里罕见。[①]

（四）多彩质料场与单一图像场

这指的是由比较丰富复杂色彩的岩画质料场与其色彩比较单一的图像场之间所形成的多层次色彩对比关系。在某个相对独立存在的完整石头或石块岩画质料场，我们最容易看到的情形是："白"整体都呈颜色比较浅的绀青色，"黑"分别呈淡土黄色和深土黄色。相比较之下，没有承载图像语言的石头的其他面或四周边缘地带则颜色斑斓。这主要表现在石面颜色与其他地方的不一致。这里的"石面"特指承载图像场的。许多看似绀青色的岩画图像场，其质料场的颜色往往

---

① 尽管岩画制作者当初制作手印岩画时所使用的色彩，我们已经不可知，但是，有一点是可以肯定的，即它们是红色与黑色，并且色彩一定很深、很鲜艳。由于自然风化蜕变，我们目前所见到的红色大都是红褐色、深浅不一的橘红色、黄褐色；黑色大都是青灰色、黑灰色。

比较复杂。有些石面与其内部颜色不一致，如彩图 4 右中图和右下图所示，如果说承载该岩画图像场的石面颜色是绀青色的话，那么，该石头内部及其他地方的颜色则是红褐色的。并且，绀青色图像场只有薄薄的一层，犹如该石头的"石皮"一样。相比之下，石头内部质料场色彩更鲜艳、斑斓一些。巴丹吉林沙漠岩画里一些著名的岩画图像场都如此。如彩图 4 左下图①、图 5-4 所示，二者仅仅是承载岩画图像场的石头上面不足 2 厘米的表层，整体颜色呈绀青色+红褐色，其内部及其石头可见的其他侧面的颜色则分别呈红褐色+黄褐色、黄褐色+红褐色+土黄色。分布在彩图 4 左下图所示岩画质料场正面，即石头面朝我们的另一个石面上的红褐色居多的岩画图像场，以及图 5-4 所示岩画质料场四周面积较大的侧面、右下角岩画图像场内石棱形成的天然平台的颜色都明确说明了这一点。②

图 5-4

---

① 该岩画质料场颜色主要为红褐色+绀青色混合色。时间、天气、角度都会影响拍摄颜色。晴天阳光好的中午拍摄到的岩画红褐色显著一些，该图拍摄于太阳即将落山时，光线比较暗淡，所以显得绀青色居多。

② 该图是从岩画质料场的左侧面，采用略微仰视的角度拍摄的，所以，整个图像场左上角有一个椭圆形白色光斑，下面由石头表面天然形成的上下平台显得好似断裂一般。一条直线形台阶状内部清晰地展示了该石头的质地和内部结构，即表面一层薄薄绀青色石皮，内部都是红褐色与绀青色混合色，其中红褐色居多，更奇妙的是其上右边还有两个面积较小的象羊之形的图像。换言之，这个台阶内部就是红褐色的岩画图像场。承载彩图 6 右中图和右下图图像场的石头质地与图 5-4 所示的一样。

此外，石面与其周边颜色不一致的情形也是常有的。如彩图 4 右中图所示，承载该绀青色图像场的质料场，即这块石头的颜色与之基本相同。所不同的是石头底部四周颜色呈橘红色。图 1-9 所示的牦牛岩画，以及彩图 4 左下图所示的蒙古包岩画也如此。二者图像场整体都呈绀青色+红褐色，质料场四周色彩却比较复杂。前者的总体呈红褐色，尤其是右边，即牦牛形象尾巴部分后面石壁呈大面积的红褐色，一群羊形象边缘石壁更带有两处面积较大的橘红色；后者的正面呈土黄色+红褐色，四周石头破损十分严重，颜色纷繁复杂，不少地方以红褐色居多。

正如云烘托月亮一样，四周色彩比较明艳的岩画质料场颜色与图像场内的"白"和"黑"颜色相互作用，会形成多层色彩，它们簇拥下的图像语言更加突出醒目。因此，与岩画图像语言无关的复杂质料场的颜色也直接影响到岩画图像场的颜色。然而，在整个巴丹吉林沙漠岩画里，岩画质料场颜色所占面积太大、色彩太炫丽，以致遮蔽图像，特别是图像语言的情形也并非少见。这主要有两种情形：一种是多彩质料场面积比图像场的大。如彩图 5 右下图所示，承载该岩画的物质载体或质料场——石壁很特别，其整体色彩呈红褐色。上面面积较小呈倒立的三角形的是主要呈红褐色的岩画图像场，而其质料场的其他面特别是下面面积较大，并且，由于橘红色的参与，整体颜色比较明亮。另外一种情形是多彩质料场面积比图像场的醒目。实地勘察岩画时，我们会发现有些岩画图像场比较隐蔽。我们视知觉场内所看到面积比较大的往往是其质料场。曼德拉山顶石壁上不少岩画就如此。很多面积很大的石壁上，只是零星地分布着一个或两个图像语言。并且，它们的图像本身的面积相对太小，几乎完全被承载它的石壁遮蔽。很显然，出现这两种情形的多彩岩画质料场与单一图像场同样会出现色彩交错的层次。只不过与一般质料场多彩、图像场单一的其他岩画相比，它们整体色彩因面积较大的质料场的存在而显得更加斑驳。

总体来看，在巴丹吉林沙漠岩画里，上述四种情形里最常见的是前两种。这说明，岩画制作者不仅注重对岩画自然地理场色彩的选择，而且对其质料场，特别是图像场的选择更加用心。这一点为岩画图像场内部的绚丽多彩充分证明。

三、图像场内的"白"与"黑"

巴丹吉林沙漠岩画里，岩画图像场内"白"与"黑"颜色之间主要存在着对比和重合两种基本关系。一般情况下，巴丹吉林沙漠岩画图像场内"白"与"黑"颜色之间至少存在着一个比较明显的层次对比。它们通常是绀青色与深浅不一的红褐色或者绀青色与深浅不一的土黄色。如绀青色或红褐色"白"与一个土黄色图像语言。即便是在那些拥有复杂多彩的质料场和颜色比较单一的图像场的岩画里，其中的"白"与"黑"颜色之间也存在着比较明显的对比层次。常见的有深红褐色"白"与浅黄褐色"黑"，以及绀青色"白"与红褐色"黑"等。同理，在那些拥有复杂多彩"白"的图像场内，其中的"黑"与"白"颜色之间也存在着比较清晰的对比层次，如经常看到的土黄色或黄褐色、红褐色的"黑"与绀青色、土黄色、红棕色的"白"等。除此之外，我们还经常能看到一些岩画图像场内"白"与"黑"颜色之间完全或部分重叠或重合的情形。如彩图 7 右上图、彩图 8 右下中图所示，这是两个"白"比较灿烂的图像场。位于其中的图像语言"黑"也如此。无论有多少图像语言，它们的颜色都与"白"里占绝大多数的颜色一样。前者里众多图像语言都呈淡粉棕色，后者只有一个象羊之形的图像，其颜色也与该占主导地位的该图像场内的比较深的粉棕色雷同。然而，色彩的重合或重叠是相对而言的，它们并没有完全掩盖"白"与"黑"之间颜色的区别。换言之，图像语言"黑"与"白"之间的界线还是比较清楚的。

　　总之，巴丹吉林沙漠岩画图像场内部颜色"白"与"黑"之间亦存在着或明或暗的对比层次。二者之间或者颜色整体不一致，从而形成反差较大的鲜明对比；或者颜色既有相同之处也有区别，从而形成的对比反差不太大。有时，这种反差甚至小得可以忽略不计。在这种情形之下的"黑"就好像隐藏或半隐藏在"白"之中，给人一种忽隐忽现的朦胧色彩美。而"黑"的半掩映衬托了"白"，即物质载体石头表面天然的色彩美。这与岩画复杂多彩的质料场和比较单一色彩图像场之间的相互映衬效果是凸显质料场——物质化石头之美一样。

第五节　敷 彩 施 艺

　　巴丹吉林沙漠岩画各种场颜色及其对比层次关系的存在，以及那些与岩画图像语言似乎没有直接关联的岩画自然物理场，诸如地形场、环境场、语境场和质料场的独特颜色及其与图像场颜色之间因对比所形成的层次效果，特别是那些复杂多彩岩画图像场的存在，以及颜色比它更加凸显的自然物理场的存在，都从不同角度向我们展示了一个客观事实：岩画生产者生产岩画时所使用的原材料和作画的场地并非随意的。相反，他们对之孜孜以求。那些天然具有特殊颜色的物质载体和神奇语境是他们的首选或最爱。这一点最突出体现在岩画生产者往往敷彩施艺上。正如中国传统砚台制作技艺匠人所说的"眼""彩""点"等一样。[①]这里所说的"彩"指的是承载岩画图像语言的物质载体天然所具有的颜色或图案。与砚刻制作技艺里的选材一样，天然有"彩"的石头或石壁是巴丹吉林沙漠岩画生产者的首选。他们往往依据"彩"进行再次的岩画创作。总的来说，分布在曼

---

① 关于此，作者已有专论，见王毓红：《非物质文化遗产贺兰砚制作技艺的"物化"过程及其特质——以闫子洋砚刻为例》，《宁夏师范学院学报》2020 年第 3 期，第 78—90 页。

德拉山半山腰或山顶部、一般呈大致不同走向的狭长带状的绀青色岩石或石壁里有两类比较特殊：一是那些掺杂着少量粉棕色或土黄色砂质板岩的绀青色岩石。其中一些粉棕色或土黄色砂质板岩与绀青色岩石的组合，形成了一些非常奇特的天然图形，比较常见的是点或线和圆圈状形式。它们犹如那些天然裂缝或圆点一样，镶嵌在绀青色岩石里。二是那些表面带有比较鲜艳的其他颜色，如红褐色、黄褐色、土黄色等，这些颜色通常以各种不规则的形状分布在石头表面，形成了夹杂于绀青色岩石间的不规则的层、带、斑、纹等不规则形状的天然形式。本节，笔者从色彩使用角度，主要以曼德拉山岩画里两类特殊岩画质料场为论述目标，围绕着对其图像场内形形色色的石"彩"及其与图像语言之间关系描述分析，阐释天然石材之于岩画生产的重要性，并在此基础上，进一步揭示岩画的自然物性特征。

一、日月图

由粉棕色或土黄色砂质板岩与绀青色岩石的组合形成的比较规则的天然形式里，最具代表性的是那些大小不一酷似太阳或满月的圆圈状图像，它们主要分布在曼德拉山岩画环境场内。如图 5-5 所示，在这两个分别呈红褐色+绀青色、绀青色+红褐色的石壁、石头上面，都有一个天然圆圈状象日月之形的形象。它们就像是深深嵌入整个岩画质料场内的眼睛一样。虽然下图里的略呈大半圆形状，但是，我们视知觉在看到它时很自然会把它们还原为一个完整的圆形象。与承载它们的岩画质料场的颜色相比，这些天然圆圈状日月图像的颜色比较淡，并且大多整体呈深淡不同的粉棕色或土黄色，以及粉棕色与土黄色混合色。与石皮表面一层天然颜色或整个石头或石块自然的颜色不同，这些圆圈状象太阳或满月的月亮一样的图像并不是人们刻制在石头表面的，也不是石头表面由一片淡色颜色组成的圆圈状形状，而是整个石头内在自然构造的一部分，从图 5-5 中我们可以清楚地看到：上图里圆圈状图像的内部是自然裂开的，田野考察过程中我们可以看到其裂缝内部很深的地方依然是与石头表面圆圈形象一样的淡粉色；下图里这个大半圆圈状图像顶部缺失部分，更清晰地显示了其内部颜色并不是整个质料场所具有的绀青色，而是大半圆圈状图像的粉棕色。一般来说，类似中国传统砚刻里所说的"石眼"，这些圆圈状象日月之形的图像，不是位于岩画图像场的中间，而是位于其上半部分或侧面，其图像某些部分甚至与图像场的边界重合，充当石面界线功能（图 5-5 上图）。一般来说，它们整体通常都是一种比较单一的颜色（有的边缘处有一些面积很小的天然的其他色彩，如图 5-6 上图所示的左下边有一不规则白色条状形式），这种颜色与岩画图像场内的整体颜色"白"通常对比也比较鲜明。罕见有对比不太鲜明的，如图 5-6 下图所示岩画图像场内左上角和右下角处分别有两个天然圆圈状形式。其中位于右下角的呈半圆状，它的颜色比较暗淡，比较接近整个图像场内"白"的颜色。

图 5-5

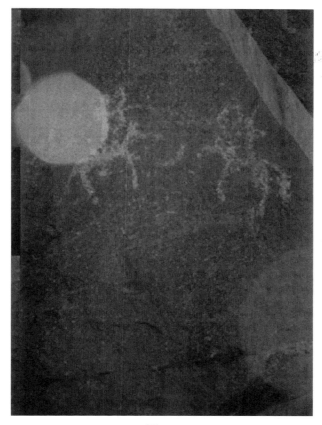

图 5-6

　　在整个巴丹吉林沙漠岩画质料场里，大凡拥有天然圆圈状象日月之形图像的，其图像场一定与它分布在一个相对独立完整的空间内。可以说，有这些图像的地方就有图像语言。于是，天然日月图就成了岩画图像语言或图像场内"白"的一个非常特殊的部分。它与图像语言之间存在着以下两种基本关系。

（一）不包含

　　这指述的是图像语言存在于日月图之外的情形。以图像语言为核心，则岩画图像场内的日月图可以位于它们前面、后面、上面和下面任何一个位置，二者之间保持着一定距离。如图 5-5 上、下图里都只有一个象侧面站立羊之形的图像。上图里羊形象的头部转向日月图，日月图位于它的前面；下图里日月图位于羊形象上面。

（二）包含

这指述的是图像语言部分或整体存在于日月图之内的情形。如图5-6上、下图所示，前者里一个面积较大的象骑者之形的形象横跨图像场内"白"与日月图，其大约有1/3的部分位于日月图之内；后者里比较清晰的有4个图像，即象射手、羊、骑者之形的图像，以及一个抽象的线状图形。其中射手图像里的侧面人形象与日月图的右边部分边界线几乎完全重合。由于这些图像语言的颜色通常与日月图的不同，大都呈深浅不一的土黄色或红褐色。因此，与一般图像场颜色相比，拥有日月图的更加多彩、多层次。它的色彩既来自"白"和"黑"，也来自日月图，更来自它们之间的相互对比映衬。除图5-5上图所示的红褐色+绀青色混合色外，绀青色"白"和深浅不一的红褐色或土黄色"黑"，以及深浅不一的粉棕色或土黄色及其他淡色混合的日月图相生相伴便成了这种巴丹吉林沙漠岩画独有的自然物性。而有日月图的绀青色与红褐色混合的岩画质料场或图像场，其石理通常亦更加刚柔相济，岩画图像语言亦更加具有天然雕饰的韵味。

二、"彩"

巴丹吉林沙漠岩画里另一种代表性的"彩"就是那些由天然色彩形成的不规则状形式。它与日月图之间的差别突出体现在四个方面，即生存的质料场、石理、颜色和形状。一般来说，类似石眼似的日月图基本上存在于绀青色与红褐色混合的岩画质料场内，而"彩"我们几乎可以在任何颜色的岩画质料场里都能看到。与石头内部地质结构自然纹理本身形成的日月图相反，"彩"大都是石头表面上的自然色彩。它们可能是外在于自身的大自然作用的结果，如闪电、雷击等[①]，或者是石头或石壁自然风化的产物。日月图的色彩整体比较单一，基本上都是与粉棕色或土黄色相关的浅色。"彩"的变化莫测、光怪陆离，整体属于红色系列。并且，无论是半圆还是圆形形象内部存在着破损现象，日月图展示给我们的整体形状都呈比较规则的圆形。而"彩"则千姿百态、十分不规则。与日月图一样，"彩"是巴丹吉林沙漠岩画里常见的、比较典型的色彩现象之一。依据其形态和形状，可把整个巴丹吉林沙漠岩画图像场的"彩"大致划分为以下四类，即彩虹、云霞、瀑布、树杈，下面，笔者将逐一展开分析。

（一）彩虹

彩虹指述的是岩画图像场内天然颜色所形成的那些整体呈一道彩虹似的直线或曲线状的图像或形象。它们总体具有以下四个方面的特征，即红色系列、多

---

① 科学实验证明：火烧赭石后，它的颜色会随着温度的变化而发现变化，或颜色变得更红。

样形态、位置灵活，以及与图像语言关系密切。

1. 红色系列

红色是彩虹的基本颜色，它们形形色色，五彩缤纷，极尽变化之能事。若按照某种颜色在某个彩虹形象里所占比例多少，可以把彩虹进一步区分为正红色占主导地位的和黄色略占优势的两大类。二者分别指述的是那些一看就是红颜色的，以及黄色比较明显的黄红色或橘红色的彩虹。如彩图 4 右上图、右中图、右下图分别所示的橘黄色、桃红深色、红褐色彩虹①；彩图 7 左中图、左下图所示的粉红色、水红色彩虹；彩图 8 左中图、右下图分别所示的淡橘黄色、淡黄褐色彩虹。其中，彩图 4 右中图所示的这种比较正宗的淡红褐色、比较长的彩虹较为少见。大多数红色系列颜色的彩虹整体分布不均匀，程度不同地夹杂着其他颜色。如彩图 7 上左图、彩图 8 下右图分别所示的橘红色内部略带土黄色、淡橘黄色里略带红棕色等。有些更是典型的七彩彩虹，如彩图 7 左下图所示的就是彩图 4 左中图所示的这块比较大的石头顶部：一条呈八字状的长长彩带蜿蜒在整个石头顶部边界，就像该石头或质料场顶部戴了个彩色发带。若按照从左到右的顺序，则其是淡灰白色+橘黄色+红褐色+土黄色+橘红色+红褐色+土黄色+粉棕色+绀青色+红褐色+橘红色的混合色。通常情况下，在一个相对完整独立存在的岩画图像场或质料场内，我们所能见到的红色系列彩虹只有一道。有时，我们也能看到两道的，如彩图 8 右下中图所示的两道红褐色彩虹就是图 3-13 下图所示岩画图像场右上面及其背面情形。它们就像两条平行线一样，并列在岩画质料场的顶部。

2. 多样形态

虽然整体都是有一定宽度和长度的象彩虹之形的形式或图像，但是，其具体形态因岩画场的不同而不同。一般来说，这种彩虹的长度也往往依据岩画图像场与质料场之间边界的长度而定。岩画图像场边缘地带界线长的，其彩虹亦长度几乎与之等同，反之，图像场边缘地带界线短的，其彩虹的长度亦短。而长度与宽度决定了彩虹整体姿态的多变性。它们整体呈直线状或呈曲线状，相比之下，呈直线状的占绝大多数。在岩画图像场里，它们或者呈一条横线状，或者呈一条竖线状分布。并且，彩虹的形状会因颜色的深浅或间断而发生变化。如就其整体形状而言，主要有半圆形、弧形、直线形。若把它们视作一条抽象线状形式，则连续、断续是其两种基本存在方式。试比较彩图 4、彩图 7 与彩图 8 里的彩虹：这些图像场内彩虹的宽度几乎没有雷同的。它们之间不仅有长短、宽窄之别，如彩图 7 左上图、彩图 7 左下图所示的分别是我们所看到的最宽、最窄的彩虹，而且颜色也存在着是否均匀的问题。其中有些颜色整体比较匀称细长，如彩图 4 中间左右

---

① 其中右中图所示的是正午阳光最强时拍摄的，夏天傍晚拍的就是深红棕色。总之，色彩都非常鲜艳。右下图所指的是其上有一个形体较大的抽象图案形式与羊图像组合的二重合体岩画。

两图分别所示为多颜色的混合色、红褐色；有些则整体比较宽并且不匀称。后种最常见。即便是那些看似大体一致的彩虹，也存在着程度不同的差异。如彩图 7 中上图和左下中图所示①，它们整体都是一道直线状彩虹，可上图橘红色的右边宽，左边窄且颜色淡至浅灰粉色；左下中图水粉色的左边宽，右边窄且颜色淡至白色。彩图 4 中间左右两图所示的彩虹都比较狭长，整体形状却分别大致呈拱形、右边倒扣横置的"7"形。

3. 位置灵活

巴丹吉林沙漠岩画场内彩虹的位置也灵活多变。它们几乎可以位于相对独立存在的视知觉场内的任何地方。例如，它们既可以位于岩画图像场内，也可以位于其质料场内。其中位于岩画图像场的比较常见，位于其质料场的则相对少一些。这意味着尽管绝大多数彩虹位于岩画图像场的边缘地带，如彩图 8 所示的，它们之上还留有一定空间的"白"，甚至直接与边界线重合，如彩图 4 最左边上下所示的 4 个，以及彩图 8 左中图、右下图所示的，但是，通常我们只能在图像场内看到彩虹。然而，除图像场外，有时我们也能同时在一个岩画质料场内看到其他彩虹。它们或者分布在岩画图像场彩虹的附近，如彩图 8 右下中图所示的两道呈平行线状分布的红褐色彩虹，二者分别位于图 3-13 下图所示岩画的质料场和图像场内②；或者分别分布在岩画图像场和质料场内，如彩图 4 右中图所示，该图像场最上面有一道亮丽的彩虹，其面朝质料场下面，即整个石头贴近地面的部分，也是一道淡橘红色的蜿蜒的彩虹。

在一个相对完整独立的岩画图像场内，彩虹的位置更加灵活多变。它们可以位于图像场的上面或下面，也可以位于其左边或右边。如彩图 4、彩图 7 所示的彩虹大都位于图像场的最上面或顶部边界线处。彩图 4 右中下图所示的彩虹位于整个岩画图像场的右边边缘。位于图像场中间和下面的彩虹比较少见，其中以位于下面的相对多见。例如，从比较宽泛的角度，可把彩图 4 中间右边所示的质料场下面比较宽的、蜿蜒整个石头正面边界的一道橘红色视作彩虹。这种情况在彩图 7 上右图所示的以夏拉木岩画语境场为代表的粉棕色质料场、图像场最常见。事实上，若把凡是颜色呈带状分布的都称为彩虹的话，那么，它们在巴丹吉林沙漠岩画里非常普遍地存在着。

4. 与图像语言关系密切

我们注意到一个现象：大凡有彩虹的岩画质料场，其图像场一定与彩虹共存。即使是那些位于岩画质料场另一面的，制作者也非常巧妙地通过借用它们，让它们与岩画图像场内图像语言在一个视知觉场内共存。由此可见，彩虹与图像语言

---

① 其中中上图指的是直接位于最上面两图下面的基本由一个羊图像建构的岩画；左下中图指的是位于最左边的倒数第二个图，即图像场下面有一个羊图像的岩画。

② 而从图 3-13 下图所示的岩画图像场内，我们只能看到其中的一道"彩虹"。

之间存在着相互依存的密切关系。当然，它们之间也存在着相互作用。若立足图像语言，则可把它们之间比较常见的关系划分为以下三种。

（1）普照。这指述的是正如彩虹名称所昭示的，它们就像挂在天上的彩虹一样，高高在上，普照着图像语言。由于彩虹绝大多数分布在图像场的顶端，因此这是巴丹吉林沙漠岩画里最普遍存在的它与图像语言之间的关系。如彩图4右上图和右中图所示，虽然或远或近，但是，彩虹一定位于图像语言上面。至于那些位于质料场另一面，即不在图像场的彩虹更是如此。如彩图8右中图和右下图所示，由于岩画石头质料场里有两道天然彩虹，因此制作者就刻意把其图像场设定在它们的下面。这样不仅使彩虹看起来位于岩画图像场内，而且显得更加高高在上，笼罩着位于岩画石头质料场正面的图像语言。

（2）重合。这指述的是岩画图像场内彩虹与图像语言之间存在着相互叠加并存的现象。如彩图7左上图所示，一道绚丽的彩虹位于图像场顶部边界之处，其下有三个比较清晰的图像。它们都程度不同地分布在彩虹内部，即最下面一个象马之形形象的头部部分，其上一个形状较小的象羊之形的形象的上面部分，以及位于羊图像右上角的一个抽象形。同样，彩图8右下图所示的岩画图像场内，位于左边的两个上半部分几乎完全位于其上彩虹之内，并且与之叠合。彩虹与图像语言之间的这种叠合常常发挥着弥补的功能。如图5-7所示①，由于石头表面的凹凸不平，以及颜色分布的不均匀，不少彩虹往往存在着程度不同的残缺现象。似乎出于弥补这种残缺的动机，岩画制作者在其之上刻制了图像语言。中图和下图浅红褐色和淡橘红色彩虹的右边或右下角部分颜色很淡，分别都露出了石头质料场和图像场固有的绀青色，岩画制作者在这些部分都分别刻制了图像语言（即一个象骑者之形形象的大半部分，以及3个分别象马或羊之形形象的前半部分）。而上图图像场最上面是一道天然粉棕色的彩虹。整图像场内只有一个扁圆形抽象形式。由于位于彩虹中间"缺口"之处，该图像语言的存在起到了弥补作用。这里说的"缺口"是视知觉意义上的，其实是该部分粉棕色淡得几乎没有了。

（3）追随。这指述的是岩画图像语言所表现的形象及其排列组合与彩虹保持一致，就像葵花向阳一样。那些分布在岩画图像场侧面的彩虹与其图像之间的关系往往如此。如彩图4右上图所示，位于岩画图像场右上边的彩虹下面是一条比较宽大的裂缝，图像语言就分布于其下，尽管图像场面积较大。彩图8左中图所示的呈黄褐色+红褐色的彩虹位于图像场的偏左侧，场内面积较大，而两个象骑者之形的图像紧紧挨着它，其中骆驼形象②和骑者形象的头部都是朝向左侧，即彩虹所处的方向。彩图8右中图所示的是图3-13下图与图3-19下图分别所示的

---

① 这种黑白摄影图里所示的岩画图像场内颜色较深的就是天然的形似一道彩虹的"彩"。
② 即位于彩图8左下图右上角的。

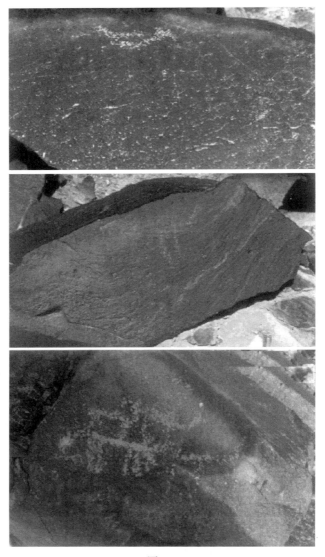

图 5-7

岩画图像场及其图像语言所处质料场和图像场右上角部分情形：整个图像场内形状最大的象人之形的图像，与左右各两个形状与之悬殊的象鸟之形的形象的组合，都被刻制在两道彩虹的下面，其中人形象的头顶直接对着它们。

（二）云霞

这指述的是岩画图像场内天然颜色所形成的那些整体呈不规则片状的红色

系列颜色的"彩"，我们称之为云霞。它们就像漂浮在整体呈绀青色的岩画质料场或图像场的彩云，既是整个巴丹吉林沙漠岩画里最常见的，也是最丰赡的一种"彩"。可以说，没有这种"彩"的巴丹吉林沙漠岩画图像场、质料场比较罕见。下面，笔者将从双彩红色系列、形状变化、灵活多变的位置、与图像语言关系密切四方面，描述分析这种"彩"所具有的基本特征。

1. 双彩红色系列

与彩虹一样，云霞整体的基本色调也是红色系列的。在整个巴丹吉林沙漠岩画里，拥有正红色的云霞相对比较多，这也是我们为什么称其为云霞的一个重要原因。彩图 4 右下图、彩图 6 上左图和上右图，以及彩图 7 右下图分别所示的则是我们在彩虹里比较常见的褐红色、枣红色、土红色、紫红色。就是同一种颜色，与彩虹相比，云霞也是层次多变的，如粉红色里就可以再次区分出彩图 7 右上图和右中图分别所示的粉橘黄色、粉白色，彩图 2 左上图和彩图 8 右下中图分别所示的粉褐色和粉棕色等。

黄红色也是我们可以比较明显地区分出来的云霞颜色。它们通常色彩更加鲜亮。如彩图 2 中左图与右下图、彩图 3 左上图，以及彩图 8 上图与中图所示的深浅不同的比较纯正的橘红色。它们中既有些比较非常鲜艳醒目的橘红色，也有夹杂面积较大土黄色或粉红色等其他颜色的。同样，即便是那些类似颜色的之间也存在着比较明显的区别。如都属于比较浅的橘红色，彩图 3 左上图所示的黄色所占的比例大一些，彩图 8 上中图所示的则红色多一些。而一些主要由黄褐色和土黄色混合形成的，其中也程度不同地存在着大量红褐色，如彩图 2 右上图、彩图 6 左下图、彩图 7 中间下图所示。

与彩虹相比，云霞更加多彩的一个重要原因是它的斑驳。这主要指述的是云霞通常具有三种或三种以上的颜色。如 8 张彩图所示，严格说来，鲜有单一颜色的，特别是那些面积较大的绝大部分都是多种颜色的混合。其中以红褐色+橘红色+枣红色+土黄色、黄褐色+土黄色+红褐色+绀青色混合色、黄褐色+土黄色+红褐色、红褐色+绀青色，以及粉红色+红褐色+绀青混合色比较常见。例如，彩图 2 右上图、彩图 6 左下图、彩图 7 中间下图所示的整体都大致呈黄褐色+土黄色+红褐色混合色，只不过由于土黄色、黄褐色、红褐色分别占比较大的比例，因此它们呈现出来的具体色彩也略有差异。

在整个巴丹吉林沙漠岩画里，如果说多彩的正红色和黄色，以及色彩斑驳是彩虹和岩画图像场颜色的特征之一的话，那么，双彩则是云霞独有的。指述的是，在云霞里存在着点或片状天然更加明亮颜色的情形。在这种云霞的色彩里存在着令人瞩目的大小相套的层次：大层次的面积较大，它们的颜色通常比较深且是云霞的基本颜色；小层次的面积相对则比较小，它们的颜色一般比基本颜色浅。小层次的通常套在大层次的之内。于是，镶嵌在基本颜色之内的面积较小的小层次颜色往往就像其中点亮的灯火一样，不仅形状较小，而且原本比较浅的色彩在颜色较深的基本色的衬托之下，显得就像"灯"或"火"一样十分明亮。为方便论述起见，笔者称之为双彩，即两种面积或形状大小不同的颜色之间的相叠相套。一般来说，面积较小的呈白色或近乎白色的灰白色、金黄色、青灰色等比较淡雅的颜色，面积较大的则呈红褐色、玫瑰色、枣红色、黄褐色等比较深的颜色，前者大体分布在后者之内。有时，我们也能见到与之相反的情形，如彩图 2 左上图与中图，以及彩图 7 右中图分别所示的是淡粉色/淡金黄色、橘黄色/金黄色、粉棕色+绀青色混合色/白色的双彩类云霞，其中排在前面的是面积较大的、比较暗的分布于云霞外面一层颜色，排在后面。就颜色在双彩里所占面积大小而言，彩图 2 左上图与中图所示的都是淡色较多、深色较少，彩图 7 右中图所示的则是深浅差不多。很明显，与一般淡色所占面积较小的双彩相比，淡色所占面积较大或与深色差不多的双彩更加明亮。经电脑反色处理过的岩画图像场，能让我们清晰地看到天然双彩里双色的这种层次感。如图 5-8 上、下图所示[1]，两个岩画图像场内分别有深浅不一的双彩，即金黄色+殷红色、浅黄色+橘红色的组合，其中排在前面的是浅色，后面的是深色。与图 5-8 下图所示常见双彩不同，图 5-8 上图所示的面积较大的金黄色，即浅色，分布在双彩内部，从而形成了内部颜色浅、外部的则较深的鲜见双彩。淡色烘托下的，尤其是像图 5-8 上图所示的这种内部深金黄色与其外部淡殷红色混合的双彩比一般的耀眼。

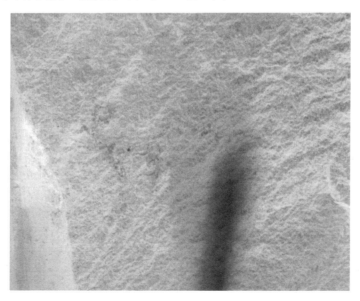

---

① 这种黑白摄影图里所示的岩画图像场内颜色较深，形似面积、形状不等云霞状的深色部分，便是双彩。

图 5-8

事实上，巴丹吉林沙漠岩画图像场内的天然双彩状云霞形形色色。除常见的红色系列外，有时，我们也能见到如彩图 8 最右边上下图所示的这种独特的多色彩、多层次的：一块面积较大的岩画质料场顶部有一块面积较大、整体呈等腰三角形的凹坑，其内部犹如山峦一般起伏很大，色彩丰富。三角形顶部分布着一个亮丽的黄褐色+红棕色/淡金黄色双彩状云霞，中间是呈小片状分布得比较深的橘红色与绀青色，三角形底部边缘地带是比较深的红褐色与绀青色，其中右下角有一片呈比较深的橘红色。于是，在多层次色彩的烘托下的双彩犹如整个图像场最顶端的灯塔一般，特别是其中占比例最大的颜色是比较亮的淡金黄色。由此可见，在双彩状云霞里，颜色较浅的面积或形状与颜色较深的界线比较清晰，二者之间不仅存在包含与被包含关系，而且存在比较明显的层次感。它们之间的关系犹如蛋黄与蛋清的关系。

2. 形状变化

正如其名称所示的，巴丹吉林沙漠岩画里云霞的形状就像瞬息万变的云彩一样，没有定性。从整体颜色的亮度、形状来看，可把它们大体划分为火状、三角形、四边形和无形四种。

被我们称为火状云霞的整体形状就像火苗、火焰、火炬或篝火。如彩图 2 最左边上、下图所示的两个双彩云霞，中间部分呈金黄色，外围呈红色或橘红色，犹如正在燃烧着的火苗或火焰。而图 5-8 上图所示颜色比较暗的、内部面积较大的金黄色与其周围颜色比较淡、面积较小的殷红色内外组合所形成的竖线形双彩则酷似火炬。总体来看，火状云霞是巴丹吉林沙漠岩画里最常见的一种"彩"。如彩图 2 中图、彩图 5 上图分别所示的岩画图像场的顶端、左上角，以及彩图 6

上面两图分别所示的图像场顶部中间边界处和左上角的云霞，它们面积都比较小，红颜色比较鲜艳，呈红色或橘红色火状。至于彩图5右下图所示的包括图像场在内的整个岩画质料场呈深红褐色（其中上下半部分分别主要呈紫红色、橘红色），犹如火炬塔一般。其中岩画图像场（同时也是整个岩画质料场）顶部是白色与紫红色形成的双彩云霞。

　　若忽略颜色，仅仅从形状来看，巴丹吉林沙漠岩画里大多云霞呈大小不一的三角形状。如彩图8右中图所示图像场右上角面积比较小的、红褐色等腰三角形状的，以及彩图8最右边中图所示图像场左上角呈侧立放置三角形状的。彩图5下图所示的是两个非常奇特的图像场：左边呈梯田状岩画图像场内部，一道道石棱划出了上下大致呈三角形"梯田"之间的边界，其中有些石棱，特别是位于其顶部的呈带状红褐色的云霞状；右边岩画图像场内部的一道石棱把整个面积较大的图像场一分为二，划分为两个侧立或倒立的大三角形状。二者之上都有图像语言，共享顶部双彩云霞。巴丹吉林沙漠岩画里大体呈长方形或正方形的云霞也不少。与三角形的相比，它们的形状往往比较大。如彩图8最上面右图、中图分别所示的形状较大的整体略呈纵向放置的长方形淡橘黄色、橘红色云霞，以及彩图6下左图正面所示的大片黄褐色的。

　　很多情况下，云霞的形状是由质料场的形状决定的。如彩图8中图[①]所示的是一个不规则形状的岩画质料场和图像场，其顶部有一块面积较小的、因石面天然凹陷形成的、有着鲜明石面边界的呈倒置侧放三角形状区域或云霞。彩图6左上图所示的也是依石头天然造型分布。该岩画图像最左上角呈天然三角形状切面的顶部和下面，都有面积较小的、呈深橘红色的"彩"，它们进一步明确地勾勒出了该岩画图像场内这个特殊的区域。实际上，由于绝大多数巴丹吉林沙漠岩画质料场和图像场崎岖，因此分布其中的绝大多数云霞亦如此。我们很难用某个几何图形去形容它们。它们中有些类似动物，如彩图2右下图里的宛如一个形体比较大的肥硕的马形象。一般来说，这种面积较大的无形云霞大多分布在石壁上，如彩图3左上图和彩图7右上图分别所示的。面积较小的形状更变化莫测。其中有一些相对于整个图像场来说小得类似"点"状。如彩图3左中图和彩图5上图分别所示的同时位于岩画质料场和图像场左上角顶部的一小片状云霞。与彩虹相比，巴丹吉林沙漠岩画云霞多变的形状还通过其颜色的厚度展示出来。如它们中有些酷似浓云密布，显得厚重，如彩图5左下图和彩图2右上图分别所示的面积较大的红褐色+橘红色+绀青混合色、土黄色+黄褐色+红褐色混合色的给我们以厚重感；而彩图3左上图和右中图、彩图7右中图、彩图8最上面右图与中图分别所示的面积较大的则给我们以轻柔感，恰似飘在天空中的云朵。

----

① 即位于左下图上面中间的。

3. 灵活多变的位置

犹如云彩一样，巴丹吉林沙漠岩画里云霞的位置也是飘忽不定的。很多直接分布在岩画图像场内有裂缝的地方，如彩图3左上图、彩图4右下图所示，两个岩画图像场内的顶部都分布着面积不大的一片呈红褐色或殷红色的云霞，其中都有横穿而过的一条比较深的裂缝。并且，在岩画质料场或图像场内，云霞所处的位置通常与其具体颜色和形状无关。双彩或"火"状的可以位于岩画图像场或质料场的顶端，三角形和长方形正方形的也可以，各种不规则无形的更是如此。而同一个岩画质料场或图像场内拥有两个或两个以上云霞的，往往分布在图像场内不同区域。如彩图6右上图所示的岩画图像场内有三个点状橘红色的；彩图7右下图和彩图8所示同一岩画图像场内也有三个面积和形状大小都不同红褐色的，它们分别位于图像场左边天然高低平台形成的梯田状区域的顶部和左右两边。彩图5上图所示的4个也分布在图像场四周，即整个图像场右上角一个面积较小的片状云霞，中间顶部凹陷坑内左右两个面积更小点状的，以及下面中间一片面积较大的由众多橘红色点形成的。

一般来说，巴丹吉林沙漠岩画里云霞的位置主要分布在图像场的最上面和左右两边，位于其最下面和中间的比较少见。如彩图6右上图、彩图7中左图和右下图所示，它们可以位于岩画图像场的最顶端，即与其质料场相交界的边远地带甚至边界线上。彩图7右上图、彩图8上中图分别所示的面积较大的橘红片状和双彩，也都位于整个岩画图像场或质料场的最顶端边界线上。与位于最上面的一样，那些位于岩画图像场或质料场最下面的云霞通常也分布在图像场与地面或其他质料场的边缘地带或边界线上。如彩图6左下图、彩图7右上图所示的分别都位于岩画图像场与另外一个或两个质料场（即左右石面）的边界线，甚至整个岩画图像场与地面的接壤之处。分布在岩画图像场或质料场左右两边的云霞也比较常见。如彩图3左上图、彩图7左中图和彩图6右上图所示的，它们分别位于整个岩画图像场的左边或右边边缘地带或质料场与图像场的边界上。相比较之下，位于岩画图像场中间地带的云霞比较少见。可以说，它们是最难见到的。如彩图3右下图分别所示，从上到下，从右到左，呈大小不一状分布的浅橘红色，几乎占据了整个岩画图像场空间，特别是下面的面积较大、颜色也更深一些。三个羊图像呈直线状上下分布于这些云霞之上。彩图3右中图所示的也如此。橘红色云霞几乎占据了整个岩画图像场的右边大部分。

总之，与彩虹相比，云霞所处位置更加灵活多变。它们几乎可以位于岩画图像场内的任何地方，也可以位于其质料场内很多地方，更可以位于二者之间的交界之处。

4. 与图像语言关系密切

正如彩虹一样，巴丹吉林沙漠岩画里云霞与图像语言之间的关系也十分密切，并且更加复杂。二者之间的关系主要表现为追随、普照、笼罩、重合四种。一般来说，云霞就像吸铁石一样，对图像语言具有不可抗拒的吸引力：有云霞的地方往往就有图像语言。如彩图 6 右上图、彩图 8 上中图所示，面积比较大的两个岩画图像场内，分别有两个、一个图像语言。它们没有分布在图像场的中间，而是追随云霞，分别位于其左上角、顶部。那些位于整个岩画质料场或图像场顶部的双彩和火状云霞，特别是形状比较小的，与位于其下面的图像语言之间往往存在着普照与被普照关系，即云霞就像太阳或灯火一样，照亮着图像语言。如彩图 2 中图和彩图 4 右下图分别所示，云霞酷似高高在上的灯塔。它们的存在使得图像语言变得更加明亮清晰。与之相反，一些位于岩画图像场顶端的形状较大的云霞，则像一块厚厚的、密不透气的油布一样，笼罩着位于其下的图像语言（彩图 2 右下图）。与彩虹一样，与图像语言重合的云霞很常见。它们或者部分与云霞重叠，如彩图 2 右下图、左中图分别所示的形体较大的马形象、羊形象的头部与其上云霞重合，即二者的颜色基本相同或相互重叠。彩图 3 右上图、右中图分别所示的图像场右边淡土黄色、金黄色图像语言几乎成为它们分布于内的云霞的一部分。有时，我们也能看到一些图像语言似乎与云霞比较疏远的情形。如彩图 7 最左边从下往上倒数第二图、彩图 8 中图①所示，这两个图像场的顶部都分布着形状和颜色不同的云霞，其下面都分布着两个羊图像。云霞与图像语言之间的距离却比较大。而且，两个羊形象的头都朝右，而不是朝向云霞。

（三）瀑布、树杈

除彩虹和云霞两种最常见的"彩"外，巴丹吉林沙漠岩画里还存在着两种比较特殊形状的"彩"——瀑布、树杈。这分别指述的是岩画质料场或图像场内那些完全由天然颜色形成的形状如瀑布、树杈一样的"彩"。前者常见于那些地处岩壁或洞窟的岩画质料场；后者则见于分布在各种自然物理场内的岩画质料场。如彩图 3 右上图、彩图 4 左上图和下中图分别所示的乌德哈布其拉岩画：这三个图像场整体大致呈粉棕色，其中分布着众多与场内整体颜色有别的其他颜色，它们呈比较长的垂直线状的彩带，就像双彩一样，它们的颜色比图像场内的整体颜色淡，有粉棕色、黄色，从上往下就像瀑布一样倾泻而下，给人一泻千里的审美感受。由于图像场内瀑布状"彩"长度长、数量多，并且从上往下垂直分布，因此，与其同处的图像语言无论有多少，都程度不同地分布在其中。一般来说，在石壁岩画质料场内，瀑布状"彩"都分布在其图像场内。与之相反，那些分布在岩画洞窟或洞穴质料场内的，则往往分布在其质料场的外部。如图 3-5、图 3-25 上图分别所示的特格几格下洞、额勒森呼特勒洞窟手印岩画。承载它们的分别是整体呈土黄色、淡灰黑色的巨石质料场。其表面分别有数道长短不一的黄褐色+红褐色混合色、淡黄色的瀑布状"彩"。瀑布状"彩"在图 3-32 下图所示的布布洞窟

① 即上中图下面的。

手印岩画质料场内的呈现形式很特别：它宽度很大。如果说一般岩画场内的瀑布状"彩"就像我们常见的呈一道道垂直线形的话，那么，图 3-32 下图所示的则呈片状，犹如倾泻而下的尼亚加拉瀑布。

　　形状如树杈一般的"彩"遍及岩画图像场。在一般石头岩画图像场内，它常常以裂缝、断裂等形式出现。而分布在额勒森呼特勒洞窟手印岩画图像场里的，则是石壁自然地貌及其色彩所形成的天然树杈状图像。如彩图 1 左上图所示，这块巨石质料场的底部便是额勒森呼特勒洞窟手印岩画图像场所在地。从该岩画质料场外部向内（即它与其他石头形成的洞窟）看，分布在其底部石壁上的图像场里，最引人瞩目的是一巨大的天然土黄树杈"彩"。它主体部分呈土黄色，其边缘呈黄褐色。由彩图 1 下图我们可以看到，该树杈其实是由石壁上自然石棱界线构成的。手印图像与树杈关系密切：所有手印图像不仅集中分布在由树杈界线所划分出来的三个不同的区域内，而且许多手印图像紧紧挨着或直接分布在石棱边界（或树杈）上。个别没有分布在该树杈内的，也分布在其周围，并且分布在由石壁裂缝形成的树杈上。彩图 1 右上图、彩图 6 左中图所示的就是两个手印图像分布在同一个形状比较大的树杈上的情形：前者里的手掌形象内部紧紧贴着（甚至部分重合）一条直通往下面的、形状比较大的酷似叉状闪电的灰色裂隙；后者里的该灰色裂隙不仅通到手掌形象下面，而且沿着手掌心形象的内部边缘一直通到其上面，且在距离手掌很近的地方又分解成一形状较小的树杈，该小树杈不仅上面左边有一个横置的手印图像，而且一直继续向石壁上面延伸至另一顶部边界。[①]

　　由以上论述可以看出，巴丹吉林沙漠岩画图像场和质料场内天然色泽丰赡。"日月图"独特，以彩虹、云霞、瀑布、树杈为代表的彩绚丽多姿。并且，无论是红色系列色彩所形成的形状，还是其位置及其与图像语言之间的关系，云霞都远远比彩虹奇幻多姿，给人以更多梦幻般的遐想。然而，即便如此，本书的上述区分还是相对的。因为有些"彩"，本书很难判断它们究竟是彩虹还是云霞。如图 7 左中下图、彩图 4 左中图所示，两个图像场内的彩分别大体呈粉橘红色、橘红色。它们乍看似乎可以归属于本书上面所说的彩虹，细看则不然。前者里的位于图像场的顶端，整体呈一比较标准的线状弧形彩虹，其右边却有个像灯一样的，由近白色形成的圆圈状非常明亮耀眼的双彩云霞；后者里沿着图像场内顶部至右边缘，有一条线状弧形彩虹，可它位于图像场顶部左上角处也有一片面积较大的、像灯一样的金色圆圈状双彩云霞。这意味着我们也可以把这两图所示的彩视作云霞。彩图 2 左下面所示也如此。这是我们从一个面积较大图像场截取的顶部边缘部分。其右边似乎是一片呈比较明亮的土黄色+黄褐色混合色的云霞。可它却同时分布在比较狭长且横贯整个顶部边缘地带的红褐色彩的上面。于是，我们可以

---

　　① 两图由笔者同一天同一时间拍摄，只是角度不同导致光线色彩不同而已。

把二者合一，视作分布在该图像场整个顶部边缘的彩虹。除此之外，不少巴丹吉林沙漠岩画图像场和质料场内同时拥有多种类型的"彩"。如彩图 3 上面左右两图所示，两个岩画图像场内除分别存在着的大片面积的云霞、瀑布外，其质料场内还同时分别存在着彩虹（位于质料场上面边缘地带）、云霞（位于右下面的片状红褐色彩）。

第六节　红色岩画

至此，我们完全有理由把巴丹吉林沙漠岩画定义为"红色岩画"。这里所说的"红色"指述的是非常广义的"红色系列"色彩，特别是底色或基本色调。下面，笔者立足以文化场为核心的岩画心物场，主要从岩画生产者角度，通过对红色岩画全面、系统、深入地考察，进一步分析阐释岩画的自然物性美学特征及其功能意义。

一、红色岩画

"红色岩画"命题的提出主要基于以下两个考古发现实证。

（一）人工红色颜料的添加

巴丹吉林沙漠洞穴手印岩画是考古界的重大发现之一。它所展示出来的人工红色颜色是一个物质化的考古实证。红色人工颜料的添加是岩画生产者追求红色的最强有力的证据。至于这种颜料人们是用什么制造或调制出来的，则无法确定。目前世界范围内发现的手印岩画比较少。岩画比较早发现的地区，如法国、西班牙和非洲等地，以及澳大利亚、北美等地，也有与巴丹吉林沙漠岩画十分相似的洞窟手印岩画。目前世界岩画界比较普遍的一种观点认为包括巴丹吉林沙漠岩画在内的洞穴手印岩画产生的年代是旧石器时代。有些学者认为手印岩画是岩画生产者采用天然红色石料（如赭石粉），混合水制成的[1]；有些认为手印岩画上的颜料是岩画生产者用动物的血和水调制而成，也有些认为制作这种岩画的颜料是上述两者的混合。"矿石的粉末与动物脂肪或骨髓相调合而成。"[2]巴丹吉林沙漠洞穴手印岩画语境场内虽然没有发现能直接用来生产制作手印岩画颜料的物质，但是，依据红色是巴丹吉林沙漠其他岩画的基本颜色这一特点，以及迄今为止考古文物工作者在整个巴丹吉林沙漠地区所发现的遗址，即岩画文化场，我们可以推

---

① 根据手形来判断，先将手压在石面上，把赭石粉用来做颜料，用动物的血和水调和，然后用管状物在石龛上吹制而成。

② 盖山林：《内蒙古雅布赖山洞窟手形岩画发现与研究》，《文艺理论研究》1991 年第 3 期，第 78—84 页。

测，岩画生产者使用以红色石头为主的天然颜料制作手印岩画的可能性最大。岩画文化场内许多遗址出土的文物里，有大量红色石头、石片等。[1]世界考古发现也证明："我们从远古时代的考古遗址知道了大量的天然颜料。事实上，早在80万—90万年前，许多赤铁矿或赭石似乎已被带进南非的这些遗址了。"[2]远在旧石器时代的巴丹吉林沙漠洞穴手印岩画里红色人工添加颜色的存在也充分证明：红色是"最古老的颜色"[3]。它是人类早期普遍崇尚并追求的一种最基本的色调。

（二）天然红色颜料的发现与利用

笔者对整个巴丹吉林沙漠岩画颜色展开了全面、细致的深度解读，其结果是把红色推到了最突出的前景化位置：无论是岩画的地形场、环境场、语境场，还是其质料场和图像场，无论是单一颜色还是两种或两种以上混合色，红色既是岩画最基本的天然或自然本色，也是岩画生产者孜孜以求的颜色。因为当人们在自然界里，挑选岩画栖息之地及其物质载体的颜色时，他们可以选择的范围几乎是无穷的。然而，在中国北方濒临蒙古国的浩瀚阿拉善地区，众多高山河谷，无边戈壁沙漠。从整个沙漠或山脉、山峰、悬崖峭壁，到一个洞穴或一块石头、石面，岩画生产者聚焦的只是那些含有红色的自然物存在物。他们以此作为岩画的自然物理场，特别是挑选那些有着奇特红色"彩"的石头或石壁制作岩画。即便是那些没有红色的，他们也会自己给它们添加上。这指述以下两种情形。

第一种是岩画生产者从外面添加到岩画图像场内的红色颜料（即人工添加颜料），以此他们生产出了红色、黑色的手印图像及其手印岩画图像场和质料场内的"云霞"。如彩图6右上图所示，这个荷叶状手印岩画图像场截取自彩图1所示岩画质料场正面图像场内部。三个左右上下整体呈三角形排列的手印图像分布在其右下角处。它们的左上角，即其图像场与质料场边界石棱上有面积较大的红褐色"云霞"，与周边其他地方颜色相比，显然是人工刻意涂抹上去的。

第二种是岩画生产者在表面看起来并非红色的其他颜色（如绀青色）的石头之上，通过对其表面的雕刻，人为地促使石头或石壁显露出隐藏于其表面之下的红色颜色（即人工刻痕颜色）。换言之，岩画生产者开发或发掘出了石皮下面的红褐色或其他斑斓色。况且，太深的红色近乎黑色。除红色手印岩画外，我们视知觉中的巴丹吉林沙漠岩画整体是绀青色，其下便为褐红色或黄褐色等其他斑斓色。于是，黑即红，表面黑里面红的石头或石块岩壁之于岩画生产者都是红色而已。从这个意义上说，人们惯常把巴丹吉林沙漠岩画里最具代表性的环境场内的

---

① 如当地文物考古工作者在布布洞窟岩画语境场内发现的部分石器，除土黄色的外，大部分都属于比较典型的红色系列。

② 〔英〕巴恩：《剑桥插图史前艺术史》，郭小凌、叶梅斌译，山东画报出版社2004年版，第84页。

③ 〔德〕哈拉尔德·布拉尔姆：《色彩的魔力》，陈兆译，安徽人民出版社2003年版，第5页。

岩画物质载体质料场或图像场称之为"黑色玄武石"实在是误读。

现当代以来的色彩心理学、精神分析学等学科的相关研究已经证明色彩拥有能量。它不仅能使人产生冷或热、激动或者冷静，以及愉快或不快的感觉，而且能鼓舞振奋或压抑人的精神，尤其是 21 世纪以来，"不同形式的色彩测试已经被用于寻找新的诊断精神疾病的理论和方法。色彩常被用在精神病学的实践中，以揭露复杂的个人心理和情绪特点，同时也为更深入地探讨人类精神的秘密提供了可能性"①。巴丹吉林沙漠岩画制作者对红色色彩系统的偏好，以及他们对红色这一能量资料的充分利用，反映了他们的生活状态，特别是心理和情绪特点，揭示他们的精神世界。

二、法象万物

对于远古的巴丹吉林沙漠岩画生产者是如何发现红颜色的，我们已经无法考证得知。大量考古和民族民俗资料证明：生存于自然界，几乎完全依赖自然界，并与自然万物融为一体的早期人类，对自然界万事万物的感知与认知能力是很高的。因此，若考虑到"古者包牺氏之王天下也。仰则观象于天，俯则观法于地，观鸟兽之文与地之宜。近取诸身，远取诸物，于是始作八卦，以通神明之德，以类万物之情"②，以及中国传统文化中"各象其形类，所以感之。夫阳燧取火于日，方诸取露于月"③的法象自然的生存法则，我们有理由认为红色系列的发现与运用，以及人工红色颜料的进一步生产，是以岩画生产者为代表的远古人类观察体悟自然模仿自然的结果。这主要包括早期人类对血、火和五色石三种天然物质，以及太阳、闪电、云霞和彩虹等自然现象的模仿。

（一）太阳、血与火

人类社会发展的历史也证明：人类最初的文明成果，诸如生活技术、语言、科学、文化和艺术等都是从人类内在心灵与外界大自然之间所进行的漫长而艰苦的斗争中产生的。人类最初对色彩和红颜色的认识和了解很可能源于太阳、血和火。现代自然科学已经证明：色彩的本质是光。而太阳是光的源泉。以光速传播的太阳光充满电磁能量，哺育着地球上的一切生物。当代科学家发现红光对植物的生长有最好的促进效果。④于是，世界各地早期文化中太阳崇拜是一个非常普遍的现象。巴丹吉林沙漠岩画里，不仅存在着大量人们惯常使用的以抽象形式表

---

① 〔英〕孙孝华、多萝西·孙：《色彩心理学》，白路译，上海三联书店 2017 年版，第 1 页。
② （清）阮元校刻：《十三经注疏》（清嘉庆刊本）一，中华书局 2009 年版，第 179 页。
③ 郭超主编：《四库全书精华》（子部第 1 卷），中国文史出版社 1998 年版，第 790 页。
④ 1985 年，卡米伊·弗拉马利翁发现在红色和橙色光照射下的植物，比在蓝色光照射下的长得更高、叶子更多。

示太阳的圆圈状图形，以及类似儿童画里以人面表示太阳的图像，而且存在着象
形文字里表示太阳的文字类符号（如图 5-9 所示岩画图像场的最下面图形）。

图 5-9

血造人说源远流长。在现存世界最早的有关苏美尔人神话传说的楔形文字记
载中，人是神用自己的血造的。如据巴比伦史诗与神话《吉尔伽美什》记载，众
神开会后决定要造人，造人的目的是让人承担原来诸神的工作。诸神经开会商议
决定：用他们斩杀的两名制作器具的木工神拉木伽神的血来造人。[①]因此，人类对
红色和黑色的最初认识可能源自血。血放置久了便近乎黑色了。黑色是从红色而
来。于是，黑色与红色之于早期人类都是有着特定指称对象——血的颜色。这也
给为什么巴丹吉林沙漠岩画生产者选用那些表面呈绀青色的石头或石块、石壁作
画，以及为什么也可能用黑色制作手印岩画提供了一个答案或一种解释。人、动
物都会流血，血尽生命尽的简单道理人类一定早就知道。火的发现和使用，也促
使人类比较早认识到了红色或黑色颜色。希腊神话里记载着比较早的普罗米修斯

---

① Kramer S N. *Sumerian Mythology*: *A Study of Spiritual and Literary Achievement in the Third Millennium B. C.*
Philadelphia: University of Pennsylvania Press, 1972, p. 49.

盗取天火造福于人类的故事。不同领域的科学家已经证明：人类可能经历过的时间与地质学上的时代相关联。远古时期自然现象、自然灾害不会比现在少。世界现存众多早期神话传说里，雷电都被视作重要的神。雷霆威慑人类，天空中的电闪雷鸣，既使人类惊心动魄又心生畏惧与崇敬。诚如古罗马卢克莱修所说的："最初把火带到地上给人类的是闪电，并且，从那里开始，热焰就散布到所有的地方。"①考古学家也在旧石器时代晚期一些原始遗址发现了人类使用火的证据，如法国南部梭鲁特人肯定是熟食者，因为在相关遗址，考古学家发现了大量用来烤肉的火塘，"附近有一堆烧焦的骨头，估计含有十万只大动物的遗骸"②。而火的发明和使用之于人类的进化作用是无法估量的。

因此，火之于早期人类与其说是为了照明，毋宁说是为了更好地活着与生存。血和火之于早期人类就是生命而非生命的象征。许慎《说文解字》释"黑"字为"火所熏之色也"。可见，在中国古代语境中红色或黑色的血与红色火焰及其所染物品的颜色是统一的。黑色是代表红色的火燃烧后的产物。于是，黑色便与红色紧密联系在一起。包括巴丹吉林沙漠岩画（质料场大多是表面黑色玄武石或石壁）在内的现存人类旧石器时代的岩画也证明，黑色是早期人类使用最多的颜色。"其中最古老的是来自经过煅烧炭化的植物（炭黑）或动物（骨骼、象牙、鹿角），但在某些时代较晚的洞窟壁画中也能找到矿物颜料。"③例如，拉斯科洞穴岩画里巨大黑色公牛图像中的氧化锰颜料。那些带"彩"或断裂的巴丹吉林沙漠岩画（即其图像场或质料场）很可能是被闪电等自然力击中后留下的，因为其中包括颜色、裂隙、断裂、凹陷等在内的种种痕迹，大都像被火烧过一样。而且，岩画图像场内大多裂缝、断裂、塌陷、石棱、"彩"等的存在是岩画生产者生产岩画时就存在的，而不是岩画产生之后由于闪电等自然灾害或历史持久的自然风化形成的。这意味着岩画生产者专门挑选了带有这些特殊印记的石头或石壁作画。关于这一点，前面已经有了比较详细的论述，这里再次概括出四点主要理由：其一，以曼德拉山顶为代表的绝大多数岩画语境场，尤其是其质料场本身就像被雷或闪电击中了一样，不仅形状破碎不堪，而且色彩斑斓如烧焦一般。其二，一些形状比较大、厚重的岩画质料场的崎岖形状及其图像场内一些上下间隔距离较大的平台、石棱形成的比较复杂的梯田状区域等，不可能是后天形成的。因为其上也分布着图像语言。其三，岩画图像场或质料场内都程度不同地存在着红色"彩"。其四，最有说服力的证据就是手印岩画了。无论是其存在的位置、形状、大小、颜色等，

---

① 〔古罗马〕卢克莱修：《物性论》，第 326 页。
② 〔美〕爱德华·麦克诺尔·伯恩斯、菲利普·李·拉尔夫：《世界文明史》（第一卷），罗经国、陈筲、莫润先，等译，商务印书馆 1987 年版，第 14 页。
③ 〔法〕米歇尔·帕斯图罗：《色彩列传：黑色》，张文敬译，生活·读书·新知三联书店 2016 年版，第 9 页。

制作者完全模仿自然石头上的红色"云霞"，用人工颜料在没有火状"云霞"的图像场与质料场内绘制了一个（分布在彩图 6 所示图像场的顶部）。而且，手印图像分布在石壁自然形成的酷似叉状闪电的树杈"彩"上。这说明云霞或裂缝树杈"彩"之类是岩画生产者生产岩画时所必需的自然物质存在。而这些自然物质的形状或颜色与闪电、火密切相关。

因此，红色与黑色一样都代表着鲜血或火焰，象征着生命力和繁衍。"这两种颜色都是生命的源泉，而二者契合在一起则效果又倍增。"①认识到了血与火之于人类生存的重要性，是早期人类普遍崇尚并广泛使用红颜色或黑颜色的重要原因。除崇拜大自然里包括人血在内的一切天然红或黑颜色的物质化存在物之外，他们也积极尝试利用自然界的红色或黑色之物表达自己的一些精神层面的需求。20 世纪初，北京周口店发现的旧石器时代早期的北京猿人，用石英石所制作的众多式样丰富的石器里，许多颜色都属于红色系列。②旧石器晚期人类的主要类型是发现于法国多尔多涅克罗马农洞穴的克罗马农人。他们开始使用人工颜料，如把尸体染色。考古学家"已经在欧洲、中东和非洲的旧石器时代中期的地层里发现了许多自然界彩色物质的碎片——比如红赭色或锰氧化物。其中一些的尖顶有磨得锋利或摩擦的痕迹。可以肯定的是，这是用来为别的什么东西着色的。人们猜测这是为人体着色，也可能是为动物毛皮或纤维染色以用来做衣服或其他物品"。"在非洲，特别是南非、坦桑尼亚和纳米比亚，人们在至少距今 5 万年以前的考古地层中发现了染料，这些染料有用于洞穴内部岩画的迹象。"③尽管我们现在还不能确定画的内容，以及古人类何时开始创作视觉图像语言艺术，但是，世界范围内大量史前红色手印洞穴岩画的存在充分证明，史前人类用红色或黑颜料制作岩画。考古方面大量实物也充分证明新石器时代，"中国北方已有人类居住。在这地区发现了两种不同的新石器时代文化，由二者的陶器可以区别，一种是不施彩的，包括表面黑亮的精致陶器；另一种是彩陶，工艺也很出色。彩陶文化集中在黄河流域周围的辽阔高原的东南部，早在公元前 5000 年就繁荣了"④。而在人类历史上，洞穴自古就是人类的避难所和获取力量的地方。不仅在旧石器时代，在现当代一些古老的原始部落里，洞穴依然是人们举行祭祀和巫术仪式的场所。世界早期大量神话传说里的神灵和英雄也都诞生在洞穴里。洞穴代表的颜色是黑色，它是没有光线的黑暗空间。一方面，它隐蔽、深邃；另一方面，它并非真正"黑暗"死寂之地，其间生存着多种动植物，汇聚着生命的能

---

① 〔法〕米歇尔·帕斯图罗：《色彩列传：黑色》，第 4 页。

② 高星、侯亚梅主编：《中国科学院古脊椎动物与古人类研究所 20 世纪旧石器时代考古学研究》，文物出版社 2002 年版。

③ 〔法〕埃马努埃尔·阿纳蒂：《艺术的起源》，第 71 页。

④ 〔美〕爱德华·麦克诺尔·伯恩斯、菲利普·李·拉尔夫：《世界文明史》（第一卷），第 174 页。

量。因此，"远古时代的黑色也象征孕育万物的子宫，在很长时间里它具化为
山洞的形象以及溶洞、岩穴、石窟、地下走廊等等自然界中一切通往大地深处
的空间"①。

地处中国北方内蒙古阿拉善地区的早期人类也如此。以巴丹吉林沙漠岩画为
代表的该地区，不仅存在着旧石器时期的洞穴手印岩画，而且存在着新石器时期
的彩陶。巴丹吉林沙漠岩画场内许多遗址出土了数量不小的形态尤其是红颜色图
案的彩陶。如图 5-10 所示②，该彩陶整体布满由红色圆点和线条，以及红色色块
组合的红色抽象图案，与现当代抽象派艺术图案十分相像。洞穴红色手印岩画、
彩陶，以及其他大量红色系列岩画的存在强有力地向我们充分展示了红色之于岩
画制作者以及早期人类的意义。

图 5-10

美国著名古代史学家摩尔根有一个重要论断，即"人类一切部落，在野蛮社
会以前都曾有过蒙昧社会，正如我们知道在文明社会以前有过野蛮社会一样。人
类历史的起源相同，经验相同，进步相同"③。尽管旧石器时代巴丹吉林沙漠岩画
场情形肯定与我们现在所看到的不一样，但是，我们能确定的是：大自然应该也
是一个色彩斑斓的颜色世界。其中红色可谓最基本、最重要的生活色彩之一。与

---

① 〔法〕米歇尔·帕斯图罗：《色彩列传：黑色》，第 6 页。
② 笔者拍摄于阿拉善右旗博物馆。
③ 〔美〕路易斯·亨利·摩尔根：《古代社会》，杨东莼、马雍、马巨译，商务印书馆 1977 年版，第 1 页。

世界其他地区的一样，生活在巴丹吉林沙漠地区的早期人类最早对于红色的认知也源于对血和火的认识。与目前世界范围内发现的其他红色手印岩画相比，巴丹吉林沙漠岩画里首先出现了象"火炬"状的洞穴红色手印岩画图像。截至目前，人们仅在特格几格高勒下洞岩画场内发现此类岩画，如图 3-5、图 3-31 分别所示的是其质料场、语境场部分情形。图 5-11 所示的是该岩画图像场内部分比较清晰的两个手印图像。①其中左边的非常奇特：它长 24 厘米，宽 18 厘米，好像是两只手叠合后制作的。其中手指较短的小指头和大拇指分开，其他三个较长的手指并拢，呈十分象形的"火炬"图像。而以彩图 5 右下图、彩图 7 左中图和右下图及图 5-8 上、下图分别所示的象火或灯之形的"彩"，以及整个巴丹吉林沙漠红色系列岩画的存在，都从不同角度充分展示了岩画制作者很强的用色识别力及其对天然鲜艳色彩的偏爱与追求。

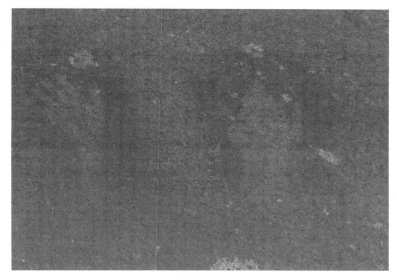

图 5-11

（二）彩虹与彩石

如果说以巴丹吉林沙漠红色系列岩画及其环境场内所发现的红色系列陶器、石片的存在，向我们昭示了岩画生产者对以火和血为代表的自然物颜色的认识及其利用模仿的话，那么，巴丹吉林沙漠岩画红色特别是斑驳陆离和多彩质料场或图像场的选择，则表现了他们对以彩虹和彩石为代表的自然界现象或物质的领悟。"当

---

① 当地文物考古工作者称之为"特格几格下洞手印岩画"，在 2010 年第三次全国文物普查试点过程中，阿拉善右旗普查队对该岩画点进行了调查并建立了档案。照片编号为 152922-0524-Z002，范佳炜摄于 2010 年 3 月 8 日。

宇宙的极端力量——黑暗和光——相遇、互动、融合的时候，色彩就出现了。在大自然中，我们看到的就是天空中彩虹的诞生。"①巴丹吉林沙漠岩画带"彩"质料场或图像场里比较常见的"彩"——彩虹（其中的瀑布彩也是一种特殊的彩虹，因为自然界真正的彩虹常出现在瀑布之中）就是岩画生产者发现并充分利用自然界彩虹的最有力证据。从天上垂落大地的彩虹，一直被人类视作打通天地、沟通宇宙万物物质世界与人类精神世界的桥梁。在世界各地许多神话宗教里，彩虹被视作神圣之物。如在基督教里，彩虹被神称为他与"地上一切有血肉之物立约的记号"②。希腊和印度神话中的彩虹分别是沟通天上与人间的使者或雷神使用的弓箭。北欧神话里有彩虹桥之说。正如它的名字所示的：它是连接神与人之间的桥梁。牛顿则把自己首次通过棱镜折射发现的由颜色组合的一段光谱称作彩虹。这些颜色被棱镜进一步分解为七种主要颜色，即红色、橘色、黄色、绿色、蓝色、靛蓝色和紫色。它们看起来与七颗主要的行星和音乐里的七种基础音阶非常契合。牛顿据此总结出了一个著名的连续的色彩循环环，即色轮。③至于彩石，即有颜色或多彩的石头，也是早期人类喜爱的一种重要的自然物质。中国女娲补天的神话故事里就有"女娲炼五色石以补苍天，断鳌足以立四极"之说。④巴丹吉林沙漠岩画生产者专门选择山上那些有着特殊颜色的石头，特别是多彩的作画，突出表明了他们对这类石头独具的审美能力。

　　总之，红色系列颜色的开发和利用，是以巴丹吉林沙漠岩画生产者为代表的早期人类法象以血、火、彩虹和彩石等为代表的自然物的结果，自然界存在着的红色系列物质和现象启迪了他们如何筛选生产岩画的质料及其存在的自然物理场。诚如美国学者房龙（Hendrik Willem Van Loon，1882—1944）所说的："人类即使在他们最了不起的时候，比起自然界，也是弱小的，能力有限的。自然界与人类接触是通过万物，人类则以对万物做出反应来表白自己。这种反映——这种表白就是所谓的艺术。"⑤

三、红色岩画功能

　　法国色彩学家帕斯图罗曾指出："一种色彩从来都不是独立存在的；只有它与其他的色彩相互关联、相互映照时，它才具有社会、艺术、象征的价值和意义。因此，绝不能孤立地看待一种色彩。"⑥远古的巴丹吉林沙漠岩画生产者从大自然

---

① 〔英〕孙孝华、多萝西·孙：《色彩心理学》，第 188 页。
② *Holy Bible*. New York: Biblica, Inc., 1973, p. 13.
③ 〔英〕孙孝华、多萝西·孙：《色彩心理学》，第 35 页。
④ 郭超主编：《四库全书精华》（子部第 1 卷），第 792 页。
⑤ 〔美〕亨德里克·威廉·房龙：《人类的艺术》，衣成信译，河北教育出版社 2001 年版，第 11 页。
⑥ 〔法〕米歇尔·帕斯图罗：《色彩列传：黑色》，第 3 页。

众多色彩中选择红色一定不是为了单纯的审美，而是自身繁衍生存需要。历史学家常把文字发明之前的时代称为"前文字时代"。[①]有关此时代的记载基本上是考古发掘的化石、武器、工具、器皿、雕刻、图画，以及装饰物和纹饰的残片，人们一般统称为"人工制品"。巴丹吉林沙漠岩画无可争辩地属于此。它们具有与文字相同的价值，能帮助我们认识该时代人们的行为和生活方式，以及思想文化等。而对其红色系列色彩的理解，能为我们的认识建立新的维度。巴丹吉林沙漠岩画生产者充分利用红色能量的目的主要有以下四个。

（一）治愈

目前世界范围内最新色彩学和色彩心理学，以及心理学和精神分析学研究证明：色彩能从许多方面对人们的实际生活产生彻底的影响。人们对色彩特别是某种颜色的偏爱直接影响他们的生理、情绪和精神层面，尤其是 21 世纪以来，各种不同形式的色彩测试已经成为诊断精神疾病的一种方法，精神病学家据此诊断人的情绪和心理特点，揭示并深入探讨人类复杂的精神世界。由马克斯·吕舍尔开创的目前最知名的色彩测试表明：人们分别喜欢和不喜欢的橘红色、亮黄色、蓝色、绿色、深蓝色、紫色、棕色、灰色和黑色"恰恰是从人类的气场辐射出来，而且是由我们的脉轮系统产生的。该精神系统通过特别的能量中心或者是能量旋涡，从生理、情绪、精神等各个层面，把颜色引入身体中。这些颜色中的每一种都与该系统中的一个脉轮对应"[②]。通常，色彩心理学家或精神分析学家不把黑色、灰色和棕色用于治疗，而使用其他颜色。一个明显的视知觉证据是：这些颜色中的前六种比较清晰明亮；后三种则比较稠密沉重。于是，拥有"开心""兴奋""激动""鼓舞"等激发人们积极向上情绪能量的红色系列，一直是色彩心理学家在色彩反应解读中的首选。他们总结出了一套人们对不同颜色的反应表现与其性格特征之间的对应关系。若依据他们的互补色轮图及其形状图，必须选择出巴丹吉林沙漠岩画生产者所偏爱的颜色的话，那就是红色、橘色和黄色。这三种颜色对人心理产生的影响主要是"温暖""轻快""积极向上""快乐"等。色彩学家也证明："黑色、灰色和棕色不存在于彩虹中，同时也不存在于色环中。"[③]因此，偏爱彩虹为代表的红色系列岩画场的选择展示了巴丹吉林沙漠岩画生产者激动或热烈、澎湃的情绪，高昂霸气的心理，以及活力四射积极进取开拓的个性。

然而，正如世间万物一样，每一种颜色也有自身的二元性，即其正反特性。或者说互补色，即冷与暖、消极与积极等相对色。它们可以加强或减弱，也可以

---

①〔英〕孙孝华、多萝西·孙：《色彩心理学》，第 1 页。

②〔英〕孙孝华、多萝西·孙：《色彩心理学》，第 2 页。

③〔英〕孙孝华、多萝西·孙：《色彩心理学》，第 86 页。

生成明亮或暗淡。红色亦如此。红色的色谱中包括明暗两种色调。《易》云："一阴一阳为之道。"那些比较明亮的红色调被认为更加阳性，具有更多的增强特性。相反，那些更暗的红色调则被认为更加阴性，具有更多的减弱特性。人要保持身心健康，必须使用互补色。从这个意义上说，巴丹吉林沙漠岩画生产者竭力发现和利用，特别是生产红色系列颜色，一个根本原因是他们缺乏能量和生命力，需要红色。置身狂野自然界，早期人类不仅每日，而且时时刻刻都在死亡线上挣扎。其他凶猛动物的威胁，狂风暴雨和电闪雷鸣的震慑等强大自然力量使早期人类内心充满了恐惧，占据他们情感世界重心的是生存危机感。颜色是生命的动态流动。代表温暖和生命的红色之于早期人类无异于雪中送炭。红色是色谱中的第一种颜色，既是肉体愉悦与物质眷恋，也是动力、温暖、激发、振奋和意志等的代名词。它具有主观意志和积极行动，以及创业和开拓性等特点，象征着新生和新的开始。与其他颜色相比，暖色调的红色能量最大。它"是一种热色彩，对血液和某种程度上勇气的唤醒有很好的效果"①。这主要表现在两个方面：一是它能激发人体器官中活力和能量。例如，提高器官的活性和肾上腺素的分泌，以及身体内的温度和红细胞中血红蛋白的产量，促进体内的血液循环和提升血压等。二是它能为人的生理机能注入能量，从而释放忧郁、低落、悲伤、消沉、懈怠等情绪。因此，红色所带有的能量或能力不仅是建构和强健人体所必需的（尤其是那些抵抗力差、情绪消沉人群的滋补品），而且也是一种重要的治疗手段。如目前人们在治疗多种瘫痪和麻痹时比较广泛地运用于红色。人们也常借助于红色来缓和肺炎、贫血、风寒等紊乱状况。而不可视的红外线能量已经被临床医学证实并广泛运用于多种疾病的治疗中。

　　巴丹吉林沙漠红色系列岩画的存在充分证明：红色能量绝非文字时代人们的专利。史前人类已经洞悉它的奥秘，并开发利用它们。诚如目前人们通过有规律地基于红色所进行的色彩可视化、色彩呼吸和色彩冥想练习等手段，刺激人体内在能量和温暖自身一样，我们也可以把巴丹吉林沙漠岩画生产者生产红色系列岩画的实践活动，视作他们为了获取生命能量或者克服恐惧消极等悲观情绪，治愈自身的一种方法。

　　（二）增强自我认知

　　颜色本身有它们独特的品质。包括红色、黄色和橙色等波长较长的暖色色彩，象征着太阳和火，以及生命力、力量和健康，能使人们在心理上产生温暖的感觉。画家选择使用任何色彩都是从某种表现目的出发的。法国现代画家亨利·马蒂斯（Henri Matisse，1869—1954）有个著名论断，即"色彩的主要功能就是要尽可能地

---

① 〔英〕孙孝华、多萝西·孙：《色彩心理学》，第86页。

为表现服务"①。而色谱中最浓密的颜色是红色，它代表着坚固、张力和严谨。形状图里对应的正方形最适合表达它的基础和坚韧及其本质。从目前人们在色彩反应解读中经常使用的互补色轮和色彩组成的形状来看，人们所选择的三种颜色里，排在第一位的代表了他们的本质，是他们真实自我的表达。它不仅显露了他们最真实的一面，反射出了他们的基本人格，而且也体现了他们在日常生活中是如何应对各种情况的。"红色代表了种种不同的欲望，从强烈的爱情到贪婪的侵占——红色与权力积极的一面相互吻合，与无限的自我价值、自信心和自我实现的能力紧紧地联系在一起。"②巴丹吉林沙漠岩画生产者显然是把红色排在首位的。换言之，红色是他们最喜爱的颜色。这反映了他们充满能量、富有激情和强烈意志的外向性格，以及敢于冒险，勇于担当的责任感和使命感，揭示了他们大无畏的积极进取精神。

（三）敬畏与崇拜

然而，颜色的能量并不是表现在人们的思维、感知或是行为中，它也会从外界环境影响人们的情绪。不论是生理还是心理上的，所有的变化都与发生在我们身上和我们周围的电磁场的变化有关。每个人都创造了自己的磁场空间，该空间真实地呈现了个人的健康状态、脾气、个性等。巴丹吉林沙漠红色岩画场代表了岩画制作者精神的构建和当时占据他们主导地位的气场颜色。这种颜色会像光线一样辐射并扩散到无限的空间之中，从而影响其他事物。也就是说，自然界里主要存在于岩画图像场内的红色直接影响其质料场、语境场、环境场甚至地形场等。因此，与其说红色系列岩画反映了生产者积极向上的精神面貌，毋宁说揭示了他们对色彩深刻的识别与理解力，以及敏锐的洞察力：他们在用红色证明自己存在，向神诉说着他们的困苦、焦虑，表达着他们的愿望。如图5-12所示③，这是一个奇特的岩画图像场。由于自然风化，承载该岩画图像场的石头表面绀青色大多已经蜕变为近乎橘黄色的粉棕色，特别是从上往下，有一条近乎白色曲线状的"彩"，一个形状较大、双手呈环状抱于胸前、双腿呈环状盘起的人形象位于其上，白色曲线从头到脚从人图像的中间穿过。人图像左边分布的是一个头部有饰物、双臂张开，呈站立状的人形象；下面是弓腰的骑者形象。整个图像场表现的似乎是一个巫师正在为一个被闪电击中的人做法的情形。白色曲线下面部分与石头表面裂缝状纹理结合后的整体形状，是一个树杈状"彩"，即一个象叉状闪电的形象。其实，若充分考虑到整个巴丹吉林沙漠岩画文化场，特别是考虑到岩画居高向阳以及近水与坟墓等特点，则体验巴丹吉林沙漠岩画不同色彩的能量，对我们感官的直接

---

① 〔美〕杰克·德·弗拉姆编：《马蒂斯论艺术》，欧阳英译，山东画报出版社2004年版，第14页。

② 〔德〕哈拉尔德·布拉尔姆：《色彩的魔力》，第22页。

③ 该岩画分布在曼德拉山上，阿拉善右旗文物管理局采集登记。照片编号为0689。

影响是崇敬。犹如中国新娘穿红色衣服一样，巴丹吉林沙漠岩画中充满使用红颜色代表感官内容和情绪的表达方式，代表着再生、新的开始、新的生活，以及未来美好的幸福等。

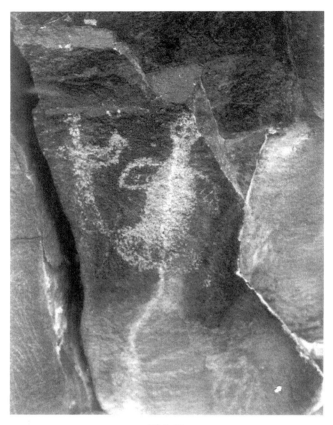

图 5-12

　　事实上，作为最古老的颜色之一，红色在古代有着至高无上的地位。在古埃及和古罗马，红色是权力和身份的象征。它是古罗马战神马尔斯的颜色。红色颜料非常昂贵，只有法老、最高院元老院最高长者才戴或穿红色颜料饰物或衣物。红色也是宗教色彩很浓的颜色。世界上许多宗教建筑和宗教事务活动中都使用红色，中国更是如此。保存在塞浦路斯的一些由红、黄、蓝和绿交织的马赛克镶嵌墙壁和地板上，描绘的是宗教活动场景，它们是现存世界上最完整的马赛克镶嵌。古希腊、古罗马和拜占庭时期的人们也用类似马赛克镶嵌装饰教堂。中世纪教堂窗户的彩绘和现代教堂外墙则分别使色彩的完整光谱效果从表面倾泻入内，或者展示突出色彩。其中红色是必不可少的颜色，如红色斑点之于圣母等。埃及太阳神的颜色是金色、红色和黄色。被公认为世界上最古老的建筑之一的伊拉克境内的塔"上帝之山"，四面墙的颜色里就包括红色。红色之于中国传统文化更是意义重大。喜庆时节，古代中国人所用的颜色基本都是红色系列。强烈的红色是明亮的色彩，它代表着吉祥、热闹。古代北京城墙被漆成红色，现在一些重要的场所也以红色系列颜色为主要装饰色彩，象征权力和权威。因此，文化场视域的考察会改变我们最初在色彩反应解读中对岩画生产者偏爱红色系列颜色的一般认识。巴丹吉林沙漠岩画生产者首先选择那些山顶部或悬崖岩壁语境场里带有红色系列色彩的质料场作画。视知觉不到的，他们也会竭力去寻找发掘。如在人们视知觉场内，大部分岩画质料场是近乎黑色的绀青色。岩画制作者通过人为在其上用力敲打或凿刻，使其显露出内部的红色。至于有些实在找不到红色的特殊地方（如类似天穹的半圆形浅洞窟内石壁），他们会千方百计人为地制作出红色颜料。[①]据此，我们完全有理由推测：岩画制作的动机或许源于人类对红色的向往和追寻。就像向日葵趋向太阳一样，山顶部、悬崖上，那些呈红色的岩石或岩壁是他们的钟爱。而他们趋向红色的根本原因是出于对它的敬畏与崇拜。因为"色彩的本质是光，光与生命是息息相关"[②]。红色系列颜色是决定他们生命的色彩，是他们既喜爱又恐惧和敬畏的血、火、太阳的颜色，更是像彩虹一样连接人类与神之间的纽带。

（四）祭祀

在世界古代文化历史上，大凡祭祀都离不开血和火。在红、黑、白、绿四大元素中，"红色代表火"[③]。中国文化语境中的"血"字指述的就是祭祀时所使用的动物鲜血。《说文解字·血部》云："血：祭所荐牲血也。从皿，一象血形。凡血之属皆从血。"清代段玉裁注云："古者茹毛饮血，用血报神。因制血字，而用加之人。"[④]《周礼》里也有"以血祭祭社稷、五祀、五岳"之说。郑玄注云："阴祀自血起，贵气臭也。"贾公彦疏曰："荐血以歆神。"[⑤]血祭的方式是把动物的鲜血涂抹或洒在特殊的器皿上。除"用血报神"外，中国古代血祭还广泛用于日常生活中人们对一些事物的祝福和祈祷方面。"钟"和"鼓"是中国传统文化里两个代表新生寓意吉祥喜庆的重要器物。至今辞旧迎新之际人们一定要敲钟，载歌载舞时要敲锣打鼓。中国古代新铸造的钟或鼓一定要进行"血祭"。《说

---

① 这只是就手印图像本身为人工添加颜料制成而言。其实，陶乃高勒、布布、特格几格上下洞和额勒森呼特勒洞穴或洞窟岩画的质料场，甚至有的语境场整体都呈粉棕红色+土黄色，质料场的红色颜色相对凸显一些，如彩图 1 所示。图 3-5 所示特格几格下洞岩画质料场洞口四周边缘呈黑色+红褐色混合色，尤其是其右边有三道"瀑布"状"彩"。布布井洞口呈粉棕色+土黄色，其右边有三道黑色瀑布状"彩"。

② 〔日〕野村顺一：《色彩心理学》，张雷译，南海出版公司 2014 年版，第 3 页。

③ 〔法〕米歇尔·帕斯图罗：《色彩列传：黑色》，第 4 页。

④ （汉）许慎撰，（清）段玉裁注：《说文解字注》，上海古籍出版社 1981 年版，第 213 页。

⑤ （清）阮元校刻：《十三经注疏》（清嘉庆刊本）二，第 1635 页。

文解字》里有两个字具体明确指出了"血祭"及其是如何进行的。一是"衁"字，衁"以血有所刉涂祭也"；二是"釁（衅）"字，"釁（衅），血祭也，象祭竈也"，而"刉，割伤也"。[①]可见，"血祭"具体指述的是割伤动物取血，并用牲畜的血涂器物缝隙的行为或过程。段玉裁认为釁（衅）"象祭灶也"，"祭灶亦血涂之"，并进一步注"釁（衅）"字曰："《孟子·梁惠王》赵注曰：'新铸钟，而杀牲以血以涂其釁（衅）郤。'因以祭之曰'釁（衅）'。《汉书·高帝纪》：'釁（衅）鼓'。应劭曰：'釁（衅），祭也，杀牲以血之涂鼓。釁（衅）呼为釁（衅），呼同疊。'按凡言釁（衅）庙、釁（衅）钟、釁（衅）鼓、釁（衅）宝镇宝器、釁（衅）龟册、釁（衅）宗庙名器，皆同，以血涂之因荐而祭之也。凡坼罅谓之釁（衅）。方言作璺，音问。以血血其坼罅亦曰釁（衅）。《乐记》作衅。"[②]中国古代语境中也有"衅钟""衅鼓"之说。[③]而人们之所以进行血祭，是基于对血具有通神功能，以驱赶妖魔鬼怪，保佑人平安的认识。与古代杀牲取血以告神明的血祭一样，非洲几内亚境内的沙漠地带至今还有饮血族。当人们生病或遇到灾难，以及打算做一些比较重要的事情时，祭祀者就会饮一定量的骆驼的鲜血，然后祈祷神明。对于受"互渗律"支配的早期人类的思维来说，血和其颜色——红色是同一的。[④]甲骨文里没有表示红颜色的"红"字，却有特指祭祀所用动物之血的"血"字和"火"字。人类早期对于自然界中红色物质，以及红颜色的认知源于血与火。后者的神圣性使得他们将自然界一切红颜色的事物视作令人敬畏的、神圣的。而为了让自己所拥有的某种东西变得神圣，具有抵抗一切灾害的魔力，或者为了禳灾，即驱邪除恶，人们不仅会把动物的血涂抹于其上，而且会把与之相似的红色颜料视作与血一样的存在物。换言之，以与血类似的红色系列颜料代替血，涂抹他物。除红色抽象图案外，图 5-10 所示陶罐上面还模拟血点，用红色颜料滴有大小不一酷似血点状圆点形式。它们形象地诠释了许慎对"血"的释义——"象血形"。可以说，它们就是陶罐上滴或写的众多"血"字。而古代"凡祭祀，则祭爟"。"爟"字同"烜""烜"，本义为祭祀时举火，古代祭祀用桔槔举火。后来，该字又引申为古代最先使用火的人或古代祭祀时用的火炬。

　　总之，从人类自身进化角度审视，颜色的发现和利用，特别是人工颜料的使用之于人类审美意识的发展意义重大。它充分证明，人类很早就在被动地适应自

---

① （汉）许慎撰：《说文解字》，中华书局 1963 年版，第 60、105 页。

② （汉）许慎撰，（清）段玉裁注：《说文解字注》，第 106 页。

③ 如《孟子·梁惠王》云："王坐于堂上，有牵牛而过堂下者。王见之，曰：'牛何之？'对曰：'将以衅钟。'王曰：'舍之。吾不忍其觳觫，若无罪而就死地。'对曰：'然则废衅钟与？'曰：'何可废也？以羊易之。'不识有诸。"见（宋）朱熹集注：《四书》，顾美华标点，上海古籍出版社 1995 年版，第 246 页。

④ 〔法〕列维-布留尔：《原始思维》，丁由译，商务印书馆 1981 年版，第 71 页。

然的同时，积极能动地创造着一个属于人类自己的人化的物质和精神世界。正如阿纳蒂所说的："染料的确曾用于着色这一事实表明，古人类寻求美观或象征意义，而这本身就是智力活动。"①事实上，"有关色彩的课题自古以来都是社会课题，因为人类总是生存在社会中的"②。若立足于我们当代的认知，从色彩学、心理学和精神分析学角度来看，我们可以说治愈、增强自我认识既是巴丹吉林沙漠岩画生产者充分发现利用以及创造红色颜料的目的，也是红色之于巴丹吉林沙漠岩画的功能。若还原巴丹吉林沙漠岩画本真的自然生存物理场，还原它的历史文化场，则我们更愿意相信他们是出于敬畏与崇拜，以及祭祀的需要。实际上，即便是我们考虑到现存巴丹吉林沙漠岩画的实际生存状态，我们也会得出这样的结论，即巴丹吉林沙漠岩画生产者偏爱红色的主要功能是祭祀。这也从另一个角度说明巴丹吉林沙漠岩画生产者生产岩画绝不是像我们今天这样为艺术而艺术，或者为了其他什么。岩画制作仅仅是祭祀活动中的一个环节而已。至于纯粹审美意义上的对红色的热爱与追求则更晚些。

小　　结

　　颜色、运动、线条、声音等是人类审美实践活动中的重要内容。相比较之下，色彩之于人类知觉和感性美学更是意义非凡。茫茫旷野，崇山峻岭，无垠沙漠，岩画基本上分布在其中那些红色系列颜色的石壁或洞窟、石头上，它们通常色彩斑驳，特别是带有象彩虹、日月、云霞、瀑布、火、闪电和树杈等一样的天然物象，而且，无论是从其形貌，还是从人类比较普遍的审美认识审视，我们都可以把形容词"美"加在这些承载岩画的自然事物上。它们无疑地含有真正的审美的意味：岩画生产者是依据自己心中想表现的东西去挑选刻制岩画的自然物，于是，这些自然物便置换为"物理的美"或"美的事物"。③因为它们不再只是物理的事实，而是人精神活动的结果，其中蕴含着心灵的力量。

---

　　①　〔法〕埃马努埃尔·阿纳蒂：《艺术的起源》，第71页。

　　②　〔法〕米歇尔·帕斯图罗：《色彩列传：黑色》，第12页。

　　③　〔意〕克罗齐：《美学原理　美学纲要》，朱光潜译，外国文学出版社1958年版，第107页。

下　　编

　　岩画自然物理场以自然的本来面目向我们充分展示了其显著物性及其美学品质。岩画的地形场、环境场、语境场、质料场和图像场地貌，以及生产岩画的颜料等，它们的物性都是自然性，因为它们皆是客观真实的自然物。[①]高山、沙漠，崎岖岩石、岩壁，凹穴、裂缝、断裂、红颜色，等等，岩画的自然物性从未像现在这样具象、真实地凸显在我们面前。考古学层面的客观描述分析，使我们记录了人类物质文化遗产岩画的自然存在现状，梳理了承载它的质料及其存在的自然地理环境。然而，我们考察岩画生存状态的主要目的是透过岩画的自然物性，揭示其与岩画图像语言之间的关系，以及人类构筑它的精神品质。如果说本书上编基本上是从岩画的自然物性立论的话，那么，下编的立足点则是岩画的图像语言。

---

　　① 生产岩画的工具比较复杂，它们或许是石器，或许是铁器等。这是另外一个话题，兹不论述。

第六章　形式建构

　　岩画是诉诸人们视觉的一种客观物质性的存在。对于一个视觉健全、有意识的人而言,这意味着我们视知觉经验中的巴丹吉林沙漠岩画常常为一个相对独立、完整的统一整体,而不是某个部分或某部分的个别要素。并且,正如世间万物都有一个整体轮廓或形式一样,人们常说的巴丹吉林沙漠岩画其实指述的就是某个或某些图像语言,准确地说是某个或某些图像。如在图 6-1[①]所示的这个相对封闭的视觉场内,我们的视知觉所能经验到的内容总的来说包括图像及其语境空间[②]两个部分。相比较之下,图像最吸引我们,是我们视觉注意的中心。图 6-1 中紧紧抓住我们视线的主要是三个形状大小基本相同、有一定轮廓的象羊之形的图像。如果说该图所示的是一幅岩画的话,那么,它具体指述的就是这三个象羊之形的形式或图像建构的图像语言及其所存在的空间场域,即遗留在这块石头表面的人工刻痕。石面与分布其上的图像语言不仅实为一体,而且,后者的自然物质性正是借助于前者显现出来的。本章,笔者将聚焦岩画的图像语言,通过梳理它的基本构成、关系、美学品质及其生成过程、运作方式等,给岩画图像语言的内在生成、与承载其物质载体之间的关系、功能和意义等问题提供一个具体而微的答复,以使岩画研究在自然生存论、存在论意义上言之成理。

---

　　① 地处阿拉腾敖包镇以东北约 14.6 千米的笔其格图山南麓的山坡石壁上,1987 年第二次全国文物普查时阿拉善右旗调查队调查发现,2006 年开始的第三次全国文物普查试点过程中,阿拉善右旗普查队调查并建档,称作"笔其格图岩画"。照片编号为 152922-0365-Z002,范荣南摄于 2006 年 10 月 15 日。

　　② 后者我们看到了长着草、散落着大小不一石块的空地,以及一块不规则形状的黑色石头。关于图像与背景之间的关系,以及本章所论述部分内容,笔者已有专论,见王毓红:《羊书:一种象形表意石头文》,商务印书馆 2012 年版。

图 6-1

第一节　组合与整体

作为一种视觉言语事实，正如它的名字，岩画以一幅幅旷野里相对完整存在的"画"的方式诉诸我们的视觉。它客观存在状态即是一种图像，一种被人类想象并构造出来的形式。此种"形式有一种含义——但这完全是它本身的含义，一种私下的、特殊的价值，不可与我们强加给它的那些属性相混淆"[1]。它既指岩画诉诸人们视觉感官的整体外在形貌、视觉形象，也指那些用以结构它的方式，即内在的抽象的逻辑形式——排列次序。如从图 6-2 我们既看到了两幅相对独立完整存在的岩画，也看到了象骑者（即 🐎、🐎、🐎、🐎、🐎）、马之形的图形（即 🐴），以及抽象图形 🐾，更看到了岩画里各个图形之间，以及点、线、面形式元素之间的搭配组合。因此，就功能而言，如果说一幅岩画即图画是相对独立完整的较高一级的形式单位的话，那么，结构它的图形，就是较小或低一级的形式单位；如果说每幅岩画里的图形是较高一级的形式单位的话，那么，用以结构它们的形式元素（即图素）就是比较小或低一级的形式单位。较小或低一级形式单位都通过相互关系或规则生成较大一级的形式单位，主要包括形式单位自身及其相互之间的组合、整体、选择、次序、派生、转换，以及由此形成的相应关系。本节，笔者的论述目标是组合与整体。

---

① 〔法〕福西永：《形式的生命》，第 40 页。

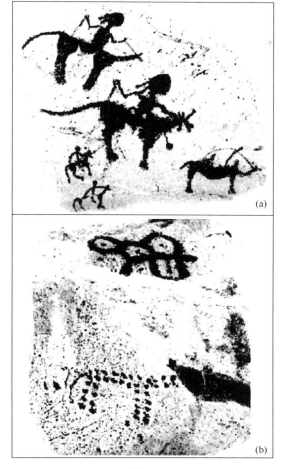

图 6-2

一、组合

组合指述的是巴丹吉林沙漠岩画图像语言里比较小一级的形式单位相互搭配结构出某种更大一级形式单位的现象，从功能上来看，它主要有图素、图形两种呈现方式。

（一）图素

作为图素，点、线、面这些较小一级的形式单位，依据一定规则，通过多种组合关系，可以结构出更大一级的形式单位——图形，其主要组合模式有以下三种。

1. 点或线、面独立结构

巴丹吉林沙漠岩画里存在比较多的是完全线结构的图形（如象羊、骑者之形的
、 基本都是短或长的直线或曲线结构），点、面结构，尤其是点结构少见，
且大多属于国外岩画学界所说的"几何岩画传统"（geometric rock art tradition）[1]，
即岩画图形就是几何图形。这类图形在巴丹吉林沙漠岩画里比较常见，如图 1-2
所示，虚面结构的一个标准的圆圈几何图形，独自就建构了一个岩画图像场、
质料场。合体岩画图像场内更是存在着大量此类图形。如图 6-3 所示，上图左
上角有一个相对独立存在的、完全由一短撇状线条构成的图形，最下面有一个
完全由宽窄不同的面结构的、形状较大的象动物之形的图像；下图里则有两个
完全由点状形式单位结构的较大的菱形形式（位于左边）和长方形形式（位于
右下角）。后者表明，单个虚面建构的图形本身也是一个自由形式，它们不仅

图 6-3

---

[1] Namono C. Pongo symbolism in the geometric rock art of Uganda. *Antiquity*, 2011, 85(330): 1209-1224.

可以与其他象动物、人等之形的形式或图形组合，而且可以相互组合，即同时以不同形态出现在同一个岩画图像场内。图 6-4（b）和图 6-4（c）分别所示的则是不少点和两条曲线、两个实面独自建构的图形。①当然，这里所说的点、线、面都是就其整体形貌相对而言的，如图 6-4（a）所示，如果我们把结构左边这个马形元素都视作线的话，那么，右边用来结构动物形象躯干的，我们就称之为实面。

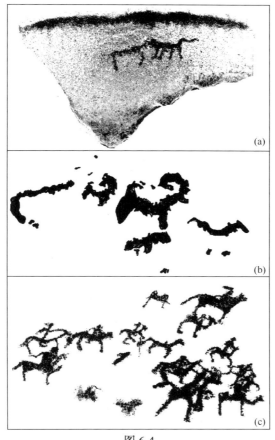

(a)

(b)

(c)

图 6-4

2. 点、线、面之间的两两组合

这是巴丹吉林沙漠岩画里比较普遍的一种形式结构，如图 6-2（b）所示，该岩画图像场上面一个抽象图形是点、面组合结构，下面马形是点、线结构（其中线结构出的是马尾部形式，点结构出的是马形象的其他部位）。而在图 6-2（a）

① 图 6-4（b）、（c）图为笔者制作，其中（c）直接从岩画质料场拓制而来。

所示里，最上面一个骑者图形是线、面结构，其中面分别结构出了人形象头、躯干部分，以及马形象躯干部分；线则分别结构出了人形象头上的饰物（两条短线）、胳膊、手里的缰绳部分，以及马形象的头、脖子、尾巴部分。

3. 点、线、面的共同组合

这也是巴丹吉林沙漠岩画里比较普遍存在的一种形式结构。如图 6-2（a）所示，该岩画里的五个形式（即五个骑者形式）都是点、线、面搭配组合的结构。只不过每个形式里，点、线、面的具体运用不同。如线主要用来结构人形象的胳膊部分，以及马和骆驼形象的腿部、尾巴部分；面主要用来结构人，以及马和骆驼形象的躯干部分；点则主要用来结构马形象脖子下挂的小铃铛部分，以及骆驼形象的蹄子部分。一般来说，在由这三种因素共同组合的某个图形里，总有一种占主导地位的因素。这里所说的"主导地位"主要是从它们给予我们视知觉感知的强度，而不仅仅是就其数量而言的。一般来说，用面特别是实面结构的更能吸引我们的注意力，如图 6-3 上图、图 6-4（c）和图 6-5 所示，众多图形建构的岩画里总是有实面图形，或有实面形式元素首先捕获我们的视线。

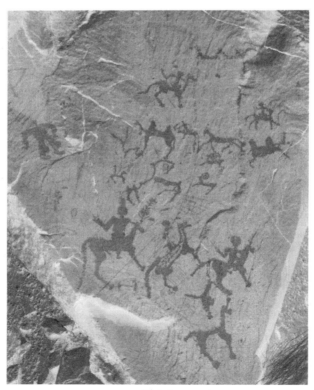

图 6-5

因此，无论是独自还是相互，点或线、面之间的组合关系结构了图形，它们都有一个支持它们的视觉空间。在这个视觉空间里，除独自存在外，点、线、面要素之间是相互搭配的。据此，不论图形简单还是复杂，我们不仅可以把它们进一步切分成基本的组成要素，而且，我们所切分出来的这些基本要素是相同的，即它们都能被归结为点、线、面这三个可鉴别的、有区别的形式单位。它们之间的组合生成了巴丹吉林沙漠岩画里相互区别的七大图形系统，即点、线、面、点与线、点与面、线与面，以及点、线与面的结构，其中比较普遍存在的是点与线、点与面、线与面，以及点、线与面的结构。

（二）图形

由图素本身或其相互组合结构的两个或两个以上的图形，作为较小一级的形式单位，依据一定规则，可以通过千变万化的组合关系，结构出更大一级的复合形式单位——图画。诚然，单个图形也可以构成一个岩画图像场、质料场，这在巴丹吉林沙漠岩画里并不少见。可是，相比较之下，图形之间相互组合的更多。[①]若从图形在视觉空间中的排列组合来看，主要有横向和纵向两种基本组合模式；若从数量上来看，则主要有二重、三重、四重及多重组合模式。下面，笔者将二者综合起来分析。

1. 横向组合

横向组合指岩画图像场内所有图形整体呈水平方向的排列组合。这种的情形比较少见，并且大都出现在由比较少的图形建构的图像场内。如图 6-4 所示，不仅（a）中两个马图像呈一横线状前后组合，（b）、（c）中所有形象均面朝右边一个方向排列的情形我们也都比较鲜见。与之相反，我们所说的大多数整体呈横向排列组合的，基本上都是横中有纵，即图像场内所有图形总体呈横向排列组合，其中部分图形又呈上下纵向组合。反之亦然。如图 6-3 下图所示，该岩画由五个相对完整的形式单位构成。从左至右，它们依次是一个菱形图形、三个羊图形和一个长方形图形。它们整体呈一横线性排列组合。这种组合常常比较复杂，如三个羊图形整体呈上下形排列组合，即一个在上面，两个在下面，而在下面的两个又呈横向组合。因此，图 6-3 下图所示的这个五重岩画的排列组合可谓横中有纵、纵中有横。因此，我们所说的横向组合是就整个岩画图像场内所有图形排列组合的整体方式而言。

2. 纵向组合

纵向组合指岩画图像场内所有图形整体呈上下方向的排列组合。这种情形在巴丹吉林沙漠岩画里比较常见。如图 6-5 所示，这是笔者从一个岩画图像场截取

---

① 这意味着独体岩画少于合体岩画。

的部分图形，虽然中间有 7 个图形呈比较明显的横向组合：象骑者、骆驼、羊之形的形象整体朝右方向，前后相随，但是，我们视知觉场内的所有图形之间的排列组合，整体感觉是一个上下纵向的组合空间。因此，与横向组合一样，我们所说的纵向组合是就整个图形及其所建构的整个视觉空间而言的。事实上，在巴丹吉林沙漠岩画里，除了那些由比较少的图形组合的外，如图 6-2（b）所示，大多数整体呈纵向组合的岩画内部都程度不同地存在着横向组合。换言之，所有图形一律上下排列组合的情形并不多见。如图 6-2（a）所示，就整个岩画视觉空间而言，它是呈纵向的。五个象骑者之形的图形上下排列组合。然而，若再次区分，则位于最下面的两个一左一右，又呈水平状排列组合。因此，严格来说，该岩画图形之间的排列组合可谓横中有纵、纵中有横。

即便是在由众多图形组合的多重岩画里，横向和纵向依然是两种最基本的排列组合模式。这意味着杂乱无章的巴丹吉林沙漠岩画是不存在的。如图 6-3 上图所示，该岩画质料场正面视觉空间中密密麻麻布满了象羊、马、骑者、鹿等之形的图形，以及点、线、面状形式单位及其组合出的各种图形。它们整体依照从上往下的顺序纵向排列组合在一个统一的视觉空间里（其中个别图形呈横向组合）。

二、整体

一般来说，如图 6-5 所示，由基本形式单位图素本身及其相互之间通过一定组合关系结构的图形，彼此之间能同时被并置或者排列在一起，形成更进一步的组合关系，一个个相对独立完整的图画即岩画由此生成。即便是在洞窟手印岩画里，组合也同样发挥着作用。手印图像是制作者把自己的手压在石壁上，将事先调制好的赭石粉液体颜料注入管中，并将管中的液体颜料用嘴吹喷射到手和石壁上，移开手后便在石壁上留下褐红色的手印图像 ①（有的带有部分手臂）。显然，此类洞窟手印图像的生成不是由点或线、面形式元素组合起来的，而是浑然一体。如图 5-3 所示，该岩画图像场内现存比较清晰的有 5 个手印图像。正如点、线、面本身自构成一图像场一样，我们无法把每个手印图像再次区分出类似点或线、面形式元素。、、 类图形里的组合关系在此类 手印图像里不存在。因此，若依据一个图形里是否存在着两种可以解析出来的形式元素（即是否存在着组合关系），我们可以把整个巴丹吉林沙漠图形分为整体与组合两大类。如果说组合关系里必须至少存在着两种形式要素或图形的话，那么，整体则完全相反，其中只有一种形式或图形。它特指的是手印图像，以及点、线、面三个形式元素

---

① 这里所说的"手印图像"不包括图 5-2，即由人们用工具刻制的像手印之形的图形。为区别后者，以下笔者用"图像"称呼人们直接用红色颜料拓印的，即人们常说的洞窟手印岩画。

各自独成一图形的情形。

就其功能而言，手印图像与点、线、面一样，也具有双重性。它既可以作为一个相对独立完满的形式存在[①]，也可以作为一个组成成分或形式与其他手印图像组合，从而形成更大一级的形式单位。如图5-3所示，在这个相对独立完整的视觉空间里，手印图像相互搭配组合在一起。除中间一个手形象五指朝左上面外，其余的均一律朝右上方。它们或上或下，或左或右，彼此之间保持着一定的距离，特别是上面三个等距离排列组合、形貌酷似。而且，从手印图像整体所占据的空间位置来看，与分布在一块石头或露天石壁质料场的岩画图像一样，所有手印图像比较集中分布在整个图像场的底部靠近石壁天然形成的边界处，其中两个直接就分布在边界线上。这从另一个角度进一步证明了岩画图像语言与其质料场物性之间的紧密关系：前者为后者而存在。正如岩画生产者会刻意选择自身带有裂缝、凹陷等崎岖、带"彩"质料场生产岩画一样，那些有着特殊形貌的深浅不一的洞穴、洞窟、凹穴，更是他们心摹手追的。彩图1上、下图和彩图6左边上、下图所示的即充分展示了这一点：前者图像场内分布着一个形状巨大的、由天然石棱形成的树杈状"彩"，它酷似叉状闪电，众多手印图像紧贴石棱边界，分别分布在其内两个区域，并按一定次序搭配组合。如左上方这个区域里的所有手印图像明显分为两组且整体呈上下纵向组合：位于最顶部石棱边的是一个戴手臂手印图像[②]，手形象五指向下，与周围特别是下面比较多的手印图像保持着一定距离。下面较多的手印图像整体呈向右倾斜的上下组合，手形象五指均朝上，其中两个手形象地五指并拢，有些重合搭在一起，其他则与之保持一定距离，整个图像场最下面区域所有手印图像的排列组合方式大体也如此。只不过整体呈横向组合在一个相对完整的视觉空间里，其中最右边一个向右下方倾斜状排列，手形象五指朝下；其余三个一组的整体呈垂直状向右上方排列，所有手形象五指向上。彩图6左中图则为我们呈现了由石壁裂缝形成的另一种闪电树杈状"彩"及其直接拓制其上的两个手印图像的情形。很显然，任何合体手印岩画也是依靠组合关系建构起来的一个有秩序的图像场，各个手印图像的形状、位置和距离等分布存在着一定的规则，其意义亦与这几个手印图像在这个物质化图像场中的组合关系密不可分。

总之，点、线、面是巴丹吉林沙漠岩画里绝大多数所共有的、相互区别的基本形式单位，它们能独自或者以多种方式再次组合出一定的图形，后者彼此又能

---

① 手印图像也可以独自建构一个图像场，即一幅岩画。虽然自然风化导致许多手印图像轮廓全无，我们很难判断一些面积较大的图像场内石壁上是否只分布着一个手印图像。可是，从彩图1、彩图6所示额勒森呼特勒洞窟岩画质料场顶部一些面积较小的圆圈状坑类质料场内，我们能看到曾分布单个手印图像情形。只不过由于位于石壁顶部，自然风化严重，一些依稀可见手印轮廓，大部分只有残存的片状红色或黑色颜料痕迹。

② 左边带手臂的上面还有一个，右边三个的左下面还有两个。

依纵、横两种基本模式结构出更大一级的形式单位——图画（即岩画）。手印图像也如此，它是巴丹吉林沙漠洞窟手印岩画里可以独自存在、可以参与组合的最基本的形式单位。这一切都表明，除独特的单个手印图像，以及点或线、面图形外，在巴丹吉林沙漠岩画视觉图像语言中，一切都是以相互关系为基础的。其中组合关系不仅是最基本的而且涉及面很广：它既指图形里点或线、面形式元素之间有规则地搭配，也指述绝大多数相对独立存在的岩画图像场内部各图形之间有规律地排列。其本质是部分借助于一定的搭配关系形成整体的过程。也就是说，当我们谈论岩画里的组合关系时，主要指述的是岩画视觉图像语言中相对完整的形式单位是如何生成的。我们不仅得以看到巴丹吉林沙漠岩画视觉图像语言里其他两类稳定性的形式[①]：一是象人、骑者、马、羊、鹿、鹰、塔、蒙古包等之形，以及圆圈、三角形、十字等图形；二是由它们构成的更大一级形式——图画，包括整体岩画（即手印岩画）、组合岩画两大类，而且可以发现岩画制作者力图通过直觉来"领悟一个具体空间并使其成为一个形式创造中可感觉的东西"[②]。

第二节　选择与次序

涉及各级多种形式单位的组合关系是巴丹吉林沙漠岩画里最基本的关系。于是，形式的选择和次序，即各级、各种形式单位的取舍、具体位置，便成为人们进行组合的基本条件。本节，笔者通过对岩画图像场内各级形式单位的描述分析，从选择和次序两个方面，阐释岩画生产者在生产过程中，对视觉图像语言的建构。

一、选择

这里的"选择"特指在建构一个相对完整独立图像场的过程中，岩画生产者对包括图素、图形在内的形式及其数量的择取。

（一）图素的选择

用什么形式元素结构图形往往差异很大，且传达出不同的意义。巴丹吉林沙漠岩画里大凡主要用面结构的往往是写实图形，而主要用线或点结构的则是简略

---

① 另外一种形式，即单个手印图形、点图形、线图形、面图形及其独自建构的岩画图像场。
② 〔美〕苏珊·朗格：《情感与形式》，刘大基、傅志强、周发祥译，中国社会科学出版社 1986 年版，第108 页。

图形（其中只保留了具有一定意义的、用以表示人或动物的大致姿势）。如图 6-6[①]
右图所示，在这五个基本由线结构的象人之形的图形里，位于左边一个形状较大
的显得很特别，因为用来表示人形象下半身的是一个方框状虚面。而在图 6-2（a）
里都是象骑者之形的图形，🐎 🐎 🐎 三个主要用面、点结构的与 🐎 主要用点、
线结构，以及 🐎 主要由点、线、面结构的给我们的视觉效果和认知迥然不同。很
显然，图素面、线的选择是前三个骑者图形与后一个之间的重要区别。图 6-3 下
图里的三个羊图形亦如此。上面一个面、线结构的与下面两个线结构的不同。而
且，人们在择取某种图素构形时往往会同时考虑到它形状的大小、形态等因素。
如图 6-2（a）里三个主要由面、点结构的骑者图形，形状存在着大小差异，其
中两个比较大。一般来说，图像场内形状较大的往往在图素选择方面比较奇特，
如图 6-7 所示，上、下图像场内都有一个处于中央位置的、形状最大的骑者图
像。二者里无论人还是马形象分别都基本上由形状规则或不规则的实面、虚面
构成。巴丹吉林沙漠岩画里罕见完全由实面或虚面圆圈状几何图素结构的骑者
形象。

　　即使在那些由单一线图素结构的同一动物形象里，各形式元素亦存在着选
择。如图 6-3 下图里下面横向排列组合的两个象羊之形的图形非常相像，比较明
显的区别是表示羊形象躯干的图素线的结构不同（一个是直线，一个是曲线）。
有时，我们甚至会看到岩画制作者只用一线状形式表示羊形象的情形，如结合上
下文语境，我们可以看到图 6-4（b）里两个曲线状形式表示的就是羊图像。

图 6-6

① 岩画地处雅布赖镇伊和呼都格嘎查敖包图库荣的山地间一座小山丘半山腰的岩石上，2006 年开始的第三
次全国文物普查试点过程中，阿拉善右旗普查队调查并建档，称作"敖包图库荣岩画"。照片编号为 152922-0480-
Z001，范荣南摄于 2009 年 7 月 18 日。

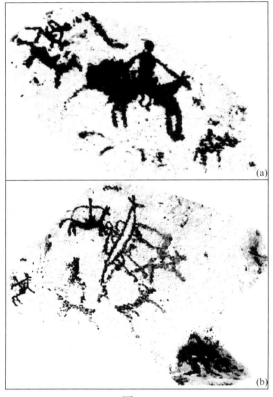

图 6-7

（二）图形的选择

在由两个或两个以上图形组合的复合形式，即一个相对独立存在的图像场内，作为组成成分的图形千奇百怪。总体来看，人们对它的选择主要遵循以下两个原则。

1. 相同

相同是指人们往往选择所指相同的图形组建岩画图像场，主要有两个或两个以上人（包括手印、骑者、射手等）、羊或马、鹿、鹰等，以及各种抽象图形构成的岩画。巴丹吉林沙漠岩画里比较多地存在的是由两个或三个、四个人（或羊、马形象）图像构成的图像场，如图 6-2（a）、图 5-3 所示，其中人图像里最常见的是骑马或骆驼的骑者形象；羊或马图像则基本是由线形式元素结构的。像图 6-6 所示的这种由 4 个或几乎完全由人图像建构的图像场少见。

2. 不同

不同指述下面两种情形：第一种是人们往往选择所指不相同的图形组建图画，主要有人图形分别与动物图形、抽象图形的组合，抽象图形与动物图形的组合，以及人、动物图形与抽象图形的搭配三种模式。巴丹吉林沙漠岩画里比较多的是由两个或三个、四个象人或羊、马之形的图形相互之间及其与其他抽象图形组建的图像场。其中尤其以前一种最常见。也就是说，图 6-3 上图、图 6-5 所示的由多种象形图像及其抽象图形组合的比较少见。第二种是即使在那些由众多所指对象相同的图形建构的图像场内，各个图形之间差异也比较大。如图 6-7 所示，用来建构两个图像场的都是骑者图像、羊图像，以及点、线状抽象图形，可是，它们在图素构成、形貌、形状等方面大相径庭。这充分表明，生成巴丹吉林沙漠岩画时，人们对图形选择的范围很广。

3. 数量选择

这里的数量选择同时关涉图形及岩画图像场的生成。在巴丹吉林沙漠岩画里，人们用以结构某个图形时所使用的图素的数量存在着差异。这既表现不同图形的构成上，也体现在同一类型图形的组合上。如图 6-8（a）里人图形▲由三个图元素构成（即一个点、一条直线、一条曲线），而中间抽象图形则是长短、曲直不同的 14 条线结构，左边的抽象图形◣则是两个形式元素结构（即一条细长线、一条短粗线）。即便是用完全相同的形式元素或者用同一种形式元素搭配组合指称对象相同的同一图形，其图素数量亦不同。试比较 ✦ 与 ▲，✦ 与 ✦，✦ 与 ✦。岩画图像场的生成亦如此。如都是五重合体图像场或形式，图 6-3 下图是两个抽象图形与三个羊图形的结构，图 6-8（c）则是三个羊图形和两个人图形的组合。而在采用相同图形组合图画时，人们似乎也可以任意进行组合，如都是骑者图形，图 6-2（a）是五个的结构，图 6-8（b）则是三个的结构。

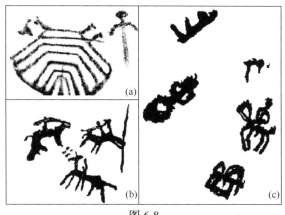

图 6-8

总之，选择哪个或哪些图素作为图形的一部分，选择多少图素结构图形，以及选择什么图形、多少图形作为图画的组成成分，其意义都是有差别的。据此，我们可以在巴丹吉林沙漠岩画里识别出种种保持着和谐关系、凝结成一种规范性类型的图形、图画。

二、次序

　　岩画视觉空间是有待被区分、界定、塑造，而不是被填充的。因此，选择了一定数量的图素、图形后，次序（即如何把它们排列组合在一个视觉空间里）就成为图形、图像场生成机制里的一项重要内容。这主要关涉先后、上下、左右，以及是否单列等问题，并通过岩画生产者对图素、图形的运用表现出来。

　　（一）图素的运用

　　图素的运用指述的是某类图形结构里形式元素所处的位置。一些图素的位置基本上是固定的，如在🜨与🜨类人图形里，图素面一般都位于最上面。而在图素、图形都相同的🐏与🐏人们用以结构两个象羊之形图形的元素的顺序存在着差异：🐏是从左至右，🐏是从右至左。很显然，图素在同一图形中的位置显然是有意义的单位。不仅如此，巴丹吉林沙漠岩画里存在着大量包涵均衡、对称"美学成分"（aesthetic component）[①]的图素次序。如图 6-8（a）岩画里形状最大的抽象图形🎄主要是六个梯形曲线⋀结构，它们是按照从大到小的秩序依次从上往下排列的。位于最上面和最下面的比较小，比较大的位于中间，其中最小的位于最下面。尽管如此，岩画里各图素之间存在着均等的距离。如图 6-2、图 6-9（a）、图 6-9（c）分别所示的🐾与🐾、🐾与🐾亦如此。这四个两两分别完全由点、线结构的图形，点与点、线与线之间的间隔匀称，是一种能激发我们审美情感的组合结构——一种有意味的图形。[②]

　　（二）图形的运用

　　图形的运用指述两种情形：第一种是图形本身在视觉空间中被放置的方向和位置。如都是线结构的人图形🜨、🜨、🜨却分别呈正面，以及向左、右倾斜状被结构在图形空间里。图 6-8（c）里象马之形的图形🐎、象人之形的形式🐎分别被倒置或呈向右倾斜状放在整个视觉空间的最上面、右边。图 6-3 下图里的两个羊图形被倒立上下放置。而图 6-9（a）里原本象直立人之形的图形🜨也竟然呈水平状被排列在视觉空间的左边。如果充分考虑到大量象正面人、侧面羊之形的图形的存在，那么，此类被人们横向放置的人图形、倒立的羊图形显然被赋予了特殊的含义。如图 6-10 里的呈比较严重的向下倾斜状羊形象🐏，不仅形体较大，而且有着罕见的实面结构的头部。至于那些被放置在中心位置的图素更具有前景化意味。

---

　　① Anderson H. Chariots in Saharan rock art: An aesthetic and cognitive review. *Journal of Social Archaeology*, 2016, 16(3): 286-306.

　　② 化用克莱夫·贝尔"有意味的形式"。见〔英〕克莱夫·贝尔：《艺术》，薛华译，江苏教育出版社 2005 年版，第 4 页。

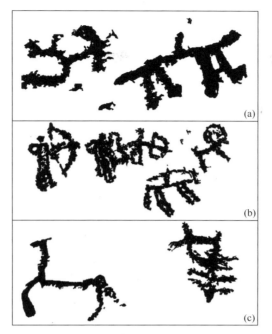

图 6-9

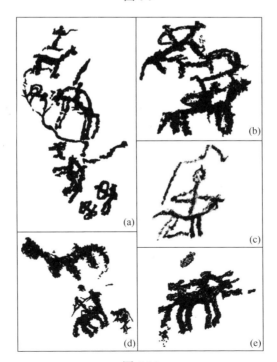

图 6-10

　　第二种是作为成分，图形在岩画里的位置及其与其他成分之间的距离。这种情形在由两个图形组合的岩画里比较简单。如两个成分可以像⚞、⚞一样，按从左到右的顺序一前一后排列，也可以像图 6-2（b）那样按从上到下的顺序一上一下组合。而且，这样的排列次序无关成分所指。如图 6-9 所示，一个马图像会位于一个比较复杂的抽象图形前面并与之前后并列。在三个图形组合的岩画里，成分的次序变化很大：三个成分可以按从右到左或者从左到右的顺序依次排列，可以一上两下呈三角形组合，如图 6-8（b）所示，更可以按照形体大的居中的次序组合，如与⚞、⚞相比，图 6-8（a）上图里的三个成分我们不能确定它们是按照从左到右，还是从右到左的顺序排列的。大小是该图组合的规则，即按照形体较大的图形位于中心，形体较小分别位于其两边的次序排列。而在三个或三个以上成分组合的岩画里，各个成分排列的次序更加复杂。其突出特征是分组。如图 6-2（a）、图 6-3 下图、图 6-4（b）、图 6-8（c）、图 6-9（b）都是 5 个成分建构的岩画图像场。除图 6-4（b）五个成分没有明显分组，整体大致呈一条横线状排列组合外，其余的按照方向、位置，五个成分可以被分成数量不等的两组、三组排列组合。如图 6-8（c）、图 6-9（b）五个成分分别按照 2/3（即两个位于左边，三个位于右边，二者左右组合）、4/1（即四个位于上面，一个位于下面上下组合）分组排列；图 6-2（a）、图 6-3 下图则依次按照从左到右 2/2/1（即两个形状较小的骑者图形一组，两个形状较大的骑者图形一组，一个骑者图形单列）、1/3/1（即一个抽象菱形图形单列，三个羊图形一组，一个形状较小的长方形抽象图形单列）组合。并且每一组里两个及两个以上的成分往往又按一定顺序排列，如图 6-2（a）两个一组的一上一下；图 6-3 下图三个一组里的一上两下，其中下面两个成分又一左一右排列。

　　除位置外，次序与距离密不可分。一个视觉场内两个或两个以上成分前后或上下组合，它们之间究竟保持多大距离并不依据岩画图像场实际空间面积大小而定。面积很大岩画图像场内所有图像密集分布在某个位置的情形在巴丹吉林沙漠岩画里很常见。反之亦然。如仅就距离而言，都有两个成分，它们在图 6-9（c）、图 6-10（c）、图 6-10（e）、图 6-4（a）所示的图像场内依次呈现出了四种不同排列组合的情形，即比较大、比较小、比较适中、紧密。两个或两个以上众多成分建构岩画图像场时也如此，如图 6-8（c）、图 6-10（d）、图 6-5、图 6-10（a）依次分别所示的。两个或两个以上成分之间零距离情形，也并不少见[图 6-10（b）]。距离大小直接影响着整个岩画图像场的美感。疏远、密集、疏密相间是它们分别给予我们的不同知觉感受。当然，这种审美感知是相对的。如图 6-11 所示[1]，就

----

① 分布在雅布赖镇伊和呼都格嘎查东南 21.7 千米处一座山下面的岩石上，当地文物管理部门把此处这里的岩画统称为"哈布尔井岩画"，并于 2007 年 4 月开始的第三次全国文物普查过程中调查并建档。照片编号为 152922-0481-Z002，范荣南摄于 2009 年 7 月 18 日。

这两个形状、大小差异较大的图像而言，在它们一左一右的横向组合里，二者之间距离适中。然而，集中位于左下边的它们，相对于其所建构的一个面积较大的、呈不规则状图像场，彼此之间的距离就显得很小。

图 6-11

　　总体来看，巴丹吉林沙漠岩画里那些由众多图形建构的合体图像场，往往疏密相间。这主要有赖于场里多个成分的多重分组排列。它使图形在视觉空间中的位置灵活多变的同时，各得其位、秩序井然。如图 6-3 上图里的成分看似杂乱，实则存在着排列次序：首先，抽象图形与具象图形的分布比较有序。该岩画里有三个抽象图形 、 与 ，它们分别位于整个岩画的最上面、下面。其次，除三个抽象图形及个别图形（如位于中间的 和位于左上边的 ）外，从图形分布的朝向我们可以把结构岩画的绝大多数成分分为左右两组：左边一组包括整个岩画里大部分图形，每个都按从左到右的次序结构而成；右边一组位于整个岩画的最下面，包括 9 个羊图形，所有图形都按照从右到左的顺序结构而成。最后，存在着主次秩序。该岩画的核心是十多个形体较大的象骑者之形的图形，诸如 、 、 等，它们往往位于整个视觉空间比较醒目的位置，如上面、中部等。而众多形状较小的骑者图形、羊图形或鹿图形等及抽象图形则位于其四周。这种组合表明成分形状的大小影响着它们在整个岩画里所处的位置，如图 6-6 左、右图和图 6-8（a）里形状较大的成分也位于整个岩画的中心位置。

　　图 3-18、图 6-9（b）、图 6-10（a）、图 6-10（d）、彩图 4 下右图所示的五个图像场内一些成分的排列顺序则向我们比较明确地昭示了次序在岩画里的意义：尽管每个图像场里其他组成成分有别、组合顺序亦存在着纵横、上下、前后差异，每个图像场内射手图形、羊图形数量不同（如图 6-9（b）、图 6-10（a）里有三个骑者成分、图 3-18 有一个；图 6-10（a）里有三个羊成分，其余则都有

一个），具体形状亦不同（诸如🐕、🐗与🦌，以及🐕、🐗与🐗等），射手图形与羊图形组合的整体顺序也存在着横向或纵向之别（如🐕、🐗🐕、🐗），但是，四个图像场里的共同成分羊图形和射手图形之间不仅存在着固定搭配，而且存在着固定次序，即羊图形位于射手图形之前或先。正是这种固定的次序给我们传达出了一个十分明确的概念——射羊。换言之，"射羊"这个概念是由这个图式显现或展示给我们的，而这个图式又是由特定次序决定的①，特别是彩图 4 下右图所示的二者之间的面对面横向组合。值得一提的是，这个图式或组合模式呈现的只是岩画图像语言的一个基本句法。这意味着其中存在着图形的选择。如图 6-11 所示，射手形象射击的对象是一个象大字状站立的人形象。即便如此，该岩画呈现给我们的基本概念依然是"射击"或"射猎"。

可见，无论是选择图素点还是线或面，无论是选择相同图形还是不同图形，无论是选择两个图素还是多个图素，人们所结构出来的图形或图画差异甚大。而次序的存在使得图形、图画的组合具有了非线性的立体性。这意味着两个或两个以上形式单位能同时出现在一个视觉空间里，其中的每一个形式单位都是从它及位于它之上、之下，或左边、右边的形式单位的对立中才取得它存在的价值。而概念图式——"射羊"或"射击"的存在表明，巴丹吉林沙漠岩画里的图形或图画的组合并非任意的，而是具有"结构意义"的②。

第三节 派生与转化

图素、图形之间选择与次序关系的存在，生成了岩画视觉图形语言里一些比较固定的组合关系，也使象形成为巴丹吉林沙漠岩画的突出特征。而象人（包括骑者、射手）羊、马、鹿、鹰之形的图形普遍存在意味着很多图形相似。如许多岩画图像场里都包括一个共同的、有意义的形式或成分——象骑者之形的图形。这是一个带有固定形象、固定次序或词法（即位于上面的人与位于下面的马或骆驼形象的搭配组合），具有稳定意义的岩画图形。然而，仔细辨别，我们不难发现，由于选择或分布次序上的主要差异，在严格的形式层面，这些图形绝不雷同。其实，整个巴丹吉林沙漠岩画里每一种象形图形、同一类图形之间亦不同。造成这种现象的原因，除选择与次序外，还有另外两个，即派生与转换。这一点不仅通过同一类图形体现出来，而且通过图素、图画体现出来。本节，笔者以此为论述目标，描述分析并揭示岩画图像语言的内在生成、特点和规律等。

① 图 6-10（d）所示射手形象的弓箭并没有指向羊形象，并且与之距离较远，可他后面有一个实面结构的象动物之形的形象。

② 〔美〕E. 潘诺夫斯基：《视觉艺术的含义》，傅志强译，辽宁人民出版社 1987 年版，第 75 页。

一、派生

这里所说的"派生"是广义的，指某些图形是在同一象形图形基础上衍生出来的。其生成模式有以下三种。

（一）增加

增加是指通过在象形基础图形上增加一些形式单位，从而造成二者之间形式层面的差异。如图 6-12 所示，与巴丹吉林沙漠岩画里众多蒙古包、塔形象相比，这个塔状形象顶上一个犹如棋盘状形象，使它成为此类岩画图像里的唯一形式。[①]至于象人、骑者、羊、马、射手等之形图像上的添加物更是千奇百怪。于是，岩画里出现了大量派生图形。试比较 🦌 与 🦌、🦌 与 🦌。两组里的后者显然是在前者基础上分别增加了两条竖线（即 Ⅱ ）或十字图形（即 ＋ ）。因此，我们可以把 🦌 与 🦌 分别称为 🦌 与 🦌 的基础图形，或者把后者称为前者的派生图形。同理，如果我们把图 6-8（b）里的 🦌、🦌 称作象骑者之形的基础图形的话，那么，另外一个 🦌 就是派生图形，因为它多了一个形式单位——🦌，即马形象后腿部位多余的部分。图 6-3 上图里的 🦌、🦌 也是派生骑者图形。二者里用以表示马形象尾巴部分、头部分分别多了一个十字状形式 🦌、树枝状形式 🦌。同样，与 🦌、🦌、🦌、🦌 相比，🦌 可视作象人之形图形的派生图形。与图素相比，某些基础图形之上所添加的点或线、面状形式单位，我们不能把它们称为图素，因为它们不是用以结构某个基础图形的基本形式元素。因此，为区别图素起见，本书把凡是基础图形之上所添加的多余形式单位称为黏附形式。图 6-5 所示的骑者图像里马形象头上象麦穗状的饰物，更显示了添加类黏附形式的变化莫测。

（二）减少

减少是指通过在象形基础图形上减少一些图素，从而造成二者之间形式层面的差异。例如，在巴丹吉林沙漠岩画图像语言系统中，虽然我们会把 🦌、🦌 视作象骑者之形的图形，但是，与 🦌 相比，它们显然缺少了一些基本的象骑者之形的图素（如用以表示人形象的双臂）。同理，与 🦌、🦌、🦌、🦌 相比，象马之形的图形 🦌 缺乏一般象马之形图形里的一个基本图素（即代表马形象腿的）。🦌 亦是一个缺乏表示一条腿部图素的象人之形的图形。很显然，减少某个象形基础图形之上的一些图素形成的图形往往较前者抽象。

---

① 该棋盘状形象疑似后人添加。

图 6-12

（三）内部形式结构的调整

内部形式结构的调整是指在象形基础图形基础上，通过调整所指对象内部形式结构，生成与之有差别的形式。例如，就图素的选择、数量和次序而言，图 6-12 所示[①]岩画图像场内的 19 个象人之形的形式（即 、 、 、 、 、 、 、 、 、 、 、 、 、 、 、 、 、 、 ）基本相同：基本上都是实面、线结构，二者分别结构的是象人之形的头部、躯干以及腿部。然而，

① 参见图 2-1，这里所示的是该岩画质料场正面图像场内的情形。

它们又彼此不同，每个都是独一无二的。其原因在于这些图形所指称的对象的内部形式结构不同。这 19 个图形表示的都是处于步行状态中的人形象，有的低头沉思、有的昂首前行、有的身体直立、有的身体前倾。即便都是身体前倾，有的倾斜度大，有的倾斜度小，有的整个身体都倾斜，有的只是头部倾斜，等等。

值得一提的是，形式单位之间派生关系的存在及其所生成的图形，这一切都发生在形式内部。巴丹吉林沙漠岩画里人（骑者、射手）、羊、马、鹿、鹰等图形变体众多，然皆为象形。这一点不是我们赋予它们的，而是其图形自身出现了不同程度的图素的增加或减少，以及内部形式结构的调整。

二、转换

从功能上来看，这指述的是各级形式单位之间的改变，即从一种形式单位变为另一种形式单位，主要体现在以下四个方面。

（一）图素转换为图形

图素转换为图形指点或线、面三种基本图素在一定语境中可以直接转换为一个相对独立存在的、完整的图形。一般来说，点、线、面只是用以结构某个图形的元素，也就是说，它们不能相对独立存在，仅仅是结构某个相对完整的图形的一部分。可是，有时它们却能转换为图形。如图 6-13 所示，它们都是存在于旷野中的、处于原生态状态中的一幅岩画或一个相对独立存在的岩画质料场上面的图像场。这里，我们必须称其为图形而不是一个三角形虚面、一条横线。因为它们独立、完整，准确地说已由图素线转换为图形了。不仅如此，它们独自就建构了一个图像场或一幅图画、岩画。更进一步，单一的图素——点、线或面，还能与其他图形通过某些关系进一步组合，从而结构出另一复合形式——图画（即合体图像场）。如图 6-10（c）、图 6-10（e）所示，与一个骑者图像搭配组合的分别是一条比较长的曲线和一个比较小的点（此意义上的曲线、点已经转换为图形了），这说明一条线、一个点不仅可以独自建构一个图像场或一幅岩画，而且可以作为成分参与其他岩画的组合。图 6-12 岩画图像场内最下面两个点也是作为该图像场内参与组合的成分而存在。面也如此，如图 6-13 上图里成分，即虚面图形⬤、的存在则证明了图素面转换为图形的常见性。总之，完全由一点或一条线、面构成的独体图像场或岩画，以及由它们作为组成成分组合的合体图像场，二者在巴丹吉林沙漠岩画里都存在，其中以后者最为常见。

图 6-13

（二）黏附形式转换为图形

　　黏附形式转换为图形指依附于某些基础象形图形之上的黏附形式在一定语境中可以转换为相对独立存在的完整图形。巴丹吉林沙漠岩画里的黏附形式大都由点、线和面，以及由它们结构的十字、圆圈、三角形等几何图形充当。以点、线、面方式出现的黏附形式功能上与图素无异。所以，在一定语境中，它们同样可以转换为某种图形。后者大多可以独立存在，也可以作为组成成分参与合体图像场的组合。如 🖼、🖼 及图 6-14（c）分别所示的马形象、骑者形象上的黏附形式——线，作为图素，能参与众多其他图形的结构；作为图形，能独立建构一个岩画图像场。点、面也如此。

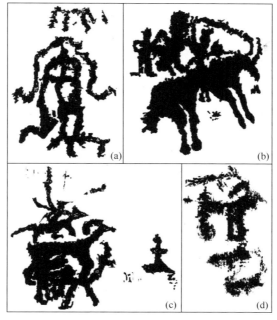

图 6-14

（三）图形转换为图素或黏附形式

　　图形转换为图素或黏附形式指某些图形在一定语境中转换为用以结构另外一个图形的图素。例如，在巴丹吉林沙漠岩画里，象人、马、骆驼之形的图形普遍存在，它们可以独自构成一幅独体岩画，也可以作为组成成分参与其他合体图像场的组合。然而，在一些象骑者、射手之类的图形里，它们则成为用以结构该类图形的某个形式元素。如它们以多种象人之形的图形，与多种象马或骆驼之形的图形上下组合，从而生成了另外一种新的图形——骑者，如图 6-2 所示的五个骑者图形 、 、 、 、 。很显然，在骑者图形里，它们仅仅是作为组成该形式的一个不可分割的部分而存在。换言之，此意义上的象人、马、骆驼之形的形式已经从功能上转换为一种特殊的图素了。试比较图 6-14 所示的四个岩画图像场，图 6-14（a）、图 6-14（d）分别是由两个、四个成分建构的，成分之间距离很小，可是，彼此之间的边界还是清楚的。图 6-14（b）则相反，三个成分纠缠在一起，图 6-14（c）下面两个成分也上下相叠相套。很显然，图 6-14（b）、图 6-14（c）分别所示的是一种比一般骑者图像更复杂的图形：两个象人之形的图形与一个形状较大的骑者形象、一个羊形象和一个形状较大的羊形象，都上下串联成一整体图形。显然，形状较小的都依附于较大的。

　　在羊作为黏附形式的图像里，有一种比较普遍存在于中国北方岩画里的图像，即骑者形象与羊形象上下包涵。如在  里，我们看到了作为岩画独体图像场或合体图像场里组成成分的像羊之形的图形 转换为黏附形式①，与骑者图形 再次结构出了另外一个更加复杂的图形 。图 6-15 上、下图所示也如此，

图 6-15

---

① 此处不能把它称作图素，因为它显然是一般骑者图形之上多余的形式单位或成分。

不仅马形象与羊形象上下包涵，而且羊形象还与抽象圆圈状形式上下联结成为一个奇特的整体形式。一般来说，除修饰、包涵、叠加等外，我们很难具体确定由转换形成的此类复杂图形所表达的意义。而图 6-15 上面一个图形所传递的则似乎是昭然若揭的——母子。

由于图形是完整的统一体，因此，一般来说，图形转换为图素或黏附形式，再次结构出的新图形往往比较繁复。例如，或许我们可以把图 6-10（b）所示的图像解析为四个成分，即两个骑者图形（🐎、🐕）与两个羊图形（🐐、🐕）组合的一个四重合体岩画形式。然而，若立足于巴丹吉林沙漠岩画里普遍存在的单个图形或独体岩画形式考量，则它应该是一幅由一个相对独立完整的图形构成的独体岩画。因为四个图形彼此之间毫无缝隙地紧密联系展示了它们之间的不可分割性：最上面骑者图形里的马形象的前后腿分别与位于其下羊形象的头部、尾巴相联结（其中，马形象的一条后腿和羊形象的头部用的是同一形式元素，即一条横线表示），最下面骑者图形里，骑者形象的背部、马形象的头部分别与位于其上的羊形象的前后腿相联结，尤其是两个羊形象的尾巴是交互套在一起的（即🐕）。因此，图 6-10（b）其实是由四个已经转换为图素或黏附形式①的图形结构的一个更加复杂的图形。

与解析图 6-10（b）及图 6-14（b）、图 6-14（c）里的繁复图形相比，我们很难运用同样的方法剖析图 6-12、图 6-14（a）所示的繁复图形。前者 19 个人图形被紧紧困在象塔之形的图形内部，塔顶上部的两个一大一小格子状方框图形也与塔无缝隙地粘在一起不可分割。这种结构里的 19 个人图形只是结构该图形的一个部分而已。换言之，它们失去了作为图形独立存在的价值，已经转换为另一个图形的图素或象塔状图形之上的黏附形式了。而图 6-14（a）所示的繁复图形更是不可切分的一个统一整体。若以可以辨析的形象为核心，则该图形绝大部分都应该是位于其最底部的象马之形图形🐎上的黏附形式。

（四）图形转为图画

图形转为图画指某些图形在一定语境下可以直接转换为一幅相对完整独立存在的图画。这里所说的"图画"指的是图像场由所有图像语言建构的一个相对独立完整存在的整体形式。大多数巴丹吉林沙漠图像场由两个或两个以上图形成分组合而成，也有一些是由一个图形构成的（即独体岩画或图像场）。这些图形多种多样，既有象人或动物之形的，也有抽象的，如图 6-13 上、下图就分别是由一个三角形、横线状图形建构的岩画图像场。这种语境下的图形已经直接转为一幅岩画了。

---

① 如我们完全有理由把其中一个骑者图形和两个羊图形称作另外一个骑者图形的黏附形式。

　　因此，如果说从象形基础图形到派生图形的转化并非根本性的话（因为二者之间依然存在着本质上的一致性），那么，从一种形式单位到另一种形式单位的转换所带来的变化则是彻底的。它所改变的不仅是图形的外观，而且是它们的本质属性，即由图素或黏附形式变为图形，或由图形变为图素或黏附形式、图画。所有这一切都使得巴丹吉林沙漠岩画图像语言既纷繁复杂又有规律可循。

第四节　图式规则

　　每一个巴丹吉林沙漠岩画都用形式的安排来表示一部分意义。就其功能而言，图素、黏附形式、图形和图像场是其视觉图像语言里的四级形式单位。各级形式单位内部或彼此之间存在着多种多样的规则，主要包括组合、整体、选择、次序、派生、转换，以及其由此形成的相应关系。其中，图素点状形式元素是最基本的形式单位、组合关系是最基本的关系。各级形式单位之间的组合既有规律地像阶梯一样从下往上：较高一级的是由较低一级的组合起来的，灵活多变。组合、整体、选择、次序的存在主要生成了巴丹吉林沙漠岩画里拥有一定"图式"①规则的图形、图画，并使象形成为其突出特征。而整体、派生、转换的存在则主要在生成图形、图画，尤其是同一类图形或图画能指层面差异性的同时，赋予它们丰赡性，如图 6-16 所示的由所指相同的一个图形建构的四个不同独体图像场。图形、图像场因此成为一种处于变化中的、有生命的形式：一方面，它服从于派生、转换的基本规则，通过变形不断更新；另一方面，它恪守选择、次序规则，通过固定性的排列组合，使变形得以协调并稳定下来。而这一切都显示了巴丹吉林沙漠岩画生产者对形式构建美学品质的追求，诸如优美线条、均衡的结构、对

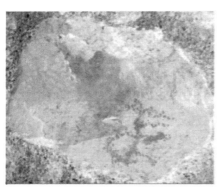 

① 这里所说的"图式"概念借用自英国艺术史家 E. H. 贡布里希。"图式"指述的就是一般所说的准则（canon）。见〔英〕E. H. 贡布里希：《艺术与错觉——图画再现的心理学研究》，林夕、李本正、范景中译，湖南科学技术出版社 2000 年版，第 107 页。

图 6-16

称图形等等。如果说本章前三节是概述的话，那么，本节，笔者以形式要素点为个案，通过对其词法、句法和篇法的全面、系统、细致地解析，进一步深入探究岩画图像语言里的图式规则、特点、功能和意义。

一、点派生的图像语言

　　巴丹吉林沙漠岩画里的点是岩壁或岩石物质的平面，即基础平面和画具（如雕刻或凿刻刀）最初接触时产生的。就大小而言，点是最小的基本形态，小而圆是其最基本的特征。但其轮廓则是相对的。正如现实中点的表现形态一样，巴丹吉林沙漠岩画点状形式的形态丰富，其界线是无法设定的。有的边缘被打磨得非常光滑，有的则很粗糙，有的呈圆圈状，有的则呈凹穴状[①]，有单圆、同心圆的形状，有细的锯齿状的圆形，有接近三角形、长方形、四方形的形态，甚至还有的呈任意形态。若从功能上来分类，则我们可以把它们分为图素、图形两大类，二者分别依据一定图式规则建构了单个图形、以"射羊"为代表的概念图式、图画。下面，笔者将一一论述之。

　　（一）初始符素

　　点状形式是巴丹吉林沙漠岩画里最基本、最典型、最普遍的图素，或者说初始符素或元素。如图 6-16 上右图、图 6-17 所示，象人、鹿和羊之形的图像，以及一个抽象图形的整体轮廓和局部细节部分乍看基本都是或者用"线条"勾勒或者用大小不一的"实面"或"虚面"构成，仔细看则不难发现这些"线"或"实面"或"虚面"与我们通常在巴丹吉林沙漠岩画里见到的不一样。它们基本上完全由敲打而成的任意点状形式元素构成。尽管这种点状形式元素结构的线凹凸不平，但是，它们的排列组合十分有序：一个个点状形式元素按一定规则，特别是

---

　　① 从能指层面来看，所谓"凹穴"本质上就是比较大、比较深的点状形式。

所刻形象或图形的要求，一个挨一个紧密排列组合而成的。除无缝隙地相互叠合在一起的部分外（如用来刻划人或鹿形象头部部分的形式元素），这些任意点状形式元素的其他部分的轮廓很清晰，有些线我们甚至可以数清楚结构它们的点状形式元素到底有多少。图 6-2 所呈现出来的 🐾 和 🐾 里的点状形式元素更是个个清晰可数。而图 6-16 里所展示的则让我们看到，不仅线条，而且面积较大的面都是完全由点状形式元素排列组合而成的。图 6-16 左、右图所示的都是基本由点和面结构的图像。它们主要分别是一个象奔跑状人之形的形式和一个象静止站立状鹿之形的形式。这两个岩画里所分别刻划的人和鹿形象的轮廓、腿部、角、尾巴，或由断断续续的小点构成（如形状较大的圆圈状图像的轮廓），或者由点连缀而成（即把有间隔的点相互连起来，如表示鹿形象腿部的形式元素），或者由无数任意点状形式密集而成（如表示鹿腿部整体形状的）。即便是人的头部和鹿的躯干部分也分别是由任意点构成的圆形或长方形集合。它们或者由任意点组合的线勾勒而成（由此形成的面是虚面，如表示鹿形象轮廓的虚面状形式元素），或者由点聚合的面组成（由此形成的是实面，如表示人形象头部的实面状形式），或者由点组合的线与点聚合的实面联合排列组成（如表示鹿形象躯干的），或者由点状形式点缀而成（如表示鹿形象腿部的）。至于图 6-17 下面左右两图所示的两个岩画，基本是大小、形状不一的、密集的点连缀而成的粗细、长短和形状等不同的各种线及面结构。总之，点状形式符素在图 6-15 这些图像里的运用是为了体现线或面的效果。因此，确切地说，我们应该把用以结构 🐾 和 🐾，以及图 6-16、图 6-17 里图像形式的线条、面称作"点线""点面"。与通天河流域的相比[①]，巴丹吉林沙漠岩画里的比较稀疏，并且凿刻得不深。

　　巴丹吉林沙漠岩画里"点线""点面"的存在表明：制作者不是直接在石头表面根据图像需要刻划出线状形式元素，而是首先敲凿出点状形式元素。那些呈线状结构的图形也不例外。如图 6-18[②]、图 6-19 分别所示的是田野考察过程中，我们所能看到的巴丹吉林沙漠岩画里罕见的基本由比较细且刻制得比较浅的线结构的图形、图画。自然光线尤其是光线较强的情况下，我们几乎看不见它们。即便是通过电脑自动"反色"处理，这些图像语言整体给我们的视觉感知主还是线结构的虚面或线的结构：除短线结构的爪子形象外，老虎形象基本由多种不规则形状的虚面建构。与之相比，图 6-19 下图分别用来结构骑者形象和马身躯，以及鸟形象双翅膀的虚面，则犹如渔网一样，内部由密集细线再次搭配结构出棋盘格子状。鸟形象的身躯则是不规则的实面结构。然而，这些线、面凹凸不平的表

　　① 参见王毓红、冯斯我：《"点"派生的图像语言：通天河流域岩画里的终极实在》，《青海民族大学学报（社会科学版）》2017 年第 1 期，第 118—125 页。
　　② 即彩图 4 上左图所示的。

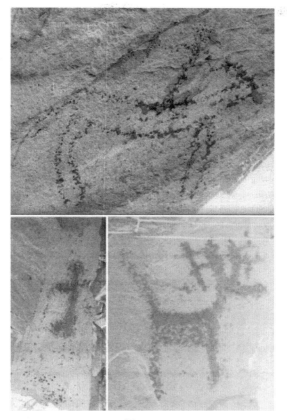

图 6-17

面，以及粗糙不平的边缘和残留在图形或图像场内众多形状大小不一的点状形式
（如虎、骑者形象头部、躯干、腿、尾巴部分周围，以及鸟形象周围、左边图像场
边缘地带一个形状较大的点图形），特别是结构骑者形象头部的面积很小的实面
点状形式都昭示出：单个象虎、骑者和鸟之形图形的建构离不开点状形式元素，
作为一个相对统一完整视觉形式的图像场也程度不同地存在着点状形式或图形。
它们都是我们所说的"点面""点线"而面、线结构。而"点面""点线"的形
成则是靠点的不断重复、叠加。我们能比较清晰地看到由一个个密集小点连缀而
成的众多曲线，建构的这个虎图像。彩图 4 下图所示的分布在同一语境场的另一
个虎形象，其头部则是用点结构的实面表示。而图 6-19 所示则说明，岩画生产者
有时会使用比较锋利的制作工具，一次性地直接在石头表面刻制出一道道线，并
以此制作出象骑者这样常见的图形。可是，在这种情况下，他们往往会在这些细
线之上刻意添加上一些形状不规则、形体较大的、刻制较深的坑状点状形式。点
之于岩画单个图形建构的必需性或不可或缺显而易见。

图 6-18

图 6-19

　　由于整个巴丹吉林沙漠岩画里不仅罕见非点状形式结构的单个形式或图形，而且鲜有非点状图形建构的图画。因此，从制作者的角度，我们可以说点状形式是巴丹吉林沙漠岩画的一种最原始、最基本的制作方法。①即不论刻制什么形式，人们首先制作的是点状形式，"它是所有其它形式的起源"②。而从符号学角度，我们可以说点状形式是结构巴丹吉林沙漠岩画的最原初、最根本、最基本的初始符素。就单个图像语言或图形而言，它建构了我们今天所常说的具象与抽象两大类。

　　在巴丹吉林沙漠岩画里，由点状形式元素结构的岩画图形有具象与抽象两大类。具象图形主要指象现实生活中动物之形的形式，以及象人或物之形的形式。其中，动物形式比人、物形式常见。抽象图形又可以细分为比较抽象的动物形式，以及半圆、圆圈、三角、四方和十字之形的形式两大类③，其中有一些几乎没有形成比较规整形式的点或线状的形式，如图 6-20 所示，这些都是"点面""点线"或点结构的图形。除右边中图里具象羊图形外，其余的都比较抽象。不过大多数我们还是可以辨识。如上图里的骑者形象；左边中图由较长的直或弯曲"点线"，特别是两条彩虹状弯曲的拱形"点线"建构的象马之形的形象；右下角只有一条腿的马形象的腿部分被刻意夸大、拉长。不论所指对象是骑者还是动物，它们都是由比较清晰可数或上下叠加的点状形式元素建构。左下角所示的一个抽象形式里大部分则是一些非常疏散零星散落的点状形式元素的集合。它们若隐若现，朦朦胧胧，带有浓厚的象征色彩。

　　图 6-21 中上图和中下图所呈现的分别是巴丹吉林沙漠岩画里由形态多样的"点线"、点排列组合的圆圈状抽象形式。它们都是"点线"结构的圆圈状封闭曲线状图形，其中一个呈正圆形、一个呈椭圆形。相比较之下，正圆形的"点"的大小更加一致，敲击出来的曲线整体粗细匀称，酷似一条完整的线结构。而图 6-21 中下图所示的椭圆形上半部分基本是大小形状不等的点状形式元素稀疏排列组合的比较粗的线结构，其中左上面部分主要是彼此之间间隔较大的点状形式元素断断续续排列组合的线结构。椭圆形式的下面部分则是点状形式元素密集连缀的线结构，圆圈外部下面还有一条点连缀的短细线形式。该椭圆形圆圈左边部分的点状排列组合最值得我们关注。尽管只是屈指可数的几个点的连缀，它却是圆圈状形式左边的组成部分。如果没有它，而图 6-21 中下图表示的应该是一个半圆而非圆圈状形式。

①　此处是在最初意义上使用"原始"一词。
②　〔俄〕瓦·康定斯基：《论艺术的精神》，查立译，中国社会科学出版社 1987 年版，第 97 页。
③　本书所论述的岩画指史前时期的，故不涉及岩画上被后人以添加方式刻上去的蒙古文、藏文等。

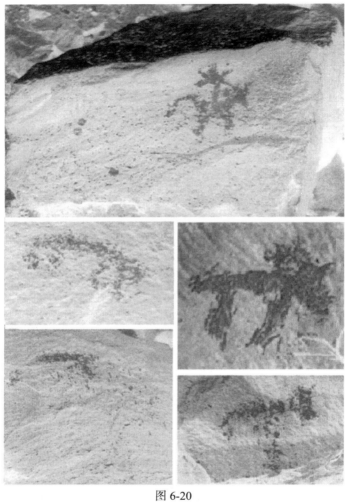

图 6-20

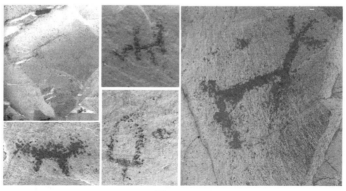

图 6-21

"点线"或"点面"的形式元素功能与一般点或线、面的相同。它们几乎可以构建出任何图像或图形。不仅如此，它们可以组装出千姿百态的指称对象相同的图像。以羊形象为例，图 6-16 右下图比较匀称的细"点线"刻划了一个低头负重努力前行的抽象羊形象。图 6-20 右上图表现的也是一个低头竭力抵抗外物的羊形象。由于制作者使用了粗得近乎实面的"点面"形式元素，因此它显得比图 6-16 右下图所表现的羊形象更加肥壮厚重有力。图 6-21 中上图是比较粗的"点线"结构的一个处于安静状态中的抽象羊形象，其中用来代表羊形象一条后腿部分的"点线"上下贯通其躯干，另一条代表羊形象前腿的"点线"则呈间断状，似有似无。与之相反，用来代表图 6-21 左下图所示羊形象的"点线"或"点面"坚实清晰，它们形象地表现了一只欢快行走中的羊形象。其中代表羊形象头部和包括尾巴的躯干部分是几乎呈一条横向放置的直线的"点面"形式元素，代表羊形象两条腿的则是两条短"点线"结构的粗短线。并且，由"点线"或"点面"形式元素构建的图形的功能也与一般图形的相同。也就是说，它们既可以作为独体图像场或岩画相对独立地存在，也可以作为一个相对独立的成分，参与合体图像场的组合，如图 6-21 中下图所示的两个大小不一的圆圈状图形组合的二重合体图像场。

以上有关具象和抽象形式的具体描述分析，进一步证明点状形式元素不仅仅是巴丹吉林沙漠岩画形式里图素，而且是初始符素。它既是我们通过语法分析所能得到的最小的意义单位，也是我们整个巴丹吉林沙漠岩画解剖工作的最后一环。由于它所具有的强大的构形功能，点的大小和形态发生了变化：它可以组合成为一条直线、曲线，也可以形成一定形状的平面（实面、虚面）。于是，点、"点线"和"点面"之间多样化的排列组合结构出了纷繁复杂的岩画形式。其结构方式可以密集叠加，由此形成的是实面或粗线、细线形式元素，也可以有间隔地断断续续，由此形成的是点或线状形式。由于点状形式元素的构形及其排列与组合既是岩画图像语言在语法形式上的突出特征，也是它在能指层面上的显著特色。从这个意义上说，与其说它是一种制作方法，毋宁说是符素。

（二）初始符号

除以图素的身份参与各种岩画形式的构形外，巴丹吉林沙漠岩画里的点状图素还有另外一个显著功能，即以图形（或符号）身份，作为一个相对独立的成分，参与各种岩画形式的组建。如图 6-22 所示，除羊、骑者或两个抽象线状形式外，该图像场内同时还存在着数量不等的点状形式。它们在大小、形状（有的圆、有的长）、深浅等方面存在着很大差异。尽管有些距离其他图形较近，有些较远，但是，它们都与这些形式保持一定的距离，绝不是以符素的方式参与这些形式的组建。也就是说，它们在图像场里都与其他具象、抽象形式一样，相对独立存在。更进一步，由点或"点线"和"点面"通过多种方式组合起来的图形彼此之间不仅能搭配组合，从而形成一个个合体岩画形式，而且，它们也可以再次与其他点状形式组合。事实上，与通天河流域岩画一样，点状形式也是巴丹吉林沙漠岩画里一个相对独立且稳定的形式或抽象符号。这种普遍存在的形式或符号以成分的身份既能彼此通过多种方式组合出另一个更大的岩画形式（即一幅岩画），更能与其他图形一起，参与一切岩画形式的建构。这种形式我们称为自由语法形式或自由形式。它基本借助于以下四种方式参与巴丹吉林沙漠岩画岩画形式的组建。

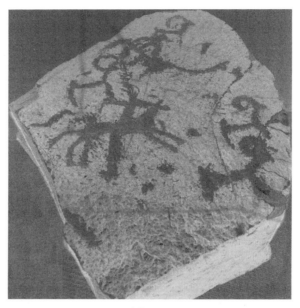

图 6-22

1. 与具象和抽象形式的组合

在一个图像空间里，点状形式可以同时与具象或其他抽象形式搭配是巴丹吉林沙漠岩画里最常见的一种组合方式。而且，无论是点状形式，还是具象、其他抽象形式的数量都是不定的。如图 6-22 所示的就是由多种类型多种形状的图像构建的一个多重合体图像场，包括具象图像、抽象点、线（即位于左上面和下面边缘地带的一条蛇形曲线和直线状形式）状图形。其中点形式里有六个呈从上往下的斜直线状分布在右边上下两个羊图像与左边图像的中间地带。其余的比较零散地分别分布在羊图像或骑者图像的周围。这些点的大小、形状往往不统一。从整个合体图像场里比较清晰的点状形式所处的位置，特别是与其他图像之间的距离，我们可以看到，正如上下搭配组合的羊图像和骑者图像一样，点形式与点形式或线状形式，点形式与羊形式或骑者形式也可以相互组合。以与羊或骑者图像一样，在这种组合过程中，它们的身份显然是相对独立存在的组成成分或图形、形式，而非结构或依附于某个图像或形式的形式元素。图 6-23 所示的也是点图形与具象和抽象图形的组合的八重合体岩画形式。其中四个具象图像分别表示的是两个骑者和两个骆驼形象；四个抽象图形，即位于左下面的一条直线状形式，以及三个形状、大小不一的点状形式。三个点形式里，最小的一个是非常圆的圆点，位于骑者和骆驼图像之间；最大的由众多小点形式元素密集而成，整体呈三角形状；介于二者之间的是一个同样由众多小点密集而成的略呈长方形的点状形式。除这三个形状较大的外，整个图像场内还零星地分布着一些更小的点状形式。

图 6-23

2. 与具象形式的组合

点状形式参与组合，特别是在整个图像空间中占据显著位置的情形，我们从它与具象形式的组合里可以看得很清晰。如图 6-21 右图所示，这是点状形式与具象鹿形式的组合。除分散在鹿图像周围及整个图像空间其他地方的形状较小的点状形式外，有一个由众多小点密集而成的、形状较大的、略呈长方形的点状形式位于鹿图像的上面。如果说该图像场内的其他形状较小的点状形式我们都可以忽略不计的话，那么，这个形状较大的则不容我们忽视。于是，与一般独体岩画形式相比，我们应该把该图像场形式称之为二重合体岩画，而不是独体岩画。图6-20上图所示的更有力地证明了这一点。该图像场内形状较大并且轮廓比较清晰的图形或成分有四：右上面是一个像身背弓箭骑马的骑者之形的形式，左边是三个形状较小的圆点状形式。它们中两个一上一下紧挨着位于上面，一个距离它们较远。假如在判断图6-21右图所示的位于鹿图像上面的点状图形究竟是其上的黏附形式（即作为形式元素），还是一个与鹿图像一样的独立图形或成分时，我们还有丝毫犹豫的话，那么，这种感觉会在我们目睹图6-20上图所示的三个点状图形时消逝。此外，图6-20上图和图6-21右图清晰地展示了作为符素的点状形式与作为成分或一个抽象符号的点状形式之间的界线：结构鹿形象轮廓的"点线"，以及结构骑者形象的"点面"是符素，位于它们周围的一个或三个点状形式是形式或符号。

3. 与抽象形式的组合

点图形作为一个组成成分，可以以多种形态参与抽象形式的搭配组合。如图6-24所示，它们的形状或呈圆形或呈椭圆形、方形等，面积可大可小。它们大都是点形式元素的集合，其中有些排列叠加比较紧密，有些则比较疏散。与它们

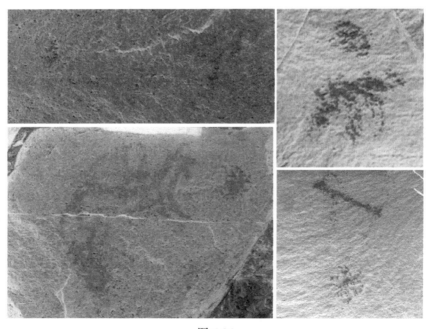

图 6-24

组合的抽象形式也比较多样化,上面左、右图分别所示的是一个呈向上横向倒立"7"状的抽象形式、一个似乎是呈站立状的抽象动物形式或其他物形式。除与纯粹抽象的形式组合外,点状形式也与比较抽象的动物、人物形式组合,如在下面左右两图里,与点状形式组合的分别是一个象骑者之形和象马之形的抽象形式。在与抽象形式组合时,点状形式的位置非常灵活。它们可以位于它们的上面或下面,也可以位于它们的左边或右边。

4. 与图像场组合

这指述的是一种非常特殊的情形:无数点状形式以一个个相对独立存在的组成成分的身份,不仅紧扣岩画图像场边缘地带,而且充塞整个图像场空间,从而建构了整个岩画图像场。其间也有其他数量不等的成分参与组合,它们可以是具象或抽象图形。如彩图 2 左边中图所示,该岩画图像语言复杂而奇特:就像满天繁星一样,扑入我们眼帘的是无数点状形式,它们形状大小基本相同,彼此之间保持着一定距离,密密麻麻,建构了整个点状形式岩画图像场。该图像场的边界基本上是由点结构的。点形式把整个图像场填充得密不透气,以致我们目睹该岩画时会忽视与无数点组合的其他图像,如分别位于左右边的一个象羊之形的图像和一个抽象图形,更不用说由褐红色和红褐色两种刻痕颜色,即图像语言展示出来的该岩画的时间性了。

假如说由于存在着叠加现象,彩图 2 左边中图给我们所示的点状形式在结构图像场的过程中,其自身整体轮廓,以及彼此之间的搭配组合有些展示得不是十分清晰的话,那么,图 6-25 上、下图分别所示的则完全相反:每个点的轮廓清晰逼真,就像一颗一颗米粒一样,大小均衡、充盈饱满。它们结构出的整体形式与自然本真的物质载体质料场,即石头的上面空间(即图像场)或者几乎完全一致,或者仅仅是围绕着图像语言而不顾及整个图像场。[①]前者图像场内分布着六个具象图像(即一个形体比较大的象牦牛之形的形象,四个象骑者之形的形象和一个象羊之形的形象)和一个抽象图形(位于最右下边边缘地带的一个竖线状形式),其中形状最大的牦牛形象自最顶部延伸至最底部,纵向穿越整个图像场。无数点状形式众星捧月式地簇拥在所有具象或抽象图形的周围。后者无数点与七个图像之间的关系也如此。只不过它们紧紧围绕着图像并且点缀在它们周围,而不是遍及整个图像场。因为承载这些图像语言的图像场分布在一块面积较大的峭壁上。图 6-25 中图所示的也是分布在一堵悬崖峭壁上的岩画图像场内的部分情形。它给我们呈现出的是一种罕见的情形。众多点相互叠加重合现象严重,以致形成了大面积的片状点。许多点的轮廓不是十分清晰,它们之间的组合也显得任意。然而,在面积较大的石壁之上,它们同样建构出了一个相对独立完整的岩画图像场。

---

① 由于该图像场分布在一块面积较大的石壁上,为凸显图像语言,本书仅从中选取了中间部分。此为曼德拉山岩画,范荣南摄影。

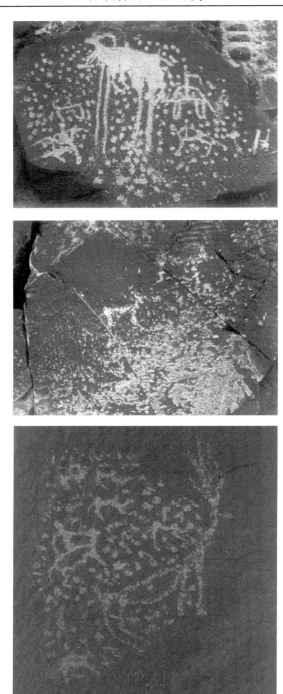

图 6-25

其上沿着向右上方倾斜的线状上下分布着两个具象象羊之形的图像，二者之间还存在着一个象小蛇之形的短曲线状形式。

由以上描述分析我们可以看到，作为一种参与建构图像语言或图像场的成分，点状形式是一个相对独立存在的自由形式。它可以同时与具象、抽象形式组合，也可以分别与具象、抽象形式组合，更可以与图像场组合，构建出图像场的边界。它们在图像场内的位置也非常灵活，几乎可以位于整个图像场的任何区域。更重要的是，正如羊、骑者和马形式一样，点状形式是整个巴丹吉林沙漠岩画里最普遍的形式之一。正是在这个意义上，我们称其为构建巴丹吉林沙漠岩画图像场的一种初始符号。

二、终极实在

正如一切图像语言一样，点、线、面都是它们最基本的形式单位。其在组建图像语言过程中的功能毋庸置疑。然而，每种图像语言都有它的特殊性。生存于自然界的巴丹吉林沙漠岩画更是如此。点状形式既可以以符素身份，也可以作为符号，参与整个巴丹吉林沙漠岩画图像语言及其图像场的建构，其功能主要通过以下四个方面体现出来。

（一）指称

很多时候，点状形式的功能是显而易见的。例如，单个点状符号具有指示功能，可以被用来指称马形象的眼睛、鹿形象的尾巴；而点的复合形式，可以用来表示动物或人物的头部，以及动物的腿部等。事实上，它可以表示任何东西。如图 6-26 上、下图所示，用以结构两个岩画图像语言的都有羊形象。除嘴部分外，它们头部的其余部分都用点的集合指称。这些实面集合的整体形状或呈三角形或呈多种形态的圆形。如果我们承认点的集合表示的是羊形象的头部的话，那么，我们必须相信位于上图羊形象后面的至少五个比较清晰的大小不一的点（形成一条直线状）和下图一个羊形象面前一个形状较大圆点，以及位于羊形象和图像场内其他图像周围的形状比较小的点状形式同样都是有意义的单位。图 6-25 上图所示的岩画以更加无可争辩的事实证明了这一点。不论骑者图像的形状是大还是小，岩画制作者用来指称或表示其中骑马人形象头部的永远是一点状形式元素。而且此形式元素的形状与遍布整个图像场内的其他点状形式的几乎完全一样。

而图 6-20 上图、图 6-24 所示的五个岩画则给我们呈现了点状形式的另一种指称方式。在这些岩画里，点形式都是十分明确地以组成成分的身份出现的。它们在图像场内的位置及其与其他图形之间的距离决定了这一点。它们彼此之间，以及与其他图形之间都保持着一段距离。如前者里三个点与骑者图像一左一右位于图像场两边，制作者把两个点状形式分列一组，其中一个单列，表明它们都是

图 6-26

有着特定指称对象的符号；后者里的也如此。虽然形状比较小，但是，它们占据着与另一个图形同样的空间位置。很显然，它们与图像场内另一个图形的身份是平等的，都是用来建构整个图像语言的成分。二者分别通过横向或纵向组合关系，建构了整个二重岩画图像场。在这些情形下，我们没有理由怀疑这些图像场内的点状形式也是有着特定指称对象的存在。

（二）边界

　　边界表示骑马人形象头部的点状形式元素具有精确的再现功能。然而，这种情形，我们在整个巴丹吉林沙漠岩画里并不常见。我们常见的是众多点状形式存在于其他具象或抽象形式周围的情形。如彩图 2 左边中图和图 6-25 上图所示，点不仅具有填塞空间的作用，而且具有明确标示出图像场边界的作用。图 6-22 和图 6-23 也向我们展示了点图形在构建图像语言过程中所发挥的边界作用。按其组合形态，前者整个图像语言我们可以划分为左右两大组，其中右边是两个上下组合的具象羊图像，左边则是羊图像、骑者及骆驼等具象与抽象形式的组合，而横亘在这两大组中间的是一条自上而下向右上方倾斜的斜线，它是六个大小形状基本一样的点状形式的集合；后者图像场内有四个具象图像，按 1/1/2 排列组合。右上方是一个骆驼图像，左边是一个骑者图像，右下面是两个向右上方略微倾斜状排列的骆驼图像。它们整体的排列组合所形成的是一个三角形状。每组之间由点状形式标示出它们的界线。其中两个形状较大的点呈一直线状排列，横亘在一个骆驼和一个骑者图像之间，另一个点状形式则横亘在它们之间。三个点状形式的排列组合整体形成了一条弧线，把整个图像空间分割为三个区域。

（三）解说

在大多数巴丹吉林沙漠岩画里，点状形式的功能似乎是诠释，即它们或者作为形式元素对所构建的图形进行进一步说明和注解，或者作为组成成分是为了说明或注释、解说位于它身边的另外一个或一些图像。一般来说，具有这种功能的点形式距离位于其周边的其他图形距离较近。如图 6-22、图 6-23 所示，除六个呈线性分布起边界作用的点状形式外，前者图像场右上边羊形象前面还有一个点形式；后者上面鹿形象背上面也有一个点形式。这些点形式既不像一般黏附形式紧紧依附于另外一个图形之上，也不像一般参与组合的点状形式，与另外一个图形保持着一定的距离，而是与其旁边的另外一个图形保持着比较近距离，维系着一种若即若离的关系。这种情形下，它们所起的功能很可能是对另一图形的解说。图 6-26 所示的也如此。上图位于右边的几个呈一直线状排列的点形式的功能或许是标出边界，下图所示的羊形象前面的一个点状形式的功能则很难确定。它或许只是制作者为周围图形附加的一种注释而已。从作为黏附形式的点状形式元素的对比，我们可以更清楚地看到起解说功能的点状形式在图像场中的位置特征。如图 6-27 所示，上图里添加在人形象嘴部、马形象头部与耳朵部分之间的，以及马形象脖子下面的点状形式都是黏附形式，即分别对其所依附其上的部分做进一步说明的形式元素，而位于整个骑者形象前面的一个相对独立存在的点状形式则显然是与骑者和位于其下面的一个横线状形式一样的组成成分，即作为点状形式符号；中图里鹿形象脖子下面、背部、腹部和腿部都分别分布着一个或两个、两个以上点状形式，它们与鹿形象是我们视知觉场里一个统一整体。然而，与上图不同的是，这些点状形式并没有紧密依附于鹿形象的各个部分，而是与之保持一定距离。于是，它们既不像一般黏附形式，也不像一般相对独立存在的形式。这种情形下的点状形式是相对独立存在的组成成分，只不过它们存在的价值取决于它们周边的其他成分。它们的存在是为了进一步说明其他成分。这种点状形式就是图像场内起解说功能的成分。图 6-27 下图所示的也如此。如果我们把分别位于马形象头部和两腿部分的三个点状形式视作黏附形式元素的话，那么，我们就应该把位于整个骑者形象前面的四五个点状形式视作起解说功能的点状形式。

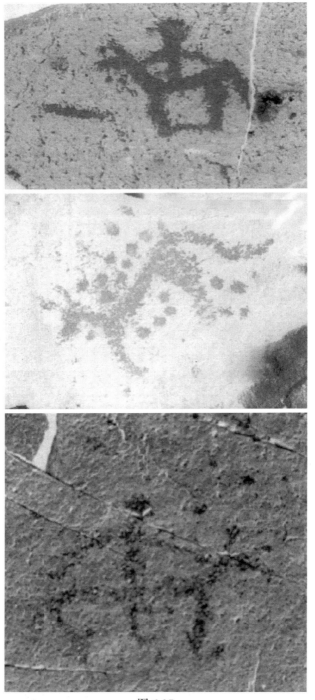

图 6-27

（四）基底

点状形式还有一个特殊的功能，即作为整个岩画图像场的基底。如彩图 2 左边中图和图 6-25 上、下图所示的三个独特的岩画。它们密密匝匝分布在石头或岩壁表面，即图像场内：除岩壁上的外，绝大多数作为组成成分，相对独立存在，彼此之间的排列组合没有构成一定形状的形式。这些繁星似的点状形式聚合分布广，其功能是作为岩画形式的基础表面形式或曰背景。以点状成分聚合为基底的岩画形式能指层面往往显得非常繁复、富丽堂皇。如彩图 2 左边中图和图 6-25 上图所示，这两个质料场是一块有一定面积和形状的相对独立存在的石头。其上面是承载图像语言的图像场。与一般岩画图像场不同的是，这两个图像场是无数点状形式的集合。它们就像图像场内的底色一样，在它们的衬托之下，位于其间的其他图像似乎飘浮于其上。而从图 6-25 中图我们能清晰地分辨出两个象羊之形的动物形式。由于石壁表面天然的层次，它们分别呈一条向右上方倾斜的线状一上一下位于石壁上。除此之外，岩画图像场上半部分是众多零星稀疏分布的相对独立存在的点状形式符号，下半部分则大多是点状形式元素的密集。它们密密麻麻叠加成一片片点块，就像是石壁表面的苔藓一样，黏附在石壁表面，呈现出与具象羊成分组合的点状成分不同的组建方式。若把它们与位于上面的两个羊形象视作一个统一整体形式，则羊形象很像行走在天空中，其周围尤其是下面是由无数多点形式及其形式元素结构的云彩似的点状片块。在这些由点形式构建的图像场内，点是最醒目的。它们的数量远远超过位于同一图像场内的其他图像。彩图 2 左边中图和图 6-25 中图所示的里面都是只有两个。图 6-25 上图里有 6 个，并且制作者刻意把一个形状较大、造型夸张的牦牛形象放置在岩画图像场的中央位置。即便如此，我们视知觉中的图 6-25 上图的重点依然是无数点状形式。巴丹吉林沙漠岩画点状形式组建的图像场的存在，向我们展示了该类岩画可能的一种生产方式：制作者先在石头或岩壁上敲凿了点状形式，即使整块岩壁布满点状形式，在此基础之上，他们又刻制了其他岩画形式。如制作者按一定规则把一些点状形式通体打通（由此形成了"点线""点面"），便勾勒出了抽象形式和具象图像。

总之，在构建岩画图像语言和图像场的过程中，作为一种形式元素或形式，点状形式的功能十分凸显。与其他两个基本形式元素线和面一样，它既有指称或解说等，也有组建图像场形貌或疆域的作用。巴丹吉林沙漠岩画里罕见基本由线或面状形式元素或形式构建的图像场，却存在着点状形式或点状形式与其形式元素共同结构的，尤其是相对独立存在的点状形式彼此之间的组合，最能证明点状形式是一种组合性或再生性极强的自由形式。就图 6-17 上图、图 6-25 上图所示岩画而言，从结构出一定形状的形式意义上，我们可以说前者里众多点状形式的功能是构形，但我们不能说后者里的功能也如此。

三、一种有意味的形式

点状形式在巴丹吉林沙漠岩画里的普遍存在表明，它不是一种偶然的自然现象，而是人们有意识、有目的的精神创造结果。无论是以符素还是符号面目出现，巴丹吉林沙漠点状岩画形式都具有强大的生命力。作为前者，它是许多其他形式的原始渊源；作为后者，它既是大多数岩画里的基本成分，也是部分岩画图像场的基底。一言以蔽之，它派生出了大量巴丹吉林沙漠岩画图像语言。点状形式所具有的这种再生性或曰繁殖力得益于它自身所蕴含的意义。

然而，通常看到或采集我们上面所列举的岩画时，人们会聚焦于其中的羊或鹿、骑者、马等具象图像，或者抽象形式，而对其周围的点状形式视若无睹。图 6-28 所示的两个岩画的存在提醒我们，我们错了。因为我们看到了由纯粹的点状形式搭配组合的合体岩画形式或图像场（为方便论述起见，本书称为点岩画），它们所生存的图像场语境使得我们无法把结构它们的一个个点状成分割裂开（因为它们分别位于一块相对独立存在的质料场内或石头上），而必须视作一个统一的整体形式——岩画。上图这块塔状长方形的绀青色石头正面有 9 个圆点状形式，它们整体呈一个比较大的不规则圆圈形状。[①]其中下面 5 个被敲凿得比较深，形状较大，轮廓清晰；上面 4 个则相反，刻痕较浅、形状较小，比较模糊。据此，我们可以把所上图里的有点状形式分为按 4/5 排列的两组，其中 4 个小呈一条横线状前后组合，位于另一组，即呈圆圈状分布组合的 5 个大的上面。相对完整独立的形状使我们可以把它们视作分别由点状元素结构的两个抽象图形，即一直线状、一圆圈状（因为这两种是巴丹吉林沙漠岩画里常见的抽象形式）。图 6-28 下图所示的也是一块整体呈长方形的石头，整个图像场内仅仅分布着 4 个清晰的点状形式符号，其中 3 个一上两下呈三角形状排列组合，一个位于图像场左边，距离前三个较远。同样，从我们视知觉场内一个相对完整统一的格式塔出发，我们可以把它们分别视作建构这个图像场的两个成分，即一个点状图形、一个有点结构的三角形抽象图形。

图 6-28 所示的也是两个岩画。因为它们是由整个巴丹吉林沙漠岩画里的初始符号或点状形式通过一定的排列组合秩序建构的。如果说在点状形式与具象以及其他抽象形式组合的岩画里，由于其他形式的存在，点状形式往往被压制了的话，那么，这两个点岩画里的点状形式则不同。在这里，"连最小的点也无可争辩地起着证言作用"[②]。恰如人、羊、鹿、骑者等图像形式一样，通过彼此之间搭配组合出的丰富多彩的图形或图像场，点状形式在诉说、表现，既向我们展示自身的存在及意义，又向我们昭示它所表现的其他事物的意义。

---

① 其上有比较浅的、已经十分模糊的痕迹，疑似后人涂鸦所为。

② 〔俄〕瓦·康定斯基：《论艺术的精神》，第 127 页。

图 6-28

　　作为一种有意义的表意单位，在这种点岩画里，即便是以此结构出另外一种抽象形式，岩画制作者也是全心全意地创造着点状形式。换言之，制作者不是单纯地再现现实世界，而是创造出了一个形式世界。这个世界具有唤起我们情感和想象的力量。然而，它们表现的是什么？星星？星象图？我们不知道。我们所能确定的一点是：制作者会为了点状形式而刻凿点状形式。

　　我们已经知道巴丹吉林沙漠岩画生产者会在巴丹吉林沙漠地形场内特意挑选那些有着特殊形貌的环境场、语境场、质料场和图像场，诸如拥有红色系列色彩的、有裂隙、鱼鳞状、梯田状地石貌的图像场等，其中凹穴图像场就是比较常见的一种。这种图像场，即石皮表面天然布满形状、大小、深浅不一的点状形式，学界人士常称之为"凹穴"。岩画制作者会选择在这种图像场内刻制图像语言，于是便形成了一种独特的以自然"凹穴"为基底的岩画。如图 6-29 所示，这两个岩画图像场内布满了点状形式。上图是独体图像场形式，其上刻制着一个象骑者之形的图像；下图是四重合体岩画形式，其上分别刻制着两个象骑者或羊之形的图像。与点岩画相比，这两个图像场内的点状形式不是人工所为，而是自然天成的。因此，它们并不是参与这两个岩画图像语言或图像场建构的成分，而是它们质料场的自然面貌特征。这意味着我们只能把图 6-29 上、下图所示的岩画分别称作由一个骑者图像，以及两个骑者图像、一个羊图像和一个抽象形式结构的独体、四重图像场或岩画。

图 6-29

　　这种现象向我们昭示出巴丹吉林沙漠岩画制作者之所以人为刻制点状形式，并以此搭建出岩画图像场，是复制自然的结果。而没有物与物之间的亲和性和表面的交感，人们是不可能仿效自然万物的，试再次将图 6-29 所示的天然点岩画与彩图 2 左边中图、图 6-25 和图 6-28 所示人工制作的点岩画相比较。基于这一类推，人类最初之所以制作点状形式，也是发现了天空中的星星与人或动物的眼睛，以及石头表面的凹穴与它们之间的相似性。"眼睛之所以是星星，是因为它们把光撒播在我们的脸上，恰如星星照亮黑暗一样，是因为盲人存在于世上，恰似目光敏锐的人生活在最漆黑的夜晚。"①万物感应相生，"人之与天地也同，万物之形虽异，其情一体也。故古之治身与天下者，必法天地也"②。当然，人"法天地"的理由和目的只有一个，即人自身的生存，即"治身与天下"。因此，巴丹吉林沙漠岩画里大量点状形式，特别是点岩画的存在表明人类在标记那些对于他们来说有着重要意义的自然物的同时，人为地复制那些物。如图 6-29 所示，我们可以毫不犹豫地按照目前人们惯常做法完全忽略或剔除质料场或图像场自身的特质（即凹穴貌），只把上图所示的一个骑者图像，以及下图所示的两个骑者、一个羊图像和抽象图形挑出来分别称其为独体或合体"岩画"。可是，我们会依照同样的原则，面对彩图 2 左边中图、图 6-25 和图 6-28 所示的点岩画吗？换言之，我们会根本不考虑其中充斥整个图像场的点状形式吗？答案显然是否定的。

　　然而，这种自身即目的的点状形式，它的意义何在？当制作者去掉了它作为符素所构形的意义、去掉了它与其他形式排列组合建构图像语言或图像场的意义之后，还剩下什么？什么东西还留存着以激起我们的情感？除了点状形式之外，还有什么别的形式吗？

　　点状形式自身的意义就是实在的意义。制作者在点状形式或点状形式的排列组合中表达出了一种特殊的思想感情，即对通过点状形式展示了自身的实在所体验到的情感。如图 6-30 所示的是两个有点状形式参与组合的奇特岩画。上图所示的是七重合体岩画形式。按照从上往下，从左到右的顺序，七个组成成分依次是繁复抽象图形、比较粗且长的直线状抽象形式、比较粗且短的直线抽象形式、两个人图像、略呈方形的点形式和一个整体呈 U 状的抽象形式。可见，该岩画里的图像语言十分丰富：既有具象和抽象的，也有复杂和简单的。其中复杂的十分繁复，从中我们可以辨析出的具象图像所代表的分别是一个马形象、两个羊形象和一个骑者形象，至于抽象形式则不可识别。因为它们与具象形象相互交织缠绕。图像语言既然可以如此相互搭配组合，岩画制作者为什么还要再纯粹用点状形式元素组合出 U 状的抽象形式呢？从中我们可以清晰地识别出 15 个形状大小均衡的点，它们等距离地按 U 状排列，其中 U 状抽象形式的右边延伸至石头表面的裂隙内。③十分显然，对于岩画制作者来说，正如羊、马等图像一样，点状形式是一个有着特定指称对象和意义的符号。在组建某些岩画时，它的功能是其他图像语言形式所不可取代的。换言之，它不是可有可无的，而是一种特殊的存在。点状形式不可或缺的重要性我们从图 6-30 下图所示的岩画也可以窥见一斑。该岩

---

① 〔法〕米歇尔·福柯：《词与物——人文科学考古学》，莫伟民译，上海三联书店 2001 年版，第 39 页。

② （汉）高诱注，（清）毕沅校正：《吕氏春秋》，余翔标点，上海古籍出版社 1996 年版，第 35 页。

③ 此裂缝笔者认为是岩画生产时就存在，而非后天自然力作用结果。因为这种情形在巴丹吉林沙漠岩画里比较常见。

画是只有一个复杂形式的独体岩画。点状形式只是结构一个复杂图形的元素而已。几十个形状和大小大体相同的点状形式，彼此之间间隔大体相同的距离，非常有目的地按一定规则整齐排列组合成上下两条比较长的平行线。该平行线就像

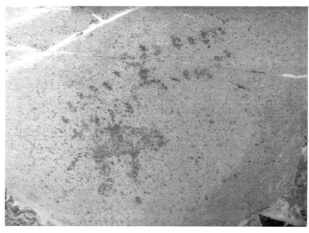

图 6-30

两道弧形彩虹,不仅分布在一个骑者形象上面,而且与它相互渗透。二者相互交融会通,形成了一个奇特、复杂的抽象形式:平行线形式结构里,下面一条线里原本应该出现一个点状形式元素的位置竟然出现了用于代表位于其下面的骑马人形象头部形式元素。也就是说,岩画制作者用同一个圆点既代表了平行线里的一点,又代表了骑马人的头部,于是,下面一条平行线里的一点便于骑马人的头部合二为一。并且,在二者叠合的平行线里,与之间隔两个点的位置,又有一个象上半身人之形的形式(其中点状形式元素代表人的头部),它取代了原本在该位置应该出现的另一点状形式。很显然,该岩画制作者在下面平行线里所做的这些调整变化,是刻意的,别有目的的。他试图表达一些特殊思想。因此,不是作为组成成分,仅仅作为某个图像上的黏附形式的点状形式元素,每个也是有意义的单位。

这样,我们就能理解为什么通天河流域岩画特别是点岩画至今仍然被当地人视作神明,顶礼膜拜崇拜。它们大多位于河床边的崖壁上,与佛像共存于一个自然地理场内。其内部或外部一般都悬挂着哈达、经幡、吉祥符等。存在着一个或两个、两个以上形状较大、圆、深的点状凹穴岩画图像场比较常见。它们的内部似乎被火反复烧烤过,或者被无数人触摸过。这说明人们能够穿越时空理解点及其建构的岩画的意义。它们已经积淀并构成了一种主体间可以理解的图像言语。巴丹吉林沙漠岩画也如此。如图 6-31 所示,上图与骑者图像和点、线状抽象图形组合的是一个形状大、圆、深的点状凹穴,其内外被火烧灼过的痕迹使我们难以判断它是天然的还是人为的;下图由无数点结构的图像及其再次组合,都向我们展示出了制作者的情感,反映了他们制作过程中的热情、汗水和努力。事实上,不仅是点岩画,所有岩画里的点状形式都具有这种能唤起人们情感的力量。

从这个意义上说,是物生成了岩画。作为一种"有意味的形式"(significant form)①,岩画图像语言离不开其与承载它的质料之间的互动。因为一旦生产者生产图像语言来表达他自己,或其他人及事物时,该图像语言就不再只是一种手段或工具,而是生产者自身内在的存在,以及把他和其他人、世界万物联系起来的一种精神呈现。岩画的意义不是别的,就是构建点并借此言说世界的方式,它与点的物质化外观呈现或生产联系在一起。在坚硬的岩石或岩壁上刻一条线或撬砸出一片实面比完全用凿出的点结构一条线或实面容易,一点、一点地敲凿显然付出的时间和劳动更多。但制作者为什么选择了难度大的凿刻方式呢?是为了形式能指层面的优势吗?点线、点面粗糙的边缘说明不是这个原因。事实上,"一个点的面积虽小,却有着强大的生命力,它能对人的精神产生巨大的影

---

① Bell C. Art: New York: Frederick A. Stokes Company Publishers, 1913, p. 215.

图 6-31

响"①。就像在藏族信徒五体投地的身体运动中，我们体验到了"虔诚""热切"等意义一样，在对岩画生产者与物的实践活动体验中，我们感受到了一种内在的精神。

第五节　物 的 书 写

除点状形式外，构成巴丹吉林沙漠岩画词法的基本单位还有线、面。上述点状形式的一些基本特点、功能和意义，它们也具备。本节，笔者将立足表意单位，从三种基本元素、具象化呈现两个方面，在对二者展开比较概要阐述的基础上，进一步探讨由点、线、面三个基本要素建构的有形的岩画书写表意系统。

一、三种基本元素

在形式创造上，点是一个最小的形式单位。巴丹吉林沙漠岩画里点既是一个

---

① 〔俄〕瓦·康定斯基：《论艺术的精神》，第 97 页。

最初始的元素也是一个初始符号，更是一个有意味的形式元素（符素）或符号。同理，且不说那些由点派生的线或面，就是那些基本直接以最基本的形式元素线、面出现的也如此。这集中体现在以下三个方面。

（1）纯粹的各种线或面状形式，可以独自构成一个图形或岩画图像场（图6-13），也可以彼此搭配建构一个图象场或一幅岩画。如最常见的是线可以以长短粗细不同的面貌，组建出象羊、马、人、鹿等图像，以及各种抽象图形，不胜枚举。面状形式独自组建的图形主要是各种圆圈状图形，以及象人面之形的图像，如图6-32所示。①

图 6-32

（2）与点一样，线或面既可以与点形式元素，也可以彼此之间以任何方式搭配组合出任何类似 🦌 和 🐎 图像，以及 🌿 和 ✦ 抽象图形。这是整个巴丹吉林沙漠岩画里最普遍存在的图像语言生成机制。

（3）线或面可以以组成成分的身份，几乎以任何方式与任何其他具象或抽象形式搭配组合，从而形成形态各异的合体岩画形式。大部分巴丹吉林沙漠岩画是

---

① 这两幅岩画分布在阿拉善右旗阿拉腾敖包镇以东北46.2千米的一堵石壁上，当地文物部门称作"布德日根岩画"，1987年文物普查时发现，2006年全国第三次文物普查中阿拉善右旗文物普查队复查，并登记建档。照片编号分别为152922-0374-Z002、152922-0374-Z003，范荣南摄于2006年10月17日。

这样生成的。

因此，无论是作为最基本的形式元素，还是最基本的形式，点、线和面都是岩画生产者的表意单位。它们依据多种语法规则，生成并构建的是一个表意的图像语言系统。该系统是一个存在着内在结构关系的有机统一整体。单个的具象图像，以及抽象形式是类似语词的图形，它们几乎拥有无限的搭配组合能力，构建了一些比单个图形单位更大一级的语义单位，即类似句子的两个或两个以上的合体岩画；各个合体岩画又以多种形态的搭配组合构建了更大一级的语义单位，即类似语篇的多重复杂合体岩画，如彩图 4 下右图所示，该合体岩画或岩画语篇由三个相对独立存在的句子构成。从上往下，它们依次是七个羊形式横向组合的合体岩画，以及两个"射羊"句子或三重合体岩画（即两个羊形式、一个射手形式的横向组合）。于是，三级有着内在逻辑关系的语义单位之间便形成了一个宝塔式的系统。其中较小的系统是子系统，包含在较大的母系统之中。

二、具象化呈现

一个绝非任意、杂乱无章的表意图像语言系统，是人类精神思想的具象化呈现。巴丹吉林沙漠岩画图像语言里的图形存在着鲜明的具象与抽象之别。我们视知觉所见的基本图形屈指可数，数量不大。它们主要包括象羊、马、骑者、鹿、骆驼、鹰、人等具象图像，以及点、线和几何状抽象图形。然而，其能指绝不雷同，更重要的是它们能以千变万化的搭配和组合方式与任何其他形式组合。其中具象占绝大多数，象人（包括骑者、射手）、羊和马之形的是三个最基础的图形。即使是那些有着同一个指称对象的具象形式亦千奇百怪，如都指称"骑者"，且不说图 6-31 上、下图所示两个图像场内的不同，就是下图同一个场内的、由相同形式元素结构的彼此之间差异也很大。事实上，同一个岩画图像场内，我们几乎找不到指称对象一致而其能指完全相同的"骑者"或"羊"等图形。它们之间能指层面的差异，既体现在繁简和形状的大小上，也表现在内部结构上，如图 6-33、图 6-34 分别所示的马图像、羊图像等。

而指称对象单一、数量有限的具象图形，可以彼此或与抽象图形借助于多种语法规则搭配组合在一起，形成一个能表达出复杂丰富意义的表意单位。如图 6-33 所示，这是巴丹吉林沙漠岩画里比较独特、常见的一种岩画图像场，即无间隙的、图像语言密布的图像场。承载它的是面积很大的石头质料场上面薄薄一层绀青色石皮。与那些有着天然断裂、凹穴等崎岖质料场、图像场相比，该图像场虽然表面比较粗糙，但是比较平整。除其上比较薄的图像场呈绀青色外，其厚重的质料场内部呈以红褐色为主的五彩斑斓的复杂色。或许因为图像场表面相对比较平坦且呈绀青色的缘故吧，制作者一方面在其上密集刻满了点状形式，以及一次性刻制的细线形式（如彩图 6 右中、下两图分别所示的就是其部分图形），特别是该图像场边界上都被岩画生产者认真刻制上了众多点状形式,右下角边缘地带靠近人图像的地方被敲凿出了犹如"彩霞"般的一片。于是,作为基底,它们便分别像石头表面天然凹穴、裂隙、"彩"一样,改变了图像场的面貌。在这一过程中,点或线也都是"有意味的形式"。它们不是杂乱无章,而是按一定规则排列组合在图像场。图像场右下面、左上面边缘和边界线上众多点组合很特别:前者再次构成了一个内部有多条平行线的一个比较大的抽象图形;后者则众多而清晰有序,犹如布满星星的天空。虽然作为基底,但是,线总是与点搭配在一起。图像场内没有单独、孤立的、比较长的线,其上总是间隔或叠加存在着其他图形。而图像语言就分布在它们的周围或者其上。

基底的点、线尚且不是任意的堆积,更不用说分布于其上的图像语言了。这是一个由众多图像语言构成的合体图像场或语篇。其所表达的意义也更复杂丰富。图像场内有十多个形体较大的图像,其中马形象占多数。然而,如彩图6右中、下图和图6-33所示,它们或者是一般实面结构,或者是双色叠加实面,或者是粗、细不等的线结构,或者是点、线与面结构,等等。显然,面对它们,我们不能只用"马"来指述。至于它们在图像场内的位置及其与其他具象和抽象形式的搭配组合更是复杂多样。分布在整个图像场顶部的主要是7个马形象,其中彩图6中图所示的形体最大、最独特。其下有着长长双角的牦牛形象。而一个射手形象、站立人形象,以及十多个骑者形象,集中分布在整个图像场的下面,甚至边缘地带。并且,结构它们的形式元素也很普通。因此,尽管众多图形之间不存在明显的分组排列组合情形,但是,主要借助于特殊形式元素的搭配结构及其比较大的形状、显著的位置,该图像场众多图形整体呈纵向排列组合在一个视觉空间内,从而表达出了更加丰富复杂的思想。而不是简单的"放牧"或"狩猎"等,尤其是整个图像场边缘地带所布满的点状形式,就像画圈圈地一样,岩画制作者更加具象地明确、强调告知我们,这是一个相对完整独立的合体图像场,要整体理解。

与此同时,类似图6-33所示岩画图像场的存在,也充分证明整个巴丹吉林沙漠是一个存在着某种固定词法、句法和篇法的图像语言书写系统,而非仅仅孤立、单一地传递出"骑者""羊""射手"等概念的简单图画。此书写系统不仅仅是一个发挥着简单的指示或指称功能的符号系统,还是一个能够表达人类丰富复杂思想感情的表意符号系统。如图6-34所示,这是一幅超现实主义岩画。岩画图像场内最引人瞩目的是一个形状最大的象动物头部之形的图像。它位于图像场上半部分,其部分形式元素与位于其上的一个射手形象的脚部分重合。动物头部形象的嘴部分下面紧挨着一个鹿形象的角部分,该部分制作者是用一个象光芒四射的太阳状的圆圈形式代表。整个图像场内有两个射手形象,一个位于形状最大动物头部左上边,其弓箭直接对着前面三个串联在一起的人形象;另一个位于图像场下面,其弓箭对着前面的一只羊形象,可该羊图形上有一个姿态独特的人形象黏附形式。众多点状形式主要或者有规律地分布在图像场下面5个羊图像的周围,

图 6-33

图 6-34

或者并列呈一条直线状分布在图像场最下面边缘地带。很显然，图 6-34 里的图像语言绝不是单纯给我们展示了包括人在内的某种物的实际存在的样子，或者刻划了某个生活场景，抑或仅仅表现了某种单一的指称概念，如"射猎"等，它同时表现或展示了岩画制作者丰富的情感或想象世界。而且，与图 6-33 所示的图像语言相比，这种图像语言既不是一种单纯具象化的表意符号，也不是一种简单的情感形式，更像是人们潜意识领域梦幻般世界的显现。

小　　结

　　大多数巴丹吉林沙漠岩画是物的书写，表现了客观现实生活中的某些物象，这往往使人们的注意力由岩画本身转向了辨识物象。因此，岩画的审美目的由形式转向了功利。可是，很多情况下，一幅岩画给我们深刻的印象，来自其作为一种独特的视觉图像语言所蕴含或显示出来的神奇力量和光辉。除旧石器时代洞窟手印岩画外，其他形形色色的岩画都是岩画生产者借助于点、线和面这三个基本形式元素生成，或组合，或转换，或派生而成。这是一个由人类精神力量所创造的有规则和体系的、象征性的视觉图像语言系统。羊或马等图像有时并不完全代表它们所表示的动物。它们有别于单纯的指称某物是由于其本身具有千姿百态的感性形态。岩画作为一种具有完全独立本质的视觉图像语言，与艺术作品有相似之处，因为它通过一个感性的、借助于自然界的客观物象形式表达或传递出了某个或某些存在于客观自然界之外的思想或观念。

第七章　图 像 考 古

在一般能所关系的纵横平面上，有形的岩画视觉图像语言拥有一般语言的功能。它既指称着事物、传达着某种信息，又表现着丰富复杂的人类精神和情感世界，如图 7-1 上、下图所示。与此同时，我们不要忘记岩画是一种远古遗迹，它所存在的自然地理环境及其在自然界现存的状况建构了它的历史及其叙述。包括岩画物在内，这种叙述依靠的语词是一个个存在于自然界的物；所呈现的物与物之间的语法，不是单一线性，而是多维立体性的；所展示的语篇往往是由万物构造的自然界本身；所诉诸我们的是大量活生生感性的自然存在物；所产生的是种种经验知识。显然，这种叙述所建构的概念、思想和知识等，超越了单一图像语言层面的图画，也植根于自然地理空间，它构筑的不是传统意义上的图像语言历史，而是一种图像考古学。毋庸置疑，巴丹吉林沙漠岩画与承载它的自然物及其自然界是不可分割的一体。它的金黄色浩瀚的巴丹吉林沙漠地形场、巍峨的红褐色雅布赖山脉环境场、丰富多彩的曼德拉山众多语境场、绀青色岩石的质料场等，几乎都是在人类诞生之前就已经存在的自然界本身的一些标记而已。或曰大自然的书写形式（即"书写物"）。这意味着包括巴丹吉林沙漠岩画在内的人类的书写形式（即"言说物"）晚于大自然的书写形式。[①]于是，当我们试图更进一步深入探究巴丹吉林沙漠岩画图像语言与物之间的关系时，我们必须恢复其图像语言与物之间巨大的立体空间场域的统一性：让与之息息相关的一切自然物说话。这意味着在一个所有标记或书写物的层面上，除岩画图像语言以外，我们至少要允许岩画一切场域的其他物言说。而不是仅仅从中悬置起一个没有空间的言说，没有遗址和场所的"遗迹"。我们一个根本性的认知是：生存论、存在论意义上的岩画是一种客观自然物的存在。我们对它的任何研究都必须同时将其图像语言与承载它的物质载体——质料场及其所生存的语境场、环境场、地形场等自然物理场，视作一个有机统一的整体。基于巴丹吉林沙漠岩画与一般图像语言的区别，上文已全面、系统地描述并论证了它的自然物理本质、时空、场域，及其图像语言的生成与建构机制等。本章，笔者将从书写物与言说物视域，引入一种崭新的能所关系维度，进一步审视考古学层面上图像与物之间的关系，探究岩画图像语言所展示并揭示给我们的物性美，进而完成对岩画阐释的重组。

[①] 此处"书写物"与"言说物"之说，借用法国现当代思想家米歇尔·福柯（1926—1984），见其《词与物——人文科学考古学》第 34—59 页。

图 7-1

第一节 书写物与言说物

语言和文字都是人类表达某种意义的形式。语言也好，文字也罢，它们自身一般都具备三个特点：一是有外在形貌，如形状；二是有所指称；三是有历史。于是，人们对它们的研究形成了与之相应的三大领域：一是探讨语言或文字的声音、形状，主要包括声韵、字母、音节、发声、字形，以及语法、构词、各种词汇等；二是研究语言或文字所表达的意义；三是致力于语源或字源等，以及语言或文字的应用探究。并且，无论是人们最初的命名还是后来的使用，人们对语言或文字的关注聚焦于它们外在的形态及其意义。这一点尤其是在瑞士语言学家明确提出并以能指与所指指述语言或文字的外貌及其所表示的意义之后得到了加强。二元关系是语言或文字研究的重心。除了人们从文学或其他学科领域探讨语言或文字所表现出来的言说者个人或其所代表的某个特定文化等意义外，当人们研究语词及其所指称或包含的意义时，通常是在该语词或字与其所指意义平面上进行的。虽然人们发现许多语言或文字里，语词或字的能指有多重所指，但是，这些所指的发现均是在能指与所指关系之中进行的。换言之，假如把语言或文字的所指都笼统地比喻为物的话，那么，某个声音或语词与物的关系指述的就是它们所指称的东西或表示的意思——能所关系之外无物。事实上，"世间万物""自然万物"等固有说法本身表明，人们向来以"物"一词指称包括人在内的宇宙间一切。而一切语言或文字的价值无非在于它们是物的符号。

可是，在关于语言或文字所指称的"物"究竟是什么这一点上，以自然物的身份生存于自然界的岩画颠覆了我们这种传统语言学或文字学观念。若依据传统语言学或符号学里关于能所关系理解巴丹吉林沙漠岩画图像语言（如象羊、马、鹰等之形的图像指称的对象是现实生活中的羊或骑者、马、鹰等，它们的具体形状或神态等表示了"跑""跳""飞"，或"温顺""出行""屹然直立"等意思），则它显得太贫乏了（因为羊或骑者、马等几乎就是它的基本词汇了，特别是在实地考察过程中，在许多岩画环境场或语境场、质料场、图像场里，我们看到的往往只是所指相同的一种图形及其组合。如龙首山岩画环境场绝大多数都是由单一的骑者图像结构的岩画，曼德拉山不少语境场内的岩画也如此），更何况巴丹吉林沙漠岩画里一些图形的所指不明或者说具有很大的不确定。如图 7-1 上、下图所示的这种与现实生活中不相像的图形很多。总体来看，岩画图像语言的特殊性集中体现在以下三个方面。

首先，岩画存在于构造它的物质材料的特殊性中。岩石或岩壁生成岩画，它们是岩画由以生成并继续存留于其中的东西。如果我们把代表羊、骑者、马、鹰等形象或物的能指，即图像语言，视作指称另一物，即除此之外的包括图像场石面在内的质料场石头或石壁时，则其图像语言之多元丰赡性便显露出来。在这种意义上的巴丹吉林沙漠岩画图像语言能指本身即是一个能所统一整体，它指述或诉说的是石头或石壁本身的事情，而非仅仅是这些象形图像所模拟的现实动物或它们自身形状、属性所表示的意思。并且，与能指图像语言相比，所指岩画质料场既独特又更为丰富多彩。与比较稳定且具有程式化语法规则的图像语言相比，岩画生产者似乎更加注重对图像场或质料场等岩画其他场的挑选，特别是那些有着独特形貌和红色系列色彩的是他们的首选。

其次，岩画的特征存在于现实自然整体之中。巴丹吉林沙漠岩画、阴山岩画、贺兰山岩画等，这些命名并不只是一个标记，它们还是符号。它同时指述了这些岩画的特质。而"巴丹吉林沙漠""阴山""贺兰山"这些自然地理名称所指述的它们彼此之间的区别，也表明了同样以它们命名的岩画之间的区别。如巴丹吉林沙漠所处自然地理位置及其特质决定了巴丹吉林沙漠岩画在图像谱系、语言构型等方面与整个欧亚草原地区岩画的相似性。曼德拉山上的自然地理风貌决定了该地区岩画语境场和质料场，甚至图像场的选择。如位于山顶上的岩画一定分布在表面呈绀青色或褐红色的石头或石壁之上，而绝少土黄色的。

最后，岩画存在于心物场，即我们对它的体验之中。田野工作考察中，我们视知觉经验里的岩画也往往是图像场与质料场，甚至语境场的统一，而不是某个图像或图像场。即使是目睹许多摄影岩画图，我们也会如此。如图 7-2 三图所示，

图 7-2

仅仅说这三个岩画分别表示的是羊、马，似乎太简单了。看到它们，我们无法不同时看到其质料场石头。而且，与质料场，即物相比，正如石面即图像场表面一切天然的以断裂、裂缝、图像、色彩、凹穴、平台等为代表的"彩"一样，图像语言的确只是它上面的一个印痕，是散布在其上的一个标记而已。许多时候，置身于旷野中的我们不会注意到它们。因此，岩画既存在于它作为人类创作的特征之中，也存在于现实自然整体和承载它的物质材料的特殊性中。

事实上，无论是作为一种客观物质化存在的事实，还是作为一种人类精神化存在的认识，存在于自然界的书写物总是优于人类所创造的言说物。这突出表现在人类言说物对自然书写物的模仿上。诚如悬挂在天空中的日月星辰、地上的高山大河、山间红叶溪水等，由自然本身的标记组成的书写形式其实就是物的外在形貌。这种形貌是相对而言的，如日月星辰是之于天空而言的，高山大河是之于大地而言的，等等。而就太阳本身而言，它的形貌可以是金黄色或橘红色，圆形形状等。以此类推，世间其他物莫不如此。中国古代传统文化语境中，人们把自然的这种书写物和人的言说物都称之为"文"。如刘勰在《文心雕龙·原道》里以类比推理的方式既论述了作为"自然之道"的天然书写物的具体呈现形式，即以日月星辰为代表的"天之象"和以山川为代表的"地之形"，以及包括声音在内的自然万物的外形形貌，又指出了这种书写物"文"早于人"文"，即言说物。他说："傍及万品，动植皆文：龙凤以藻绘呈瑞，虎豹以炳蔚凝姿；云霞雕色，有逾画工之妙；草木贲华，无待锦匠之奇。夫岂外饰，盖自然耳。至于林籁结响，调如竽瑟；泉石激韵，和若球锽：故形立则章成矣，声发则文生矣。"紧接着，通过对中国古代言说物"《易》象惟先"，以及以孔子为代表的圣人"象天地，效鬼神，参物序，制人纪，洞性灵之奥区"的论述，他认为书写物与言说物之间的关系是模仿。①岩画亦如此。分布于自然物石面上的它不过是人类在该自然物石面上的再书写而已，其图像语言与石面是一个统一的整体。

第二节　自　然　文

就由自然本身的标记组成的书写形式而言，巴丹吉林沙漠岩画书写物指述的就是源自"自然之道"的"地之形"或曰自然文。具体来说，就是剔除人为图像语言和遗物之外的岩画的自然物理场及其一切外貌。如图7-3所示②，承载一个形状较大的倒立扫帚图形的直立黄色砂岩石、其左右两边同样的岩石，以及它们所

---

① （梁）刘勰撰，（清）黄叔琳注，（清）纪昀评：《文心雕龙辑注》，第23—25页。
② 该图和图7-4上、下图均为范荣南提供。

处的金黄色沙漠等自然地理现象都是该独体岩画的书写物。很显然，这种书写物也是一种拥有言说力量的特殊符号。事实上，不论是分别作为岩画地形场、环境场和语境场的巴丹吉林沙漠、雅布赖山脉和曼德拉山，还是作为岩画质料场的石头或石壁，它们都是紧紧依附于大地物之上，直接作用于物，即大地，并又以自身的特点吸引或排斥着其他物，从而成为既反映着它们所指称的物——大地的属性的表象物（如河流、沙漠之于大地如同其血脉、腹部），又成为拥有自己表象物（诸如独特的气候、植物、动物、地貌等）的另一物，诸如河流、山脉、沙漠和草原等。若暂时悬置起其图像场和质料场，则总体来看，目前自然物理场内的巴丹吉林沙漠岩画书写物拥有以下三大基本特征。

图 7-3

首先，属大陆性气候，年温差比较大，为暖温带荒漠干旱区，热量丰富、日照充足，年平均日照时数为 3104.6 小时，寒暑剧变，降水稀少，年降雨量为 66.5 毫米，蒸发强烈，年平均蒸发量 3100 毫米，俗有"十年九旱"之说；干燥多风，因处中纬度季风区，多大风天气，春季盛行东南风，夏季盛行西风，风速季节变化以 4、5 月份最大，沙暴日数历年平均为 54.1 天，最多为 95 天，最少为 14 天；冬季漫长寒冷，夏季酷热，春秋两季气温变化明显，四季分明，年平均气温为 8.5℃，无霜期为 150 天。

其次，地貌类型为沙土质丘陵低地和石质、石砾质戈壁。地貌南高北低，总趋势西北高，东南低。南部处在霍拉额力斯戈壁沙漠区之边缘，海拔 1200—1400 米，最高峰为莽德勒山，海拔 1670 米；西北部为巴丹吉林沙漠，海拔 1400—1600 米，最高达 2040 米；东南为腾格里沙漠区，西部为戈壁荒漠，地表无常年性河流，地表水奇缺。

最后，植被外貌上充分显示出干旱荒漠草原景观：稀疏，以灌木、半灌木为主体，主要有梭梭、芨芨草、霸王、黄毛头、红砂、白珍珠、黑珍珠、山杏等，覆盖度为 13%—15%。20 世纪 60 年代之前是盘羊、岩羊、狼、黄羊、野兔等多种野生动物出没的场所。70 年代后，草原被严重破坏，各种动物失去栖息之所，加之乱捕滥杀，野生动物种类和数量大为减少，目前见到的只有狐狸、野兔、刺猬、石鸡、沙鸡、蜥蜴、蛇等。

一般来说，从考古学角度采集作为物质化遗留文物的岩画时，人们会调查了解巴丹吉林沙漠岩画地区的上述自然物理特征。在相关正式研究领域，则鲜有人涉及此。人们通常会忽视这些自然地理风貌和特征，将其视作与岩画无关的存在。然而，若从有机统一整体的思想角度审视，把拥有上述三大基本特征的整个巴丹吉林沙漠岩画地区视作一个自然或天然书写物，我们会发现岩画的一大显著特征——微不足道。因为很显然，悬置起质料场和图像场的巴丹吉林沙漠岩画书写物，是大自然本身在大地上创造的一个反映大地属性的表象物——"文"或文本。如果把构建该文本的山、川、沙漠等其他自然物称之为句子的话，则我们所说的曼德拉山、玛雅图和青井子等岩画语境场，相当于构建它们的语词，陶乃高勒额勒森呼特勒洞窟、龙首山峭壁等岩画质料场相当于组建这些语词的某个较大的部分结构，而分布在质料场之上的图像场仅仅相当于结构某个语词的最小元素而已。因此，拥有上述三个基本特征的巴丹吉林沙漠岩画书写物或曰自然文，也是一种拥有言说力量的特殊符号。它之于岩画的突出意义有三：①昭示出岩画的自然物性；②烘托或映衬岩画的渺小；③揭示岩画与书写物之间的关系，即作为人为言说物的岩画离不开书写物，又不同于书写物。

巴丹吉林沙漠书写物对岩画自然物性的凸显与实体化，我们从巴丹吉林沙漠岩画质料场和图像场可以更进一步看到。

第三节　亲和性图像

从由自然本身的标记组成的书写形式角度审视，岩画质料场与图像场是一个不可分割的统一体——一种天然书写物，或者说是一种拥有言说力量的特殊符号。它具体指述的对象是一块或一个相对独立存在的石头或石块、石壁、洞窟、凹穴。这意味着承载岩画图像语言的自然物质载体本身就是一种书写物或自然文。与任何书写物一样，岩画图像语言的自然物质载体外在的形貌，即"文"就是它的能指之一，这当然包括岩画图像场（承载岩画图像语言的石面）；石头的属性和内涵就是它的所指。尽管相对于山脉、河流等博大的自然书写物，岩画似乎被遮蔽了，但是，与巴丹吉林沙漠岩画自然物理场内的其他天然书写物相比，有图像语言的岩画总是显得十分醒目。例如，岩画语境场一般所处自然地理位置比较高，并且具有临水、近墓地、向阳等特征；岩画质料场通常崎岖、不规则，呈绀青色+红褐色；岩画图像场内往往红色系列色彩更加丰富、凹凸不平，程度不同地存在着千姿百态的、包括裂缝、断裂、凹穴等在内的"彩"。显然，不论是能指还是所指，岩画语境场、质料场和图像场的岩画都是多级或多重的。[①]以质料场为例，它的所指至少有两级：一级是石头或石块、石壁、洞窟和凹穴；二级是神圣之物。其能指更多，至少也有三级或三重，如一级是红色系列颜色，二级是不规则的形状，三级是崎岖。而被人们常称为"岩画"的图像语言仅仅是它的多级能指里的一级而已。与任何言说物，即人"文"或符号一样，岩画的书写物，即其物质载体自然"文"也是能所统一体。就岩画质料场而言，其能所之间的有机统一性主要体现在以下三方面。

一、"文"与物不分离

若把包括岩画图像场在内的任何岩画质料场作为一种自然书写物，则其包括岩画图像语言在内的一切外在形貌都是它的"文"或能指。岩画质料场依赖于"文"，"文"因它而存在。换言之，任何岩画质料场外部的一切形貌和特征之于它都不是可有可无，而是一种必需的存在。这其实是这种书写物自身昭示给我们的。如图7-4所示，当我们试图像拓制或使用电脑影像技术制作一般岩画一样，拓制或复制这两个图形时，几乎不可能去掉其中夹杂着的石面本身天然形成的多条纵横交错的裂缝。总体来看，巴丹吉林沙漠岩画里这种自然书写物能指本身给

---

① 作为一种统一的书写物，本章所说"质料场"包括图像场在内。

我们展示了四个突出特质，即绀青色+红色系列颜色、不规则的形状、崎岖的图像场地貌以及独特的图像语言。

图 7-4

尽管放眼望去，大多数巴丹吉林沙漠岩画外在整体颜色呈绀青色，但是，完全绀青色的罕见，即便是类似彩图 2 右下图、彩图 3 左中图和右下图所示的这三个岩画质料场都比较少见。它们并非清一色的绀青色，其中程度不同地混杂着其他颜色，尤其是带有颜色鲜艳的红色或金色，彩图 4 右上图和下面左右两图所示也如此。其实，绝大多数巴丹吉林沙漠岩画质料场外观都呈比较明显的、如彩图 2 上面左右两图所示的泛着褐红色的绀青色。巴丹吉林沙漠岩画里鲜见有规整几何形状的质料场。就一块相对完整的石头而言，类似彩图 2 上图、彩图 3 下图所示的大体略呈长方形的都比较少见，大多数是类似彩图 4 中间左右两图所示的多角形。就一块由多个石头累加叠合组成的石块或石壁而言，比较规则的岩画质料场更是罕见，绝大多数都类似彩图 2 上图、彩图 3 下图所示的几乎不成形。而且，在一个相对独立存在的质料场内，石头的各个面上并非都分布着图像语言。相比较而言，有图像语言的石面更加崎岖不平，它们大多表面上存在着一块或两块、两块以上坑状面积，犹如被敲挖掉一块比较厚的石块后遗留下来的；或者存在着断裂和宽窄不同的裂隙、高低起伏的平台；或者整体表面皱褶得就像风吹过之后的水面，泛起的层层涟漪；或者带有天然日月图像及形状酷似彩虹、瀑布、树杈一样的色彩，等等。既凹凸起伏、裂缝纵横，又色彩斑驳的更是比较常见。与岩画质料场表面这种丰富复杂的"文"一样，巴丹吉林沙漠岩画形形色色的图像语言也是一个内部存在着一定语法规则，有基本词汇、句子及其连缀的语篇形成的一个有形的表意系统。它们不仅能以各种形式出现在一个图像场内，而且还能以不同面貌出现在同一质料场的不同石面上。

总之，颜色、形状、地貌和图像语言是最能体现巴丹吉林沙漠岩画质料场能指层面的一些重要表征。正如眼睛、鼻子、嘴部、语言、四肢、直立等之于人，它们构成了书写物岩画质料场本身重要的组成部分。如果说没有图像语言就没有岩画的话，那么，没有特殊能指的质料场就没有岩画。因为"夫水性虚而沦漪结，木体实而花萼振，文附质也。虎豹无文，则鞟同犬羊；犀兕有皮，而色资丹漆，质待文也"①。图像语言与拥有奇特自然能指特征的天然石头或石壁，水乳交融，实为一体，共同建构了包括图像场在内的岩画独特的质料场。而且，图像语言越独特，其质料场、图像场各方面能指也越复杂。

二、质料场的前景化

由自然书写物而引入的新的能所关系维度，在颠覆人们对岩画认知的一般常识的基础上，使得自然书写物岩画质料场前景化。人们通常所说的"岩画"就是图像语言，如图 7-2 所示的一个羊或马图像等，绝不包括承载它们的图像场和质

---

① （梁）刘勰撰，（清）黄叔琳注，（清）纪昀评：《文心雕龙辑注》，第 23 页。

料场。然而，一旦我们把图 7-2 所示的整个岩画质料场视作一个统一整体，即人们常说的"岩画"，即图像语言，其便立刻仅仅成为自然书写物质料场上的能指之一。在图像语言的数量少、位置偏，以及图像场的面积大、颜色鲜艳或斑驳等情况下，与质料场上的其他大多数自然文相比，它们显得十分微不足道。一般来说，岩画图像场面积大的，往往会将图像语言衬托得比较小。更何况许多岩画图像场里只有形状较小的一个或数量较少的图形。田野采集过程中，许多由比较少的点或线、面状抽象图形建构的岩画，往往会被人们忽略不计。而在有些合体图像场内，不论其面积有多大、图像语言有多少、如何分布，许多图像语言都位于十分不引人瞩目的边缘地带或边界线上。至于形形色色的天然"彩"、鲜艳或斑驳的颜色往往能遮蔽包括图像语言在内的岩画质料场能指层面的其他特征。如图 7-5 左、右图所示，自然光线下，我们很难看到分别完全或部分分布在两个"彩"内的图像语言。它们退隐得几乎完全成为"彩"内部的一个组成部分了。彩图 7 最上面左右两图所示的则分别是以橘红色、粉棕色为主调的质料场、图像场，不论其整体形状相对完整，还是支离破碎、沟壑纵横，不论其上面有多少个图形，均分别湮没在"彩虹"和一片斑斓的"彩霞"之中，显得比较小。很显然，这种特别能指最吸引人的目光。总之，岩画生产者生产岩画时所挑选的物质载体，凸显与实体化了书写物的自然物性。若悬置起我们看到图片就条件反射地寻找图像语言的心理定式，则目睹岩画，最吸引我们的是书写物质料场，即整个石头或石块——它的颜色和形状等。

图 7-5

三、质料场属性的表象

在整个人类自身进化演变发展的过程中，当人类不再被动地适应自然界而去积极主动地模仿自然物时，他们便进入了一个崭新的世界——言说物世界，即世界上除天然物之外，一切人类所创造的物的时代。由于每一种物都是渗透着人类精神活动的产物，所以，人类创造的一切物准确地说都是"言说物"，即包含着人类思想情感的形式，或者说是与书写物一样的能所统一的符号。岩画，即书写物石头上的图像语言也如此。无论多么微小，它都是人类有意识而为的，就值得我们思考，就有意义。正如老虎和豹子毛皮上的斑点几乎就是视知觉中它们的标志一样，且不说它所言说的具体内容是什么，仅人们把图像语言刻制在一些有特殊能指的天然书写物石头或石壁之上这一行为就充满了物质生产实践意义。毫无疑问，它出现的一个显著功能就是更加凸显了原本就存在的、比较特别的天然书写物石头或石壁。

岩画生产者仅仅在那些特殊的书写物上作画。很显然，寻找特殊书写物是他们生产的第一道工序。漫山遍野的各种各样的石头或石块、石壁书写物，岩画生产者精心选择了那些能指层面比其他的丰富或特别的，诸如红色系列颜色、断裂或裂隙、崎岖等。在其之上所做的画的效果本质上与红色或裂隙之于书写物无别，都是反映书写物石头或石壁本质属性的表象。也就是说，它们都是石头或石壁的能指而已。而不是说由于上面附上了人工图像语言，此类书写物就完全脱离了它们自身的特质，变成了后代人们所创作出来的绘画、雕刻等一样的言说物。

总之，岩画图像语言之于书写物不过"文"而已。这种人为"文"与书写物外观一切属性，即能指一样，都是书写物本身不可分割的一部分——属性的表象。然而，这看似陈词的表述其实从根本上颠覆了我们传统上关于岩画认知。这就是完全剔除或忽视其质料场或图像场，仅仅从中摘出图像语言，并称其为"岩画"。这种行为完全忘记了岩画只是其所指石头上的能指之一。产生于大地之上的包括动植物和石头、石壁、洞穴等在内的书写物，本身就是形态各异的象形文字符号，或者说一本打开着的书，每页都充塞着相互交错、重复的图形，等待我们去释读。恰似核桃和人脑之间的亲和性。在岩画质料场石头表面之上天然红色彩，以及象彩虹或太阳、火、瀑布、云霞、树杈之形的图像，与现实生活中人们所真正见到的这些自然物之间一定存在着交感。如图7-5左右两图所示，书写物石头以自然颜色及其所形成的图像，展示它们与自然界天象日或月之间的亲和性。这是这两个书写物石头本身的内在本质力量。它潜隐在沉默的石头上。其上的图像语言就是人们发现这两个拥有天然日月图石头后为其所作的标记。很多时候，为突出这种石头的与众不同，人们采用象形手法，进一步凸显了石头本身所体现出来的这种亲和性。如图 7-4 下图所示，光芒万丈的太阳形象被人复制在这块金黄色占主导地位的石面上。而人们也犹如敬畏、渴慕和崇拜太阳或月亮一样，崇拜这些书写物石头或石壁。岩画正是人们敬拜法象这些书写物的产物。当然，如图 7-6、图 7-7 所示，还包括人本身及其赖以生存的以羊、马为核心的一些重要的自然书写物。这是为什么巴丹吉林沙漠岩画图像语言里最基本的词语是骑者、射手、手印图像、羊、马，以及我们在史前岩画里绝少见到植物形象的一个重要原因。因此，严格来说，岩画应该被称作亲和性图像或符号。如图 7-5 左、右图所示，假如这两块向阳的书写物石头上没有太阳或满月标记，告诉人们它是与太阳、满月一样神圣的，那么，它们与太阳、满月之间的亲和性将依然处于遮蔽状态。以此类推，人们创作岩画本质上也是仿效复制书写物的一种行为。这种行为的目的是进一步彰显书写物，即在其上增添更丰富的能指，而不是从根本上改变书写物石头或石壁的性质。因此，我们从书写物与言说物的视域，所引入的一种崭新的能所关系，赋予我们一种审视岩画的全新视野，这对我们重新反思岩画本身及其功能意义价值巨大。其中最具有颠覆性的就是它通过对自然物性和人为物性及其二者之间关系的凸显与实体化，完成了对岩画本质的重组。

第四节　再　书　写

岩画本质上是一种再书写，即在书写物之上的书写。这种书写既与书写物紧密联系，是它能指的一个部分，又相对独立于书写物，自成大地之上另一种人工书写物——言说物，即人创造的物。虽然是一种自然书写物之上的再书写或再言说，但是，巴丹吉林沙漠岩画却再书写或再言说得如此成功。它仿效自然书写物，创造了另一套书写系统。在这种言说系统中，图像语言本质上是一种存在物的模仿。我们在这种图像语言中看到了存在的意义。它不仅由图像语言表现出来，而且作为物栖息于其言说的结构之中，从而为我们的感官提供了一个人人都能理解的、被感知的视知觉场。我们知道或理解岩画，是因为它指涉或模仿了书写物——一个我们已经熟知且生活其中的世界。在看到图 7-6 所示图像语言之前，我们已经生活在自然书写物建构的世界里。大自然本身已经给巴丹吉林沙漠岩画质料场书写物作了标记。自然界制作这些标识的基本方法是模仿，即在石头或石壁上，复制或复现现实生活中与人类生存息息相关的物，诸如红色系列或绀青色、多种形式的"彩"，特别是太阳、火和血的种种具体感性物象，以便人们能比较容易地识别出那些书写物。模仿是人的天性。一旦识别出这些特殊的书写物，人们就法象自然，也在其上标示出"人的记号"。而他们制作这些标记的基本方法同样是在书写物石头或石壁上，复制或复现客观现实生活中那些与他们生命攸关的物。此"物"指述的是在一切客观现实存在意义上的存在物。正是在这个意义上，我们说岩画图像语言是一种实践性的生产，一种再书写的世界。换言之，我们所生存的书写物的一种转换而已。这是我们能认识并理解它们的根本原因。因为目睹巴丹吉林沙漠岩画图像语言之前，我们心里有已经形成的"人""羊""骑者""马"等意义。而且，此种意义不是我们依靠回忆、联想或类比推理获得的，而是我们在岩画图像语言里直接看到了象人或羊等之形的图像。本节，笔者从所模仿物及其功能和意义两个方面全面、系统、深入地分析巴丹吉林沙漠岩画里的言说物。

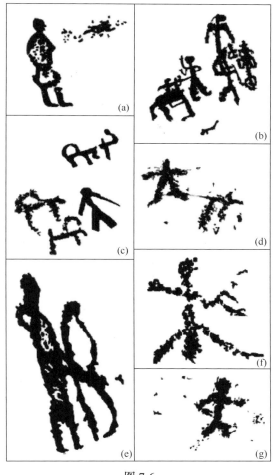

图 7-6

一、模仿物

总体来看，巴丹吉林沙漠岩画图像语言所模仿的比较常见的物主要有人，动物，太阳、弓箭与塔，兽面、人面和手，等等。下面，笔者将一一论述之。

（一）人

作为万物之灵长的人是巴丹吉林沙漠岩画里复制的一种重要现实物。如图 7-6 所示，这是 7 个都包括一个象人之形的形式的岩画。无论是就形式元素的变化还是就人形象内在形体结构来看，它们都不是纯粹程式化的符号，而是模拟现实生活中人的形态或动作的图像。它们可以是点、线和面三种形式元素分别独自组合的结构，也可以是三种形式元素相互搭配的结构，无论何种结构，绝大多数象人之形的形象都非常生动，它们模仿的是现实生活中处于动作中的人形象。虽然是简笔画，但是，这些人物被刻划得十分形象逼真：或者酷似下半身戴有特殊装饰、处于舞蹈中的人物形象🖄；或者是一个低头大步流星急匆匆在赶路的年轻男子形象🖄。大部分是正处于某种生活情境之中的人形象。如一个穿着裙子式样服装的男子双手叉腰，张着嘴似乎在对前面某个或某些事物说话；四个着装和姿态非常独特的人形象（即🖄、🖄、🖄、🖄）一起在做什么事物；一个人形象（即🖄）正在驱赶着前面象羊之形的羊形象。总之，巴丹吉林沙漠岩画里的人图像绝大多数都是现实生活中处于各种行动中的人的模拟，即便是🖄这样抽象的形式，在特定语境之中（前面一只羊形象），我们也很容易认出这是一个张开双臂，正在驱赶羊的人形象。

事实上，我们在整个巴丹吉林沙漠岩画里罕见处于完全静止站立状态中的人物形象。那些看似处于静态之中的，展示的也是动态中的某个瞬间。如图 7-7 上图左下角所示，一个身材高大、身着长袍、双臂向左右两边平伸站立的人形象，与位于其右边的一个正在行走中的骑者形象互动，好像正在用手指着他，因为结构他手臂的一直线状形式元素，同时建构的是骑者形象里的马形象右边的一条前腿。这非常形象地呈现了二者不仅均处于运动之中，而且彼此之间发生着某种交流活动。同样，图 7-8 上、下图分别呈现的也是正处于射击、奔跑过程中某个瞬间的射手、骑者形象。射手形象地向右跨出去的一步、马形象弯曲的腿部和腾空的双腿，明确说明了这一点。因此，从行为动作上，我们可以把巴丹吉林沙漠岩画里的人物形象主要分为以下两种。

1. 骑者图像

骑者是巴丹吉林沙漠岩画里最常见的人图像之一。除比较少见的骑骆驼的外，绝大多数是象骑马之人形象的。如图 7-7 上、下图所示的都是基本由骑者图

图 7-7

图 7-8

像建构的一个比较大的语篇，即合体图像场。二者内的骑者形象不仅互不相同，而且由五个形状大小基本相同的骑者形象建构的同一个图像场内的也绝不雷同。岩画生产者寥寥几笔勾勒的这些人形象个个气韵生动：他们或者气定神闲，骑在骆驼上慢慢踱步；或者比较吃力地艰难赶路；或者策马疾驰。仅仅借助于对形式元素的略微变化，岩画生产者就传神地给我们塑造出了一个张开双臂、策马扬鞭疾驰的骑者形象（如图 7-7 上图下面，岩画生产者把通常用以表现人物形象手臂的形式元素一条短直线改为曲线），以及一个身子前倾、奋力前行骑者形象（如图 7-7 下图左下面，岩画生产者把用以表示人物形象身躯的整个比较窄而长的实面结构，调整为向马头部倾斜状）。骑者形象的生动现实性在他们与其他图像组合的合体岩画里体现得更加鲜明。如图 7-8 下图所示岩画里有一个形状较大的骑在马上的射手形象，他正在用一个巨大箭头射击位于其前面的羊形象。与现实生活中常见的这种狩猎情形相反，图 7-6（b）所示岩画呈现的则是现实生活中罕见的场景：分布在图像场左边的骑者手持弓箭，即 ，已经把一只比较长的箭射入了他面前的一个人，即 。人形象腹部中箭，一只手臂依然高举着反抗。

2. 射手图像

射手是巴丹吉林沙漠岩画里最常见的人图像之一。与象人或马等动物图像一样，象人手持弓箭射击状的形式或射手图像，可以单独构成一幅独体岩画，也可以与其他多种形式组合，形成合体岩画，其中以后者在巴丹吉林沙漠岩画里最为常见。单个的射手图像可以大体区分为简单和复杂两大类：简单的一般指述的是类似 、 这样的人与弓箭左右联结结构构成的一个相对独立的形式；复杂的一般既指述的是类似 这样的射手形象骑在马或骆驼之上的图像，也指述的是如图 7-8 上、下图所示的此种不论是人形象本身还是弓箭本身及其姿态或形状的复杂性上。然而，这两种繁简射手图像都是非常写实的具象化图像。它们通常与骑者或羊、马等具象图像一起，搭配组合展示出一幕幕现实生活场景。如图 7-8 下图里所示，三个形状大小不同的羊形象与一个骑在马上的射手形象（其弓箭很独特）呈前后一条直线状横向组合，构建了一个典型的概念图式——射羊或射猎。而在图 3-24 所示的这个五重合体图像场里，射手图像和骑者图像面对面并列，展示的是射手形象正在射击骑者形象。尽管存在着上述并非典型地表现出射羊概念的情形，但是，每一个具象图像本身都是明确意义的载体。即使我们不像图 7-8 下图所示的一样准确地将射手图像横向放置在羊图像的后面，而把射手、骑者或羊、马图像任意放在一个如图 3-24 所示的岩画图像场内，甚至只把一个弓箭或一个不完整的弓箭放在如图 7-7 上图右下角图像场里，从中我们也能轻易解读出射羊或射猎、狩猎意思。因为这些图像共时并列存在于一个视知觉图像场内，便给我们复制了现实生活中的狩猎场景。

（二）动物

动物图像是巴丹吉林沙漠岩画里最普遍的形式之一，特别是象羊、马之形的最多，其次是象鹿、鹰和牦牛之形的，再次是很少见的象天鹅、犬、蛇及鸭子或水鸟类动物形象。偶尔也能见到一些不知名的爬行动物图像。下面，笔者将分别对羊、马、鹿、骆驼和鹰五种比较常见的动物形象进行描述分析，阐释巴丹吉林沙漠岩画图像语言对书写物的模仿及其美学特征。

1. 羊或马图像

此类图像在整个巴丹吉林沙漠岩画里所占比例最大。正如现实生活中绝不重复的一个个鲜活的个体形象一样，生动逼真、绝不雷同和对称和谐是它们能指层面最大的特征。如图7-6（c）所示的是四个常见的、完全由长短不等的线结构的羊图像。虽然都是建构同一个图像场的成分，但是，它们的位置、形状、内部形式结构等完全不同。图7-8下图所示的五个也如此。其中三个是线结构，两个是实面结构的躯干与线的组合。其中位于左边上下各有两个，分别表现的是两个凝视着前方、正在行走的羊形象，结构它们的形式元素基本相同，但大小有别。而图7-7上图所示的有两个头部由单元圈状形式元素结构的羊形象，以及一个头部带有一个呈同心圆网格状花环的马形象。[①]后者的躯干由面积较大实面结构，表现的是一个肥硕、独特的马形象。不论是何种形式元素结构的，这些羊或马图像绝非一般类程式化的文字符号，而是气韵生动的、感性化的自然书写物的写真，如人和动物左右两边的四肢及鸟的双翼等。岩画生产者所复制的生动逼真的生活中的形象也都是一种美的形式。如图7-9所示，除右下角一个马形象和羊形象组合的二重合体岩画外，上面四个都是完全由一个马图像建构的独体岩画。这些岩画形式给我们充分展示了生产者在复制马形象时所使用的平衡匀称的平行线对偶结构原则。左上、下图里马形象的躯干是均衡的曲线状两条平行线结构，左上、下图和右上图里马形象的四肢也都是曲线状平行线结构，左上图和右上、下图里马形象的耳朵也是同样的结构，特别是右中图里用来表现马形象头上披着的、一个长长的带状饰物或夸张表现马鬃的一条长长曲线，也与整个马形象身体的曲线呈匀称平行状。追求平行和谐线条美感并没有影响生产者对具象马形象的写实性呈现。从不同马形象身上双曲线弯曲表现的程度，我们可以清楚地看到这一点。如右上图处于奔驰状态中的马形象向后弯曲较大，反之则小，等等。

---

① 这类表现形式在巴丹吉林沙漠岩画里比较常见，大多用来表现羊形象，如图6-33所示。

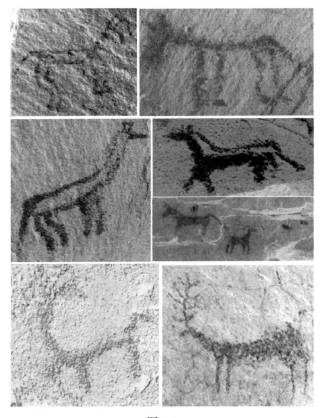

图 7-9

2. 鹿图像

　　象鹿之形的图像在巴丹吉林沙漠岩画里并不多见。与羊、马图像一样，鹿图像既可以独自组建出独体岩画，也可以与其他多种图像参与搭配组合，从而构建出合体岩画。不论是作为独体岩画，还是合体岩画里的组成成分，这些图像能指层面也绝不雷同。与羊形象相比，巴丹吉林沙漠岩画里的鹿形象一般形体比较高大，特别是角花样变化很大。如图 7-9 下面左、右图和图 7-10 中右图所示，这是三个分别由一个鹿图像建构的独体岩画，它们表现的虽然都是处于相对静止状态的鹿形象，但是它们的形体、神态，特别是角完全不同：有的似珊瑚状，似乎正处于发怒或高兴状态，仰头亢奋；有的似树杈状，处于低头沉思状态；有的似块状。大多数鹿图像以组成成分身份参与合体岩画组合，尤其是常常与羊或马、骑者或射手图像搭配组合，构建出一个比较明确展示出"狩猎"或"放牧"场面的生活情景，或者其他传达出非常复杂思想感情的情境。偶尔，我们也能见到 7-10 下图所示的由三个鹿图像和一个马图像、抽象图形建构的独特合体岩画。如果说分布在该岩画图像场右下角的一个形状较小的鹿图像是现实生活中很常见的话，那么，位于其中间核心位置的两个形状较大的鹿图像，尤其是位于左边的则罕见。

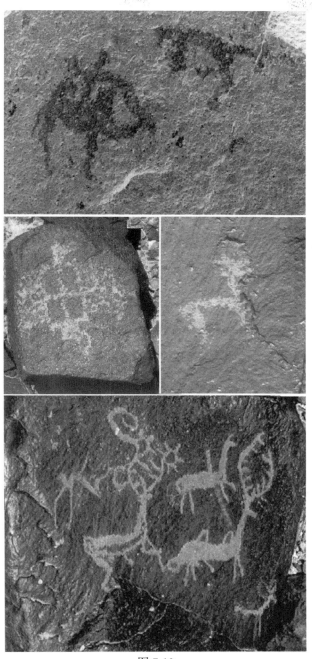

图 7-10

3. 骆驼图像

除羊、马图像外，我们在巴丹吉林沙漠岩画里比较多见的是象骆驼之形的图像，它们也具有与羊、马和鹿形象一样的多重身份和功能。如图 6-5 和图 6-23 所示岩画里都有两个骆驼图像，图 7-7 上图里则有一个。与单个骆驼图像相比，我们常见的是骑骆驼的人图像（图 6-2 上图、图 7-10 上图）。无论是单个骆驼图像还是骑骆驼人图像，它们通常都出现在一些由骑者或人和羊或马等动物搭配组合的合体岩画里，展现出一幅"放牧"或"狩猎"等现实生活场景。如彩图 2 上右图和图 7-10 上图分别展示的都是实际生活中的两个片段。前者呈现的是放牧或牧归途中，基本行动大体相同的骆驼形象，绝不雷同：它们在神情、具体姿态等方面存在着很大差异；后者展示的是骆驼（被人骑着）与一个象大型犬类动物擦肩而过（二者方向完全不同，并且犬形象低头努力往前赶路）的情形。

4. 鹰图像

象鹰之形的图像是巴丹吉林沙漠岩画里比较独特的一种图像，它充分体现了欧亚草原岩画图像谱系里的一个重要特征。此类图像也是兼具自由形式和组成成分双重身份。如图 7-10 左中图所示，这是一个抽象鹰图像建构的独体岩画。鹰形象造型奇特，结构它身躯、双翅和尾巴形象的分别是一个"田"字形式、两个大小形状相似的正方形实面形式（里面充满了点状形式元素）、一个形状较小的实面正方形形式。尽管如此，它依然具有生活真实性，我们一眼就能识别出。一般来说，我们比较多看到的是鹰图像作为组成成分与骑者或人、羊或鹿、马等搭配组合的"狩猎"场面。其中鹰图像往往位于整个岩画图像场的最顶端，如图 7-11 上图所示，两只鹰形象分别位于整个图像场的最右上面，与它组合的有射手、骑者和马等图像，形象地复制了生活中鹰飞翔在天空引领着人们"狩猎"情景。[①]并且，在一些由各种数不清图像构建的大型语篇里，鹰往往象羊、马和骑者等最普遍的图像一样，反复出现。如图 7-11 所示，这个岩画文本语篇内，有两个比较清晰可见的鹰图像，它们以多种方式、比较集中地分布在整个图像场的上半部分，并且主要位于最顶端或左右两边，下半部分左边边缘地带只有一个形状较小的。鹰图像数量虽然较多，但是，与之搭配的骑者、羊、抽象图形等图像的存在表明，即便不是位于最上面，有鹰图像参与组合的岩画，一般呈现给我们的也是一幅"狩猎"生活画面。

① 这两只鹰形象的上面还有一个形状较小的，只是自然风化所致，比较模糊。图像场左下角处被现代人破坏，如下面添加的"和"字等。

图 7-11

（三）太阳、弓箭与塔

除人和动物形象外，巴丹吉林沙漠岩画里比较常见的其他写实图像还有象太阳、弓箭、塔等之形的图像。太阳图像大都呈圆圈状，也有类似现在儿童画的（图 7-4 下图），以及与甲骨文里表示太阳的文字一样的（图 5-9、图 7-11 下图）。巴丹吉林沙漠岩画里的弓箭与射手图形通常横向组合在一起，形成了一个有着明确意义的概念图像——射击。如图 7-8 所示，岩画图像呈现的是一个箭搭在弓上、正在射击中的射手形象。不过，单个的弓箭甚至弓图像，也会作为组成成分，与其他图形一样，参与一个更大岩画图像场的建构。如图 7-7 下图右下角所示的一个弓、一个弓箭图形。塔状建筑物图像在巴丹吉林沙漠岩画里也比较多见。如彩图 4 下左图和图 6-12 所示，前者图像场右上面有众多塔状蒙古包形的图像，其内还有众多姿态不同的人形象，它们上下左右并列在一起，实际上表现了一个现实版村落居住情景；后者图像场内形状较大的塔形象内，共有七层，每一层内部还有数量不等的形态大致相同、大小不一、神情动作不同的人物形象。很显然，整个塔状图像模仿的其实也是现实生活中有人居住的塔状建筑物。

（四）兽面、人面和手

动物形象和人的面部以及手印图像是世界岩画里比较普遍存在的图像语言，也是巴丹吉林沙漠岩画里特殊的图像。如图 7-4 上图、图 7-12 上图分别所示的象人面之形的图像，以及彩图 1 所示的手印图像。与中国境内和世界其他地方已经发现的人面像和手印图像相比，巴丹吉林沙漠岩画里的非常独特。这突出体现在以下两点。

图 7-12

1. 面像

从严格的形式层面，当我们仔细比较研究图 6-32、图 7-1 下图、图 7-4 与图 7-12 上、下图所示岩画里的图形后，我们应该把它们统称为"面像"而不是目前岩画研究界所说的"人面图像"。除人面外，自然界类似此种图像的书写物很多。如图 7-4 下图所示的我们完全可以称作太阳图像。至于猩猩、猴子、羊、马、鹿、犬等动物亦有被称为"脸面"或正面人首的人的面部形象。法象自然书写物的巴丹吉林沙漠岩画图像语言也不例外。岩画生产者除法象人的面部形象外，还会法象其他书写物的。如我们不能十分确定图 7-1 下图和图 7-12 上、下图所示的图形法象的都是人的面部形象，理由主要有以下五个：①这些图形整体轮廓形状大都呈圆形（如椭圆形、半圆形），并且大都刻有表示眼睛的两个点状形式，一些甚至刻有代表鼻子和嘴巴的直线或圆圈状形式元素。可是，我们知道拥有这样面部形象的并非只有人类。②呈方形和不规则形的也不少，这种类型的更不像是人的面部形象。③这些图形内部形式元素差别很大。有些只有两个点代表眼睛，有的只有"＋"状，有的只有一条横线，有的内部是一个象站立状的人形象，等等。④与中国境内和世界其他地方被学界称为"人面图像"的岩画相比，巴丹吉林沙漠岩画里的可以与骑者和羊，以及点和线状简单抽象形式搭配组合出一个奇特的合体岩画，这种组合颠覆了基本由骑者和羊构建的岩画的一般语法规则。如图 7-12 上图所示，一个象人面状图像面积最大位于整个图像场前景化位置，显得十分突兀。虽然同处一个图像场，但是，该人面图像与其他图像之间保持着一定距离。⑤个别图像较为逼真地表现的是某种动物的面部形象，如图 7-12 下图所示，左上面靠图像场中央位置是两个上下紧密组合的酷似猫科动物面部形象的图像：上面的整体形状呈倒立扁状梯形，内部有四个圆圈状形式分别代表眼睛、鼻子和嘴巴，整个面部轮廓上面有两个象动物双角的两个面积很小的三角形状形式；下面的整体轮廓呈菱形，其顶部有象动物双角之形的形象，内部充塞着众多点状形式元素，似乎表示动物面部丰厚的毛发。

2. 手印图像

手印图像语言与多种形态的面像，以及羊或马图像一样，可以独立也可以与其他成分参与组合，从而形成独体或合体岩画。并且，与巴丹吉林沙漠岩画里任何一个自由形式一样，手印图像能指层面亦不重复。这意味着它们都是不同人手的拓片或印记。显然，参与一个相对完整岩画图像场内手印图像语言生产的人一般都很多。如彩图 1、彩图 6 所示，这些手印图像大多数只是手的印记，也有一些带有手臂的；大多数是右手，也有左手的。不论是单个还是组合，它们的整体形状或造型都独一无二。而这些手印形象更是曼妙多姿：都是五指张开，却有些整个手形正立，有些倾斜，有些横置，有些竖立，甚至有些如图 5-11 所示呈美妙舞蹈动作（即位于左边的）。当然，巴丹吉林沙漠手印岩画（目前为止也是世界手印岩画）里最独一无二的是一个与其他手印横向并列组合的一个象火之形的手印图像（如图 5-11 所示）。这似乎是人中间三根手指并拢，拇指和小指尽量向外张开形成的。它十分逼真地模拟了火炬或器物中正在熊熊燃烧的大火的形象。至于手印图像场内作为组成成分的手印图像亦异彩纷呈。除图像及其形象本身的不重复雷同外，它们之间的搭配和组合方式也多种多样。有些彼此之间保持一定距离，有些则紧密联系甚至部分手指相交。两个或两个以上手印并列搭配组合形成的整体形状或者呈三角形状，或者呈一向上倾斜的直线状。在制作过程中，有一些手印似乎是非常艰难、不可思议地被拓印上去的（如带手臂的），大多数比较紧密排列在一起的，只不过由于自然风化，许多已经消失了。与面像相比，手印图像更像是人手的直接拓模。

由以上多种类型的图像可以看出，尽管没有自然界书写物那样具有无限的多样性和复杂丰富性，但是作为言说物，拥有基本图像或词汇和句法、语篇的巴丹吉林沙漠岩画也给我们呈现了一个相对独立的图像语言言说着的世界。

二、图像的力量

自然书写物的存在构建了世界，而绝不单纯是给世界万物添彩，或者涂抹万物。巴丹吉林沙漠岩画言说物亦如此。借助于图像的力量，它为我们展示了它现身世界的价值，这集中体现在以下两个方面。

（一）复言

这里所说的"复言"指述的是言说物巴丹吉林沙漠岩画是书写物的复制。巴丹吉林沙漠岩画最直接、最大的功能是复制以人为中心的书写物。如图 7-13 所示，这里说的"以人为中心"指述的是一切与人类繁衍生存的现实生活相关的万物。从这个意义上说，巴丹吉林沙漠岩画言说物是人类世界的表象。其图像语言既有以人、羊、马等图像为代表的词汇，也有以"射猎"为代表的句法和以"放牧""狩猎"为代表的语篇或文本。这种图像语言特别是词汇对岩画生产者所认识的现实物质世界做了比较真实的呈现。

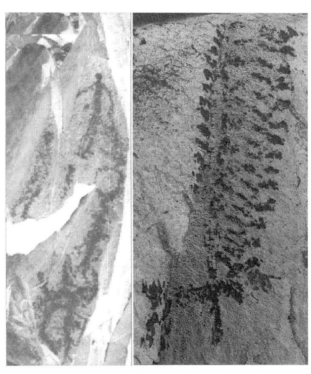

图 7-13

　　手印图像完美地体现了作为言说物的巴丹吉林沙漠岩画图像语言就是书写物的复制与粘贴。从图像生成机制来看，正如用手做任何事情一样，当人们把自己的手，即自然书写物，用红色颜料拓在其他地方的时候，他的行为本质上是一种粘贴或搬动、转移，即将手从人身上取下来，放置在其他地方。而诸如象人（包括人手、人面、骑者、射手等）或羊、马、鹿、鹰、车轮、塔、蒙古包等之形的图像，则是对自然存在的书写物的照相式的模仿。巴丹吉林沙漠岩画复言之成功集中体现在四点：①细节真实性；②个性化；③生活情景化；④传神。该岩画图像语言里的基本词汇，即象人、羊、马、射手、骑者等之形的图像，彼此之间的组合大都展现的是"放牧"或"狩猎"等生活情景。细节真实性、个性化和传神特点集中体现在图像的生成上。不论是人还是动物，巴丹吉林沙漠岩画制作者对它们的服饰、神情和动作姿态的刻划都达到了惟妙惟肖的境地。如在图 7-13 左边所示的这个合体岩画里，生产者仅仅用一个点状形式元素和两条几乎完全相同的曲线状形式元素，就刻划出了一个独特的人图像。它表现的是一个象左脚略微向前、双手插裤兜、优雅行走之形的女性形象。而在图 7-14 右上图中，生产者也主要是略微改变用以代表马形象头部的形式元素形状，就传神写照出了头戴帽子、昂首的骑者和马形象。

图 7-14

　　巴丹吉林沙漠岩画里那些个性化的图像更是完美地复言了书写物。如图 7-13 左右两图所示，两个形状较大人图像和骑者图像，以及一个角面积很大的鹿图像。尽管奇特，但这些被生产者用夸张手法制作出的图像依然充分展示了它们与被复

制的书写物——人、骑者、鹿之间的一致性。只不过，它们为我们传达出了一个
个形体高大、姿态奇异的人，或有一个巨大角的鹿等更加个性化的意思。图7-14
右边上下三个岩画亦如此。生产者主要通过变化骑者形象的头部和马形象的腿
部，使得两个看似相似的骑者图像不同；采用点形式元素结构马形象的脖子部分
和以一个形状似葫芦状的实面结构骑者形象，从而分别仿效了生活中脖子部分特
殊（如有特殊颜色的毛等）的马形象、一个整个身子蜷缩在马背上的人形象；通
过简单的线状形式元素，生产者寥寥几笔就刻划出了一个处于飞奔状态中的骑
者形象。总之，诚如世界上没有两粒完全相同的沙子。自然书写物的这种个性
化存在的特征在巴丹吉林沙漠岩画图像语言里得到了比较充分的表现。其系统
内所指数量有限的象人、羊、马、鹿和手印等之形的图像，能指层面最显著的
特征是不重复。于是，我们看到了一个拥有丰富词语的表意系统：一个象羊之
形的图像语言可以是一个表意符号，它千变万化的能指或许可以表示任何意思，
诸如"停止"（一个象静止站立状羊形象）、"跑"（一个象奔跑状羊形象）、
"跳"（一个象跳跃状羊形象）、"温顺"（因羊在动物里的温顺）等。在这种
人类对自然万物的初始命名里，图像是物的完全确实的透明的符号，因为图像
与物相似。

因此，生存论、存在论意义上的岩画本质上是一种特殊的自然物，恰如树木、
草、羊、马等一样。因为自然物本身就是各种各样的"文"建构的不断连续的有
机整体。当人们使用记号或图像、形式、符号等时，他们必须把已经由自然创造
的一切书写物都汇集在同一个认知形式之中。认识人或动物等世间万物就是把覆
盖在它们之上的所有能指层面的信息都收集整理出来。换言之，也就是重新发现
所有的能指或形式集合，如彩图5左下图、图7-11和图7-15所示，两个象太阳
之形的图像分别同时出现在这三个图像场内，它们其实就是世界上许多民族文字
里用来表示"太阳"的文字或符号。图6-1和图7-14左图里分别用来代表象羊或
鹿头部形式的是人们常画的太阳图像，即一个内部带有一点状形式的圆圈状图
形。岩画生产者正是从太阳这种自然书写物的文中获得了他们再言的可能性。因
此，其图像语言这种物质化图像形式本质上是一种被书写的自然。它复制的是自
然界的存在物。可以说，之所以有巴丹吉林沙漠岩画言说物，是因为已经有了自
然书写物。成为书写物是巴丹吉林沙漠岩画生产者的重要愿望和目的。如此，我
们就理解了，岩画的言说对象是客观真实的自然物，它为自然物塑造了一个它的
对应物或复制物。二者之间存在着极高的一致性。联结它们的是相似性。书写物
在图像文本之中互动，它是岩画图像语言的临摹对象。于是，巴丹吉林沙漠岩画
生产者把他们所认识的自然物，变成了它们的表象或"文"展示给他们的东西，
并在此基础之上复制了它们。

图 7-15

（二）再言

在世间万物一体化的统一联系之中，任何事物都具有相对独立于其他物的一些特性。复言书写物的巴丹吉林沙漠岩画图像语言亦如此。一旦产生，它便形成了与书写物并列存在于世的另一种存在物——言说物。极高的相似性和本质的亲和性，都遮蔽不了二者的差异性。与其所法象的真实自然界万物不同，岩画是人留在世间的印记，无可避免地带着人的种种烙印。其中，最突出的有以下三个。

1. 自由意志

这集中体现在生产者对书写物的选择性上。它涵盖包括生成、功能、意义、传承等关于岩画图像语言的所有方面。诸如对于巴丹吉林沙漠地形场、雅布赖山脉和曼德拉山环境场、布布井和陶乃高勒语境场等，以及包括绀青色在内的红色系列石头、石壁或石块的选择；对向阳、山顶、洞穴、山脊等特殊自然地理位置的选择；对带日月图、裂隙、凹穴等书写物"文"的质料场或图像场的选择；对象人、羊、马、骑者、射手、鹿和鹰等之形基本图像的选择；对如图 7-15 所示的抽象形式的选择；对点或线和面形式元素的选择；对构成一定词法或句法和篇法的词汇或成分的选择；等等，无不充分体现了生产者主体的主观能动性和自由意志。因为同时满足制作岩画条件的环境场或语境场、质料场、图像场很多。也就是说，能被生产者复制的此类天然书写物数不胜数，而他们却会从中挑选出自己所喜欢的进行模仿或复制。

2. 思想观念

任何选择都带有一定的目的性。不论是有意识还是无意识，生产者的个人因素都会或显或隐、或多或少地渗透在其所制作的言说物之中。比较岩画言说物与书写物之间的相似性，我们不难发现，在岩画生产者的思想观念里，他所复制的书写物的图像与书写物二者是合一的。也就是说，它们的地位、作用和意义等都是相同的。正如《圣经》之于上帝一样。二者唯一的差别是言说物是反映自然书写物的印记或记号，就像人的影子之于人一样。在岩画言说物与其书写物之间，是不存在客观真实存在的事实与图像之间的差别的。这意味着人或羊、马等图像与其生活中对应的相似物（即书写物）是等同的。当巴丹吉林沙漠岩画生产者在某块石头上刻制羊图像时，该图像在他思想观念里与生活中活生生的羊无别。这也从一个方面解释了为什么自然书写物与岩画图像语言能够彼此借代、相互渗透，并给我们对它们的解读提供了一个隐文本。然而，巴丹吉林沙漠岩画里一些抽象图形的存在表明，岩画制作者在仿效自然书写物的过程中，并非完全机械照相式地照搬。他们会从中提取一些指明物本质的东西，如图 7-15 所示[①]的形态各异的、十分完美的同心圆状规则几何图形。它们是书写物（即承载它的物质载体质料场）的本质，是对该书写物石头的有力抽象，同时也是对生产者通过模拟书写物建构起来的三维空间的有力抽象，凸显了生产者的整体思想观念以及非凡的空间抽象概况能力。图 7-14 左图和图 7-15 所示的也是巴丹吉林沙漠岩画里常见的图像场情景：图像会紧贴或跨越图像场，分布在图像场与质料场的边缘地带，或者邻近或直接位于天然书写物——"彩霞"、裂缝或坑的石面上。很显然，单纯的复制或写实、模拟不足以解释岩画生产者为什么会创作这些言说物。

3. 情感形式

尽管巴丹吉林沙漠岩画图像语言的生成要素是点、线和面形式元素及其相互之间的搭配组合，一些基本词汇，即单个图像通常都具有词法，也即基本程式化的搭配组合规则。独体岩画和合体岩画图像语言亦如此，特别是后者存在着一定的句法甚至篇法，但是，它同时也展示或表现了情感，从而给我们以审美感受。

[①] 上图所示地处内蒙古自治区阿拉善右旗额肯呼都格镇萨布日台嘎查西南 17.5 千米的山谷台地上，阿拉善右旗普查队调查并建档，称作"惠森陶勒盖岩画"。照片编号为 152922-0099-Z001，范荣南摄于 2017 年 3 月 23 日；下图为范荣南提供。

这里所说的"情感形式"具体指述以下两方面内容。

一方面指述的是言说物巴丹吉林沙漠岩画图像语言对书写物应有的情感的复制，如图 7-14 右上图所示的两个骑者图像前后横向组合，位于前面的与位于后面的，分别是对现实生活中客观存在的书写物——一个怡然叉腰骑者形象和一个奋力追赶的骑者形象的复制。同理，我们可以把巴丹吉林沙漠岩画图像语言里所有运动形式，即象正处于运动过程中某个瞬间的人或动物各种情态动作之形的形式或图像，都视作对相同自然书写物的模仿或复制。巴丹吉林沙漠岩画图像语言对书写物的逼真再现常常令人惊叹不已。如图 7-16 左上图所示，结构该独体岩画的是一个几何状抽象图形，而它的整体轮廓与该图像场的大体相同。一些处于特殊情形下的人或动物应有的情状也常常被复制出来。如图 5-12 所示，位于左边的人形象似乎是对一个张开双臂，处于惊恐状态的站立人形象的模仿；位于右边的则是对一个刹那间被电击的人形象的复制：它呈罕见的躺倒状，眼睛恐惧大睁、从头部到脚底贯穿着一条天然淡黄得近乎白色的曲线（酷似天然书写物叉状闪电）。

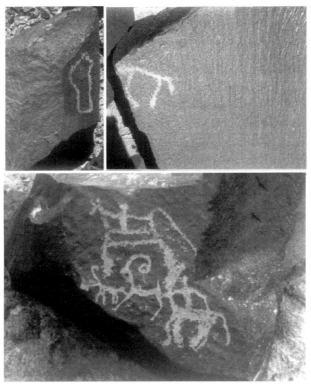

图 7-16

另一方面指述的是图像语言中,形式元素或形式之间及其与色彩或图像场内地貌形态和质料场之间,以某种或某些特殊的方式搭配组合在一起,所形成的种种关系激发我们的审美情感。如图 7-16 上面左、右图所示的分布于整个图像场内、边缘地带的一个简单几何图形、羊图像,都会引发我们无穷的联想。至于图 7-13 右图里点派生的象鹿角之形的形式带给我们强烈的情感震撼。而仅仅凭天然书写物,我们不容易识别出图 7-13 左图里右下面两个图像所代表的物。假如我们把它们分别看作一个人形象(头部用圆圈形式元素代表)和位于其下的一个骑者形式的组合,再考虑到它们与其他图像语言和图像场内地貌以及质料场的关系,则图 7-13 左图所示的整个图像场带给我们一种梦幻般的超现实主义感觉:承载它的质料场是一块相对独立存在的峭壁,图像场石壁整体呈大体三角形状,所有图像及其形状都依据图像场自然地理形态而排列组合(其中白色部分都石壁之间天然的断裂带),形成了一个狭长三角形图像场。彩图 7 右上图所示的一个横跨质料场与图像场边界的羊形象也给我们以类似别样的情感,特别是其中一个形状最大的花格子网状抽象图形、单圆圈、骑者、羊图形,以及类似父母与孩子在一起之形的形式,与图像场内粉红色+黄色+绀青色斑斓的色彩相互交织,如影如幻,给我们以强烈的视觉美感冲击。事实上,很多时候,岩画图像场内一个或几个图像本身就能给我们独特的审美感知。如图 7-17 所示[①]的占据该图像场顶部的一个形状巨大的螺旋状圆圈图形,第一时间紧紧抓住我们的不仅仅是视线,还有情感、思想等——似乎它就是该图像场的全部。

由于法象自然书写物是巴丹吉林沙漠岩画图像语言的根本特质,因此,总体来看,其大部分图像语言都能做到比较好地把以上两个方面结合起来。也就是说,既尽可能地复制以人或动物为代表的正处于某个瞬间状态中的自然书写物的情感状态,又能将它们与质料场和图像场内天然书写物结合起来,并借助于一定的形式元素或形式表现出来。如图 7-16 下图所示,准确的模拟和近乎完美的形式表现,使该岩画成为生产者情感的表征:按照巴丹吉林沙漠岩画图像语言与图像场形貌之间的一般关系,该生产者在这块面积并不大的图像场内制作岩画的目的,似乎是为了图像场右边的天然书写物——面积较大的坑。为此,沿着坑的边缘,从图像场的上面至下面,他完全可以把四个图像按一条直线状排列组合。然而,他却采取了上下结构组合:最上面一个骑者图像整体被刻意放宽,好像从上往下被压扁一样位于最上面(其中马形象的尾巴被刻意夸大拉长,并沿着坑的边缘地带分布,似乎护住了坑),两个羊图像左右横向置于其左下面,并延伸至图像场

---

① 岩画分布在雅布赖镇西尼呼都格嘎查东南立沟泉群山环绕的一座小山丘顶部的石头上,2006 年开始的第三次全国文物普查试点过程中,阿拉善右旗普查队调查并建档,称作"立沟泉岩画"。照片编号为 152922-0215-Z004,范荣南摄于 2006 年 9 月 30 日。

图 7-17

与质料场的交界之处，另一个骑者图像位于其右下面。整个图像场左边的图像都分布在边缘地带，右边的则紧邻场内形状较大的、略呈长方形的坑分布。很显然，这种组合塑造了一个整体呈塔形的建筑物形式或图像，而非简单的呈一直线状排列的单个图像的组合。前者是凝聚着制作者情感的图像或形式。

第五节　活　化　石

　　岩画的主要功能并不仅仅是指称或指述。岩画不像拼音文字一样，是一个完全有着固定程式化形式结构的纯粹符号或符号系统，给万物命名和表述思想观念并不是它的一切。作为一种存在于自然界的、早期人类视觉图像语言形式的言说物，呈现并表现包括情感在内的人丰富的精神世界是岩画突出的特质之一。本节，笔者以此立论，从视觉图像和美学视角，通过活的有机整体性、运动性、节奏性和变化四个方面，对岩画视觉图像语言能指层面的优势展开考古学分析，阐释这种图像活化石带给我们的美感，以期增进我们对早期人类审美意识的产生和发展的了解。

一、活的有机整体性

岩画是一种非常特殊的视觉样式。这突出表现在我们不能像阅读一段拼音文字一样，仅仅看见并知道它们所说的意思就行了，我们必须同时注意并充分考虑到这种视觉样式本身呈现的形态、方式和内部结构特征等，以及承载它的物质化实体——天然书写物石面本身的自然地理特征。巴丹吉林沙漠岩画已经延续了上千万年，甚至更久，尽管包括气候、环境、土地等在内的岩画自然物理场，发生了翻天覆地的变化，但是，我们至今依然能清晰地看到许多。其中一个重要原因是岩画生产者在生产岩画时，已经对它们进行了"防腐处理"，如他们对岩画生存地的精心挑选以及制作手法的运用等。以洞窟手印岩画为代表的旧石器时代岩画之所以还存在，与它们大都位于洞窟或洞穴有关。同理，当下众多巴丹吉林沙漠岩画的存在离不开巴丹吉林沙漠的庇佑。而在制作手法上，巴丹吉林沙漠岩画生产者大都选择的是以点为初始符素的凿刻或深刻。这样的刻痕不仅透过绀青色石头的表层深入到其红褐色的内部，而且会在石头上停留得时间长一些。如图 7-17 所示，看似大都由线条结构的图形，其实都是凿刻得很深。刻痕都呈岩石内部的红褐色而非表面的绀青色。比较彩图，尤其是彩图 6 右下图所示的岩画，我们可以更清楚地看到这一点。因此，岩画图像语言本身现身世界的方式，特别是它与承载它的物质载体及其所生存的自然物理场密不可分。若按照由小到大的次序，把岩画自然物理场区分为五个单位，即图像场、质料场、语境场、环境场和地形场的话，则在理解至今依然存活的图像语言的活化石——岩画的过程中，我们必须把它及其自然物理场视作一个有机统一体。这意味着我们对图像语言的解读既不能割裂其整体，也不能抛弃它的图像场和承载它的质料场，更不能脱离它生存的语境场、环境场、地形场乃至文化场等。通过以下四个方面，笔者将具体论述之。

（一）在相互依存关系之中理解图像语言

诚然，我们可以解剖岩画图像语言，把它肢解成一个个的点或线状形式元素，分析研究它的生成机制和构造。但是，这只是出于我们认识它的需要。实际上，一旦我们承认岩画是一种与书写物相似的言说物，它就是一种有生命的、活的物，而非单纯的图像语言。这指述的具体对象既包括单个图形，也包括由它们建构的合体图画或语篇、图像场。相对独立地存在的它们都是一个有机统一的整体。除独体岩画外，绝大多数巴丹吉林沙漠岩画是由两个或两个以上图像构建的合体岩画。理解它们的一个前提条件是在整体中进行。如只有把它们看作一个有机统一的整体，我们才可能阅读巴丹吉林沙漠岩画里常见的典型句法"射羊"图式。以此类推，所有合体岩画里各个成分相互依存，相互依赖，互以对方为存在的条件。

离开对成分之间相互关系的解读，我们无法阅读合体岩画，特别是一些复杂的。如图 7-1、图 7-7 上图分别所示，我们对这个几乎完全用实面凿刻的形体巨大的动物形象，以及一个象车轮状抽象图形和圆圈状图形的理解，都离不开与其并列共存的其他图像。

（二）在图像场内理解图像语言

任何岩画图像场都是有物质化边界的。我们必须把分布其中的所有"文"都考虑进去，而不能仅仅从中摘出图像语言。巴丹吉林沙漠岩画自身非常鲜明地给我们昭示了这一点。它的红色系列色彩、裂隙、凹穴、断裂等，特别是像"彩虹""火""太阳""月亮""瀑布""云霞"等之形的"彩"，无不以其独特的形象告诉并启示着我们。例如，我们怎么能无视其中的天然书写物日月图，而仅仅从图 7-5 所示的两个岩画图像场内分别提取出象骑者、羊、人等图像呢？甚至，当我们试图解说图 7-16 下图所示岩画时，我们怎能忽略图像场右边一个天然书写物——坑：所有图像语言似乎是为此而存在的。[①]

（三）在质料场内理解图像语言

与我们通常理解一幅悬挂着的梵高的画不同，解读岩画时，我们必须同时考虑到承载它的物质载体，即天然书写物一块石头或一个面积相对独立存在的石壁，并且要把它们与分布在其某个面上的图像场视作一个有机统一的整体。这也是岩画本身要求我们这样做的。如图 7-17 所示，按目前人们的理解，我们把石头上面图像场内所有图像语言都收集起来，就是一幅完整的岩画了。可是，当我们仔细察看石面，发现右边主要由一个骑者、羊和马形象参与的上下组合，其实分布在石头的另一面，即右侧面。而且，该质料场的下面、左侧面上都有图形，特别是在顶端右上角石头天然缺口面上，也有圆圈状等图形。很显然，我们必须把整个天然书写物质料场，即这块石头，作为一个活的有机整体，才能比较准确地理解该岩画。同理，在理解彩图 1 和彩图 6 左边上、中图，以及彩图 4 左上图、下中图分别所示分布在洞窟、岩壁上的手印岩画、虎图像时，不容我们忽视的是承载它们的上面布满大小凹穴、呈荷叶状的石头，以及带有粉棕色或金黄色的瀑布状天然瀑布状书写物。正是在这个意义，岩画准确地说是一种言说物——一种像人或动物一样存在着的物，而不是单纯的表意或表现的图像语言系统。许多时候，这是巴丹吉林沙漠岩画制作者通过种种手段明确告诉我们的。例如，羊图像所分布的特定空间地理位置，决定了我们不能把图像场和质料场割

---

① 所有图像被刻制在坑上面至左边边缘地带，部分直接延伸至坑内，如上面骑者形象里制作者用来代表马形象尾巴的形式元素。参见前文的相关分析。

裂开来，理解图 7-16 右上图所示独体羊岩画。而图 7-16 左上图直接给我们展示出：这个抽象图像语言形式就是岩画生产者对承载其物质载体——质料场本身的模仿。

（四）不能脱离语境场

从有机统一整体的言说物角度审视，巴丹吉林沙漠岩画就是一种自然物。如图 7-18 所示[①]，这是一个比较大的视知觉场，左右两个分别存在着一个形状较大的螺旋状圆圈和马图像的石头格外醒目，尤其是在自然背景的衬托之下，无论是它们的整体形式还是生存状态，它们作为石头书写物的本质更加凸显。所谓"岩画"或图形、图像，只是其表面的形貌，即"文"之一罢了。这意味着我们不能脱离它们生存的具体语境理解它。至今为止，我们只在额勒森呼特勒、布布、特格几格上下洞和陶乃高勒五个洞穴或洞窟里发现了手印岩画，这充分说明天然书写物洞穴或洞窟既是手印岩画栖息之所，也是我们理解手印岩画的密钥。以此类推，对其他岩画的解读也如此。若把语境场、环境场还是地形场等岩画自然物理场都视作一个个相对独立存在的天然有机整体书写物，则包括承载岩画图像语言的图像场和质料场。如在图 7-18 所示这个相对独立存在的天然书写物场内，一个

图 7-18

---

① 地处额肯呼都格镇萨布日台嘎查南偏西 16.8 千米的山峰石壁上，阿拉善右旗普查队调查并建档，称作"青井子岩画"。照片编号为 152922-0102-Z002，范荣南摄于 2017 年 5 月 25 日。除两个比较完整的外，大部分图形已经自然风化。

石头虽然渺小，却是不可或缺的组成部分。就像从人体中摘取一只手臂一样，我们对后者的理解也不能脱离其生存的各种自然地理场。事实上，作为天然书写物的岩画自然物理场，与分布于其上的作为言说物的图像语言之间所存在着的这种内在的层层空间相套相交关系，也决定了二者之间相互渗透般不可分割性，规范了我们审视的维度。

二、运动性

毫无疑问，与绘画、雕塑等一样，巴丹吉林沙漠岩画是被人们常称为的静止艺术。然而，自然物存在状态之中的它，与其模仿之物或相似之物——自然或天然的书写物一样，都是活生生的生命体存在。岩画罕见模拟处于相对静止状态的现实书写物。相反，无论是人还是动物，岩画生产者复制的都是其运动过程中，正处于某一刹那间的动作。如图7-19所示，这两个岩画里的羊形象乍看都处于相对静止状态。然而，其整个姿态，特别是头部或腿部形状无不显露出它们表现的是正处于某种动态之中的羊形象。并且，图7-2和图7-9所示表明，即便是依据最严格的艺术或美学标准，我们都很难不把这些岩画称为真正的石刻艺术。因为

图 7-19

马、鹿形象被刻制得如此生动，特别是仅仅一条曲线就把一个低头沉闷、慢慢独行的马形象刻划得栩栩如生。彩图 4 左上图与下中图所示的更是纯粹的线条塑造的奔走状态下的虎形象。

　　岩画图像语言所具有的运动性美学特征在那些由众多所指对象相同的图像组合的岩画里体现得最鲜明。如图 7-19 上、下图所示，前者里有三个象羊之形的图像，可是，用以结构它们的形式元素及其内部结构大都完全不同，即便是都用线条表示的羊形象的尾巴，也存在着长短或直曲之别；后者里都用粗细相同的线条结构的、神态大体比较相似的 13 个羊形象也如此。其实，造成巴丹吉林沙漠岩画图像语言能指层面差异性的一个根本原因是制作者对行动中的书写物的复制。如图 6-12 所示的岩画图像场基本是一个复杂七层塔图像的结构，其中塔的每一层都有不同数量的象人之形的图像，一共 19 个，就像电影中的"定格"技术一样，看似相同实不相同的它们，其实分别是对处于运动之中某个瞬间的人的模仿。

三、节奏性

　　自然界包括人在内的一切活的生命体都系于一呼一吸的动态节律之间。法象动态书写物只是岩画生产者的出发点和目的之一，而决定他们能不能做到的，则是他们复制的技艺。严格来说，岩画生产者法象书写物所形成的图像语言是一个抽象的形式系统。点或线、面不可能跳跃或运动，它们所能展示给我们的运动性和生命力，是它们自身内在逻辑结构呈现出来的，给予我们视知觉的一种感觉。形式元素或形式之间的内在逻辑结构，主要通过它们的节奏性体现出来，包括它们的停止与运动、方向等。至于岩画图像语言里所带给我们的节奏感主要通过以下三方面表现出来。

（一）转折

转折指的是用以结构单个图像或部分形式元素的点或线、面之间的停顿与承接。图像内某个朝着某个方向运动的形式元素的突然终止，并改变为向着其他方向运动的，二者之间承接转换的关节点或枢纽，我们称为节奏。如巴丹吉林沙漠岩画里比较简单的羊图像有三个节奏点，即用以表示羊形象头部、身躯和尾巴的曲线，与两条分别表示羊形象两条腿的线之间。其中表示羊形象腿部的线向下延伸，时而比较直，时而比较弯曲，从而给我们分别以向右前方或左、右前方运动感。一般来说，图像里的节奏点越多，图像越复杂。那些基本由点派生的图像节奏感往往十分强烈、鲜明。我们视知觉中的点是静止的休止符。然而，若把它们按一定规律间歇不断地连缀起来，那么，点就带给我们以强烈的视觉节律动感。如图 7-13 右图所示，这个几乎完全由一个个点一停一顿结构的鹿图像给我们强烈、鲜明的节奏感，尤其是用以结构鹿形象角的部分，更是包括无数节奏点：它们按向上延伸的次序排列整齐、点与点之间抑扬顿挫，和谐流畅。

（二）间隔

间隔指的是岩画图像场内各个组成成分之间的距离。在两个或两个以上合体岩画里，组成成分彼此之间往往维系着一定距离。就像诗歌里的顿一样，正是这种距离使得图像之间产生了顿挫有节的韵律节奏感：当一个图像停止时，又出现了另一个图像，于是一静一动的节奏出现了。如图 7-14 所示的四个二重合体岩画里，两个成分之间的距离或大或小。大部分情况下，合体岩画里的各成分之间的顿挫所带给我们的节奏感都比较和谐。如图 7-19 上、下图所示，与其他成分相比，有些图像之间的距离比较大，其间制作者又增添了另一"物"，即数量不等的点或短线状形式。于是，图像之间原本的节奏被打断了。然而，不论是抽象形式还是具象形式；不论是简单形式还是复杂形式；不论是它们之间是否夹杂点或线状形式，作为组成成分的它们不仅有着固定的空间位置和占据着大体相同的面积，而且，彼此之间存在着大体均等的距离、整体都呈纵向或横向组合在一个独立完整的图像场内，从而给我们一种疏朗明快的审美节奏感。一般来说，分组排列组合的图像语言给我们鲜明的节奏感。由众多图像组合的语篇内的节奏感要比一般图像场内的强。如图 6-3 上图、图 6-33 所示的这些著名的巴丹吉林沙漠岩画繁复图像场，总是给我们井井有条、繁而不乱、疏密相间的动态节律感。

（三）层次

层次指的是图像内部形式元素之间所形成的次序。塔状形式是巴丹吉林沙漠岩画里比较常见一种特殊图像。如图 7-20 所示，除右上图是笔者截自彩图 4 左下图所示岩画图像场右上面部分图像外，其余均是完全由一个塔图形建构的独体岩画。正如比较普遍分布在西藏、青海等藏族聚居地区的梯子或梯形图像一样，这种形式在巴丹吉林沙漠岩画图像语言里也是比较有特色的。它们或者模拟的就是自然书写物塔或塔状物（如包括人形象的蒙古包等）；或者就是自然书写物的整体形式（如图 6-12 所示的复杂塔图像等）；或者所有图像之间的组合所形成的整体形式（如图 7-20 右中图上面由两个相对独立的形式元素组合的）；或者岩画图像场及其质料场的形状都是塔型（彩图 5 下图）。就像一根向上盘旋的螺旋线一样，所有塔状整体形式给我们一种向上延伸生长的勃勃生命力，而这种顽强生命力感的产生源自其内部形式元素所结构的层次赋予我们的强烈节奏感。图 7-20 左上图所示的这个下半部分基本由密集点一个个敲凿累积集合所形成的层次更加如此。

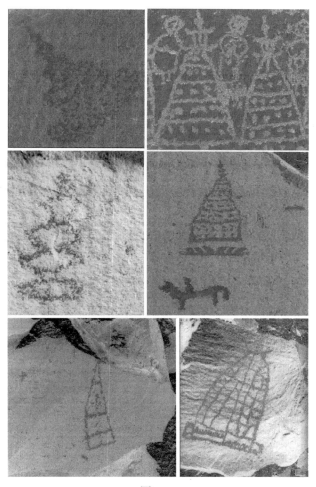

图 7-20

四、变化

如图 7-21 所示，以骑者、羊为代表的人或动物等生命物质，以及塔、几何图形为代表的非生命物质都在巴丹吉林沙漠岩画图像语言里获得了形式或形式结构的永恒性，但这却不是它的目的。言说物岩画图像语言又总是处于不断的变化之中，正如自然书写物生命物质一样。本书这里所说的"变化"是就观看者的审美情感而言的。它不是指某个指称特定物的形式的无常，也不是指它们在图像场内位置的变动，而是指那些以任何方式使我们觉察并感知，甚至想象到的变化。就像音乐里的重音，拥有一定词法、句法和篇法的巴丹吉林沙漠岩画图像语言里的变化通过以下两方面表现出来。

图 7-21

（一）图像语言内部

图像语言内部的变化是其所复制的自然书写物和形式元素的转化与派生。如图 7-20 所示，这集中通过单个图像和合体组合图画体现出来。单个塔图形都拥有一个比较程式化的抽象形式的塔造型，却又千差万别，特别是有的内部线条形式元素纵横交错，形成了格子状层次或阶梯。并且，内部充满动态层次向上节奏感的塔图像一旦定型，成为符号化的形式，便给我们一种永恒感。然而，当把另外一个或两个、两个以上图形与它并列时，它又会带给我们种种变化感。如图 7-20 右中图所示，这是由一个塔图像、直线形抽象形式和骑者图像，纵向组合的三重合体岩画形式。且不说分布在整个图像场最下面的骑者图像，它的存在使塔图像在我们的感知中显得更加有深度、距离更远，就是紧紧临近其下面分布的一条很不起眼的短线抽象形式，也使它不再显得刻板，尤其是图7-21里塔与比较多的图像的组合，就像音乐中的重音一样，给我们比较强的动态变化感。

（二）图像语言外部

这主要指的是岩画图像场、质料场和语境场对图像语言的影响。岩画图像场内部自然地貌、色彩等都是一些被艺术家称为能直接作用于观看者的"能动的因素"[1]（dynamic factor）。如彩图7上面左、右两图分别所示的图像场内绚丽的色彩令我们情感激动，使我们对其中的图像语言产生不一样的感觉。同样，彩图1、彩图3左边上、下图分别所示的图像场内石棱形成的巨大树杈状天然形式，以及严重的裂隙、断裂和坑等也刺激我们的情感。异己的东西总能带给我们比较大的冲击，引发我们种种精神、情感和心理变化。岩画质料场和语境场等也如此。如图7-22上图所示，这是图7-13右图所示鹿图像所处的质料场情形。[2]显然，这块面积并不大、具有一定厚度的石头，即质料场的介入会程度不同地改变我们对图7-13右图鹿图像的理解：它处在整个岩画图像场内由石棱形成的比较低的凹陷、断裂地方，石面十分崎岖。而且，鹿图像恰恰分布在石棱，即高低石面的边界线上。[3]而鹿图像的上面是一个比较高的平台，其内部地貌比较平坦，图像众多，形态奇特。除骑者、羊图像外，距离鹿形象比较近的是主要由三个人形象比较紧密的奇特组合。而整个质料场、图像场的右边也有另外两个鹿图像，它们与分布在凹陷区域的鹿形象相似，都有着向上矗立的巨大鹿角，具体形态却迥然不同（如它们基本都是密集短线的结构，其中一个形状较小等）。

---

[1]〔美〕苏珊·朗格：《情感与形式》，第79页。

[2] 笔者拍摄于阿拉善右旗博物馆。

[3] 与鹿图像同处一个图像场内的还有其他图像，由于自然风化严重，已经轮廓不清。

图 7-22

　　实际上，法象自然书写物的巴丹吉林沙漠岩画形式能带给我们永恒感、变化感，而二者的浑然一体感是它所带给我们的基本审美感受。如图 7-22 所示，我们看到一个自然书写物——一块相对独立完整的处于静止状态的方形石头，也看到了一个言说物——高低起伏、较低石面上一个形状较大有着平行线状奇异向上矗立的角的鹿图像，更看到了另一个言说物——其上面比较平坦的、较高平台上，众多形式组建的图像语言。我们的视知觉总是随着我们目光所及，时而固定、时而变化：书写物与言说物亦随之不断相互转换着角色。

由天然书写物与岩画言说物之间角色转换所带给我们的永恒中的变化或变化中的永恒审美感受，在那些拥有比较鲜艳颜色或带有特殊"彩"的岩画质料场或图像场内表现得更加突出。例如，巴丹吉林沙漠岩画里有几个色彩独特的语境场，其中夏拉木位于阿拉善右旗曼德拉苏木额肯呼都格嘎查境内的夏拉木山中，海拔约 1377 米，在长约 2500 米、宽约 2000 米的大型语境场内分布着千余幅岩画。与曼德拉山以及巴丹吉林沙漠其他岩画场一样，虽然夏拉木总体颜色呈绀青色，但是，在一些岩画分布比较密集的语境场内，自然风化的原因，许多岩石上绀青色已经蜕变为粉红色+橘红色的艳丽颜色。纵然组建该图像场的图像成分与其他没什么差别，但是，拥有这种色彩语境场、质料场和图像场的岩画强烈刺激我们的感觉：图像语言似乎都在兴奋地跳跃着、欢腾着。

至于那些有着特殊"彩"的岩画言说物则带给我们无穷无尽的变化中的永恒之感。如彩图 5 上图图像场右上方一个天然书写物——面积很小、近乎红粉色形式，使得包括图像场在内的整个质料场都"动"了起来。而图 7-21 所示的这个相对静止不动的大块石头和其周边小块石头，即岩画的语境场、质料场和图像场，在我们的审美感觉里是一个活的处于变化中的物。我们的这种感觉来自图像结构的起承转合、图像彼此之间的有规律的间歇，以及整个图像语言内部按一定顺序构建的动态节律（整体向左前方运动）；来自图像场右上方一块面积不大的红"彩"；来自图像场下面的断裂所带给我们的顿挫感。通过对图 7-17 和图 7-18 所示的两个岩画的比较，我们对巴丹吉林沙漠岩画里那些能带给我们永恒中变化审美感受的"能动的因素"有更进一步的了解。二者质料场内都有两个图像场，而且图像场内都有一个几乎完全一样的天然书写物—— 一个螺旋状重合形成的圆圈图形。前者里的位于整个图像场或质料场的最顶端十分醒目，并且该图像场右上角有一个比较大的缺口，下面有一个凹坑。然而，整个图 7-17 所示的图像场并不能带给我们像图 7-18 所示的那种比较强烈的冲击力和变化运动感。显然，这与它场内缺乏巨大的断裂，以及缺乏与质料场、语境场内其他天然书写物映照呼应有关。因此，巴丹吉林沙漠岩画所给我们的永恒中变化的形式感取决于图像语言及其与之相关的自然物理场的丰富性和多样性。

由以上四个方面的描述分析可以看到：言说物岩画图像语言再现的图像大多是一个天然有机体书写物。它通过在石面或石壁之上刻制、造型来体现生命的形式。它也会再现某些抽象的无生命物，如点或线状几何形式，它们同样是充满了生命的形式。因为正是生命的情感表现而非生命体的功能指示，构成了岩画的生命。它是我们经验可以感觉的自然书写物的表象以及我们精神和情感世界的展露。

小　结

　　巴丹吉林沙漠岩画发现并凸显了物性。它总体是一种非常善于表现自然物质的有机特征的、具象的实在主义图像语言。其所表现的意义都是作为某种物体呈现给我们的。换言之，它不是仅仅为了命名指称某种事物，或表示某种思想、理性、宗教等的抽象图像语言。作为一种言说物，它凸显与实体化了的物性一方面来自自然书写物；另一方面来自人类的精神世界。岩画制作者展示了他们所认知的自然书写物，使其成为我们认识并理解中的事物，并把他们想象或情感的东西变成了我们所认识的东西。更重要的是它是一种表现生命、活力和感觉的感觉图像语言。这种图像语言侧重呈现勃勃生机，集中模拟人或动物的活力特征，并进而揭示了一种价值尺度。这种价值不是写实价值，而是生气、生动和情感力量方面的价值，"而生气、生动和情感力量正是美学品质的重要元素"①。

---

① 〔英〕赫伯特·里德：《艺术与社会》，陈方明、王怡红译，工人出版社1989年版，第6页。

第八章 原始物象

　　岩画图像语言与书写物的关系本质上是类推,二者基于相似性联结为一个统一的视觉语言系统。言说物岩画的价值和它的模仿功能是重合在一起的。指称人和动物的言说物岩画是人和动物的表象。这种图像语言生产者在自己的形式表现系统内法象人或动物等诸多自然书写物,被法象的人或动物图像语言反过来又是通过自然书写物确立自己。岩画的象征功能我们不能单纯地在该言说物内,而应该在它的客观自然生存或存在中,在它与自然书写物世界的种种关系中,在它的自然地理空间场域、心物与文化场域、宇宙场域的相互渗透、彼此交织与交融的关系中探究它。在世界岩画里,如图8-1、图8-2所示的象天鹅、鹰之形的鸟类图像比较少。[①]前者集中分布在欧亚草原,尤其是贝加尔湖沿岸的查干扎巴湖湾岩画、阿雅湖湾岩画,以及伏尔加河支流奥卡河下游的布拉茨卡娅·卡达岩画和奥涅加湖岩画中。除笔者所发现的外[②](图8-3),中国境内迄今为止被发现者认定是"天鹅"岩画的只有1幅,即被盖山林在内蒙古乌兰察布地区发现并明确标明为"天鹅群"的一幅岩画[③],这类岩画数量虽少,但是,世界范围内天鹅岩画在分布上所呈现出来的这一显著特征本身,以及中国境内的罕见发现,值得我们高度关注和研究。事实上,中国境内天鹅岩画的数目远远不止于此。本章,笔者综合运用图像学、人类学、考古学和民族学等学科里的知识和方法,在辽阔的岩画自然物理场域和世界文化场域,以图8-3所代表的巴丹吉林沙漠岩画里最独特的图像——象天鹅之形的形式为个案,在与欧亚草原岩画里相似或相关图像比较过程中,借助于对岩画图像语言的重新考证、辨析和比较阐释,还原一幅曼德拉山天鹅岩画,从而深入剖析巴丹吉林沙漠岩画作为言说物的象征功能。

---

　　① 中国内蒙古,以及蒙古国境内的岩画里鹰形象较多。盖山林《阴山岩画》里所解析的1475幅岩画里,明确标明有鸟的岩画只有4幅(形状似鹰)。其实,类似岩画在中国内蒙古境内还有发现,如阴山岩画,见盖山林:《阴山岩画》,文物出版社1986年版,第834图。

　　② 笔者于2010年、2016年在考察巴丹吉林沙漠岩画的过程中,发现天鹅岩画,如图8-1所示。

　　③ 盖山林:《乌兰察布岩画》,文物出版社1989年版,第221页。

图 8-1

图 8-2

图 8-3

第一节 天 鹅 岩 画

曼德拉山岩画环境场是整个巴丹吉林沙漠地形场内岩画分布最多、最密集的地方。它位于巴丹吉林沙漠的东南边缘，海拔 1736 米。它所在地区属寒温带大陆性气候，终年气候干燥、风沙大、植被稀疏，东、西、南三面虽然有河床环绕，但是，只在夏季雨水充沛时才有水量。其附近有很多古代文化遗址和墓葬群，如山脉东侧尾端的西夏军事防御设施、最高峰顶部的汉代军事防御设施遗址——烽燧，以及分布在曼德拉山四周大约 18 平方千米地方的大小不一的 50 余座墓葬和岩画。其中，数量最多、最驰名中外的是岩画。①它们集中分布在曼德拉山东西长 3000 米、南北长 6000 米的岩脉上。书写物曼德拉山本身面积广大，并且言说物岩画比较集中分布的语境场也较多。其中，分布比较集中，"画面较好，代表性

---

① 1997 年发现的有 6000 余幅，2014 年统一编号的有 4234 幅。见范荣南、范永龙主编：《大漠遗珍：巴丹吉林岩画精粹》，第 23 页。

的岩画大都散刻在"①曼德拉山西部、地名为敖包图的地方。这里山势高低起伏不平，沟壑纵横，山势由西往东逐渐增高。岩画大部分位于一道道由千姿百态的绀青色石头呈犬牙交错状组合形成的山脊上，也有一些零星地刻制在山顶或山坡上。而且，越靠近山顶的绀青色石头上，岩画越多。在最西边山顶上有一条绀青色石头叠加形成的一道陡峭山脊，它就像一条巨龙横亘在山顶的北部边缘，并成为天然书写物——山顶的边界线。而这里是曼德拉山上岩画分布相对比较密集的地方。其面朝南面的一面上零星地分布着近百幅岩画，北面偶尔也零星地分布着单个的图像。它们大都属于巴丹吉林沙漠岩画图形语言里的基本词汇，即象人（包括骑者或射手）、羊、马等之形的图像。然而，在西边边缘地带距离此山脊较远的一片比较平坦的空地之上，一个比较空旷的与绀青色山脊相对的岩画语境场内，散落着面积不大的众多小块石头，其中较大的一块绀青色+红褐色颜色的石头之上刻有岩画。如图 8-1 上、下图和彩图 8 下左图分别所示的是它的质料场和语境场。②承载该岩画的质料场显得落寞孤立：其东、南、西、北四面都是由绀青色岩壁建构的岩脉，准确地说是四个比较大的岩画语境场，其内也零星分布着不少岩画。可是，它们的图像语言与该岩画的差异很大。因此，如果我们说这块小石头是从周边绀青色岩壁上掉下来的，似乎没有确凿的相关图像证据。相反，敖包图类似岩画质料场及其语境场存在则说明或许它原本就是一个相对独立的个体存在。如图 8-2 所示，该岩画地处距离彩图 8 左下图和图 8-1 上、下图分别所示岩画语境场和质料场比较远的地方。无论是就其承载图像语言的石头，还是就其生存语境来看，它都与图 8-1 上、下图和彩图 8 左下图所示的相似。并且，其图像语言里最特别的是一个象鹰之形的图像。很显然，作为言说物，它与图 8-1 上、下图里所示的十分相像。总之，特立独行的生存状态，独特的图像语言及其同一个语境场内与之相似的岩画质料场，甚至图像的存在，都表明彩图 8 左下图、图 8-1 所示的天鹅图像语言并不是一个偶然的存在。

　从彩图 8 左下图、图 8-1 所示的我们可以看到：承载天鹅岩画图形语言的石头本身并没有什么特别之处。它整体呈绀青色+红褐色混合颜色、长方形状，长32 厘米，宽 33 厘米，形状不规则。为了更好地解析它，笔者在实地考察过程中，分别从两个完全不同的视知觉场内采集了分布在该质料场内的天鹅岩画。图 8-1上图所示的是它横向放置在笔者面前时，笔者站立在它面前拍摄到的。与之完全相反，彩图 8 左下图和图 8-2 下图所示的分别是它纵向放置在笔者面前时，笔者从距离它比较远、较近的地方拍摄到的。不同视知觉场赋予我们视知觉感受的变化基本来自该言说物的质料场和图像场。从不同视点，我们看到的它的质料场

---

① 盖山林：《巴丹吉林沙漠岩画》，第 14 页。
② 本章所列举的天鹅岩画图片资料，均为笔者 2010 年 5 月 30 日下午 6 点左右拍摄。

和图像场都不同，特别是其表面自然地理面貌的差异。正面的我们看到的质料场是一块横向放置的大体呈长方形的不规则石头，它上面凹槽之处有一个天然书写物——酷似鸟翅膀的塑像（彩图8左下图），其下是一个比较浅的带有波纹的水池天然书写物；从后面较远的距离我们看到的是一块面积不大、上面大下面小的大体呈锥形的石头，其右边有天然书写物——石棱形成的面积大小、形状不同的三级梯田状平台；从后面较近的距离我们看到的是一块形状不规则的石头，其右上方天然书写物是一块内部像敲凿过的红褐色的崎岖凹坑。该岩画图像场内情形也随着我们视点的不同而不同。它的形状和自然地貌之间也存在着差异。正面我们看到的它总体面积较大，且比较平整、光滑。其图像场内部自然外貌，即"文"比较复杂：表面部分岩石剥落严重，下半部分起伏不平，尤其是最上方分别有褐红色的凸出和凹陷部分。如彩图8左下图所示，一道较深的裂痕把凸出部分又一分为二，使之正面看起来像错落相叠的两块石头；凹陷部分的表面则呈水波皱纹状。两部分一凸一凹，乍看起来，似乎是岩石表面一个浅洞穴。而从后面我们看到的岩画图像场自然地理"文"虽然也大体与我们从正前面看到的相同，但是，不仅其图像场整体形状不同（由长方形变为锥形）、图像语言排列组合也不同（由横向变为纵向），更重要的是我们发现鸟翅塑像"变为"内部有一片面积比较大的、红褐色"彩"的"梯田"。如彩图8左下图所示，该图像场内部其实被一条纵向曲折石棱一分为二：左边是一个呈梯田状天然书写物，两个一大一小象天鹅状图像语言紧邻其分布。也就是说，它们并没有分布在右边比较平坦、面积较大的地方。

　　如果说该天鹅岩画的语境场、质料场和图象场比较特别的话，那么，其图象语言更是整个巴丹吉林沙漠岩画里的唯一。如图8-3上、下图所示，该图像场里存在着三个具象图像语言。两个象天鹅之形的形式和一个象马之形的形式。然而，在田野考察和采集过程中，由于自然风化，完全用比较细的线刻制的马图像的整体轮廓已经变得模糊不清。不论是阳光普照的大晴天还是光线不太好的阴天，自然光线下我们一般看不见它[1]，甚至我们实地最近距离察看，或仔细研究都发现不了（如图8-4右图所示为阿拉善右旗文物部门采集的该岩画[2]）。笔者只是在对整个采集的曼德拉山岩画进行选择性地拓制过程中，偶然发现了其中的马图像。[3]笔者的拓制是在实地采集的原始摄影图片之上进行的，其步骤是：实地采集摄影图并确保它清晰完整；打印出原始摄影图；用彩色笔把摄影图内的图像语言都描摹出来；用非常薄的纸拓在已经描摹了的摄影图上面；再用笔拓描出彩色笔描摹的图像；对照原始摄影图再次拓制。显然，与人们通常对照摄影图，直接临摹岩

---

① 图8-1下图就是笔者在中午阳光很强的情况下拍摄的。这种情况下，更看不到马图像。

② 范荣南、范永龙主编：《大漠遗珍：巴丹吉林岩画精粹》，第86页。

③ 笔者所拓制的岩画图像语言直接源自石面，与目前学界所制作的岩画复制图完全不同，试将图8-5所示的与盖山林制作的（图8-4左图）进行比较。

画完全不同（图 8-4 左图①），笔者对岩画所做的，不是临摹式的复制图，而是拓制图（图 8-5）。它更加准确地还原了岩画的本来面目。这突出体现在笔者对岩画生产者用来代表前面的大天鹅形象嘴里所衔物、腾飞的马形象及其后腿的造型和线条的再发现与复原上。除此之外，进一步利用电子手段，在对所采集的该图像进行电子化技术处理过程中，进一步印证了笔者拓制图的精确性。如图 8-3 所示的就是两个笔者分别通过不同电子技术手段处理后的，从中我们也能看到比较清晰的马形象整体轮廓，以及大天鹅形象嘴里所衔之物。

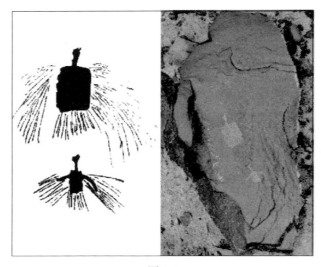

图 8-4

图 8-5

---

① 盖山林《巴丹吉林沙漠岩画》（北京图书馆出版社 1997 年版）书后"岩画图录"第 154 个复制图。图 8-7 下面左右两图也出自"岩画图录"。

仔细比较图 8-3 上、下图及图 8-5 我们不难发现，这是巴丹吉林沙漠岩画里比较常见的由三个具象图像搭配组合的三重合体岩画。只是用来结构岩画形式的图像语言比较罕见。其中两个是象一大一小天鹅之形的图像。从种类上来看，这两个天鹅象疣鼻天鹅之形。特别是大天鹅形象前额均有突出的疣状物，二者一前一后，脖子向前伸展，翅膀张开，羽毛披散（大天鹅形象向上的部分延伸至岩石表面的浅洞穴内），处于飞翔状态。其中，大天鹅形象的嘴里还衔着一个东西。而紧紧位于它前面的是一个用线条勾勒刻制的马图像。马形象也处于飞跃状态：昂首挺胸，头部上扬，双腿悬空，头部上面有两根鬃毛。与马图像紧挨着的是一个形状最大的大天鹅图像。总之，这个岩画所展示的三个形象都在天空中而不是地面上。该岩画制作精细：飞跃中马形象头部扬起的鬃毛清晰可见，大天鹅形象的眼睛以及嘴里衔着的东西都被刻划了出来。而岩画生产者运用敲凿法在大天鹅形象翅膀羽毛上刻意凿刻的一个个斑点，则寓意深远，引发我们的思考。

第二节 被误读的图像语言

曼德拉山敖包图语境场内的这幅天鹅岩画是中国乃至世界范围内迄今为止所发现的造型最独特的。该岩画的首次发现应该是在 1986 年。"1986 年 3 月，阿拉善右旗文物管理所在全旗文物普查中首次发现曼德拉山岩画群。同年 5 月又进行了第一次调查，据调查资料记载，不完全统计数量达 6000 余幅。"[①]该天鹅岩画就属于这 6000 余幅中的一幅。之后，原内蒙古考古研究所盖山林、原国际岩画执行主席阿纳蒂等国内外众多岩画专家先后对曼德拉山岩画进行了实地考察。由于该天鹅岩画所处的醒目位置，所以，大凡实地考察曼德拉山岩画的人们，鲜有不注意到它的。然而，除盖志浩的描图（图 8-4 左图）、范荣南和范永龙的摄影图（图 8-4 右图）外，国内外罕见公开发表或出版的有关这幅天鹅岩画的资料。而就非常有限的这两种图来看，它们都没有准确地反映该天鹅岩画图像语言的原始面貌，更不用说其天然书写物语境场、质料场和图像场了。如图 8-4 左、右图所示，由于完全漏掉了马图像，忽视了大天鹅形象嘴里所衔之物，因此由图像语言建构的整个岩画视觉空间结构被错误地看作上下结构。导致这种错误的唯一原因是该马图像是比较浅的线刻，加之该岩画又位于光线充足的山顶，因此，人们在实地观看或拍摄它时很容易忽视马图像，更不用说大天鹅形象口中所衔之物。有关这个天鹅岩画的简短描述亦如此。如盖山林、范荣南分别对其描述道："面积高 0.27、宽 0.24 米。是凌空飞翔的两只雁，一前一后，前者作张嘴长鸣状。

---

① 王雅生主编：《曼德拉山岩画集》，第 100 页。

在雁之两侧，用金属器的锋尖刻有一条条单线条表示翅膀。"[1]"画面刻画了2只凌空飞翔的雁，一前一后，前者作张嘴长鸣状。在鹰之两侧，用尖锐的金属器划刻了一根根单线条表示翅膀。"[2]可见，后者在基本沿袭前者的同时，矛盾重重：既把岩画命名为"鹰"，又将其描述为"雁"。

在盖山林有关巴丹吉林沙漠岩画的命名里，包括曼德拉山敖包图语境场内天鹅岩画在内的、含有"雁"字的共有六幅，图8-6、图8-7上面四图所示的是另外五幅。与曼德拉山顶岩画里的 、 一样，这些岩画里的象鸟之形的图形，即图8-6里的八个（ 、 、 、 、 、 、 、 ），图8-7上左图里的三个（ 、 、 ），以及上右图里的 、 和 ，都被盖山林称作"飞雁"。此命名能指不统一。因为我们可以说图8-6与图8-7里的部分图像（其中图8-6里的两个连接紧密）词法相似，却不能说它们的与 、 、 、 、 一样。

图 8-6

① 盖山林：《巴丹吉林沙漠岩画》，第14页。
② 范荣南、范永龙主编：《大漠遗珍：巴丹吉林岩画精粹》，第86页。

图 8-7

事实上，类似图 8-6 与图 8-7 里的"飞雁"图像在欧亚草原内蒙古境内，特别是巴丹吉林沙漠岩画里普遍存在。除图 8-6、图 8-7 上面四图里的外，巴丹吉林沙漠岩画里其他类似的图像则被盖山林称为"鹰"。如图 8-7 下面左右两图所示，左图最上面的、右图里带翅膀的被分别称为"草原鹰""众多鹰"。国内不少人也如此命名。如王雅生主编的《曼德拉山岩画集》、范荣南和范永龙主编的《大漠遗珍：巴丹吉林岩画精粹》，以及杨超、范荣南著的《追寻沙漠里的风：巴丹吉林岩画研究》等。被人们称为"鹰"的图像，在巴丹吉林沙漠岩画里也常见。如图 8-2、图 8-7 下面左右两图所示，前者是与图 8-1 所示天鹅岩画都地处敖包图的，后者则是位于曼德拉山另外一个地方的。二者内鹰图像不仅整体形态（飞翔状）、形式元素（线与面）及其内在结构（"十"字状）等基本相似，而且句法亦基本相同（鹰图像位于最上面，整体呈纵向垂直分布）。

　　当然，人们之所以普遍认为这种图像所指对象是"鹰"，是因为它展示了"鹰"突出的特征，如图 8-7 右图位于画面中间偏右上图像 の存在，会使我们毫不犹豫地把与之组合的 ，甚至无头的 、 看作与它一样的"鹰"。至于 、 ，以及 、 、 则与嘴部尖、尾宽，且一般呈垂直线状直立飞行的"鹰"图像不同，尤其是 、 ，两形象前额突出的疣状物，以及两两相随、向右上角倾斜的排列，鲜明地有别于"鹰"图像建构的岩画。

第三节　相似的语法

　　不同自然物理场内的岩画往往带有比较鲜明的地域特色，如左江流域花山岩画里双手举起曲膝、呈半蹲状的正面人像，贺兰山岩画里侧面羊图像等。而欧亚草原岩画里最具特色的是天鹅图像。因为世界其他地方罕见此类图像。相比较之下，整个欧亚草原天鹅岩画又集中分布在现在的俄罗斯境内。图 8-8 是位于奥涅加湖沿岸石壁质料场上的一个合体岩画，岩画由五个清晰可见的图像和两个点状形式（即分别位于下面部分两个天鹅图像和天鹅图像与马图像之间的 、 ）组成，其中四个天鹅图像、一个马图像（位于最下面）。四个天鹅图像里又有两个形象比较逼真写实的天鹅图像，即 、 ，以及两个形象比较夸张、简略的天鹅图像，即画 、 （从上下文语境中，我们很容易把它们视作与 、 一样的天鹅形象）。二者可以分别被称为具象天鹅图像、抽象天鹅图像。这四个天鹅图像在整个欧亚草原比较典型。如图 8-9 上图所示[1]，这是分布在现在俄罗斯境内查干扎巴湖湾沿岸一大块石壁质料场上、由多种类型的图像组合的合体岩画。有形态各异的站立人、麋鹿、鹿、羊和牛图像，以及简单笔画、图案或动物、鸟类抽象图形。而位于整个画面中间最上面的是四个天鹅图像，靠近右上角的是由七个天鹅图像组成的天鹅组。这些天鹅形象虽然与图 8-8 里的外形有差异，但是，它们之间仅仅是形态不同，其基本的词法是相同的，即均是单腿或无腿，侧立或卧。

---

　　① 〔苏〕A. П. 奥克拉德尼科夫：《贝加尔湖岩画——西伯利亚各民族古代文化遗存》（节译），见陈弘法编译：《亚欧草原岩画艺术论集》，中国人民大学出版社 2005 年版，第 108 页。

图 8-8

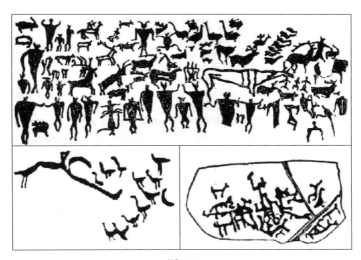

图 8-9

从已经正式出版的论著来看，欧亚草原中国境内迄今为止被发现者明确标明有"天鹅"图像的岩画只有两幅，如图 8-9 下面左右两图所示，这是分布在乌兰察布岩画里的两个合体岩画，盖山林分别命名为"天鹅群""北山羊、羚羊、黄羊、马和天鹅"[①]。也就是说，左图里的所有图像和右图里的 ∫ 在盖山林看来都是天鹅图像。左图里出现了两条腿的天鹅形象，盖山林的这种命名不无道理。因为

[①] 盖山林：《乌兰察布岩画》，第 37、221 页。

这些天鹅图像与俄罗斯境内欧亚草原里的在词法、句法上存在着一定的相通之处。如单腿侧立、成组排列组合，以及﹨、﹨类抽象天鹅图形等。对图 8-9 里两幅岩画的命名，反映了在盖山林的观念里，天鹅与雁不同。然而，正是以此观念比较审视，笔者认为与雁相比，图 8-1 所示敖包图岩画里的两只鸟形象更应该被称作天鹅而非雁，因为雁的额部无肉瘤，呈流线形。

从广阔的地理环境来说，中国境内属于欧亚草原的岩画都应该视作欧亚草原岩画的一个组成部分。既然属于欧亚草原岩画，那么，中国境内的岩画里就绝不可能只有图 8-9 所示的、盖山林所说的两幅天鹅岩画。图 8-1 所示的就是一个例子。该岩画位于濒临巴丹吉林沙漠西部曼德拉山山顶，我们可以称为曼德拉山敖包图岩画，也可以称为巴丹吉林沙漠岩画，更可以称为欧亚草原岩画。因此，从欧亚草原岩画特殊语境出发，我们判断它是一幅天鹅岩画。其中的两个一大一小天鹅图像虽然没有欧亚草原天鹅图像固有的词法，但其句法与欧亚草原天鹅岩画有相似之处。这突出体现在与之搭配组合的其他图像的选择方面。在曼德拉山敖包图语境场天鹅岩画里，与两个天鹅图像组合的是一个马图像，同样的搭配组合我们在奥涅加湖天鹅岩画里也看到了（图 8-8）。而且，两个岩画里的马图像词法相似，即两个马形象均前腿弯曲收起、呈凌空跳跃状，似乎都在空中飞行。

第四节　鸟　　神

欧亚草原岩画里之所以有天鹅图像，并不是由于这一地带天鹅多，而是由于其特殊的文化场。与世界其他地区的人相比，生存于此地区的人们普遍将天鹅视作鸟神，顶礼膜拜。

首先，包括岩画在内的世界上与天鹅有关的考古发现大都集中在欧亚草原。诸如俄罗斯沙伊金古城遗址、中国境内的牛河梁遗址、兴隆洼沟第一地点聚落遗址、赵宝沟遗址、小山遗址和黑龙江新香坊遗址出土的天鹅器物，以及贝加尔湖岩画、奥涅加湖岩画、阴山岩画、巴丹吉林沙漠岩画、乌兰察布岩画里发现的天鹅图形等。其中牛河梁第一地点——最高规格的神庙祭祀遗址出土的泥塑天鹅翅膀、第十六地点红山文化积石冢出土的完整玉天鹅以及赵宝沟遗址的天鹅遗骨最引人注目。考古学家一致认定从兴隆沟文化、赵宝沟文化至红山文化时期有一脉相承的最高规格的鸟神——天鹅崇拜。[①]

其次，天鹅形象经常出现在阿尔泰语系诸民族宗教、神话、民间故事和民俗

---

① 王来柱：《牛河梁第十六地点红山文化积石冢中心大墓发掘简报》，《文物》2008 年第 10 期，第 1、4—14 页。

里。例如，在各种鸟类中，天鹅受到了特殊的礼遇。萨满在举行宗教仪式时要吟唱天鹅祖先的颂诗。"霍里人的风俗是，天鹅飞过帐篷，母亲就让孩子朝着飞过的始母鸟泼牛奶。"①因为生活在贝加尔湖沿岸、内蒙古呼伦贝尔地区和岫岩满族自治县的布里亚特蒙古人、巴尔虎人和满族人认为天鹅是他们的始母。②其习俗禁止人们捕捉、杀害、食用天鹅。布里亚特人认为，宰杀天鹅是一大罪过。与此同时，还存在过一种习俗：布里亚特人为死一只天鹅要付一匹马的代价。据说，用这种途径得到天鹅的人总想尽快地用它向另一个布里亚特人换回一匹马，而另一个人又向第三个人去换，就这样天鹅从一个人手里转到另一个人手里，从一个村庄转到另一个村庄，直到天鹅不能动弹为止。在整个过程中，始终以马匹为交换条件。谁是这场交换中的胜利者，不得而知。……俄罗斯的老住户也从布里亚特人那儿学到了这种对待天鹅的态度，同样认为宰杀天鹅是一种罪过。③这种习俗与欧亚草原天鹅岩画之间存在着内在联系，某种程度上成为图 8-5 和图 8-10④分别所示的曼德拉山敖包图和贝加尔湖天鹅岩画的注解，使我们明白了为什么天鹅图像要与马图像组合。也为我们最终把曼德拉敖包图岩画图像谱系归属于欧亚草原天鹅图像提供了佐证。

图 8-10

　　由于具体分布地理位置不同、文化差异，曼德拉山敖包图的天鹅岩画与俄罗斯境内的也存在着明显的差异。这集中表现在天鹅的具体形态上。如曼德拉山敖包图天鹅形象一反欧亚草原天鹅岩画里常见的单腿、侧立及站立或蹲状，呈展翅飞翔状。而且，位于前面的大天鹅形象的嘴里还衔着一个植物类东西，这正是中国古代广为流传的雁衔芦高飞的生动写照。如《淮南子·修务训》里"夫雁顺风以爱气力，衔芦而翔以备矰弋"之说，高诱注曰："矰，矢；弋，缴；衔芦，所以令缴不得截其翼也。"⑤《代州志》里亦有"雁门山岭高峻，鸟飞不过。唯有一缺，雁来往向此中过，号雁门。山中多鹰，雁至此皆相待，两两随行，衔芦一枝，

　　①〔苏〕А. П. 奥克拉德尼科夫：《贝加尔湖岩画——西伯利亚各民族古代文化遗存》（节译），见陈弘法编译：《亚欧草原岩画艺术论集》，第 164 页。
　　②据神话传说《霍里土默特与霍里岱墨尔根》记载：生活在贝加尔湖沿岸的霍里土默特，与从天而降的一只天鹅结合。天鹅生了 11 个儿子后离开霍里土默特，返回天上。霍里、巴尔虎等布里亚特部族就是这样来的。
　　③〔苏〕А. П. 奥克拉德尼科夫：《贝加尔湖岩画——西伯利亚各民族古代文化遗存》（节译），见陈弘法编译：《亚欧草原岩画艺术论集》，第 161—162 页。
　　④这是笔者为图 8-9 所示摄影图所作的复制图。
　　⑤《诸子集成》第七册，中华书局 2006 年版，第 338 页。

鹰惧芦，不敢捉"①之论。而从中国古代文化、地方文化和民俗角度来看，"雁"即"鹅"。人们认为"雁""鹅"不仅外形相似，如《慧琳音义》卷七十五云："鹅，形似雁，人家所养者也"，而且内在品行也一致，如都是知时鸟、成双成对、忠于伴侣等。"雁""鹅"互释是中国古代惯例，如《尔雅·释鸟》《广雅·释鸟》里分别有"舒雁，鹅""鹅，雁也"之说。王念孙把"宣教授诸生满堂，有狗从外入，啮其中庭群雁数十，比惊救之，已皆断头"里的"雁"，解释为"鹅也，古谓鹅为雁"。②因此，与俄罗斯境内的欧亚草原天鹅岩画相比，曼德拉山敖包图岩画里衔芦高飞的天鹅形象更多地融合了中华民族传统文化中的一些元素。也正因为此，这幅岩画弥足珍贵。

　　然而，这并不意味着我们现在可以把图 8-5 所示的曼德拉山敖包图语境场内的岩画，称为"飞雁"或"雁"岩画。也就是说，把该岩画里的两只鸟图像所代表的天然书写物称之为"飞雁"或"雁"。因为中国古代与"鹅"即"雁"同时并存的，还有"鹅"与"雁"有别的观念。中国古代类书里一般都把二者归为不同的科目。如《太平御览》把它们分别归入"羽族部四"条和"羽族部六"条，前者的条目是雁、五色雁、白雁、雉，后者的条目是鹅、鸭、鹜、凫。而与"鹅"（即"雁"）说法并行的还有"鹅"（即"鹄""鸿""鸿鹄"）之说。诸如"鹅，鸿之小者也""鹄者，今谓之天鹅"③。因此，中国古代文化语境中"鹅""雁""鹄""鸿""鸿鹄"甚至"鹤"等之间的界线并不分明。人们往往用其中之一称呼"天鹅"。这种做法与中国古代文化语境中"天鹅"一词大约在唐代才开始出现有关。如李商隐有"拨弦惊火凤，交扇拂天鹅。……传书两行雁，取酒一封驼"④。在这首诗里，他明确把"天鹅"与"雁"区分对待。到了宋代，"天鹅"已经成了一个非常普通的常用名词，如陆游《入蜀记》里有"又有水禽双浮江中，色白类鹅而大，楚人谓之天鹅"之说⑤，洪迈《容斋随笔》里也有"今人呼鹅为舒雁，或称家雁，其褐色者为鹅，雁之最大者曰天鹅"之论。⑥而伴随着西方文化的大量传入，近代以来中国人已经从科学意义上普遍把"天鹅"与"雁"区分开来。在这种情况下，我们显然不能再回到唐以前"天鹅""雁""鹤"混同的时代，以"雁"命名"天鹅"，尤其是处在全球化文化语境中的今天，我们必须从世界岩画尤其是天鹅岩画

---

①《古今图书集成》第 83 册，中华书局 1987 年版，第 223 页。

②（清）王念孙撰：《读书杂志》第 2 册，徐炜君等点校，上海古籍出版社 2014 年版，第 321 页。

③ 例如，许慎《说文解字》里的"鸿""鹄"均释作"鸿鹄也"，见其《说文解字》，第 80 页。司马光进一步释曰："鸿鹄也，大曰鸿，小曰雁"，见其《类篇》，中华书局 1984 年版，第 130 页。李白《大猎赋》里有"落鸿雁于紫壹，捎鸳鸯"句，王琦注云："鹄，今谓之天鹅"，见（清）王琦注：《李太白全集》，中华书局 1977 年版，第 77 页。

④ 刘学锴、余恕诚：《李商隐诗歌集解》第二册，中华书局 1988 年版，第 29 页。

⑤ 钱仲联、马亚中主编：《陆游全集校注》第 11 册，浙江教育出版社 2011 年版，第 441 页。

⑥（宋）洪迈：《容斋随笔》下册，上海古籍出版社 1978 年版，第 423 页。

的视域重新审视中国境内的岩画，揭示其所蕴含的世界意义。因此，尽管由于历史、文化和民俗等原因，我们也可以把图 8-5 所示的曼德拉山敖包图语境场内的岩画里的两只鸟图像称为"飞雁"或"雁"，但是，从世界岩画尤其是天鹅岩画的角度，我们认为把曼德拉山敖包图岩画里的两只鸟图像称为天鹅图像更稳妥。因为它的存在语境及其句法特征、功能表明它与欧亚草原天鹅岩画之间存在着某种同源性。

第五节　"7"形图像

　　与一切视觉图像语言一样，非常有限的形式元素点、线、面也是包括欧亚草原天鹅图像能指层面结构的基本形式元素。这意味着两点：一是我们可以把所有欧亚草原天鹅岩画图像语言进一步切分成相对独立存在的最小的、最基本的组成要素——图素；二是每一个相对独立存在的单个欧亚草原天鹅图像语言都能被切分成同样的构成成分。本节，笔者在整个欧亚草原天鹅岩画图像语言的视域，从天鹅图像的基本词法及其特征、天鹅图像的基本句法与"7"形两个方面，进一步细致、深入地剖析天鹅图像语言内部的生成机制。

一、天鹅图像的基本词法及其特征

　　任何天鹅图像都能被进一步剖析成点、线、面这三个可鉴别的、有区别性的形式要素或能指要素。这里所说的点状形式元素可以是实线结构，也可以是虚线结构。它们通常用来结构天鹅形象的头部（如 ✓ ）或嘴部（如 ）等其他部位（如 ）；线状形式元素则存在着粗细、曲直、短长之别，它们一般与其他形式元素组合构成天鹅图像，有时独自结构出天鹅图像，诸如 、 、 等；面状形式元素一般有实面和虚面之别，二者大多由各种线构成，形状多样，有三角形、长方形、半圆形和不规则形，它们主要用来结构天鹅形象的主体躯干。如图 8-11 所示，正是点、线、面自身及其相互之间多样化的搭配组合结构出了欧亚草原天鹅岩画，并形成了它在能指层面上相互区别的三大结构系统，即线与面；线；点、线、面。大多数天鹅图像是由线与面，以及点、线与面结构的。这也是单个欧亚草原天鹅图像语言内部存在的两种基本语法规则。

　　而导致同一系统内部各个天鹅图像之间差异性的根本原因则是另一种语法规则，即内在形式结构的变化。如结构 、 与 ，以及 与 ，这些天鹅图像的形式元素都是线、面，但是，它们彼此之间区别较大。有些用以结构天鹅形象头部的看似点状形式元素，其实它们和用以结构天鹅形象脖子的直线或曲线实际上是同一条线，即曲线，准确地说是钩状曲线。因此，如果说 、 与 、 两

图 8-11

组之间的区别主要体现在虚面与实面上，那么，两组内部各个天鹅图像之间的区别则主要体现在内在形式结构上。如第一组里不仅用以结构天鹅形象脖子的曲线长度和形状不同（　　较长且向前伸，　　较短且直立或略微弯曲），而且　　和　　里看似相似的虚面结构　　与　　内部亦不同（前者由四条半圆形曲线和一条横线构成，后者则由三条半圆形曲线和一条横线构成）。点、线与面系统的天鹅形象也如此。例如，都是呈飞翔状，　　、　　与　　、　　内在形式结构完全不同：前一组面向左，后一组面向右。　　有一条腿，　　没有，均呈正在起飞状的　　、　　姿势迥异。

　　从一个相对独立存在的、可以识别的单个图像或图形出发，则欧亚草原天鹅岩画里还存在着一种特殊的语法规则，即复合，两个或两个以上单个图形之间的联合。试将图 8-5 所示的曼德拉山敖包图天鹅岩画和图 8-9 下面左右两图所示的中国内蒙古境内的乌兰察布天鹅岩画，以及图 8-12 所示①俄罗斯境内的阿雅湾、查干扎巴和奥涅加湖古利亚岛语境场天鹅岩画进行对比：这些岩画里都有一个由两个图形联合结构的天鹅图像，即天鹅形象彼此之间，以及天鹅形象与人形象、马形象的复合结构。在这些复合图形里，两个单个图形所表示的形象或者部分相交织，如图 8-5 所示的曼德拉山敖包图天鹅岩画里天鹅形象下面的翅膀与位于其前面的马形象的臀部，图 8-12（d）所示的人形象的右臂与位于其右上角的天鹅形象的前胸部之间，以及图 8-9 左图所示的乌兰察布岩画里两个天鹅形象之间（即 ，或者相互包含，如图 8-12（b）所示的里的 ，图形 与 之间虽然存在着间隙，即它们彼此相对独立，但是，我们很难把它们视作两个图像，因为 被包含在天鹅形象长而弯曲的脖子内。因此，如果我们把图 8-11 里所示的天鹅图像称为单个图形的话，那么，我们就应该把乌兰察布岩画里的 、 类图像称之为复合图形。无论是单个天鹅图形，还是复合天鹅图形，它们都具有以下三个特征。

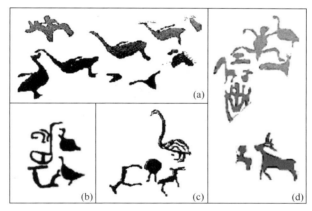

图 8-12

首先，拥有两种基本类型的天鹅形象——具象与抽象。具象天鹅图像往往与实际生活中的天鹅肖似，抽象的则介于似与不似之间。欧亚草原岩画里的具象天鹅图像非常象形，我们一望便知，如 与 。复合的也如此，如 、 ；抽象有点、线类的简单形式，如大多只有一条曲线的 、 和 ；也有比较复杂的图形，如图 8-12（d）里的 、 和 等。

① 其中，图 8-12（a）、图 8-12（b）、图 8-12（d）引自〔苏〕A. П. 奥克拉德尼科夫：《贝加尔湖岩画——西伯利亚各民族古代文化遗存》（节译），见陈弘法编译：《亚欧草原岩画艺术论集》，第 132—133、161—162 页。图 8-12（c）引自〔苏〕A. A. 福尔莫佐夫：《苏联境内的原始艺术遗存》，第 72 页。

其次，绝大多数具象、抽象天鹅图像的整体形状都包涵一个或可以再次抽象出一个形态多样的、酷似数字"7"的形状（如 ⌐、和 等），有些干脆就是"7"形，如图 8-12（a）里的 、 等。它代表着天鹅形象的头部和脖子部分。这表明，对制作者来说，仅仅头部和脖子部分足以代表天鹅。于是，在欧亚草原天鹅岩画里，我们看到了许多类似 、 和 的抽象天鹅图形。它们与数字"7"同形同构，本质上就是形态各异的"7"。而我们常见的具象天鹅图像也基本是拥有"7"形的 、 类。因此，我们可以把整个欧亚草原里的天鹅图形统称为"7"形天鹅图像，或者说数字"7"的原始物象。

最后，可以再次组合。单个、复合"7"形天鹅图形都是自由图形，即可以与其他各种类型、形态的单个图形组合。如图 8-12 所示，单个天鹅图形和复合天鹅图形、具象天鹅图形和抽象天鹅图形之间可以组合，复合天鹅图形和具象、抽象图形 、 等可以组合。这种组合就是欧亚草原天鹅岩画里的句法——如果我们把线与面结构、形式结构变化，以及点、线与面结构、单个图形之间的联合称为词法的话。与词法一样，它也有如图 8-13 上、下图所示的千变万化形态。[1] 下面，笔者将详细剖析之。

二、天鹅图像的基本句法与"7"形

完全由一个或单个天鹅图像构成的独体欧亚草原天鹅岩画比较罕见。大部分是天鹅图像与其他图形之间组合的合体岩画。如图 8-8 所展示的是位于奥涅加湖边红色岩石质料场上的天鹅岩画。在一块相对独立完整的岩石上面，存在着大小、形状不一的图形。它们整体大致呈纵向左右组合，形成了一个相对完整的、以天鹅图像为主的天鹅岩画（准确地说合体天鹅岩画）。左右两边各有八个、两个图形（即上面形状最大的不明物体和下面的抽象天鹅形式 ）。由于自然风化，个别图形基本已经剥落，如位于右上面形体最大的一个已经很模糊，位于左下面一个象马之形的图形 的右上角也有一个轮廓不清的抽象形式。[2] 比较清晰可见的是左边的图形，即六个天鹅图形、一个马图形和三个抽象的点、线状图形（即左边图形依次是 、 、 、 、 、 和 ），以及右边最下面的一个抽象天鹅图像，即 。因此，与其说合体岩画是我们人为划分出来的，毋宁说是欧亚草原天鹅岩画自身显现给我们的。它展示出了欧亚草原合体天鹅岩画所具有

---

① 〔苏〕A. П. 奥克拉德尼科夫：《贝加尔湖岩画——西伯利亚各民族古代文化遗存》（节译），见陈弘法编译：《亚欧草原岩画艺术论集》，第 128、147 页。

② 另外，整个画面上一些看似凿刻的痕迹其实是石头天然裂痕，如第一个天鹅形象头部一横状形式。

的以下三个显著特征。

（一）"7"形

就天鹅图像本身而言，参与组合的基本是"7"形。如图 8-8 和图 8-12（a）里六个、七个天鹅图形里分别有五个、六个是"7"形。图 8-13 下图里的、、、、也是。形态多样的具象、抽象"7"形天鹅图形不仅可以参与组合，而且它们可以位于整个岩画图像场的任何位置，如图 8-12 和图 8-13 上、下图里的具象、抽象图像等。一般来说，我们是依据上下语境判断抽象天鹅形式的。如从整个图 8-8 所示，我们不难把、、、四个抽象形式判断为天鹅形式。这里所说的"语境"既是就每个相对独立的天鹅岩画里的所有成分（即图形）而言，也是就整个欧亚草原天鹅岩画而言。也就是说，当我们判断某个图形是否

图 8-13

为天鹅图像时，我们依据某个天鹅岩画的上下文，更立足于整个欧亚草原天鹅岩画。例如，如果充分考虑到图8-9左下图被盖山林视作完全由天鹅图像结构的"天鹅群，"及其分布在曼德拉山上的话，那么，我们也应该把图8-14上下两个岩画里形态不同的"7"字形视作抽象天鹅图形，因为它们也是位于曼德拉山环境场内的岩画。事实上，由于天鹅图像在贝加尔湖、奥涅加湖沿岸的集中分布，以及相似图形在类似语境中的反复出现，因此，大凡类似数字"7"形的抽象形式，我们都可以看作抽象的天鹅形式，如图 8-12（a）里的 ➐ 和 🦅 。很显然，若果真如此，则巴丹吉林沙漠岩画特别是曼德拉山岩画环境场内天鹅图像应该不少。

图 8-14

（二）存在着两种基本句法

　　与一般作为组成成分的图像相比，天鹅图像的基本句法有两种：一是天鹅岩画里的"7"形天鹅图形往往以两个或两个以上的"组"的形式，整体大致呈纵向上下排列组合。这种组合里，可以是清一色的天鹅图像（图8-9左图），也可以是天鹅图形与其他图形的搭配，如图 8-8 里的点与马图形。换言之，它们很少单独孤立存在。像图 8-9 右图、图 8-12（c）那样只有一个天鹅图像或天鹅图像零散分布的岩画并不多见。二是前景化。一般来说，岩画图像场内的天鹅图像总是显得比较醒目。它们在某个特定的岩画图像场里，往往具有前景化效果。除成组出现本身就显得突出外，还存在着另外两种情形：一是在那些由包括天鹅在内的多种图像构成的岩画里，天鹅图形往往单个形体比较大或形象的形体比较特别，如图 8-12（c）、图 8-12（d）里的 🦢、🦢，以及图 8-5 里的 ▬ ；二是在那些基本由天鹅图形组合的岩画里，一般有一个"7"形天鹅图形令人十分瞩目。①它们不仅形体较大、内部形式结构独特，而且位于整个岩画空间的中心位置，如图 8-12（b）和图 8-10 里的 🦢、🦢 。

（三）与多种类型及其形态的图像或抽象图形组合

在整个欧亚草原岩画场内，"7"形天鹅图像是一个基础形式或自由形式，与象人或羊等动物之形的其他形式一样，可以和任何其他形式参与搭配组合，从而形成多样化的合体岩画。如图 3-2 中下图所示巴丹吉林沙漠岩画里马图像与"7"形抽象图形的组合，以及图 8-13 下图所示俄罗斯岩画里，"7"形天鹅图像与形态多样的象人之形的图像（如 🦢、🦢、🦢、🦢、🦢 等）、象动物之形的图像（如 🦢、🦢、🦢、🦢、🦢、🦢 等），以及各种抽象形式（如 🦢、🦢、🦢、🦢、🦢 ）的组合。

由以上分析可以看出，具象或抽象"7"形天鹅图形可以以多样化的形态参与合体岩画的构成。而合体岩画里的每一个天鹅图像都只是整个岩画里的一个组成成分而已。它们可以独自或与其他图形搭配组合出另一个合体岩画。这种合体岩画是欧亚草原天鹅岩画的主体。在这种岩画类型里，每一个相对独立存在的图形的意义是由与之搭配组合的其他图形的意义决定的。这意味着，只有在与其他图形的关系中，我们才能判断岩画里"7"形天鹅图像的意义。

第六节　天　潢

合体天鹅岩画内部图形之间的多种搭配组合，尤其是其图形及语法上的显著特征，在展示出欧亚草原天鹅岩画多样性和复杂性的同时，向我们昭示了生产者制作它的目的。本节，笔者结合天鹅岩画的心物场和文化场，通过与整个欧亚草

① 偶尔也能见到两个，如图 8-12（a）右边两个面面相对的。

原天鹅图像谱系的比较研究，进一步深入阐释巴丹吉林沙漠天鹅岩画的象征功能和意义。

一、天鹅岩画与天的观念

单纯地模仿、复制或写实不是答案。贝加尔湖、奥涅加湖等地固然天鹅多，但世界上类似地区很多。单纯的艺术表现也不能说明问题，因为完全由天鹅构成的岩画很少。人们并非为了天鹅而雕刻作为言说物的天鹅岩画。很多天鹅岩画属于情节岩画。也就是说，它们不是单纯地展示了什么，而是或者讲述了某种事情，如图 8-13 下图里天鹅形象与各种复杂图形之间的组合向我们展示出了它们之间可能存在着的联系；或者间接地暗示或象征了什么，如在包括巴丹吉林沙漠岩画在内的欧亚草原岩画场内，以七层"梯子""塔"等形象暗示出抽象数字"7"或"七"概念的岩画不少。其中与天鹅图形联系在一起的格外引人注目。如图 8-13 上图里的上半部分有纵向排列的一个天鹅组。它由七个"7"形天鹅图形组成（最上面的形象呈飞翔状）。与之搭配的是很奇特、复杂的人、鹿、羊和牛等形象，以及抽象图形。图 8-15 这个曼德拉山岩画也如此。它是一个复杂的抽象图形和一个"十"字状像人或鸟之形的图形的组合。复杂抽象图形是七个大小不一的"∧"形联合结构的复合图形，其中最上面两个"∧"的棱角各有一个典型的数字"7"形（共四个），它们分别与"∧"形紧密相连，形成了四个比较典型的"7"形欧亚草原天鹅图形。这使我们很容易把这个复合图视作七重天图像。因为"鸟本来就是天上的"①，而"∧"与"天似盖笠""天似穹庐"说法相符，就是中国古代天文学上所说的盖笠形②。欧亚草原天鹅岩画里经常同时出现的太阳或月亮、星辰等图形也印证了天鹅岩画与天之间的某种联系（图 8-16）。最早研究欧亚草原岩画的俄罗斯考古学家一致认为贝加尔湖、奥涅加湖天鹅岩画与人们关于天的观念密切相关。例如，В.И.拉甫多尼卡、К.Д.拉乌什金分别认为：奥涅加湖无数天鹅"岩画中常常画有象征太阳的圆形，有时画有投向鸟形的光线，有时在鸟身上还画有虹"；卡累利阿岩画中天鹅岩画占显著地位，不是偶然的，因为这种鸟在卡累利阿古代居民神话中与太阳有关。③А.А.福尔莫佐夫则进一步通过把奥涅加湖古利亚岛上天鹅岩画，特别是一些身体上有像虹一样的三条弧线的天鹅形象，与芬兰的古老史诗《卡列瓦拉》鹅生出宇宙、埃及神话鹅孵出了太阳相互比较，认为奥涅加湖岩画一个题材是关于宇宙起源的。④

---

① 〔法〕列维·斯特劳斯：《图腾制度》，渠东译，上海人民出版社 2005 年版，第 109 页。
② 浙江余姚河姆渡遗址出土的一个陶盆上刻划有盖笠形图案。
③ 〔苏〕А.П.奥克拉德尼科夫：《贝加尔湖岩画——西伯利亚各民族古代文化遗存》（节译），见陈弘法编译：《亚欧草原岩画艺术论集》，第 167 页。
④ 〔苏〕А.А.福尔莫佐夫：《苏联境内的原始艺术遗存》，第 70—73 页。

图 8-15

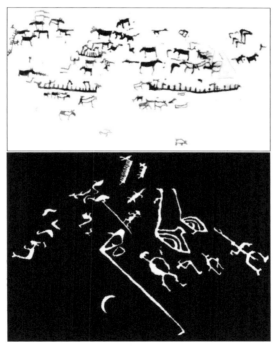

图 8-16

天鹅与天之间的联系揭示了人类古老的灵魂观念。阿尔泰语系各民族普遍视死者如生者，相信"死亡即由此世渡彼世，其生活与此世同"①，并认为"死人的灵

① 〔瑞典〕多桑：《多桑蒙古史》上，冯承钧译，商务印书馆 2013 年版，第 36 页。

魂有时会化作颜色特殊的天鹅”①升入天界。欧亚草原考古发掘的大量天鹅器物均是出土于墓葬的随葬品。诸如出土于俄罗斯阿纳杰耶夫墓地，以及中国黑龙江新香坊金墓和内蒙古陈国公主墓及牛河梁、兴隆洼沟遗址等。其中，以牛河梁第十六地点北区墓葬出土的玉天鹅、兴隆洼沟第一地点 7 号居室葬出土的人头盖骨牌上的天鹅图像最为典型。前者墓室内出土的“随葬器物共 8 件，其中玉器 6 件，绿松石坠饰 2 件。玉器有玉鸮、玉斜口筒形器、玉人、玉镯、玉环分别置于墓主人的头、胸、腰腹部”；后者“葬墓主双耳佩戴玉玦，胸部和右腕部各出土 1 件人头盖骨牌饰”②，人头盖骨饰物上雕刻有天鹅弯颈回首的图像。二者引发人们思考的地方有两点：一是为什么只有整体呈扁薄板状、用淡绿色玉石刻成的玉天鹅被置于墓主人头部（准确地说是头顶上）；二是为什么天鹅图像被雕刻在人的头盖骨上。假如我们充分考虑到位于人体最上面的头距离天最近的话，那么，其上放置或雕刻天鹅形象的行为就生动地诠释了天鹅渡亡灵的观念。天鹅正是将死者灵魂载入天界的载体。

　　天鹅与死者灵魂之间载与被载的关系，在岩画里也有反映。如图 8-16 下图所示③，该岩画里有十个天鹅图像、一个月亮图形（位于左下面）、三个人图形（呈“一”字状横向排列，位于右下面）、两个复杂得类似绳子的抽象图形（位于最上面）、一个抽象动物图形和一个象羊之形的动物图形（位于最左边）。无论是数量、形状、大小，还是内部形式结构，天鹅图形在该岩画里都显得十分突出，尤其是位于整个岩画中间的是一个形状最大的、倒立的“7”形天鹅图形。④其他九个天鹅图形分别位于它的上面和右边：上面从右往左，分别是三个形状较小且呈向右上角倾斜排列的抽象天鹅图形、两个一大一小上下组合的抽象天鹅图形，以及两个上下组合的天鹅图形（其中一个是人与天鹅联合结构的复合天鹅图形，一个抽象的图形与这两个天鹅图形组合）；右边从上往下分别是两个一大一小呈镂空状天鹅图形、一个倒立天鹅图形（它与三个人图形搭配组合）。

　　形态各异、比较典型的众多“7”形天鹅图形与月亮、人图形之间的搭配组合展示了一个天鹅引领亡灵升天的情景。与图 8-13 下图里的一样，右边三个头部画有角状物的或许是正在做法的萨满巫形象。另一个看似人形象的其实是死人或灵魂。因为它并不是一个相对独立存在的图形，而是与位于其上面的天鹅图形联合结构的复合图形，尤其是在这个复合图形里，联结象人之形形式和天鹅图像的是

　　①〔苏〕A. П. 奥克拉德尼科夫：《贝加尔湖岩画——西伯利亚各民族古代文化遗存》（节译），见陈弘法编译：《亚欧草原岩画艺术论集》，第 167 页。
　　② 王来柱：《牛河梁第十六地点红山文化积石冢中心大墓发掘简报》，《文物》2008 年第 10 期，第 1、4—14 页。
　　③ 引自李淼、刘方编绘：《世界岩画资料图集》，中国工人出版社 1992 年版，第 35 页。
　　④ 如果把该岩画旋转 180°，该图形会更清晰。

一个长长的棍子状"一"字形，它被学者视为通向天堂的"天柱。"①象人之形的形象姿态表明他挥舞着双臂，正兴冲冲地沿着"天柱"、迈着大步向上行走。因此，天鹅、"天柱"与象之形的图形三者搭配组合的、一个相对独立完整的复合图形，具象地展示了天鹅与亡灵之间的关系。这种关系由于围绕着复合图形的其他天鹅图形的存在，而得到了进一步的强化。

二、天鹅与天鹅座

天鹅是渡亡灵升天的神鸟，于是，天鹅便于属于北天星座的天鹅座②（其整体形状像展翅飞翔的天鹅而得名）联系在一起。这种观念渊源深厚。欧洲旧石器时代的拉斯科、阿尔塔米拉洞穴岩画里就出现了鸟图形。"在不列颠和欧洲，天鹅和鹅替换掉了近代的早期新石器时代传说中的秃鹰，作为将亡灵带入或带出北方天国的鸟类，与天鹅座相联系。这种信仰和仪式从新石器时代延续下来，一直传承到罗马时代及之后。"③瑞士、挪威、瑞典、芬兰、俄国，以及中国境内与天鹅有关的岩画、考古发现证明：这种"信仰和仪式"盛行于整个欧亚草原。④从如图 8-16 上图所示⑤的瑞士北部新石器晚期的天鹅岩画，我们看到了具象的 🦢 与 🦢，抽象的 ⌒ 与 ⌐ 等欧亚草原普遍的"7"形天鹅图形，也看到了三只独特的由众多"7"形天鹅图形串联结构的天鹅船 🦢、🦢 与 🦢⑥。后者形象表现了中国古代天鹅座的观念，即把天鹅的腹部想象成渡船，称天鹅座为"天津"或"天潢"。⑦因此，我们完全可以把这种特殊的复合"7"形天鹅图形，即天鹅船，视作中国古代上述观念的原始物象。欧亚大陆各民族、各文明之间历史悠久的、巨大的相互影响由此可以窥见一斑。

---

① 如英国学者安德鲁·柯林斯认为"欧洲、美洲和欧亚大陆都有崇拜天鹅的风俗，萨满和祭司都会身披天鹅毛，用天柱进行类似通灵活动"。见其《天鹅座之谜：破译宇宙和生命起源的古老秘密》，宋易、邹涛译，江苏人民出版社 2011 年版，第 53 页。

② 天鹅座的主要星排列得像一个大十字架，人们也称之为"北十字"。此十字又被人们想象为一只展翅飞翔的天鹅（其名"天鹅座"由此而来）。

③ 〔英〕安德鲁·柯林斯：《天鹅座之谜：破译宇宙和生命起源的古老秘密》，第 103 页。

④ Bahn P G. *The Cambridge Illustrated History of Prehistoric Art*. London: Cambridge University Press, 1998, pp. 26-33.

⑤ Bolin H. Animal magic: The mythological significance of elks, boats and humans in north Swedish rock art. *Journal of Material Culture*, 2000, 5(2): 153-176.

⑥ 除整个船是天鹅形象外，船上也乘坐着许多天鹅。所以，这里的天鹅船其实就是一个抽象的天鹅图形。这种天鹅图形在挪威卡尔内斯大量存在。阿纳蒂也有描述，见〔法〕埃马努埃尔·阿纳蒂：《艺术的起源》，第 208—209 页。

⑦ 《史记·天官书》云：王良旁"有八星，绝汉，曰天潢。"《晋书·天文志》云："天津九星横河中，一曰天汉，一曰天江，主四渎津梁。"

三、天鹅与鹰

由于地域、民族、文化等的差异，上述观念在流传过程中发生了些许变化，即欧亚草原同时存在着天鹅或鹰岩画。相比之下，天鹅岩画集中分布在以俄国为代表的境外，鹰岩画则主要分布在以内蒙古为代表的中国境内（图 8-17）。以阴山岩画、乌兰察布岩画和巴丹吉林沙漠岩画为代表的内蒙古境内中国北方岩画里，鹰图像及其组合的图像语言是一个普遍存在的言说物。它与天鹅图像一样，也是一个自由形式：既可以单独存在，也可以彼此组合或者与其他多种图像或图形和符号搭配组建出形态万千的合体岩画形式。如图 7-10 左中图、图 8-17 下图里分别是相对独立存在于一块石头质料场的独体鹰岩画。鹰形象均十分奇特：前者里的身躯是虚面结构的"田"字状，翅膀更是点状形式元素结构的两个呈正方形的点状实面；后者则酷似一个抽象的人形象：制作者在代表鹰形象躯干的正方形的虚面内部，不仅刻有代表眼睛和鼻子形式元素，而且整个鹰形象呈直立站立之人的形状。与独体岩画相比，合体岩画里的鹰形象比较普通。如图 7-11 上图、图 8-2 所示的分别是鹰与骑者或射手、马、羊等图形建构的合体岩画。虽然二者中鹰图形的数量有别，但是其中的鹰形象都是巴丹吉林沙漠岩画里最常见的一种线与实面结构的呈向上飞翔状的鹰形象。图 8-17 上图给我们展示了一个奇特的鹰合体岩画形式。六个轮廓形状清晰可见的象鹰之形的图像大体呈一线状横向或纵向排列组合。[①]用以结构它们的形式元素不同，其中三个是线与实面的结构，三个完全是细线结构。线与实面结构的也因线的长短、实面面积大小而彼此之间存在着差异。因此，虽然整体来看，这四个都是象飞翔状的鹰形象，但是，它们的具体姿态神情都不同。与之相比，完全由细线结构的鹰形象更像是抽象图形。除紧紧排列在图像场内形状最大的实面鹰形象下面的外（它拥有鹰的基本轮廓，即有头、身躯和双翅膀），其他两个很抽象：位于中间的头部和两个翅膀比较细小，位于图像场最下面的身躯巨大，两翅膀细长，没有代表头部的形式元素。与六个鹰形象搭配组合的是一些线状抽象图形，它们大都与完全用细线结构的鹰图像类似：或者与代表鹰形象整体身躯或翅膀的实面一样；或者只是一些细线形成的图形或符号。很显然，该岩画里鹰图像的刻制方法酷似曼德拉山敖包图岩画语境场的天鹅岩画。除位于图像场下面形状最大的线和实面结构鹰形象外，其他五个鹰形象都用细线详细刻制出展翅飞翔状态中鹰的翅膀，特别是在三个线和实面结构的已经比较完整的鹰形象翅膀之上，制作者又特意分别添加了两个细线刻的另外两个翅膀。如果说图 8-17 上图里的鹰图像向我们展示了它与曼德拉山敖包图天鹅图像相似的制作方法的话，那么，图 8-18 所示的鹰图像则向我们展示了它与曼

---

① 图像横向或纵向排列似乎不受影响。

图 8-17

图 8-18

德拉山敖包图天鹅图像相同的搭配组合方式。两个形状较小的鹰图像一前一后呈向上飞翔状。[①]前面有一小点状形式和一个主要由点派生的马图像，马图像前面又有两个竖线状抽象形式（其中一个完全是点派生的）。因此，如果我们在充分考虑到曼德拉山敖包图岩画语境场内同时存在着由两个天鹅图像与马图像搭配组合的天鹅岩画和鹰图像与射手、马和骑者等搭配组建的鹰岩画，则我们会比较确定地断言：正如在不列颠和欧洲，天鹅和鹅替换掉了近代的早期新石器时代传说中的秃鹰一样，在以巴丹吉林沙漠岩画为代表的中国境内，鹰基本替换掉了不列颠和欧洲的天鹅。然而，它们的功能却是相同的，即都是渡亡灵的神鸟。因为在整个欧亚草原岩画里，鹰与天鹅图形绝不同时出现在一个相对完整的合体岩画里。也就是说，有天鹅图像的岩画里绝对没有鹰图像，反之亦然。它们分布的地点也表明它们是与死者有关的鸟类。如贝加尔湖沿岸石崖上的天鹅岩画点至今依然是布里亚特人的祭祀之地，而有天鹅岩画，特别是集中分布着鹰岩画的曼德拉山四周都有墓葬。[②]

第七节　抽象天鹅符号

然而，天鹅之于人类的意义远远不止引渡亡灵。它还具有宇宙学意义。包括岩画在内的大量考古发现及各种文献资料充分证明，欧亚草原人们对天鹅与"7"

---

① 抑或天鹅图像。不过，在整个巴丹吉林沙漠岩画里，它们更像鹰图像。
② 至于欧亚草原古墓葬出土的鹰器物更是数不胜数，如红山文化遗址等。

的崇拜与北斗七星、北极星、天鹅座密切相关。

红山文化的许多地点发现刻有北斗七星的岩石，如城子山遗址、黑龙江双鸭山市炮台山遗址，都有同样的北斗星图案布局。[①]内蒙古翁牛特旗白庙子山也发现了新石器时代早期北斗七星岩画，[②]该岩画基本以大小、形状不同的圆圈状抽象形式描绘了星体。除此之外，中国境内考古发现的古代北斗星图，大都以具象的鸟、鱼、龙或蛇动物形象象征天象。如山东滕州出土北斗星象画像石、马王堆汉墓出土的"太一将行图"等。类似图像，我们在欧亚草原岩画里也能看到。这些岩画里不仅鸟、鱼、龙或蛇图形同时出现，而且其中的鸟大都是天鹅形象。如图 8-13 下图和图 8-19 右图所示[③]，前者里的 、 被苏联学者公认为萨满巫的形象[④]，特别是 四周刻有蛇、鱼、天鹅图形；后者里的也如此。该岩画里比较醒目的是一个象祈祷之形的萨满图像。萨满形象左手臂弯曲处有两个呈向右上方倾斜排列的"7"形天鹅图形，外围有一竖立的鱼图形，右边略高于头部是一个太阳图形⊙，左上角有与天鹅组合的象蛇之形的图形。很显然，图 8-13 下图和图 8-19 右图里所呈现的内容与北斗七星或北极星有关。而且我们注意到：与萨满形象搭配组合的除形形色色的其他图像外，数量最多的就是形态多样的"7"形天

图 8-19

① 孙小淳、何驽、徐凤先，等：《中国古代遗址的天文考古调查报告——蒙辽黑鲁豫部分》，《中国科技史杂志》2010 年第 4 期，第 384—406 页。

② 吴甲才：《内蒙古翁牛特旗白庙子山发现新石器时代早期北斗七星岩画》，《北方文物》2007 年第 4 期，第 1—4、113 页。

③ 图 8-19 右图引自〔苏〕A. A. 福尔莫佐夫：《苏联境内的原始艺术遗存》，第 72 页。其余引自盖山林的《巴丹吉林沙漠岩画》（北京图书馆出版社 1997 年版）最后"岩画图录"。英国考古学家保罗·G. 巴恩曾认为：右图所示里象蛙状之形的人形象旁边的十字架是后人添加的。见 Bahn P G. *The Cambridge Illustrated History of Prehistoric Art*. London: Cambridge University Press, 1998, p. 163.

④ 据 A. П. 奥克拉德尼科夫引证，M. H. 杭加洛夫和 B. э. 别特里都持有这种观点。他们的依据是两个人形象头部画的角状物，是萨满巫"桂冠"帽。见陈弘法编译：《亚欧草原岩画艺术论集》，第 149—160 页。

鹅图形，诸如 ⌐、ᔕ、ᔐ、ヽ、ᓬ、ヽ、ᒣ 等。在这种语境中，我们很容易把它们想象成千姿百态的勺形北斗星的抽象形式。而图 8-13 下图和图 8-19 右图里的被人们称为"萨满"的人形象也使我们对图 8-17 下图里所示的鹰与人形象合二为一的形象有了认识：这也是一个象萨满之形的图像。

　　包括巴丹吉林沙漠岩画在内的整个欧亚草原岩画里比较常见的两种抽象图形，即"十""卐"（带钩的十字）形，也与天鹅或鹰有关。它们形态繁多，诸如巴丹吉林沙漠岩画里的 ⊀、⊁、⊼、⊀、卍、卐、卍 等。很显然，它们的内部形式是抽象的鸟形象而不是简单的笔画结构，如图 8-19 左边所示，横线两边略下垂、竖线整体呈上细、下粗火箭形的两个"十"字图形酷似展翅飞翔的鸟。而图 8-20 下图[①]和图 8-19 上中图所示"卐"字图像，其顶部象天鹅头部之形的形式鲜明地昭示我们：与图 8-15 所示七重天图像一样，在以巴丹吉林沙漠岩画为代表的整个欧亚草原"7"形天鹅语境中，"卐"的原始物象就是天鹅，即四个（即 卍）或两个"7"形天鹅的复合图形。因此，严格说来，欧亚草原岩画里的"7""十""卐"本质上都是抽象"7"形天鹅图形。这种天鹅图形也是一种自由形式。也就是说，它们既可以独自构成一个相对独立完整的岩画或岩画图像场（图 8-20 上图），也可以与其他图形再次组合，从而组合结构出另外一个合体岩画。如彩图 2 左下图和图 8-20 下图所示，在一块面积很大的石面上，其顶部边界线上是一条长长的深红褐色，其中靠近岩画质料场和图像场三角形状顶部部分呈比较鲜亮的淡橘红色。其下面一上一下分别分布着两个形状较大的抽象图形，即圆圈状、卍。[②]而图 8-19 左下图所示的则是一个罕见的"十""卐"图形同时并存的岩画。三个"卐"（卐、卐、卍）、两个"十"（✖、✗）图形占据了整个视觉图像语言的绝大部分空间，与它们组合的是一个羊图形。其中双线结构的 ✖ 展示了更多的飞翔中的鸟形象特征，如向右上角倾斜的整体形状以及最上面部分。以此观之，彩图 7 右上图所示的花格子状图形也是由多重 ✖ 建构的。

　　因此，不论是独自建构，还是与其他具象或抽象成分参与组合，巴丹吉林沙漠岩画里类似"十""卐"（带钩的十字）形抽象图形的功能，与一般常见的图像，诸如人、羊、马和天鹅或鹰图像完全一样。并且，巴丹吉林沙漠岩画里的"卐"图形，通常都很生动形象：即便是最简单直线结构的"十"，它们的整体形状都呈向右上角倾斜状分布（图 8-19 左下图、图 8-20 上图）。"卐"形虽然呈比较标准的十字状，但是，其向四个方向延伸的不是僵硬的短线，而是形态变化的短曲线。因此，与其说图 8-20 所示抽象"十""卐"给我们的视觉印象是一般抽象

---

① 彩图 2 左下图所示也是该岩画图像场部分情形。
② 圆圈状图形内部还刻有线条类图形，"卐"下及左右也有其他图形。只是自然风化得只留有零星的刻痕。

图 8-20

程式化的符号，毋宁说正处于某个变化瞬间的活生生的有机言说物——飞翔中的鸟、四个天鹅图像的相互缠绕叠合。

　　从欧亚草原天鹅图像语言系统出发，我们固然可以把以鸟为原始物象的"十""卐"类图形视作抽象天鹅或鹰图形，但是，"卐"内部形式结构提醒我们事情并不这么简单。人们为什么要把四个"7"形天鹅图形呈十字状相交呢？类似图形我们在世界各地已经出土的、被天文考古学家称为人类早期宇宙图里能看到。如美国田纳西州萨姆县、美洲印第安文化遗址、河姆渡文化遗址出土的四鸟太阳纹图，其中的四鸟均位于四方，整体抽象形式为"十"或"卐"类图形。如图 8-21 上面①所示的就是河姆渡文化遗址出土的四鸟太阳纹图。它与图 8-20 下图里的 卐 类似。如果我们把中心的圆形理解为表示太阳的话，那么，四个鸟头就表示四方四时。而它呈向右旋转的整体形状又与东升西落的太阳运行方向相同。然而，这并不意味着日月星辰围绕着太阳转，而是说它们围绕着大地旋转。因为以张衡浑天说、托勒密地心说为代表的中西古代天文学普遍把地球当作宇宙的中心，认为天穹围绕着大地旋转，如张衡认为"天如鸡子，天体圆如弹丸，地如鸡中黄，孤居于内，天大而地小……天之包地，犹壳之裹黄。天地各乘气而立……天转如毂之运也，周旋无端，其形浑浑，故曰浑天也"②。而推动天地运转的天神，古人认为就是北极星，即中国古代常说的"天极星"。《尔雅》曰："北极，谓之北辰。"③《史记·天官书第五》云："中宫天极星，其一明者，太一常居也。"④由于肉眼看到的北极星及其他相对于北斗星的位置相对固定不变，所以，人们以为北斗星绕着北极星转（其实是地球绕着地轴自转）。北斗星与北极星之间的关系，被中国古代人们形象地比喻为车子与帝王之间载与被载之间的关系，所谓北斗星"斗为帝车，运于中央，临制四乡。分阴阳，建四时，均五行，移节度，定诸纪，皆系於斗。……直斗杓所指，以建时节"⑤。于是，"斗柄东指，天下皆春，斗柄南指，天下皆夏，斗柄西指，天下皆秋，斗柄北指，天下皆冬。斗柄运于上，事立于下，斗柄指一方，四塞俱成。此道之用法也"⑥。而将此观念绘成图便是四天鹅相交的"卐"形图形，如图 8-21 下图所示，每个北斗星的抽象形式恰恰就是形态各异的"7"天鹅图形，它们之间的联合结构出了一个复合天鹅图形。这表明北斗星的原始物象也是天鹅。

　　因此，欧亚草原天鹅岩画本质上反映了人类早期的宇宙意识。各种文献资料也充分证明：古代居住在欧亚草原的鲜卑、匈奴、斯基泰、突厥、契丹、蒙古等

---

① 刻在一个陶盘内的图案。引自冯时：《中国天文考古学》，中国社会科学出版社 2007 年版，第 208—218 页。冯时对此类图像有分析，认为它表示的是四时四神。

② （汉）张衡：《浑天仪》，见（清）严可均辑：《全后汉文》下，商务印书馆 1999 年版，第 567 页。

③ （清）阮元校刻：《十三经注疏》（清嘉庆刊本）五，第 5675 页。

④ 《史记·天官书》，人民文学出版社 1959 年版，第 1289 页。

⑤ 《史记·天官书》，第 1291—1297 页。

⑥ 黄怀信撰：《鹖冠子校注》，中华书局 2014 年版，第 70—71 页。

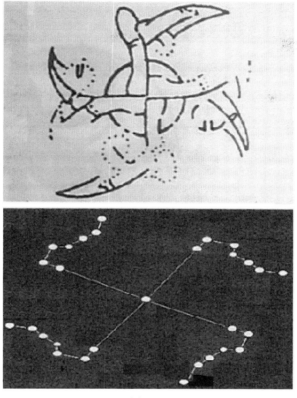

图 8-21

游牧民族凡祭祀，必祭天。他们"皆承认有一主宰，与天合名之曰腾格里（Tangri）。崇拜日月山河五行之属。出帐南向，对日跪拜。奠酒于地，以酹天体五行"①。"天体"之于他们是化生万物的神。世界各地有关天鹅创生宇宙万物的神话传说很多。②古希腊神话传说里宇宙之神宙斯化身天鹅与人间女子生子的故事源远流长。古代欧亚草原人也有"人鹅"相爱生子的神话传说。它与中国传统文化中牛郎织女故事同出一辙，被视作世界"天鹅处女型故事"③（Swan Maiden Tale）。而中国"鹊桥上的织女，在中国天文学中她代表天津（天鹅座）"④。"天鹅座"也称为北"十"字，其整体形状的抽象形式正是"十"字状图形。

---

① 〔瑞典〕多桑：《多桑蒙古史》上，第 36 页。
② 如芬兰人（鲜卑蒙古人后裔）的民族史诗《卡莱瓦拉》认为鹅蛋孵化了宇宙，北美五大湖北部的阿尔衮琴人认为他们是天鹅的后裔等。
③ 世界范围内存在着同型故事近 50 篇。
④ 〔英〕安德鲁·柯林斯：《天鹅座之谜：破译宇宙和生命起源的古老秘密》，第 181 页。

小　结

即便是像图 8-20 上、下图和图 8-22 上图分别所示的有着抽象形式"十""卐"和"7"（竟然独自或与其他成分分别组建了独体或合体岩画）的背后也隐藏着活生生的有机天然书写物——天鹅。那么，巴丹吉林沙漠岩画图像语言之于我们便是一种言说物的存在。它与自然书写物相似，参与了书写物，并与之共存于世界上。因此，它必须作为自然界中的一个物而被研究。同人、羊、马、鹿、天鹅和鹰等一样，岩画图像语言的要素拥有它们自己的亲和与适合规律，以及它们本身所必须的类推。我们致力于岩画天鹅图像语言谱系的语源学追溯，在其中探寻的不是图像的初始意义，而是点、线或面及其结构的内在本质属性，如"7"或"卐""十"之于天鹅图像。我们剖析图像的属性及其彼此之间的搭配建构，发现图像与图像之间的相互搭配吻合恰如现实生活中结合在一起的物之间的结合，如射手之于羊，天鹅之于马，鹰之于骑者等。以巴丹吉林沙漠岩画图像语言为代表的欧亚草原天鹅图像语言还保存着图像与物的相似性的记忆。于是，我们在"7"或"卐""十"类巴丹吉林沙漠岩画图像语言之中（其实它们也是自始至终全人类共用的语言或符号、图形）找到了拥有这些图像语言或图形、符号固有属性的自然存在物或书写物——天鹅。与此同时，巴丹吉林沙漠岩画也向我们昭示了一个真理：岩画图像语言是一个秘密，尽管是表面的，但是它在自身内拥有关于自己想要说出一切的可以辨识的标记。它是一种介于被埋藏与显露之间的启示。

图 8-22

结　语

　　生存于旷野、山顶，栖息于石头或岩壁、洞穴，巴丹吉林沙漠岩画图像语言与浩瀚的巴丹吉林沙漠和巍峨雄壮的雅布赖山脉休戚与共，同呼吸共命运。已有上万年的历史最远古的巴丹吉林沙漠岩画图像语言却与我们共存于一个时空。犹如与之并生的大自然界的万物一样，巴丹吉林沙漠岩画图像语言之于我们依然是一种有生命的存在：骑者、射手、羊、马、天鹅、鹰、塔等基本词汇和"射羊""狩猎"等句法，以及"放牧""村落"等语篇之于世界考古学有着特殊的意义：它是我们接近远古过去美学和象征意义的最直接的感性的物质表达。远古人类在天然书写物之中寻找到了与他们超强的时空意识和用色识别力，以及对大自然的敬畏与宗教情感等精神世界对应的物质形态或者言说物，从而使他们心灵的视像被还原为通过形式化的图像语言可被人们理解的东西——一种具有自然美学属性的物性形式的言说物。

参 考 文 献

一、中文部分

《古今图书集成》，中华书局 1987 年版。

《史记》，人民文学出版社 1959 年版。

《诸子集成》，中华书局 2006 年版。

（汉）许慎：《说文解字》，中华书局 1963 年版。

（汉）许慎撰，（清）段玉裁注：《说文解字注》，上海古籍出版社 1981 年版。

（梁）刘勰撰，（清）黄叔琳注，（清）纪昀评：《文心雕龙辑注》，中华书局 1957 年版。

（唐）张彦远：《历代名画记》，人民美术出版社 1963 年版。

（宋）郭若虚：《图画见闻志》，人民美术出版社 1963 年版。

（宋）洪迈：《容斋随笔》，上海古籍出版社 1978 年版。

（宋）朱熹集注：《四书》，顾美华标点，上海古籍出版社 1995 年版。

（清）阮元校刻：《十三经注疏》（清嘉庆刊本）一，中华书局 2009 年版。

（清）王念孙撰：《读书杂志》，徐炜君等点校，上海古籍出版社 2014 年版。

（清）吴其贞撰：《书画记》，人民美术出版社 2006 年版。

陈弘法编译：《亚欧草原岩画艺术论集》，中国人民大学出版社 2005 年版。

范荣南、范永龙主编：《大漠遗珍：巴丹吉林岩画精粹》，文物出版社 2014 年版。

范荣南、景学义、张震洲编著：《草原文明的见证·阿拉善右旗》，阳光出版社 2012 年版。

冯时：《中国天文考古学》，中国社会科学出版社 2007 年版。

盖山林：《阴山岩画》，文物出版社 1986 年版。

盖山林：《乌兰察布岩画》，文物出版社 1989 年版。

盖山林：《巴丹吉林沙漠岩画》，北京图书馆出版社 1997 年版。

盖山林：《岩石上的历史图卷——中国岩画》，上海三联书店 1997 年版。

高星、侯亚梅主编：《中国科学院古脊椎动物与古人类研究所 20 世纪旧石器时代考古学研究》，
　　文物出版社 2002 年版。

李淼、刘方编绘：《世界岩画资料图集》，中国工人出版社 1992 年版。

辽宁省文物考古研究所编著：《牛河梁红山文化遗址发掘报告》（1983—2003 年度）上，文物
　　出版社 2012 年版。

孙小淳、何驽、徐凤先，等：《中国古代遗址的天文考古调查报告——蒙辽黑鲁豫部分》，《中
　　国科技史杂志》2010 年第 4 期，第 384—406 页。

孙周兴选编：《海德格尔选集》，上海三联书店 1996 年版。

王来柱：《牛河梁第十六地点红山文化积石冢中心大墓发掘简报》，《文物》2008 年第 10 期，
　　第 1、4—14 页。

王雅生主编：《曼德拉山岩画集》，甘肃人民出版社 2005 年版。

杨虎、朱延平：《内蒙古敖汉旗小山遗址》，《考古》1987 年第 6 期，第 481—506、577—580 页。

〔德〕恩斯特·卡西尔：《人论》，甘阳译，上海译文出版社 1985 年版。

〔德〕哈拉尔德·布拉尔姆：《色彩的魔力》，陈兆译，安徽人民出版社 2003 年版。

〔德〕海德格尔：《存在与时间》，陈嘉映、王庆节合译，生活·读书·新知三联书店 1987 年版。

〔德〕黑格尔：《精神现象学》，贺麟、王玖兴译，商务印书馆 1979 年版。

〔德〕黑格尔：《自然哲学》，梁志学、薛华、钱广华，等译，商务印书馆 2006 年版。

〔德〕玛克斯·德索：《美学与艺术理论》，兰金仁译，中国社会科学出版社 1987 年版。

〔俄〕B.B. 沃尔科夫：《蒙古鹿石》，王博、吴妍春译，中国人民大学出版社 2007 年版。

〔俄〕瓦·康定斯基：《论艺术的精神》，查立译，中国社会科学出版社 1987 年版。

〔法〕埃马努埃尔·阿纳蒂：《艺术的起源》，刘建译，中国人民大学出版社 2007 年版。

〔法〕福西永：《形式的生命》，陈平译，北京大学出版社 2011 年版。

〔法〕霍尔巴赫：《自然的体系》，管士滨译，商务印书馆 1977 年版。

〔法〕列维·斯特劳斯：《图腾制度》，渠东译，上海人民出版社 2005 年版。

〔法〕列维-布留尔：《原始思维》，丁由译，商务印书馆 1981 年版。

〔法〕罗兰·巴特：《符号学美学》，董学文、王葵译，辽宁人民出版社 1987 年版。

〔法〕米歇尔·福柯：《词与物——人文科学考古学》，莫伟民译，上海三联书店 2001 年版。

〔法〕米歇尔·帕斯图罗：《色彩列传：黑色》，张文敬译，生活·读书·新知三联书店 2016 年版。

〔法〕莫里斯·梅洛-庞蒂：《知觉现象学》，姜志辉译，商务印书馆 2001 年版。

〔法〕雅克·拉康：《拉康选集》，褚孝泉译，华东师范大学出版社 2019 年版。

〔古罗马〕卢克莱修：《物性论》，方书春译，商务印书馆 1981 年版。

〔古希腊〕柏拉图：《柏拉图全集》，王晓朝译，人民出版社 2003 年版。

〔古希腊〕亚里士多德：《形而上学》，吴寿彭译，商务印书馆 1959 年版。

〔古希腊〕亚里士多德：《诗学》，罗念生译，人民文学出版社 1962 年版。

〔古希腊〕亚里士多德：《物理学》，徐开来译，见苗力田主编：《亚里士多德全集》第二卷，中国人民大学出版社 1991 年版。

〔美〕E.G. 波林：《实验心理学史》，高觉敷译，商务印书馆 1981 年版。

〔美〕E. 潘诺夫斯基：《视觉艺术的含义》，傅志强译，辽宁人民出版社 1987 年版。

〔美〕爱德华·麦克诺尔·伯恩斯、菲利普·李·拉尔夫：《世界文明史》，罗经国、陈筠、莫润先，等译，商务印书馆 1987 年版。

〔美〕亨德里克·威廉·房龙：《人类的艺术》，衣成信译，河北教育出版社 2001 年版。

〔美〕杰克·德·弗拉姆编：《马蒂斯论艺术》，欧阳英译，山东画报出版社 2004 年版。

〔美〕克莱门特·格林伯格：《艺术与文化》，沈语冰译，广西师范大学出版社 2009 年版。

〔美〕库尔特·考夫卡：《格式塔心理学原理》，李维译，北京大学出版社 2010 年版。

〔美〕路易斯·亨利·摩尔根：《古代社会》，杨东莼、马雍、马巨译，商务印书馆 1977 年版。

〔美〕伦纳德·史莱因：《艺术与物理学——时空和光的艺术观与物理观》，暴永宁、吴伯泽译，吉林人民出版社 2001 年版。

〔美〕苏珊·朗格：《情感与形式》，刘大基、傅志强、周发祥译，中国社会科学出版社 1986 年版。

〔日〕野村顺一：《色彩心理学》，张雷译，南海出版公司 2014 年版。

〔瑞典〕多桑：《多桑蒙古史》，冯承钧译，商务印书馆 2013 年版。

〔瑞士〕让·皮亚杰：《人文科学认识论》，郑文彬译，中央编译出版社 1999 年版。

〔苏〕A. A. 福尔莫佐夫：《苏联境内的原始艺术遗存》，路远译，陕西师范大学出版社 1992 年版。

〔英〕E. H. 贡布里希：《艺术与错觉——图画再现的心理学研究》，林夕、李本正、范景中译，湖南科学技术出版社 2000 年版。

〔英〕爱德华·泰勒：《原始文化》，连树声译，上海文艺出版社 1992 年版。

〔英〕安德鲁·柯林斯：《天鹅座之谜：破译宇宙和生命起源的古老秘密》，宋易、邹涛译，江苏人民出版社 2011 年版。

〔英〕巴恩：《剑桥插图史前艺术史》，郭小凌、叶梅斌译，山东画报出版社 2004 年版。

〔英〕彼得·伯克：《图像证史》，杨豫译，北京大学出版社 2008 年版。

〔英〕赫伯特·里德：《艺术与社会》，陈方明、王怡红译，工人出版社 1989 年版。

〔英〕梅芙·肯尼迪：《考古的历史》，牟翔、王强、金国林，等译，希望出版社 2003 年版。

〔英〕彭茨等编：《空间》，马光亭、章绍增译，华夏出版社 2006 年版。

〔英〕孙孝华、多萝西·孙：《色彩心理学》，白路译，上海三联书店 2017 年版。

二、外文部分

Arnason H H. *History of Modern Art*. Upper Saddle River: Prentice Hall, Inc., 2003.

Bahn P G. *Prehistoric Rock Art*: *Polemics and Progress*. New York: Cambridge University Press, 2010.

Bednarik R G. *Refutation of Stylistic Constructs in Palaeolithic Rock Art*. Chicago: The University of Chicago Press, 1995.

Bednarik R G. Rock art glossary. *Rock Art Research*, 2000, 17(2): 51-57.

Bednarik R G. The dating of rock art: A critique. *Journal of Archaeological Science*, 2002, 29(11): 1213-1233.

Bicknell C. *A Guide to the Prehistoric Rock Engravings in the Italian Maritime Alps*. Bordighera(Pietro Gibelli), 1913.

Bolin H. Animal magic: The mythological significance of elks, boats and humans in north Swedish rock art. *Journal of Material Culture*, 2000, 5(2): 153-176.

Butzer K W. Dating and context of rock engravings in Southern Africa. *Science*, 2003, 3(1): 45-53.

D'Errico F. Bouillot L D, García-Diez M, et al. The technology of the earliest European cave paintings: El Castillo Cave, Spain. *Journal of Archaeological Science*, 2016, 70(6): 48-65.

Dewdney S. Kidd K. *Indian Rock Paintings of the Great Lakes*. Toronto: University of Toronto Press, 1962.

Fisk W C. *Formal Themes in Medieval Chinese and Modern Western Literary Theory: Mimesis, Intertextuality, Figurativeness, and Foregrounding*. Ann Arbor: University Microfilms, 1977.

Fried M. *Art and Objecthood*: *Essays and Reviews*. Chicago: The University of Chicago Press, 1998.

Gebhard D. The Diablo Cave paintings. *Art Journal*, 2015, 20(2): 79-82.

Goldhahn J. *Rock Art as Social Representation*: *Papers from a Session Held at the European Association of Archaeologists Fourth Annual Meeting in Goteborg 1998*. Oxford: Archaeopress, 2019.

Heyd T, Clegg J. *Aesthetics and Rock Art*. Burlington : Ashgate, 2005.

Honore E, Rakza T, Senut S, et al. First identification of non-human stencil hands at Wadi Sura II (Egypt): A morphometric study for new insights into rock art symbolism. *Journal of Archaeological Science: Reports*, 2016, 5(6): 242-247.

Jacobsthal P. *Early Celtic Art*. New York: Oxford University Press, 1944.

Judd T. *Rock Art of the Eastern Desert of Egypt: Content, Comparisons, Dating and Significance* . Oxford: Archaeopress, 2019.

Kramer S N. *Sumerian Mythology: A Study of Spiritual and Literary Achievement in the Third Millennium B. C.* Philadelphia: University of Pennsylvania Press, 1972.

Namono C. Dumbbells and circles: Symbolism of Pygmy rock art of Uganda. *Journal of Social Archaeology*, 2012, 12(3): 404-425.

Polley K, Banerjee A, Makal A. Relations between rock art and ritual practice: A case study from eastern India. *Archaeological Research in Asia*, 2015, 3(2): 34-48.

Redfield R. *Aspects of Primitive Art*. New York: Museum of Primitive Art, 1959.

Robert E. The role of the cave in the expression of prehistoric societies. *Quaternary International*, 2017, 432: 59-65.

Rozwadowski A. *Symbols Through Time-Interpreting the Rock Art of Central Asia*. Poznan: Adam Mickiewicz University, 2004.

Semenov S A. *Prehistoric Technology*. Bath: Adams & Dart, 1973.

Slack L M. *Rock Engravings from Driekops Eiland and other Sites South-West of Johammes Burg*. Londres: Cenraur Press Ltd, 1962.

Thomas D. *Rock Art and the Shaman*. Cambridge : Cambridge University Press, 2015.

Turner V. *The Forest of Symbols: Aspects of Ndembu Ritual*. New York: Cornell University Press, 2017.

Willcox A R. *The Rock Art of South Africa*. London : Nelson, 1964.

Winkler H A. Rock-drawings of Southern Upper Egypt. *Londres (The Egyptian Exploration Society)*, 1938, 1(2): 71-79.

后　记

宋代理学家程颐曾以自己读《论语》为例说："颐自十七八读《论语》，当时已晓文义，读之愈久，但觉意味深长。"岩画之于我也如此。20多岁初次在贺兰山上看到它时，我只觉得它就是一般的图画；30多岁阅读以格罗塞《艺术起源》为代表的西方早期有关岩画的论著，以及尝试撰写研究它的学术论文，我渐渐知晓岩画在人类早期艺术史，特别是审美意识发展过程中的重要地位；40多岁在主持并完成国家社会科学基金艺术学项目"贺兰山岩画研究"的过程中（2005—2009），对岩画图像语言内在的生成机制、转换规则及其概念图式的剖析和探究，使我明确认识到岩画是一种外在表现形式类似楔子或鹿石的象形表意石头文体系，具有一般视觉图像语言的功能和意义；50多岁在主持并完成的国家社会科学基金艺术学重点项目"巴丹吉林沙漠岩画图像语言及美学品质研究"的过程中（2015—2019），对岩画存在的自然地理环境、质料、色彩、场域等的揭示与呈现，虽使我初步捕捉到岩画之物象与岩画变通之理，并竭力展示岩画之形象，犹有未尽。

路漫漫其修远兮，吾将上下而求索。

王毓红
2021年10月记于羊城正心斋